国家出版基金项目
NATIONAL PUBLICATION FOUNDATION

欧亚历史文化文库

总策划 张余胜

兰州大学出版社

华梵问学集

——佛教与中印文化关系研究

丛书主编 余太山

王邦维 著

图书在版编目（CIP）数据

华梵问学集：佛教与中印文化关系研究 / 王邦维著
. -- 兰州：兰州大学出版社，2014.12
（欧亚历史文化文库 / 余太山主编）
ISBN 978-7-311-04670-5

Ⅰ. ①华… Ⅱ. ①王… Ⅲ. ①佛教—关系—中印关系—文化交流—文化史—文集 Ⅳ. ①K203-53 ②K351.03-53

中国版本图书馆CIP数据核字(2014)第301847号

策划编辑　施援平
责任编辑　马继萌　施援平
装帧设计　张友乾

书　　名　华梵问学集——佛教与中印文化关系研究
主　　编　余太山
作　　者　王邦维　著
出版发行　兰州大学出版社　(地址:兰州市天水南路222号　730000)
电　　话　0931-8912613(总编办公室)　0931-8617156(营销中心)
　　　　　0931-8914298(读者服务部)
网　　址　http://www.onbook.com.cn
电子信箱　press@lzu.edu.cn
网上销售　http://lzup.taobao.com
印　　刷　天水新华印刷厂
开　　本　700 mm×1000 mm　1/16
印　　张　26(插页2)
字　　数　348千
版　　次　2014年12月第1版
印　　次　2014年12月第1次印刷
书　　号　ISBN 978-7-311-04670-5
定　　价　75.00元

出版说明

随着20世纪以来联系地、整体地看待世界和事物的系统科学理念的深入人心，人文社会学科也出现了整合的趋势，熔东北亚、北亚、中亚和中、东欧历史文化研究于一炉的内陆欧亚学于是应运而生。时至今日，内陆欧亚学研究取得的成果已成为人类不可多得的宝贵财富。

当下，日益高涨的全球化和区域化呼声，既要求世界范围内的广泛合作，也强调区域内的协调发展。我国作为内陆欧亚的大国之一，加之20世纪末欧亚大陆桥再度开通，深入开展内陆欧亚历史文化的研究已是责无旁贷；而为改革开放的深入和中国特色社会主义建设创造有利周边环境的需要，亦使得内陆欧亚历史文化研究的现实意义更为突出和迫切。因此，将针对古代活动于内陆欧亚这一广泛区域的诸民族的历史文化研究成果呈现给广大的读者，不仅是实现当今该地区各国共赢的历史基础，也是这一地区各族人民共同进步与发展的需求。

甘肃作为古代西北丝绸之路的必经之地与重要组

成部分，历史上曾经是草原文明与农耕文明交汇的锋面，是多民族历史文化交融的历史舞台，世界几大文明(希腊—罗马文明、阿拉伯—波斯文明、印度文明和中华文明)在此交汇、碰撞，域内多民族文化在此融合。同时，甘肃也是现代欧亚大陆桥的必经之地与重要组成部分，是现代内陆欧亚商贸流通、文化交流的主要通道。

基于上述考虑，甘肃省新闻出版局将这套《欧亚历史文化文库》确定为 2009—2012 年重点出版项目，依此展开甘版图书的品牌建设，确实是既有眼光，亦有气魄的。

丛书主编余太山先生出于对自己耕耘了大半辈子的学科的热爱与执着，联络、组织这个领域国内外的知名专家和学者，把他们的研究成果呈现给了各位读者，其兢兢业业、如临如履的工作态度，令人感动。谨在此表示我们的谢意。

出版《欧亚历史文化文库》这样一套书，对于我们这样一个立足学术与教育出版的出版社来说，既是机遇，也是挑战。我们本着重点图书重点做的原则，严格于每一个环节和过程，力争不负作者、对得起读者。

我们更希望通过这套丛书的出版，使我们的学术出版在这个领域里与学界的发展相偕相伴，这是我们的理想，是我们的不懈追求。当然，我们最根本的目的，是向读者提交一份出色的答卷。

我们期待着读者的回声。

总 序

本文库所称"欧亚"(Eurasia)是指内陆欧亚,这是一个地理概念。其范围大致东起黑龙江、松花江流域,西抵多瑙河、伏尔加河流域,具体而言除中欧和东欧外,主要包括我国东三省、内蒙古自治区、新疆维吾尔自治区,以及蒙古高原、西伯利亚、哈萨克斯坦、乌兹别克斯坦、吉尔吉斯斯坦、土库曼斯坦、塔吉克斯坦、阿富汗斯坦、巴基斯坦和西北印度。其核心地带即所谓欧亚草原(Eurasian Steppes)。

内陆欧亚历史文化研究的对象主要是历史上活动于欧亚草原及其周邻地区(我国甘肃、宁夏、青海、西藏,以及小亚、伊朗、阿拉伯、印度、日本、朝鲜乃至西欧、北非等地)的诸民族本身,及其与世界其他地区在经济、政治、文化各方面的交流和交涉。由于内陆欧亚自然地理环境的特殊性,其历史文化呈现出鲜明的特色。

内陆欧亚历史文化研究是世界历史文化研究中不可或缺的组成部分,东亚、西亚、南亚以及欧洲、美洲历史文化上的许多疑难问题,都必须通过加强内陆欧亚历史文化的研究,特别是将内陆欧亚历史文化视做一个整体加以研究,才能获得确解。

中国作为内陆欧亚的大国，其历史进程从一开始就和内陆欧亚有千丝万缕的联系。我们只要注意到历代王朝的创建者中有一半以上有内陆欧亚渊源就不难理解这一点了。可以说,今后中国史研究要有大的突破,在很大程度上有待于内陆欧亚史研究的进展。

古代内陆欧亚对于古代中外关系史的发展具有不同寻常的意义。古代中国与位于它东北、西北和北方，乃至西北次大陆的国家和地区的关系,无疑是古代中外关系史最主要的篇章,而只有通过研究内陆欧亚史,才能真正把握之。

内陆欧亚历史文化研究既饶有学术趣味,也是加深睦邻关系,为改革开放和建设有中国特色的社会主义创造有利周边环境的需要，因而亦具有重要的现实政治意义。由此可见,我国深入开展内陆欧亚历史文化的研究责无旁贷。

为了联合全国内陆欧亚学的研究力量，更好地建设和发展内陆欧亚学这一新学科,繁荣社会主义文化,适应打造学术精品的战略要求,在深思熟虑和广泛征求意见后,我们决定编辑出版这套《欧亚历史文化文库》。

本文库所收大别为三类:一,研究专著;二,译著;三,知识性丛书。其中,研究专著旨在收辑有关诸课题的各种研究成果;译著旨在介绍国外学术界高质量的研究专著;知识性丛书收辑有关的通俗读物。不言而喻,这三类著作对于一个学科的发展都是不可或缺的。

构建和发展中国的内陆欧亚学,任重道远。衷心希望全国各族学者共同努力,一起推进内陆欧亚研究的发展。愿本文库有蓬勃的生命力,拥有越来越多的作者和读者。

最后,甘肃省新闻出版局支持这一文库编辑出版,确实需要眼光和魄力,特此致敬、致谢。

余太山

2010 年6 月 30 日

目　录

1 略论古代印度佛教的部派和大小乘问题

在佛教的发展史上，部派和大乘的出现是很重要的两件事，也是佛教史研究中至今仍然还在讨论的两个问题。过去一百年来，研究者就此提出了很多不同的意见。有关的专著和论文，已经有不少。从事研究的学者们大多认为，部派佛教属于小乘佛教的范围，部派就是小乘。这一观点曾被广泛接受。可是，事实是否就是这样呢？本文的目的，是想就此提出疑问，并略加以讨论，希望由此成为研究和解决问题的一种尝试或探索。

1.1 疑问的提出

唐初到印度求法的中国僧人义净写过一部有名的著作《南海寄归内法传》（以下简称《寄归传》），详细记载他在印度及南海一带（今东南亚地区）所见到的有关佛教的情况。这部书一开首，是义净写的《序》，其中有这样一段：

> 诸部流派，生起不同。西国相承，大纲唯四。[1]

以下是义净的原注，进一步解释佛教的这四大部派：

> 一阿离耶莫诃僧祇尼迦耶，周云圣大众部。分出七部，三藏各有十万颂，合三十万颂，周译可成千卷。二阿离耶悉他陛攞尼迦耶，周云圣上座部。分出三部，三藏多少同前。三阿离耶慕攞萨婆悉底婆拖尼迦耶，周云圣根本说一切有部。分出四部，三藏同前。四阿离耶三蜜栗底尼迦耶，周云圣正量部。分出四部，三藏二十万

〔1〕《大正新修大藏经》（以下简称《大正藏》），第54卷，第205页上；拙稿《南海寄归内法传校注》，中华书局，1995年，第10页。以下所引文字，均依照拙稿。

颂，律有三十千颂。然而部执所传，多有同异，且依现事，言其十八。分为五部，不闻於西国之耳。

然后又是正文；

其间离分出没，部别名字，事非一致，如余所论，此不繁述。故五天之地及南海诸洲，皆云四种尼迦耶。[1]

这里讲的是佛教部派的状况。至少讲的是公元7世纪时，即义净时代佛教部派的状况。

依照传统的说法，在释迦牟尼涅槃后大约一百年的时候，佛教的僧团内部第一次出现公开的大的分裂。这事发生在佛教的第二次结集——毗舍离结集后，分裂的结果是产生了佛教的两大部派：上座部与大众部。在此以后的几百年间里，从上座部与大众部里又继续不断地分裂出新的派别，最后形成了所谓的“小乘十八部”或“小乘二十部”。这些部派的名称及其互相之间的分合关系，在各种佛教文献及近现代发现的碑铭中记载各异，异常复杂。但是其中最主要的几个，晋代法显、唐初玄奘到印度求法时，都亲眼见到过。玄奘的《大唐西域记》通篇都有记载。义净的情况也一样，上面所引《南海寄归内法传》中的记载说明的是同样的一段历史事实，我们没有理由怀疑义净的记载不真实或不可靠。

正因为如此，近现代所有论及印度佛教尤其是公元7世纪时的印度佛教的著作，只要可能，几乎没有不引用或利用义净这一段记载

---

〔1〕有人怀疑过注文非义净本人所撰写，但没有可靠的理由。我以为《寄归传》(也包括义净其他的著作)中的原注肯定是义净本人所写。理由有两条：(1)从注文本身看，很多注的内容非义净很难写出，本条即如此。义净翻译的佛经中更有类似的情形。例如拙稿《南海寄归内法传校注》前言第一章《义净生平考述》中引用的《根本说一切有部毗奈耶杂事》卷38及《根本说一切有部百一羯磨》卷5中的几条注，完全是义净本人的口气(中华书局，1995年，第10页，第14页)。义净写书和译书时自己为自己的书加注，正是义净著译的一个特点。(2)《寄归传》最早的抄本发现于敦煌，抄写年代约在8世纪前半期，此距义净著书时间极近。此抄本上正文注文俱全，且注中“唐言”俱作“周言”。武周享祚仅一代，武则天又死于义净之前，此“周”字断然为当时原文，注文亦应是义净本人所写。法国学者沙畹(Ed. Chavannes)把这个“周”字看作是五代后周之“周”，因而得出注文是后周时人所加的结论，这显然是错误的。见其法译本《大唐西域求法高僧传》(*Mémoire compose à l'époque de la grande dynastie T'ang sur les religieux éminents qui allèrent chercher la loi dans les pays d'Occident*, Paris, 1894)，第203页。

的。[1]引用者一般都认为，义净在这里讲的是小乘佛教，他所讲的四个部派，仍然是传统意义上的"十八部"，他不过把这"十八部"归纳为四个大部而已。

但是，我们知道，当时在印度（当然也包括中国及义净谈到的南海地区）早已不是小乘佛教的一统天下，而是大小乘并存。公元7世纪，当玄奘、义净等到印度时，大乘佛教早已得到充分发展，就是在大乘的内部，也已经出现了不同的派别。玄奘和义净到印度求法，本来就是以大乘僧人的身份去的。[2]玄奘暂且不论，那么义净是怎样看待大乘，怎样记载大乘佛教的状况的呢？

《寄归传》卷1，就在我们上面的引文后不远，义净又写道：

> 其四部之中，大乘小乘区分不定。北天南海之郡，纯是小乘，神州赤县之乡，意在大教。自余诸处，大小杂行。[3]

大教即大乘。这里讲的是大乘小乘当时在地理区域上大概的分布情况。照着义净本来的意思，在他前面所列举的四大部派中间，似乎或者可以是大乘，或者可以是小乘，其间大乘小乘分别不定。换句话说，义净此处所讲的四大部派，也不完全就指的是小乘佛教，其中也可能包括大乘佛教。这就与过去的研究者们对此段文字的理解不一样了。进一步讲，也就与一般对这一段时期的佛教部派以及大小乘的理解、看法、研究的结论不完全一致了。

---

〔1〕这里仅举3种书为例。吕澂：《印度佛学源流略讲》，上海人民出版社，1979年，第38、61、63、158、279、281、296页；平川彰等编：《大乘佛教とでと周辺》，讲座大乘仏教10，春秋社（东京），昭和六十年（1985），第135-137页；É. Lamotte: *Histoire du Bouddhisme Indien*, Louvain, 1976, pp. 601-602。其他类似的书还很多。

〔2〕中国僧人除极少数例外，可以说几乎都是大乘僧。中国译经始于后汉，几乎一有译经，就有了大乘经典。大乘佛教的学说因此很早就在中国广泛流传并为中国僧人所普遍接受。玄奘和义净在赴印前都学习并通解大乘经典，回国后又都翻译了不少大乘经典。外国有的学者因为义净传译根本说一切有部的律而把他划入小乘僧的范围，这无疑是错误的。把中国佛教的律宗归入小乘，例如意大利学者G. Tucci为1980年版*Encyclopaedia Britannica*所撰写的Buddhism条，当然也是错误的。错误的原因就是在本文所讨论的几个问题上，长期以来存在一些混乱的认识。

〔3〕《大正藏》第54卷，第205页上；拙稿《南海寄归内法传校注》，中华书局，1995年，第20页。

因此,我以为在这里我们可以提出一系列的疑问:佛教所谓的部派究竟是怎么回事?部派就一定是小乘吗?大乘在部派之内还是在部派之外?等等。

这些应该说都是涉及佛教史尤其是这一段时期的佛教史的几个重要问题,值得我们认真地去探究。

1.2 什么是部派

在上面所引的《南海寄归内法传》的那一段文字中,我们可以看到,义净讲的部,译音字是"尼迦耶",这个字的梵文和巴利文的原字一样,都是nikāya。那么,什么是nikāya呢?从字源和字义上讲,nikāya这个词很简单,它由ni和kāya两部分组成。kāya的意思是身体或整体,前面加上ni,意思是整体的一部分。中国古代译经的和尚把它翻译为"部",也就是部派,实在是很恰当。它指的是佛教内部不同的僧团组织。这一点,在研究者中基本上没有异议。

可是这样并没有完全解决问题。最初是统一的佛教僧团是因为什么,结果分成这样一些不同的僧团及部派的呢?对此研究者们往往有不同的意见。这里不打算,也不可能详细地讨论这一问题。但是有一点应该看到,最早的部派分裂无疑和执行佛教的律有着最直接和最重要的关系。也就是说,与佛教传说的第二次结集,一般称作的毗舍离结集有关。

现存文献中有关毗舍离结集的记载不少。对于毗舍离结集,也已经有学者做过一些研究。所有的研究表明,各种文献,不管属于哪一部派,也不管是早期的佛教经典,还是后来中国求法僧到印度求法时所记载的"口碑",不管是讲这次结集时所争论的是"十事"还是"五净法",也不管各种文献中讲到的"十事"的具体内容有怎样的不同,所有这些,其中有一点是一致的,那就是,引起佛教僧团分裂最初、最直接、最主要的原因是由于在律方面的歧异。义净在《南海寄归内法传》一开始就讲的"次有弘法应人,结集有五七之异;持律大将,部分为十八之殊",也就是这个意思。[1]

对于佛教最初的部派分裂，过去也还有另外一种完全不同的说法，认为分歧之起，不是在于律，而是在于对阿罗汉果有不同的看法，即对所谓“大天五事”的争论。这也是一种比较有影响的说法。但是，只要对文献做比较仔细的对比和分析，就可以看到，根本分裂起于“大天五事”之说不仅“说得相当支离且有明显的年代错误”，而且还明显有后来的大乘僧人编造的痕迹。[2]

实际上，把部派问题和律联系在一起讲的，不仅是巴利文和汉文的佛教文献，还包括藏文佛教文献。我们只举著名的古代藏族佛教学者Tāranātha的看法和观点为例。Tāranātha撰写过一部关于印度佛教史的名著*rGya gar chos vbyung*，其中第42章专门讨论部派问题。他列举了各种有关部派的说法，然后说：

> de ltar yang vphags yul dang gling phran rnnms kyi dge vdun kun 1a sde pa bzhi so sovi kha vdzin byed pa ma vdres par yod eing/ sde pa bco brgyad so sovi ni gzhung lugs dang/glegs bma da ltavi bar du yod kyang de dang devi grud mthav vdzin pa ni so sor ma vdres pa cher med la /[3]

---

〔1〕有关的记载见巴利文*Vinaya Piṭaka*, *Cullavagga*第12章，*Dipavaṃsa*第4、5章，*Mahāvaṃsa*第4章，*Samantapāsādika*“序品”，汉译《十诵律》卷60，《萨婆多部毗尼摩得勒伽》卷5，《五分律》卷30，《四分律》卷54，《毗尼母经》卷4，《根本说一切有部毗奈耶杂事》卷40，《摩诃僧祇律》卷33，《法显传》，《大唐西域记》卷7，以及西藏佛教学者Bu ston所著的*Chos vbyang*等。拙稿《南海寄归内法传校注》前言第二章第二节对此有详细的分析。过去几十年来，西方和日本，以及中国都有学者对此做过研究。多数学者认为，就其基本结构而言，律藏中关于毗舍离结集的记载大致可信。

〔2〕这里引的是吕澂先生的意见，引文见其《印度佛学源流略讲》第26页。吕先生认为，这是把两件先后发生的不同的事，即《摩诃僧祇律》讲的“五净法”与后来南方案达派的“大天五事”混淆了起来，因而虚构出引起根本分裂的头一个大天，这是说一切有部的“臆造”。见吕澂《印度佛学源流略讲》第32，33，73页。并见吕先生早年所著《印度佛教史略》，商务印书馆，1935年，第27b-32b页。上引拙稿对此亦有较详细的论述。

〔3〕原书，拉萨木刻版，1946年，第135叶a-b面。Tāranātha书有张建木汉译本：《印度佛教史》，四川民族出版社，1988年。又有Lama Chimpa与A. Chattopadhyaya的英译本：*History of Buddhism in India*, Calcutta, 1980。

这里讲的是整个印度(vphags yul,梵文字Aryadeśa)以及斯里兰卡(gling phran rnams,包括斯里兰卡甚至南海诸岛)等地的佛教的情况。这与义净在《南海寄归内法传》一开始就讲的"五天之地及南海诸洲,皆云四种尼迦耶"几乎完全一样。Tāranātha最后还总结说:

sde pa bzhivi dbye vbyed kyang vdul bari spy od pa las dbye bar ko dkos so/[1]

这句话翻译成汉语,也就是《南海寄归内法传》里讲的"详观四部之差,律仪殊异"那一句话。

如果我们根据佛教文献做进一步的考察,还会看到,部派问题不仅一开始与律有关,而且在整个佛教后来的发展中,部派与律二者之间的关系仍然是密不可分的。这在后期的佛教文献中很容易得到证明。例如上面提到的撰写《南海寄归内法传》的义净,他讲到公元7世纪时印度佛教的部派,就完全是从律的角度讲的。在义净看来,部派与部派中间的差别,似乎主要就在于使用不同的律。

当然,有一点也必须看到,虽然部派的分裂最初发端于律方面的歧异,后来也一直与律密切相关,但这并不等于部派之间在宗教教义与宗教哲学上就没有分歧。恰恰相反,从原始佛教发展到所谓的部派佛教,正是在部派佛教这个时期,佛教的宗教教义与哲学得到了大发展,异说纷纭,出现了大量的abhidharma类的著作。在佛教的宗教思想发展史上,这是很重要的一个阶段。但这和律的歧异是两回事,它发生得要稍晚一些。反映在《异部宗轮论》、《大毗婆沙》、*Kathāvatthu*等里那些部派之间在教义和哲学上的分歧,就是在这种情况下出现的,这在另一个层次上促进了部派进一步的分化。大乘思想的出现及其后来的发展,看来就和部派佛教的这个阶段有密切的联系。由于在宗教的发展过程中教义思想最容易发生变化,即使在同一部派中,对某一教义或哲学上的问题,僧人们往往也会持有不同的观点,在某种条件下,这可能会产生

〔1〕*rGya gar chos vbyung*,拉萨木刻版,1946年,第136叶a面。

出新的部派，但不是所有情况下都如此。[1]因此，我们也不能把教义或哲学观点上的差别作为区分部派的基本的、普遍的标准。例如大乘，在刚出现时，可以说是对旧有的教义的一大革新，可是我们不能说大乘是一个新的部派。历史上也从来没有人这样看。下面我们将专门讨论到部派中的大乘问题，我们可以看到，在同一部派里，是可以看到主张两种，例如大乘和小乘，或者两种以上的思想观点的僧人的。

那么部派究竟是怎么回事呢？根据上面很简略的分析，从佛教律的角度来考虑问题，我以为我们大致可以这样讲，所谓部派，主要是指共同使用与遵守同一种戒律，按照这种戒律的规定而举行出家（pravrajana）、受戒（upasaṃpada）等宗教活动，过共同的宗教生活，因而互相承认其僧人身份的某一特定的僧团组织。因此，使用不同的律就成为区别不同部派的主要标志。最重要的部派都有自己的“三藏”，尤其是自己的律。[2]部派最初的分裂在于戒律方面的分歧。虽然部派之间后

---

〔1〕近年来，国外有的学者在研究早期佛教史时，把部派分为三种类型，第一种是律的部派（vinaya sects 或 vinaya schools），第二种是教义的部派（doctrinal schools），第三种是哲学的部派（philosophical schools）。认为这三种类型的部派的分化发生在三个不同的层次和阶段上，它们之间既有区别又有联系。见 H. Bechert:“Note on the Formation of Buddhist Sects and the Origins of Mahāyāna”, in *German Scholars on India*, Varanasi, 1973, pp. 8-10;“Buddha-Feld und Verdienstübertragung: Mahāyāna-Ideen im Theravāda-Buddhismus Ceylons”, in *Bulletin de la Classe des Lettres et des Sciences Morales et politiques*, 5e śerie-Tome LXII, 1976, 1-2, Bruxelles-Palais des Académies, pp. 30-33;“Buddhist Sanskrit Literature in Sri Lanka”, A Lecture to be given at the International House of Japan, 1982, pp. 5-6。提出这种意见的基础，就在于看到了部派问题的复杂性，引起部派分化的原因前后并不完全一样，部派在不同的情况下有不同的内涵意义。这种看法有一定道理。但是，我以为在这几种区分部派的标准中，就根本上讲，使用哪一种律是最重要的。这方面的问题还值得做更细致的研究。

〔2〕这里讲的是最主要的几个部派，如义净在《南海寄归内法传》里讲的四大部派都有自己的一套三藏。其中上座部的完全保存了下来。说一切有部与根本说一切有部的律（梵文原本及数种汉译、藏译）与论（汉译本数量最多）都保存了下来。大众部的律（汉译，也有部分混合梵文原本）保存了下来，正量部仅有少量的论（汉译）和一部律论（汉译）保存了下来。其他一些较重要的部派如法藏部、化地部也都有自己的律（汉译）保存了下来。此外，现存的佛教文献，尤其是汉译文献部分很多部派归属不明。不过实际上所谓十八部派中并不是每一个部派都发展出一套完整的三藏，有一些“支末部派”很可能就没有自己独立的文献。它们只能“借用”或部分“借用”它们的“根本部派”或其他部派的文献。在佛教史上，部派文献的发展与部派学说的发展情况一致，只有少数的部派最后形成了一套完整的学说，也只有少数的部派最后发展出自己单独的一套文献。

来在教义和哲学问题上有很大的变化和分歧，但是直到公元7世纪乃至更晚，律仍然是区别部派的最基本的标准。

1.3 什么是大乘

所谓大乘，是相对于小乘而言。关于大乘佛教，已经有许多研究著作。对于什么是大乘这一问题，也有不少学者做过探讨、下过定义。我这里举两位学者的意见为例。两位学者的著作出版的时间比较早一些，但在学术界有一定的影响，他们的看法到今天仍然有代表性。一位是英国学者 Charles Eliot，他的 *Hinduism and Buddhuism* 一书第2卷的第16章的题目就是“Main Features of the Mahayana”。Eliot给大乘下了7条定义：

(1) A belief in Bodhisattvas and in the power of human beings to become Bodhisattvas.

(2) A code of altruistic ethics which teaches that everyone must do good in the interest of the whole world and made over to others any merits he may acquire by his virtues.

(3) A doctrine that Buddhas are supernatural beings, distributed through infinite space and time and innumerable.

(4) Various systems of idealist metaphysics.

(5) A canon composed in Sanskrit and apparently later than the Pali Canon.

(6) Habitual worship of images and elaboration of ritual. There is a dangerous tendency to rely on formulae and charms.

(7) A special doctrine of salvation by faith in a Buddha, usually Amitabha and invocation of his name. [1]

另一位是印度学者 Nalinaksha Dutt，他的 *Aspects of Mahāyāna Buddhism and its Relation to Hīnayāna* 一书专门研究大小乘佛教，其中

---

〔1〕*Hinduism and Buddhuism*, London, 1921, Vol, II, p. 6。原文稍长，此处略微做了删节。

的第1章，给大乘下的定义恰好也是7条：

(1)the conception of the Bodhisattva.

(2)the practice of the pāramitās.

(3)the development of Bodhicitta.

(4)the ten stages(bhūmi) of spiritual development.

(5)the goal of Buddhahood.

(6)the conception of Trikāya.

(7) the conception of Dharmaśūnyatā or Dharmasamatā or Tathatā.〔1〕

有意思的是，义净在《南海寄归内法传》里也为大乘做了一个定义，只有很简单的一句话：

若礼菩萨，读大乘经，名之为大。不行斯事，号之为小。

我们看到，前两位学者的意见大同小异。虽然他们力图把大乘佛教主要的特点都总结出来，但什么是大乘最主要、最带普遍性、最能够以一概全的特点，并没有说得很清楚，而且他们定义中的有些特点只能说是大乘中某些派别的特点，而不能说是所有大乘的特点。义净给出的定义最简单，但短短一句话恰恰指出了大小乘之间最基本的区别。而且，在这一问题上，学者们的定义几乎没有考虑到大乘与部派的关系，也没考虑到律方面的问题。但是义净讲到了，那就是我们在本文前面提到的"其四部之中，大乘小乘区分不定"。接着义净才补充道："考其致也，则律检不殊。齐制五篇，通修四谛。若礼菩萨，读大乘经，名之为大。不行斯事，名之为小。"义净认为，部派的分别和大小乘的分别是两回事，大乘在四部之中，因为大乘僧人执行的律仍然是旧有的部派的律。

实际的情况是不是如此呢？我们下面可以做进一步的讨论。

〔1〕*Aspects of Mahāyāna Buddhism and its Relation to Hinayāna*, London, 1930, p.34.

1.4 部派与大乘

说大乘在四部之中,还应该而且必须有实例来证明。

有一个最好的例子。比义净早去印度40年,基本上与义净同一时代的玄奘在《大唐西域记》里曾有一个重要的记载,那就是当时在印度本土和斯里兰卡存在"大乘上座部"。什么是"大乘上座部"?既然是大乘,怎么又和部派牵扯在一起?这一度曾经使学者们感觉困惑。比利时学者Louis de La Vallée Poussin和中国的季羡林先生都做过讨论。季羡林先生的结论是:所谓"大乘上座部",是"受大乘影响的小乘上座部"。季先生还引用Louis de La Vallée Poussin的话说,"这指的是遵守小乘上座部的律而又采用大乘某一些教义的寺庙"。季先生认为"这比较接近事实"。[1]也就是说,就大乘上座部的僧团而言,他们执行的律,仍然是上座部的律,他们的"法统",仍然是上座部的"法统",而且"戒行贞洁,定慧凝明,仪范可师,济济如也"。[2]但同时他们又接受了大乘的学说,换句话说,他们也就是部派中的大乘。玄奘称他们为"大乘上座部",其实也可以说是"上座部大乘",因为义净就讲过"师子洲并皆上座,而大众斥焉"。两个名称形略异而实相同,正是"四部之中,大乘小乘区分不定"的一个例证。

可能有人因此而提出一个问题:既然有大乘上座部,会不会有大乘的其他什么部,比如说按照义净的四大部派划分法,会不会有大乘说一切有部、大乘大众部,或者大乘正量部?

---

〔1〕季羡林:《关于大乘上座部的问题》,载《中国社会科学》1981年5期,第197页。季先生的结论是,"大乘上座部"是"受大乘影响的小乘上座部"。我以为不妨就把它看成是大乘,没有必要再在"上座部"一名前仍然保留"小乘"这个定语。同样的,de La Vallée Poussin说是"遵守小乘上座部的律,而又采用大乘某一些教义",也是看到了问题,但意见还不彻底或不准确。上座部的律大小乘都可以使用,非小乘佛教徒专有,因此无所谓"小乘上座部律"。

〔2〕《大唐西域记校注》卷11,第878页。同书卷8在讲到摩揭陀国摩诃菩提僧伽蓝的"大乘上座部"时也说这里的僧徒"律仪清肃,戒行贞明"。《大唐西域记》提到"大乘上座部"共有5处,其中2处都称赞这个部派的僧徒能守持戒律,这些都颇能说明问题。

回答是，从理论上讲，这完全是可能的，不过理论上的可能不一定就是现实。我们现在除了“大乘上座部”以外，还没有找到其他完全与此相同的例子。我想，其原因可能在于原来的部派或在原来的部派里，要被称作“大乘××部”，必须要具备一定的条件，比如要有一个完整的、基本上一致接受大乘学说的僧团组织，才能得到这样一个新的称呼。而且，从当时的情况看来，这一派的僧人自己未必就这样称呼自己，只是其他人，可能也只有其他的人，比如中国求法僧玄奘根据他自己的所见所闻所考察的结果，给这派僧人加以这样一个称呼。这也是为什么我们除了在《大唐西域记》里知道有“大乘上座部”这么一个名字以外，在其他任何地方也没见到这个名称的原因。就是对当时斯里兰卡的这一派僧人来说，我怀疑他们未必就肯公开承认或接受这个称号。因为我们看到，尽管在历史上斯里兰卡的佛教各派或多或少地接受过大乘的影响，但他们在公开的场合却都始终一致地强调自己的上座部传统。而且，大乘的影响在斯里兰卡实际上是时盛时衰，几起几落，很多时候甚至受到很严厉的排斥与打击，因此实在有点“偷偷摸摸”的味道。[1] 我们只要注意到这些特点，就比较容易明白玄奘是在什么历史背景和条件下提出“大乘上座部”这个名称的。这对上座部来说是一个特例，但就整个部派与大小乘的关系来说，却是一个通例。它说明了部派与大小乘之间的关系究竟是怎么回事。

虽然我们在其他的部派里没有找到完全类似于“大乘上座部”的例子，但是我们在其他部派里可以找到不少大乘僧人的例子。我们先举说一切有部为例。

诃梨跋摩　《出三藏记集》卷11《诃梨跋摩传序》讲，诃梨跋摩是中天竺婆罗门子，“抽簪革服，为萨婆多部达磨沙门究摩罗陀弟子”。老师教他迦旃延所造《大阿毗昙》，他精其文义，却慨叹其“浮繁妨情，支离害

〔1〕例如Vohārikatissa王（215-237 A.D.）和Gotbābhaya王（320-322 A.D.）都曾严厉地禁止大乘的“邪说”在斯里兰卡传播。见H. Bechert:“Buddhist Sanskrit Literature in Sri Lanka”, A Lecture to be given at the International House of Japan, 1982, pp. 2-3, 12-13；季羡林：《关于大乘上座部的问题》，第193页。

志”，因此为同辈所诋。他在数年中精读三藏。“时有僧祇部僧，住巴连弗邑，并遵奉大乘”，“要以同止，遂得研心方等，锐意九部”，造出《成实论》一书。[1]诃梨跋摩的时代约在公元4世纪。一般认为，《成实论》是小乘空宗走向大乘空宗的一部很重要的过渡性的著作，其实就是一部大乘的著作。中国南北朝时佛教僧人中有专门讲习这部书的成实学派，也被称为“成实宗”，当时很有影响。诃梨跋摩是说一切有部的僧人，可是却接受和宣传大乘的学说。

无著 无著是大乘瑜伽行派开宗立派的人物，印度最著名的大乘僧人之一。据陈真谛编译的《婆薮槃豆法师传》，他是犍陀罗国人，“於萨婆多部出家”。[2]无著的时代约在公元4、5世纪。

世亲 世亲是无著的弟弟，也可说是瑜伽行派最著名的论师，与他哥哥齐名。《婆薮槃豆法师传》说他“亦於萨婆多部出家”。[3]书中还记载了一个故事，说世亲在阿緰阇国，因为“造《七十真实论》，破外道所造《僧佉论》”，“王以三洛沙金赏法师，法师分此金为三分，於阿緰阇起三寺，一比丘尼寺，二萨婆多部寺，三大乘寺”。[4]这说明世亲即使在信仰大乘后，萨婆多部和大乘对他来说并无轩轾之分，因为他本来就属于这一部派。阿緰阇国即《大唐西域记》里的“阿踰陀国”。《大唐西域记》专门还记载了阿踰陀国中的好些和无著与世亲有关的故事及寺庙。这里是他们兄弟活动的主要地方。[5]值得注意的是，当玄奘到印度去时，阿踰陀国是“伽蓝百有余所，僧徒三千余人，大乘小乘，兼功习学”。[6]这可能就与无著世亲曾在这里的说一切有部中宣传大乘学说有关，所以僧徒们“兼功习学”。玄奘的时代比无著世亲约晚两三百年。

dGe vdun vbangs 这个藏文译名可以还原成梵文Saṃghadāsa。根据*rGya gar chos vbyung*第23章的记载，他是世亲的弟子，婆罗门出

[1]《大正藏》第55卷，第78页下至第79页上。

[2]《大正藏》第50卷，第188页下c。

[3]《大正藏》第50卷，第188页下c。

[4]《大正藏》第50卷，第190页上至中。

[5]原书，卷5，校注本，第449-456页。

[6]原书，卷5，校注本，第449页。

身，南方人，也是说一切有部的僧人（sde pa thams cad yod par smar ba yin），曾经在释迦牟尼成道的金刚座那地方住过很长一段时间，又在那里建了24座律和论的寺庙（原文如此：vdul ba dang mngon pavi chos gzhi）。他后来到了克什米尔，在那里大力宣传大乘。克什米尔就是自他以后，信大乘佛教的人才渐渐多起来。〔1〕

鸠摩罗什　鸠摩罗什是中国佛教史上最著名的译师之一，后秦时人，出生在西域的龟兹。《高僧传》卷2《鸠摩罗什传》讲他“至年二十，受戒于王宫，从卑摩罗叉学《十诵律》”。〔2〕看来鸠摩罗什是在说一切有部出家的，而当时西域一带最流行的正是说一切有部。鸠摩罗什当然是大乘僧人。

佛陀跋陀罗　又译作“佛大跋陀罗”，意译是“觉贤”。《高僧传》卷2有他的传。据说他祖籍是迦维罗卫，与释迦牟尼同乡。他长在北天竺，“博学群经，多所通达，少以禅律驰名”。〔3〕后来他在罽宾遇到中国的求法僧智严，被智严邀请到中国。初到长安，因为与鸠摩罗什有些龃龉，离开长安到南方江陵、建业等地，译出《大方广佛华严经》等一大批大乘经典。他是大乘僧人，《出三藏记集》卷12载僧祐撰《萨婆多部记目录序》又把他称为“长安城内齐公寺萨婆多部佛大跋陀罗”，说明他也是说一切有部僧人。〔4〕僧祐的这篇序还把马鸣、龙树、提婆等都列入萨婆多部传承的目录中。

般若跋陀罗　印度摩揭陀国低罗择迦寺出家大德。他与玄奘同时。《慈恩传》卷4讲他“本缚罗钵底国人，于萨婆多部出家，善自宗三藏及声明，因明等”。〔5〕低罗择迦寺，义净《南海寄归内法传》和《求法高僧传》译作“羝罗荼寺”，《大唐西域记》译作“鞮罗择迦伽蓝”。《大唐西域

---

〔1〕原书，拉萨木刻版，第68叶a-b面。

〔2〕《大正藏》第50卷，第331页上。但僧祐《出三藏记集》卷14讲，鸠摩罗什曾“从佛陀耶舍学《十诵律》”。《大正藏》第55卷，第100页下。佛陀耶舍为四分律师，属于法藏部，因此这后一记载可能不确。参见汤用彤：《汉魏晋南北朝佛教史》上册，中华书局，1983年，第200页。

〔3〕《大正藏》第50卷，第334页中至第335页下。

〔4〕《大正藏》第55卷，第89页下。

〔5〕《大正藏》第50卷，第244页上。

记》卷8讲，此寺“僧徒千数，并学大乘”[1]，因此般若跋陀罗应该也是大乘僧人。《大慈恩寺三藏法师传》卷4还讲到玄奘在此“就停二月，咨决所疑”。[2]

舍利越魔 他是唐代天宝年间出使北印度，后来在印度出家的中国僧人悟空的老师。悟空受戒时在迦湿弥罗，“于蒙鞮寺讽声闻戒，讽毕，听习根本律议。然于北天竺国皆萨婆多学也”，可见越魔是说一切有部僧人。悟空归国时，越魔三藏“乃手授梵本《十地经》及《回向轮经》并《十力经》”，这些都是大乘经典。可见舍利越魔又是大乘僧人。[3]

还有一个比较特殊的事例，不是印度僧人，而是中国僧人。帮助玄奘撰写《大唐西域记》和译经的辩机在《大唐西域记》书后写过一篇“赞”，其中先讲了好些有关玄奘的事迹，最后讲到他自己：“少怀高蹈之节，年方志学，抽簪革服，为大总持寺萨婆多部道岳法师弟子。”[4]这位道岳，在隋末唐初也比较有些名气。《续高僧传》卷13有他的传，当然是大乘僧人。[5]可是他的弟子却这样称呼他，这不能有别的解释，只能说明他虽是在中国，也是依说一切有部的律出的家，同时更说明当时的中国僧人究竟是怎样在理解和使用部派这个称谓的。辩机当时其实在佛教方面很有学问，是既了解中国，又相当了解印度的一位僧人。只是我们要注意，道岳是中国僧人，中国佛教的情况与印度相比，实际上有很大的不同。这个例子可以帮助我们在这里说明一些问题，但不能由此得出结论，认为中国佛教中也存在一个与印度或中亚一样的说一切有部。

再有法藏部。法藏部一般被认为是从说一切有部分出，是说一切有部的一个支部。

佛陀耶舍 罽宾人，“年十九，诵大小乘经数百万言”，他也是在后秦时来到中国的。在长安他曾经帮助鸠摩罗什翻译《十住经》，这是大

[1] 原书，校注本，第650页。

[2]《大正藏》第50卷，第244页上。

[3]《大正藏》第51卷，第979页下至980页中。

[4] 原书，校注本，第1049页。

[5] 道岳事迹见《续高僧传》卷13，《大正藏》第50卷，第527页上至528页中。

乘经。后来又与竺佛念一起翻译《四分律》60卷。这是法藏部的广律，后来成为对中国佛教影响最大，被中国佛教徒广泛接受使用的一部部派律。耶舍最后回到罽宾，还寻得一部《虚空藏经》，委托商贾寄给凉州诸僧。这也是一部大乘经。他是一位大乘僧人，但同时也是属于法藏部的僧人，因此《四分律》前的"序"中称他为"昙无德部体大乘三藏沙门佛陀耶舍"。[1] 他的事迹见《出三藏记集》卷14与《高僧传》卷2。[2]

再举大众部的例子。《出三藏记集》卷11《诃梨跋摩传序》讲："时有僧祇部僧，住巴连弗邑，并遵奉大乘。"[3] 上面讨论说一切有部时在"诃梨跋摩"条中已经引用了这条材料。

《大慈恩寺三藏法师传》卷4，讲玄奘在驮那羯磔迦国"逢二僧，一名苏部底，一名苏利耶，善解大众部三藏，法师就停数月，学大众部根本阿毗达磨等论。彼亦依法师学大乘诸论。遂结志同行，巡礼圣迹"。[4] 苏部底和苏利耶看来都是大众部的僧人，估计本来信仰小乘，但也学习大乘。

Kun dgav snying po 这个藏文名字可以还原成梵文Ānandagarbha，前面引用过的 *rGya gar chos vbynng* 第31章讲，他是摩揭陀国人，是大众部僧人（sde pa phal chen pa），又是唯识—中观派（grub mthav rnam rig dbum pa）。他在著名的Vikramaśīla寺学习过五明。*rGya gar chos byung* 第31章讲的是Masurakṣita王、Vanapāla王与Mahīpāla王时代的事，因此Ānandagarbha应该是公元10世纪后半期的人。[5]

同书第33章又有同样的事例：一位名叫Ngag gi dbang phyug

---

[1] 佛陀耶舍毫无疑问是大乘僧人。把耶舍看成是"小乘学者"是一种误解。见任继愈主编：《中国佛教史》第2卷，社会科学出版社，1985年，第257页。

[2]《大正藏》第55卷，第102页上至下；《大正藏》第50卷，第333页下至334页中。

[3]《大正藏》第55卷，第79页上。

[4]《大正藏》第50卷，第241页中至下。

[5] 原书，拉萨木刻版，第111叶b面。grub mthav rnam rig dbum pa是大乘佛教中后期出现的一个派别，它综合了瑜伽行派（唯识）与中观派两派的观点而各有取舍。代表人物是Śāntarakṣita（约8世纪人）。见吕澂：《印度佛学源流略讲》，第214-248页和D. Seyfort Ruegg: *The Literature of the Madhyamaka School*, Wiesbaden, 1981, pp. 87-100。

grags pa 的僧人在大众部出家，信仰密宗。这个名字梵文可还原为 Vāgīśvarakīrti。他是 Vikramaśīla 寺的六门大学者（mkhas pa sgo drug）之一，到处宣传密宗及大乘学说，时代是在 Canaka 王统治时期。[1]

还有同书第 37 章提到的 Buddhaśri。Buddhaśri 是尼泊尔人。同 Vāgīśvarakīrti 一样，他信仰密宗和大乘，还在 Vikramaśīla 寺里做过一段时间的大众部的上座（gnas drtan）。[2] 这样看来，Vikramaśīla 寺里的大众部僧人还不少。[3] 这座寺院是印度后期佛教史上最有名的密宗与大乘的中心，地位和影响可与早一些的那烂陀寺相比。Buddhaśri 后来回到尼泊尔，仍然宣传大乘与密宗的学说。

同书同章还提到一位名叫 Ratnarakṣita 的大众部僧人。书中把大乘称为 pha rol du phyin pavi theg pa（波罗蜜多乘）。Ratnarakṣita 就很精通这个 pha rol du phyin pavi theg pa 的学说，也精通密咒（gsang sngags），因此被称作 Vikramaśīla 寺的密咒阿阇梨（sngags kyi slob dpon）。[4]

再有正量部的例子。《婆薮槃豆法师传》讲无著在说一切有部出家，但《大唐西域记》卷 5 讲无著是“从弥沙塞部出家修学”[5]，两种记载不一致，但不影响我们想要说明的问题。

《大慈恩寺三藏法师传》卷 4 讲，印度钵伐多国“有二三大德，并学业可遵，（玄奘）法师停二年，就学正量部《根本阿毗达磨》及《正法论》、《教实论》等”。[6] 看来他们是正量部僧人。《大唐西域记》卷 11 讲此国

---

〔1〕原书，第 115 叶 b 面至第 116 叶 a 面。

〔2〕原书，第 124 叶 b 面。

〔3〕这一事实还可从其他方面得到证实。北京民族图书馆收藏的梵文贝叶经中有大众一说出世部的两种律：*Bhikṣu-vinaya* 和 *Bhikṣuṇī-vinaya*。这两种律很可能就是在 Vikramaśila 寺抄写而后被带到西藏，其后再由民族图书馆收藏的。这是现存为数极少的大众部的梵文文献中的两种。参见 Gustav Roth：“The Language of the Ārya-Mahāsaṃghika-Lokottaravādin”，载 *Die Sprache der ältesten buddhistischen Überlieferung*, Göttingen 1980，P. 82。这也说明 Vikramaśīla 寺中有大众部存在。

〔4〕原书，第 124 叶 b 面。

〔5〕原书，校注本，第 452 页。

〔6〕《大正藏》第 50 卷，第 243 页下至 244 页上。

"伽蓝十余所,僧徒千余人,大小二乘,兼功习学"。[1]这几位大德看来就是这种"大小二乘,兼功习学"的僧人。

还有犊子部的例子。

提婆罗 提婆罗造,北凉道泰翻译的《大丈夫论》是一部典型的大乘著作,其中专门讲大乘菩萨的布施、大悲、大愿等等,可是在书的末尾,作者的题名是:"阿阇梨犊子部提婆罗大菩萨生在南方,是所作竟。"[2]很明显,这位提婆罗大菩萨就是一位犊子部的大乘僧人。部派的称谓与大乘大菩萨的称谓在这里合作一处,一点也不矛盾。[3]

陈那 *rGya gar chos vbyung*第23章提到陈那。陈那的梵文名字是Dignāga,藏文是phyogs kyi glang po。书中讲陈那出身婆罗门,生在南印度Kañcī附近一个叫作Singavakta的城里。他出家时,亲教师(mkhan po)名叫Nāgadatta,是一位犊子部的僧人。[4]看来陈那是在犊子部出的家。犊子部和正量部的关系很密切,它本来是正量部的本宗,只是到了玄奘和义净的时代,正量部的影响变得很大,它反而被正量部取而代之。[5]因此我们可以把犊子和正量看作一个大的部派。义净

---

〔1〕原书,校注本,第933页。

〔2〕《大正藏》第30卷,第268页上。原书共2卷,《大正藏》第30卷,第256页至268页。

〔3〕吕澂先生的《印度佛学源流略讲》一书已经注意到了这里的问题。吕先生说:"犊子本是小乘,但作者却自称菩萨。"书又是大乘的书。他把这归结为是因为"犊子一系与大乘的联系十分密切",这是"小乘学者为大乘写书"。见吕先生原书,第156-157页。其实提婆罗就是一位大乘僧人。一位僧人,试想要是不信仰大乘,怎么能写出大乘的书?提婆罗信仰大乘,写大乘的书,一点不影响他作为犊子部僧人的地位。吕先生在此思想似乎转不过弯来,就如吕先生在讲到"大乘上座部"时说那是因为"玄奘似乎也把方广看得与大乘差不多了"。见《印度佛学源流略讲》,第84页。其实大乘上座部就是上座部中的大乘,这本来是很明白的事。吕先生书中还举了另一个贤胄部的例子,情况和提婆罗刚好相反。《三法度论》是正量部的兄弟部派贤胄部的著作,可是注释者僧伽先却是一位大乘僧人。吕先生说这是"大乘学者为犊子部论作注"。不过吕先生以下的结论还是与上一个例子一样,认为这只是证明了犊子部与大乘的联系密切。其实,这位大乘学者恐怕本身就属于这一部派,所以才为本部派的书作注。见《印度佛学源流略讲》,第157页。《三法度论》今本《大正藏》本收在卷30。其汉译后记及序见《出三藏记集》卷10,《大正藏》第55卷,第73页上至中。

〔4〕原书,第66叶a面。

〔5〕见吕澂:《印度佛学源流略讲》,第156-159页。E. Frauwallner干脆把它们称作Vātsiputriya-Sāmmatiya school,它们使用的律是一种。见其*The Earliest Vinaya and the Beginings of Buddhist Litterature*,第8、10页。

《南海寄归内法传》里就是这样看的。

类似的例子还有一些,但不必再列举了。上面列举的大乘僧人,属于不同的部派,不同的时代,但可以说明同一个问题。[1]我们要注意的是,从一方面看,这些大乘僧人在宗教信仰上或者原来是小乘,后来转变为大乘,或者一开始就信仰大乘;而在另一方面,就某种"组织关系"而言,他们仍然具有作为他们原来的(或者本来的)部派成员的身份,仍然是那个部派的僧人。他们在信仰上的转变,并不如过去一般所认为的那样,意味着就一定要完全脱离他们原来的部派。[2]他们只是没有在原来的部派里形成一个显著的集团,或者没有某种合适的机会,以致得到"大乘××部"的称号。实际上,我们可以设想,在每一个部派里,既有一部分僧人信仰新的大乘的学说,也有一部分僧人仍然信仰原来的所谓的小乘的学说。[3]如果说在大乘出现前,我们还可以把部派佛教就看作小乘佛教的话,那么在大乘出现后,情况就完全不同,恐怕不能再在部派与小乘之间画等号了。应该说这才符合印度佛教的历史实际。大小乘的问题与部派问题是两回事,两者之间虽然有关联,但从根本上讲更是有区别的。部派滥觞于律,而后逐渐在教义与哲学上有新发展,各张其说,而大乘的起源则完全只与教义和信仰有关。如果把两者混同起来,那是不正确的。

1.5 结束语

本文的最后,想引用Tāranātha的*rGya gar chos vbyung*的两段文字

〔1〕所举部派例子的多少和时代的先后与材料来源很有关系。汉文文献的时代较早,说一切有部的例子较多,是因为早期的汉文文献多记载西北印度及中亚地区的情况。这一地区当时说一切有部最为流行。藏文文献的时代较晚,讲到的僧人多是在东印度,因为当时印度佛教已开始衰落,中心已转移到东印度。可惜印度本土很少保存得有关于这方面的材料。

〔2〕例如A. K. Warder:*Indian Buddhism*,Delhi: Motilal Banarsidass,1980年,第358页。

〔3〕Louis de La Vallée Poussin也有类似的观点,他的一篇文章可能就是讨论这个问题:"Opinions sur les relations de deux Véhicules au point de vue du Vinaya"。但我没找到这篇文章,只是从其他论文的注中知道他有这样的看法。

作为结束。书中的第13章，讲到大乘初期的大发展，Tāranātha说：

theg pa chen po pa de dag kyang rnal vbyor spyod pa sem tsam pa sha stag yin cing / de dag sngon sde pa bco brgyad so so la rab tu byung ba yin bas / phal cher de dag dang gnas lhan cig tu bzhugs pas nyan thos stong phrag mang povi dbus na theg pa chen po re re gnas pa tsam yin navang/nyan thos rnams kyis zil gyis gnon mi nus pavo[1]

这就是说，所有的大乘僧人一开始都是在部派中出家受戒，他们虽然信仰大乘，可是仍然还留在部派之中，信小乘的僧人比信大乘的数量上要多很多，不过小乘终究不能压倒大乘。我们要注意，说这话的人，正是一位大乘僧人。

同书第42章专门讨论部派问题，作者在列举了各种有关部派的说法后，最后总结说：

de yang sngon nyan thos kho navi bstan pa dar bavi tshe de dag la grub mthav tha dad pa dag nges par yod la / theg chen dar ba nas theg chen gyi dge vdun thams cad kyang sde pa de rnams nyid kyi khongs su gdogs kyang grub mthav theg chen nyid vdzin pavi phyir sngon gyi so sovi grub mthas ma gos la / nyan thos rnams de nas kyang yun ring rab tu grub mthav ma vdres par skyong ba byung yang phyis ni grub mthav vdres te gnas so // theg pa che chung gi grub mthav gang vdzin kyang rung vdul bavi spyos pa dang / lag len ni ma vdres par gnas pa yin pas / sde pa bzhivi dbye vbyed kyang vdul bavi spyod pa las dbye bar go dgos so //[2]

这段话的意思是，在只有声闻乘即所谓小乘的时代，不同的部派有不同的教义。自从大乘流行以来，他们主张大乘的理论，所有大乘的僧团都属于这个或那个部派，不过他们并不受早期部派不同观点的影响。很长一段时间，声闻乘同样也坚持他们的理论，只是后来他们才受

〔1〕拉萨木刻版，第33叶b面。

〔2〕第135叶b面。

到了其他宗派的影响。无论他们持有的是小乘的观点还是大乘的观点，他们都认真地坚持戒律。分为四个部派是因为对戒律有不同的理解。

这等于是很好的一段总结，也等于回答了本文在前面提出的那几个问题。

（原载《北京大学学报》[哲社版]，1989年第4期，稍有修订。）

2 论义净时代的印度佛教寺院

研究佛教的历史，除了研究它的宗教思想、宗教哲学理论、部派、大小乘等问题以外，很重要的一个方面是研究它的寺院组织和宗教生活的历史。可惜的是，在印度尽管先后出现过大量的佛教文献，包括经、律、论，它们印度的原本以及各种语言的译本，但与这方面问题直接有关的具有"实录"性质的文献几乎完全没有。只有在公元5世纪以后，中国的求法僧到达印度，他们回国后根据自己的所见所闻写下的著作，才可以称得上是一种"实录"性的文献。在这些文献中，如果就研究7世纪时印度的佛教寺院状况而言，唐代义净的《南海寄归内法传》无疑是最重要的一部著作。不管在义净以前，同时或是以后，都没有任何一部书像《南海寄归内法传》这样详细专门地记载了当时佛教寺院内各方面生活的实际情况。本文拟以《南海寄归内法传》的记载为基础，并结合其他相关的一些材料，就以下几个问题做一些考察：

(1)寺院内部的组织；

(2)寺院的经济活动；

(3)寺院的宗教生活；

(4)寺院的教育。

2.1 寺院内部的组织

佛教最初出现时，并没有寺院。从律藏和经藏里的记载看，释迦牟尼最初传道，是带领一群弟子，到处游行，并不长期固定地住在某一个地方。虽然他经常住的地方也有一些，比如室罗伐悉底的逝多林给孤独园，后世把这些地方称作āvāsa或ārāma，汉译佛经中常译作"精舍"，但是实际上它们与后来的佛教寺院是有区别的。在释迦牟尼的时代，游行沙门是一种很流行的风尚，佛教徒也不例外。释迦牟尼在世时，已经接受了一些信仰或支持佛教的国王、商人馈赠的房舍、林园，作为僧人们的常住之处。在他以后，虽然一部分僧人仍然坚持游行的传统，但是越来越多的僧人固定地住在某一个地方，在此基础上，才逐渐形成佛教的寺院，某些寺院的规模也逐渐变得大起来。从释迦牟尼去世到玄奘、义净的时代，一千多年的时间里，佛教寺院的名称、组织形式、与世俗社会的关系和在社会中的地位，大概都发生了相当大的变化。[1]只是这方面的情况我们现在并不是很清楚。印度地域广大，不同的地区，在不同的时代，前后的情况可能有很大的不同。考虑到义净到过的地方并不是很多，其中有明确记载的只限于中印度与东印度以及南海地区，因此，他的记载可能主要也就反映他这个时代这些地区佛教寺院的情况。义净在那烂陀住的时间最长，他谈到的情况因此尤其可以反映古代印度这座最著名的佛教寺院当时的实际状况。不过，要是就那烂陀在当时和在整个印度佛教史上的地位而言，应该说这还是具有代表性意义的。

我们先看寺院中有些什么成员。义净在《南海寄归内法传》和他的另一部重要著作《大唐西域求法高僧传》中讲到的寺院内以及与寺院有关的各种成员有：

(1)上座。又称为住位苾刍，即受大戒满十年(十夏)以上的僧人。梵文名字是sthavira，义净音译为"悉他薛攞。"

(2)小师。又称小苾刍，指已经受大戒，但时间还不到十年的僧人。梵文名字是dahara，义净音译为"铎曷攞"。

(3)沙弥。又称"求寂"，指受十戒，已经出家的年轻僧人。梵文名字是śramaṇera，义净音译为"室罗末尼罗"。

---

〔1〕如巴利文律典 *Cullavagga*, VI,1,2 就讲到有 5 种 leṇa 供僧人住：atha kho bhagavā etasmiṃ nidāne dhammiṃ kathaṃ katvā bhikkhū āmantesi：anujānāmi bhikkhave paña leṇāni vihāraṃ aḍḍhayogaṃ pāsādaṃ hammiyaṃ guhan ti. *The Vinaya Piṭaka*, edited by H. Oldenberg Vol. II, London, 1930, p. 146. 可是后来只剩下两种，一种是北方的 vihāra，另一种是南方的 guhā。见 S. Dutt: *Buddhist Monks and Monasteries in India*, London, 1962, pp. 24,94。

以上3种，都算正式的僧人。

（4）童子。这是刚进入寺院，学习佛教，准备出家的年轻人。《南海寄归内法传》讲："若专诵佛典，情希落发，毕愿缁衣，号为童子。"梵文名字是 mānava。

（5）学生。并不信仰佛教，但在寺院里学习的人，被称为学生。《南海寄归内法传》讲："或求外典，无心出离，名曰学生。"梵文名字是 brahmacārin。

（6）净人、户人、供人。这3种人，都不是僧人，但是都在寺院里从事一些劳务性的工作，为僧人们服务。因此这里归作一类。而且，他们在某些情况下确实很可能也就是一种人。

（7）寺主。《南海寄归内法传》里没提到寺主，但是《大唐西域求法高僧传》里讲到这个名字，"但造寺之人，名为寺主，梵云毗诃罗莎弭"。梵文即 vihārasvāmi。造寺之人不一定就是僧人，因此这个寺主和中国一般所讲的寺主不完全一样。[1]

我们再进一步讨论以上各种人的情况。

先谈僧人。僧人是寺院中最主要的成员。在同一座寺院里，僧人们之间的地位是有差别的。地位最高的是上座，其次是小师，再次是沙弥。《南海寄归内法传》里有许多地方讲到上座。僧人们出外赴请受斋，施主行食，首先从上座开始。中间念诵咒愿，最后念诵陀那伽他（dānagāthā），报答施主，上座始终是最主要的人物（卷1"受斋轨则"章）。僧人们举行自恣，上座是主持人（卷3"随意成规"章）。在大的寺院里有不止一位上座，在上座中间，座次又有第一第二第三依次的差别（卷4"赞咏之礼"章）。

僧人地位的高低，有两个条件作为区别：一是受戒的年数，二是学问的高低。这第一个条件就是论资排辈，比较的是正式成为僧人的资历。《大唐西域求法高僧传》讲："寺内但以最老上座而为尊主，不论其德。"讲的那烂陀寺，就是这个意思。《南海寄归内法传》一开始第1章

[1] 中国的寺主由僧人担任。见《唐六典》卷4："每寺设上座一人，寺主一人，都维那一人，共纲统众事。"光绪二十一年广雅书局刊本，第16页a。寺主在中国是寺院中的一种高级僧职。

"破夏非小",也讲的是这件事:

凡诸破夏,苾刍但不获其十利,然是本位,理无成小。岂容昔时受敬,今翻礼卑?习以成俗,本无凭据。依夏受请,盗过容生?故应详审,理无疏略,宜取受戒之日以论大小。纵令失夏,不退下行。

然后第2、第3、第19、第21、第24章都讲到这件事。

僧人的资历,有时不仅以受戒的年数论,也以月、以日、以上下午,甚至以分秒论:

凡西方南海出家之人,创相见者,问云大德几夏。答云尔许。若同夏者,问在何时。若时同者,问得几日。若日同者,问食前后。同在食前,方问其影。影若有殊,大小成异。影若同者,便无大小。坐次则据其先至,知事乃任彼前差。(卷3"受戒轨则"章)

受戒的时间长短既然如此重要,主持受戒的人因此也尽量给被受戒人方便。那烂陀寺就采用一种"五时"制,把受戒时间安排在"长时":

那烂陀寺多是长时,明相才出,受其近圆,意取同夏之中多为最大,即当神州六月十七日。明相才出,由不得后夏故。若六月十六日夜将尽而受戒者,则同夏之中最小,由其得后夏故。(卷3"受戒轨则"章)

在论资排辈之外,僧人学问的高下也成为获得地位的条件。有学问的僧人可以享受到某些优待:

又见多闻大德,或可一藏精研,众给上房,亦与净人供使。讲说寻常,放免僧事。出多乘舆,鞍畜不骑。(卷2"衣食所须"章)

玄奘《大唐西域记》卷2的叙述似乎更详细更典型:

无云律论,絓是佛经,讲宣一部,乃免僧知事;二部,加上房资具;三部,差侍者祇承;四部,给净人役使;五部,则行乘象舆;六部,又导从周卫。道德既高,旌命亦异。[1]

作为有地位的上座,在寺院里除了平时座次在前以外,在其他的待遇上也有各种优待,比如那烂陀寺一年一度的分房。"上座取其好者,以

〔1〕季羡林等:《大唐西域记校注》,中华书局,1985年,第193页。

次分使至终。”（卷2“五众安居”章）平时受到一般僧人的敬重。有的还分配有净人侍候。分配去世的僧人所遗留下的财物，如果东西不够多，“纵不普遍，从大者行”（卷4“亡则僧现”章）。

但是这种以出家的先后论座次的规矩在某些特殊的情况下也可以被打破。《大唐西域记》卷9记载印度幼日王在那烂陀寺出家的传说时说：

> 出家既已，位居僧末，心常怏怏，怀不自安：“我昔为王，尊居最上，今者出家，卑在众末！”寻往白僧，自述情事。於是众僧和合，令未受戒者以年齿为次。故此伽蓝独有斯制。[1]

这座伽蓝就是幼日王在那烂陀为僧人们建立的。未受戒者是指未受大戒。这算是一种特殊情况。幼日王身为国王，说得上是头等大施主，僧人们无论如何得破这个例。中国僧人从唐代武则天开始，只要皇帝高兴，出家虽晚，可以敕赐夏腊，一次可以赐到“三十夏”，甚至“五十腊”，受赐者“顿为老成”。[2] 这种举止，更大大超过了印度。

不过，某一些上座的地位虽高，但是所有寺院内的重要事务，都必须要经过僧人大会的讨论，取得一致的意见，才可能实行。《南海寄归内法传》卷2“衣食所须”章讲：

> 又见寺内不立纲维，但有事来，合众量许。若缘独意处断，随情损益僧徒，不遵众望者，此名俱罗钵底，众共驱之。

《大唐西域求法高僧传》卷上讲那烂陀寺时叙述得更详细：

> 众僧有事，集众平章，令其护寺巡行告白，一一人前，皆须合掌，各伸其事。若一人不许，则事不得成，全无众前打槌秉白之法。若见不许，以理喻之，未有挟强便加压伏。其守库当庄之流，虽三二人，亦遣典库家人合掌为白，若合方可费用，诚无独任之咎。若不白而独用者，下至半升之粟，即交被驱摈。若一人称豪，独用僧物，处断纲务，不白大众者，名为俱罗钵底，译为家主。斯乃佛法之大疣，人神所共怨，虽复于寺有益，而终获罪弥深，智者必不

[1]《大唐西域记校注》，中华书局，1985年，第748页。

[2] 见《大宋僧史略》卷下，《大正藏》第54卷，第251页上。

为也。

“俱罗钵底”一名的梵文是kulapati。这种集众议事的规矩是佛教僧团一开始就有的传统,看来一直到7世纪时还仍然保留着。[1]

僧人们一经出家,便脱离“王籍”。《南海寄归内法传》卷2“衣食所须”章讲:

又见好心来至,具问因由。如来出家,和僧剃发,名字不干王籍,众僧自有部书。后若破戒行非,鸣揵稚而驱遣。为此众僧自相检察,起过难为萌渐。

而《大唐西域求法高僧传》也讲,“众僧名字不贯王籍,其有犯者,众自治罚,为此僧徒咸相敬惧”。从这一点看,国家对僧伽内部事务的干涉似乎没有中国那样多和直接。这是中印两国不同之处。

当时有不少的僧人有游行的习惯,还不时有外国的僧人到印度去求法。外面的僧人如果来到一个寺院,接待上有一定的规矩:

又见客僧创来入寺,于五日内,和众与其好食,冀令解息,后乃僧常。若是好人,和僧请住,准其夏岁,卧具是资。无学识则一体常僧,具多闻乃准前安置,名挂僧籍,同旧住人矣。(卷2“衣食所须”章)

所谓“准前安置”,就是指“给上房”“净人供使”“放免僧事”“出多乘舆”。玄奘到那烂陀时,看来享受的就是这种待遇。[2]不过,这种规矩也常常因时因地而略有不同。法显在5世纪初到达北印度的乌苌国,他记载当时那里的规矩是:“若有客比丘到,悉供养三日。三日过已,乃令自求所安。”[3]住的时间只有3天,并且不能长久地住下去。

义净还把客僧的地位分为两种,一种称为“主人”,另一种称为“客”。《大唐西域求法高僧传》卷下《无行传》讲到中国僧人无行与智弘到了大觉寺,“蒙国安置入寺,俱为主人。西国主人稍难得也。若其得

---

〔1〕参见 Gokuldas De: *Democracy in Early Buddhist Samgha*, Calcutta, 1955。

〔2〕玄奘到那烂陀时,先是住在幼日王院,7天以后,又重新安置上房。每天有种种供给,有净人1人、婆罗门1人侍候。免诸僧事,出外行乘象舆。见《大慈恩寺三藏法师传》卷3,《大正藏》第50卷,第237页上。

〔3〕《法显传》,见《大正藏》第51卷,第858页上。

主，则众事同如也，为客但食而已”。在大觉寺里取得这种“主人”地位的，同书中还有卷上的道方。卷上《慧轮传》里讲覩货罗人在印度建造的寺庙，专门为本国人使用。中国僧人慧轮在这里住过，但是“其北方僧来，皆住此寺为主人”，似乎是对本国人的一种优待。

进入寺院，学习佛典，准备出家，但还未正式出家的年轻人被称作“童子”。从《南海寄归内法传》里的记载看，每个童子似乎都有自己固定的老师。童子的任务是向老师学习，并且侍候老师。童子平时要参加一些宗教活动。寺院每天傍晚举行巡行礼赞时，童子和净人手持香花，在唱导师前开路（卷4“赞咏之礼”章）。老师出外，童子要负责拿着老师所有的“资具”（卷1“水有二瓶”章）。老师有什么事，可以随时差遣他们。义净在东印度耽摩立底国就亲眼见到过寺院中的一位小师悄悄地派他的童子把寺院的两升米送给家人妇女（卷2“衣食所须”章）。而且童子必须自己负担自己在寺院里的生活费用。

和童子地位一样，但并不学习佛典，而是学习“外典”，也不准备以后做僧人的年轻人被称作“学生”。他们当然更得自己负担自己的生活费用。“斯之二流，并须自食。”（卷3“受戒轨则”章）学生也必须完成一些劳务性的工作，“驱驰给侍”。这与印度古老相传教授学生的传统是一致的。

情况不太清楚的是义净经常提到的净人、户人、供人这几种人的真正身份。《南海寄归内法传》中讲到净人及户人、供人的地方很多，我把主要的列举出来：

僧人们赴请受斋时，“僧徒器座，量准时宜。或可净人自持，或受他净物”（卷1“受斋轨则”章）。

厨家为僧人们煮饭，其中“有一净人老母”（卷1“受斋轨则”章）。

僧人受斋之后，“其所残食，皆任众僧令净人将去”（卷1“受斋轨则”章）。

“僧家作田，须共净人为其分数。或可共余人户，咸并六分抽一。”（卷2“衣食所须”章）

寺院里的多闻大德，可以“与净人供使”（卷2“衣食所须”章）。

"净人来入厨内,岂得即是村收?"(卷2"结净地法"章)

僧人大小便后,需要漱口、洗手、净身,这时如果"幸有供人,使浇非过"(卷2"便利之事"章)。

寺院中在太阳落山与天刚亮时需要打鼓报时,"斯等杂任,皆是净人及户人所作",但是打犍稚的事却不能让净人去做(卷3"旋右观时"章)。

寺院中每天傍晚举行巡行礼赞的宗教仪式时,"净人童子持杂香花,引前而去",为唱导师开路(卷4"赞咏之礼"章)。

《法显传》也讲到净人。在于阗国的瞿摩帝寺里,僧人们进食时,净人侍候,"净人益食,不得相唤,但以手指"。〔1〕

《大唐西域记》卷5讲到中印度羯若鞠阇国的殑伽河边,有三座僧伽蓝,"役使净人数千余户"。〔2〕

《大慈恩寺三藏法师传》里讲到玄奘到那烂陀后,因为有学问,始终有净人侍候。〔3〕

上面这些记载说明,净人、户人、供人在寺院里从事的都是一些劳役性的工作。从这一点看,他们似乎是寺院里的仆役。但从他们参加一些宗教活动看,他们又是一些在家未出家的佛教徒,因此他们中间也可能有一些是出于宗教信仰,而自愿到寺院里去服役的信徒。就前者而言,《南海寄归内法传》卷2"衣食所须"章讲到有的寺院"自使奴婢,躬耕营田",卷4"亡则僧现"章讲到僧人死后财产的处理时提到僧人财产中有"奴婢"一条,说明寺院中是有奴婢的,而且这种奴婢没有充分的人身权利,可以作为财产对待。同时,寺院从国王的封邑上收取租赋,寺院的土地租与民户,民户除了与寺院分取收成之外,很可能也要为寺院服一些劳役。就后者而言,出于宗教信仰而主动地为寺院服务,也是印度及东南亚国家历史上的传统。因此,上面这两种情况看来都有。只

〔1〕《大正藏》第51卷,第857页中。

〔2〕原书,校注本,第444页。

〔3〕《大慈恩寺三藏法师传》卷3,见《大正藏》第50卷,第237页上。又见原书卷4,《大正藏》第50卷,第245页上。

是从上下文的背景来看，净人是对所有在寺院中服役的人的一种统称，户人很可能则是专指耕种寺院的土地，因此也为寺院提供劳役性的服务的民户。这些民户同时也可称为净人，如玄奘在上面那条引文里讲到的羯若鞠阇国为三座寺院服务的数千余家民户那种情形。至于供人，可能地位要更低一些，也许其中有一部分是寺院中的奴婢。但目前因为缺乏更多的资料，一时还难以对这些问题做出很肯定的结论。[1]

《大唐西域求法高僧传》提到了“寺主”这个名称。寺主是指造寺之人。能够造寺的人当然多数是有权势或有钱的国王、大臣或商人。《大唐西域记》讲到的先后在那烂陀造寺的六个国王，《大唐西域求法高僧传》讲到的建造信者寺的菴摩罗跋国王，建造屈录迦寺的南方屈录迦国王，建造支那寺的室利笈多大王，建造金刚座大觉寺的僧诃罗国王，以及这两部书加上《大慈恩寺三藏法师传》和《法显传》中讲到的其他许多建寺的大施主，都是这类人。印度近现代在一些佛寺的遗址上发现的一些捐赠铭文很多就是这类人留下来的。这些寺主，如果不是僧人，就不住在寺院里。但他们即使不住在寺院里，他们的地位和对寺院的影响仍可以想象。

以上谈的是寺院中各种成员的情况。一座大的寺院，有许多僧人，加上还有上面谈到的不是僧人，但也在寺院里活动的那几种人，整个寺院必须要有一定的组织手段和比较严格的管理秩序，才可能维持。以那烂陀为例，寺有八院，房有三百，僧人数千，却能管理得井井有条，看来当时印度的寺院在这方面是有一套规矩的。寺院中为此设有各种僧职。义净的记载讲到了其中的几种：

(1)护寺。《大唐西域求法高僧传》卷上讲：“若作番直，典掌寺门，及和僧白事者，名毗诃罗波罗，译为护寺。”梵文是vihārapāla。

(2)维那。《大唐西域求法高僧传》又讲：“若鸣揵稚及监食者，名为

[1] 中国古代的寺院中也有“净人”，实际上是人身依附于寺院的一种奴婢。还有“寺户”，人身和经济上依附于寺院，为寺院服役。敦煌文献中有很多具体的有关“寺户”的材料。见姜伯勤：《唐五代敦煌寺户制度》，中华书局，1987年。这本书对敦煌一地的“寺户”制度做了很详尽的研究，认为寺户制度为一种“封建农奴制”。当然，印度和中国在古代的情况不会完全一样，但如果进行对比，互相之间应该有一些启发。

羯磨陀那，译为授事，言维那者略也。”梵文是karmadāna。义净在《南海寄归内法传》卷4“灌沐尊仪”章里的一条注解释得更详细一些：“授事者，梵云羯磨陀那。陀那是授，羯磨是事，意道以众杂事指授于人。旧云维那者非也。维是周语，意道纲维，那是梵音，略去羯磨陀字也。”这是所谓的“梵汉并举”。中国唐代的佛教寺院中也有这个僧职。[1]

（3）典事佐史。《大唐西域求法高僧传》卷上讲到那烂陀寺时提到这个名称：“此之寺制，理极严峻，每半月令典事佐史巡房读制。”但是关于这个职务的更多的情况不太清楚。这应该是一个意译的名称。从名字上看，大约是协助寺院的最高上座管理寺院的人。

以上这三种职务，都是由正式的僧人担任。

此外，有的寺院有属于自己的村庄，寺院中又有自己的仓库，因此也都设有专人管理。《大唐西域求法高僧传》讲到那烂陀寺时提到“守库当庄之流”（见前引文）。这种职务是否是由僧人直接担任，不是很清楚，但估计可能是。当然，一些一般的劳务性的职事，看来很多也分配给所谓的“净人”们担任，例如“典库家人”和前面谈到的净人或户人所从事的那些工作。

2.2 寺院的经济活动

寺院经济是寺院存在的基础。7世纪时印度佛教寺院的经济状况怎样，与研究同一时期的印度历史包括经济史的情况一样，因为缺乏比较可靠，更缺乏比较系统的资料，也是不很清楚的。义净的《南海寄归内法传》相当详细地记载了当时佛教寺院内经济活动的情况，因而在这方面留下了很重要的史料。他的记载很多地方十分生动具体：

> 依如律教，僧家作田，须共净人为其分数。或可共余人户，咸并六分抽一。僧但给牛与地，诸事皆悉不知。或可分数，量时斟酌。西方诸寺多并如是。（卷2“衣食所须”章）

---

〔1〕见《唐六典》卷4：“每寺设上座一人，寺主一人，都维那一人，共纲统众事。”

六分抽一是印度的传统，但是实际执行起来也不一定。[1]义净刚到印度时，便亲眼看见这种寺院把土地出租给他人，"为其分数"的事：

初至耽摩立底国，寺院之外有一方地，忽见家人取菜，分为三分，僧取一分，自取两归。未解其故，问大乘灯师曰：斯何意焉？答曰：此寺僧徒并多戒行，自为种植，大圣所遮，是以租地与他，分苗而食，方为正命。省缘自活，无其耕垦溉灌杀生之罪矣。（卷2"衣食所须"章）

这不是六分抽一，而是三分取一。从寺院租得牛和土地来耕种的就是"净人"，他们与寺院之间的分成实际上就是交纳的地租。只是传统的六分取一的做法变成三分取一，增加了一倍。

这种能够被寺院出租给他人并收取地租的土地显然属于寺院私有。过去有些人不承认古代印度存在私有土地，义净的这些记载至少就他讲到的这个时期来说可以否定这种说法。[2]事实上，寺院的经济活动只是整个社会经济活动的一个部分，或者说一个侧面，寺院能够占有土地，说明其他的社会阶层也有可能占有更多的土地，并且用类似的生产方式进行经营。这不是土地私有制还能是什么呢？因此，义净有关的这些记载不仅对我们今天了解印度古代的佛教历史有意义，而且能够帮助我们推而广之地去了解古代印度的社会史。而古代印度有没有土地私有制正是学术界长期争论的一个重要问题。

寺院的土地从哪里来？看来只有来自信仰或支持佛教的国王、长者、居士的赠予。法显在义净两百多年前就讲：

自佛般泥洹后，诸国王、长者、居士，为众僧起精舍，供给田宅、

---

〔1〕《大唐西域记》卷2"印度总述"条："假种王田。六税其一。"校注本，第209页。*Manusmṛti*, VII, 130, 131。蒋忠新汉译本：《摩奴法论》，社会科学出版社，1986年，第127页。后者讲到1/6、1/8、1/12几种标准。但这恐怕只是理论上的说法而已，实际的做法常常超过1/6，而不是少于1/6。*Manusmṛti*, X, 118也讲到刹帝利"有难"时可以征收四一税。蒋忠新汉译本，第214页。

〔2〕土地私有制在印度出现的时间实际上更早得多。它可能可以追溯到释迦牟尼的时代。参见季羡林：《罗摩衍那初探》，外国文学出版社，1979年，第42-56页。

园圃、民户、牛犊、铁卷书录,后王王相传,无敢废者,至今不绝。[1]

法显到师子国,正遇上国王举行赐地的仪式:

时王笃信佛法,欲为众僧作新精舍,先设大会,饭食供养已,乃选好上牛一双,金银宝物,庄挍角上,作好金犁,王自耕顷垦,规郭四边。然后割给民户、田宅,书以铁卷,自是已后,代代相承,无敢废易。[2]

当然,这讲的是师子国,不属于印度的范围,但也可供了解当时的情况做参考。

义净上面讲的那种土地,既然可以出租,很清楚,它们属于寺院所有。除了这种土地外,寺院还有一种"封邑"。文献中有关的记载不少,我们可以举一些例子。

《大唐西域记》卷8记载,玄奘的老师戒贤曾经与外道辩论,戒贤取胜。摩揭陀国国王为了奖赏他,"封此邑城"。戒贤辞不获已,"便建伽蓝,穷诸规矩,舍其邑户,式修供养"。玄奘参观过这座伽蓝,把它称作"戒贤伽蓝"。[3]

最有名的寺院那烂陀寺,《大慈恩寺三藏法师传》卷3讲:"国王钦重,舍百余邑,充其供养,邑二百户,日进粳米、酥乳数百石。"[4] 玄奘快到那烂陀时,就先在属于那烂陀寺的一座"寺庄"里休息,吃过饭。[5]

只是义净的记载略有不同:"其那烂陀寺,法乃更严,遂使僧徒数出三千,封邑则村余二百,并积代君王之所奉施,绍隆不绝。"(卷2"衣食所须"章)

这个数目在《大唐西域求法高僧传》卷上中说得更清楚:"此寺内僧众有三千五百人,属寺村庄二百一所,并是积代君王给其人户,永充供养。"

义净在东印度还见到过一座支那寺,传说是几百年前印度室利笈

---

[1]《法显传》,《大正藏》第51卷,第859页中。

[2]《法显传》,见《大正藏》第51卷,第865页中至下。

[3]校注本,第660-661页。

[4]《大正藏》第50卷,第237页下。

[5]《大正藏》第50卷,第236页下。

多大王为求法的中国僧人建造的,"王见敬重,遂施此地,以充停息,给大村封二十四所"。后来中国僧人亡没,村子归属了其他人,其中三村转属另一座鹿园寺。义净去时,这地方属于提婆跋摩王。他还听说提婆跋摩王常讲:"若有大唐天子处数僧来者,我为重兴此寺,还其村封,令不绝也。"(《大唐西域求法高僧传》卷上)

铭文中也有不少类似的材料。例如在西印度的跋腊毗国(Valabhī),在义净以前和义净当时佛教都很盛行,成为西印度佛教的一个中心。跋腊毗的Maitraka王朝的国王及国王的亲属们建造了一些寺院,也把属下的村庄的赋税分拨给这些寺院,作为维持寺院的费用。这些寺院中最著名的是第一世Dhruvasena王的侄女Duḍḍā所建立的寺院,后来成为一组寺院群,被称作Duḍḍā-vihāra-maṇḍala。遗址已经被发掘出来。发掘出的铭文中有一件记载,这位Dhruvasena王将一座名叫Pippalaruṅkari的村庄的赋税捐赠给这座寺院,其中一段讲:

> Vihārasya patitaviśīrṇapratisaṃskaranārthaṃ dhūpadipatailapuṣpopoyogi ca sarvaṃ dravyaṃ valabhyāṃ svabhāgineyī paramopāsikā Duddākāritavihārapratiṣṭhāpitānāṃ bhagavatāṃ samyaksaṃbuddhānaṃ (ā)ryabhikṣusaṅghasya ca piṇḍapātaya ……[1]

这就是说用此支持寺院日常的开支。Dhruvasena一世在位的时间是公元6世纪前半期(519—549)。在他以后,Maitraka王朝的每一个国王都一样地有捐赠。玄奘和义净去印度时,这一地区仍然是这个王朝的国王统治。

在义净之后,仍然有国王捐赠"封邑"给那烂陀寺。近代在那烂陀发现的一块铜版,上面的铭文就是讲Suvarṇadvīpa(指今印度尼西亚的苏门答腊,义净在《大唐西域求法高僧传》里译作"金洲")的Bālaputradeva王在那烂陀建造了一座寺院,当时统治这一地区的Pāla王朝的国

〔1〕此段文字转引自S. Dutt: *Buddhist Monks and Monasteries in India*,第228页。原文见*Indian Antiquary*, Vol, IV,第106页,我未能找到后一种书。引文中puṣpopoyogi应作puṣpopayogi,可能是Dutt抄错了,也可能原来就是讹写。Dutt的书还提到其它不少铭文的材料。出土的许多件铭文中当然还有不少和其他人,其中恐怕很多是商人有关。他们也一样地建寺和捐赠财物。Dutt未引原文,我目前也无法找到发表这些铭文的原书。

王Devapāla一次就“奉施”了5个村庄。[1]这是9世纪初期的事，虽然比义净的时代要晚一百多年，但性质和可以说明的问题都一样。

但是这种封邑上的土地究竟归谁所有，僧人们仅仅是享受这些村庄原来作为赋税交纳给国王的那份收入，包括有时并接受这些村庄的农民的其他的服务，还是完全具有对这些村庄的所有权，我们不是很清楚。估计最大的可能是前者，而不是后者。因此这和前面讲的“租地与他，分苗而食”的土地的性质是有区别的。[2]印度古代的土地所有制关系异常复杂，我们在考察这一时期佛教寺院占有的土地的问题时，看来也必须注意到这种背景关系。[3]

从这个角度来理解，其他一些讲得不是很清楚的记载看来也属于这种情形。例如《法显传》讲摩揭陀国：

> 佛得道处有三僧伽蓝，皆有僧住。众僧民户供给饶足，无所乏少。[4]

《大唐西域记》卷5讲羯若鞠阇国：

> 临殑伽河有三伽蓝，同垣异门，佛像严丽，僧徒肃穆，役使净人数千余户。[5]

这里的“民户”和被役使的“净人数千余户”看来都和寺院在经济和

---

〔1〕铭文见*Epigraphia Indica*, Vol. XVII P. 310ff。我未找到原书。此处转引自S. Dutt: *Buddhist Monks and Monasteries in India*, 第341页, n. 3。

〔2〕有一个稍微间接一些的例子可以帮助说明这种“封邑”的性质。《大慈恩寺三藏法师传》卷4讲摩揭陀国仗林山胜军论师因为“学该内外，德为时尊”，国主满胄王欲立他为国师，封“二十大邑”。胜军不受。后戒日王又封“八十大邑”，胜军亦不受，说：“受人之禄，忧人之事。今方救生死萦缠之意，岂有暇而知王务哉！”《大正藏》第50卷，第244页上。这说明国王是把封邑的收入作为俸禄赐给臣下，也就是《大唐西域记》卷2所讲的“各有分地，自食封邑”，校注本，第209页。

〔3〕印度封建时代的土地所有制关系是印度古代史研究中的一个重要问题，也是一个争论很多的问题。近年来有些学者特别注意对这方面的问题做过研究，提出了一些看法，其中不乏真知灼见。见D. D. Kosambi: *An Introduction to the Study of Indian History*, Rev 2nd ed., Bombay, 1975; D. D. Kosambi: *The Culture and Civilisation of Ancient India in Historical Outline*, New Delhi, 1977; R. S. Thapar: *Ancient Indian Social History*, New Delhi, 1978; R. S. Sharma: *Indian Feudalism*, 2nd ed., Delhi, 1980。这几本书中都谈到这个问题。

〔4〕《大正藏》第51卷，第863页中。

〔5〕原书，校注本，第444页。

人身上有一种特殊的关系。他们可能就是国王赐赠给寺院的,因此须供养寺院,为寺院服务。从国王们的"封邑"中获得赋税收入以及劳役性的服务,应该说是当时寺院经济收入的另一重要来源。

在上面讲到的第一种情况里我们已经看到,某些寺院有自己的土地是很明确的事。除了租地与人,分成而取以外,义净在《南海寄归内法传》里还讲到另一种情况:

> 或有贪婪不为分数,自使奴婢,躬检营农。护戒苾刍不噉其食,意者以其僧自经理,邪命养身,驱使佣人,非瞋不可,坏种垦地,虫蚁多伤。日食不过一升,谁复能当百罪?(卷2"衣食所须"章)

虽然义净明白地说他不赞成这种事,但是他的记载仍然说明这种现象是存在的。寺院不仅有土地,还有种地的"奴婢"或"佣人"。这当然也是经营方式的一种。和租地分成的方法比较起来,义净认为这是一种贪婪的行为。其他很多僧人看来也不赞成这种事。

大的寺院,比如那烂陀寺,所拥有的土地和寺庄不止一处,寺庄之间便有分工的不同。《大慈恩寺三藏法师传》已经讲到有每天为那烂陀寺供应数百石粳米和酥乳的村庄,《南海寄归内法传》又讲到专门的"供服之庄":

> 现今西方所有诸寺,苾刍衣服多出常住僧。或是田园之余,或是树果之利。年年分与,以充衣直。问曰:"亡人所有谷食,尚遣入僧,况复众家豆粟,别人何合分用?"答:"施主本舍村庄,元为济给僧众,岂容但与其食,而令露体住乎?"(中略)又西国诸寺,别置供服之庄;神州道场,自有给衣之所。(卷4"受用僧衣"章)

义净时代印度最大的寺院当然首推那烂陀寺。《大慈恩寺三藏法师传》讲那烂陀寺"僧徒主客常有万人",可能有些夸大。[1]义净提供的数目要少一些,"寺有八院,房有三百"(卷4"赞咏之礼"章),"常住僧三千

〔1〕原书,卷3,《大正藏》第50卷,第237页下。说这个数目有些夸大,理由有两条:(1)现在发掘的那烂陀寺的遗址,据做过现场考察的学者估计,不大容易住上1万人。(2)撰写《大慈恩寺三藏法师传》的慧立本人没到过印度,他的记载主要来自玄奘,虽然总的来说可靠性相当高,但在一些细节问题上,我们不如更相信亲自到过那烂陀,住了长达10年之久的义净的说法。

五百人”(《大唐西域求法高僧传》卷上),看来是可信的。这样大的寺院,拥有这样多的寺庄,在社会上无疑是一个大的经济活动单位。在那烂陀的遗址上发现的大量印章,数目多达755枚,上面都镌刻着Śrīnālandāmahāvihārāryabhikṣusaṃghasya(室利那烂陀摩诃毗诃罗阿离耶苾刍僧伽之印)的字样。[1] 印章是社会交往中维持信用的工具。这些印章,虽然不能说都是僧伽对外使用的,但从它们本身的存在,而且数量又这么多来看,当时那烂陀寺不仅对内的管理有一套相当完整的制度和程序,而且对外作为一个宗教单位,同时也是一个经济活动单位,与世俗社会有着频繁而密切的来往,不然没有必要有这么多代表整个寺院僧伽的印章。我们在上面“寺院内部的组织”一节里已经谈到寺院内部设有各种僧职,僧人们担任一定的职守,其中有掌管仓库的“守库”,有管理属于寺院的村庄的“当庄”,也有由一般人担任的“典库家人”,这些也都可以从某些方面说明寺院内经济活动的一些情况。从求法僧们的记载看,不管是管理寺庄的收入,还是寺院内部的各种财物的分配使用,那烂陀寺似乎都能做到井然有序。也正是因为有这样一套比较完整的经济管理体制和富足的经济基础,当时印度的这些佛教寺院才可能存在。“由是学人端拱无求,四事自足,艺业成就,斯其力焉。”[2] 正是因为能够从社会得到生活资料以及各个方面的支持,僧人们才能够发展出丰富的佛教文化。

总结起来说,当时印度佛教寺院的经济来源主要有四种:(1)国王赐赠的“封邑”,也就是封邑上的赋税收入及所提供的劳役服务。(2)出租寺院直接拥有的土地,租佃分成,“六分抽一”,“三分取一”,或“量时斟酌”。(3)在寺院拥有的土地上“自使奴婢,躬检营农”,直接取得全部收入。(4)其他的捐赠。这四种形式中,大概是前两种情形最多,因为义净讲了:“西方诸寺多并如是。”而从那烂陀寺的情形看,前两种形式中

〔1〕*Memoirs of the Archaeological Survey of India*, No. 66, PP. 36, 87 ff.。此书未见,转引自L. M. Joshi: *Studies in the Buddhistic Culture of India during the 7 th and 8th Centuries A. D.*, 2nd ed., Delhi, 1977, p. 76.

〔2〕《大慈恩寺三藏法师传》卷3,见《大正藏》第50卷,第237页下。

又以国王的“封邑”可能占有较大的比例。

对于整个寺院的僧人来说，寺院的财产和收入是公共的。任何重大的事情，当然包括财产的使用和处置，都要通过僧人大会来决定。这一点我们在上面“寺院内部的组织”一节里已经讨论到了。但是在涉及财物问题时似乎特别强调这一规定。《南海寄归内法传》就讲：

又见但是外人取与，下至一茎菜，并须问众方用。（卷2“衣食所须”章）

义净还亲眼见到一位僧人因为财物上的问题被寺院除名：

又见有一小师，遣其童子，将米二升送与家人妇女。情涉曲私，有人告众。唤来对勘，三皆承引。虽无恶事，而自负惭心。即出寺门，弃名长去。师遣余人送彼衣物。但是众法共遵，未劳官制。（卷2“衣食所须”章）

在财产方面还有一个重要的问题是处理寺院里去世的僧人的遗产和遗物。《南海寄归内法传》卷4专门有一章“亡则僧现”讨论这件事。这一章写得虽然不长，但是我们可以从中发现很多有意思的地方。义净首先说，凡是准备分配去世僧人的财物，必须“先问负债、嘱授及看病人，依法商量，勿令乖理”，然后再处理“残余之物”。这第一条就说明僧人可以有自己的一些财产。当然，从义净下文中列举的某些物品的性质看，其中也可能有一部分是去世的僧人所代表的寺院所拥有的财产。有意思的就是义净列举的这些物品和处置这些物品的方法。所有的财产及物品首先要区分为“可分”与“不可分”两种性质，这叫“随应”。我们举出主要的一些项目：

言随应者，所谓田宅、邸店、卧具、毡褥、诸铜铁器，并不应分。于中铁钵、小钵及小铜碗、户钥、针锥、剃刀、刀子、铁杓、火炉及斧凿等，并盛此诸袋，若瓦器，谓钵、小钵、净触君持及贮油物，并盛水器，此并应分，余不合分。其木器、竹器，及皮卧物、剪发之具，奴婢、饮食、谷豆，及田宅等，皆入四方僧。若可移转物，应贮众库，令四方僧共用。若田宅、村园、屋宇，不可移者，应入四方僧。若有所余一切衣被，无问法衣、浴衣，若染不染，及皮油瓶、鞋履之属，并现前应分。

上面列举的这些东西,大致可以归结为两类:小件、动产可以分给其他僧人,大件、不动产不零散分配,“皆入四方僧”,也就是说仍然归僧人们公有。但是,既然义净在此提到田宅、邸店、村园、屋宇、奴婢,把它们考虑在需要处理的财物之中,不就说明当时有的寺院及僧人实际上占有这些东西吗?我们在前面已经谈到寺院拥有土地和“奴婢”,这里又提到邸店、屋宇等等,难道寺院还兼营商业吗?看来这种可能性也不是不存在。

义净接着又列举道:

四足之内,若是象、马、驼、骡、驴乘,当与国王家。牛羊入四方僧,不应分也。若甲铠之类,亦入国王家。杂兵刃等,可打作针锥,刀子及锡杖头,行与现前僧伽。

寺院里的僧人有这样多的牲畜作为财产,做什么用呢?前面讲了“僧家作田”,僧人提供牛和土地,牛看来是耕种寺院的土地用的。象、马、驼、骡、驴有可能是用来作为坐骑或驮运物品。但是其他的东西呢?尤其是甲铠与兵刃,僧人有这种东西,难道还打仗,或者仅仅是作为保护自己的武器,如同中国的少林寺僧人那样吗?须知兵刃自古为凶器,当年五印度的霸主戒日王在钵逻耶伽国大施场做“无遮大施”,“五年所积府库俱尽”,以至身上穿的,头上戴的,都“无复孑遗”,但还是把象、马、兵器留了下来,“拟征暴乱,守护宗庙”。[1]但是寺庙里的甲铠和兵刃又做什么用呢?

义净列举的物品还有酒:

若酒欲酸,可埋于地,待成醋已,僧应食之,若现是酒,应可倾弃,不合酤卖。

酒是佛家禁止之物,但这遗留下来的酒又从何而来呢?仅仅是贮存起来供在非常特殊的情况下治病用吗?“不合酤卖”,难道有人卖酒吗?

义净下面又说明了珍宝珠玉的处置方法,其中提到“宝等所成床榻

〔1〕《大慈恩寺三藏法师传》卷5,见《大正藏》第50卷,第248页下。

之属”以及“诸金银及成未成器、贝齿诸钱”。虽是僧人，金银珠宝，应有尽有，足以说明当时有的寺院中有的僧人十分富有，拥有的生活设施可以说是奢侈的。

当时的僧人还放债。义净最后讲到卷契的处理办法：

> 所有卷契之物，若能早索得者，即可分之。如未得者，卷当贮库，后时索得，充四方僧用。

这再次说明当时佛教寺院和世俗社会在经济关系上十分密切。寺院中的僧人能够有这样多的财物，寺院富有的程度可以想象，僧伽的腐化恐怕也很难避免。认真地说，这对佛教本身并不是好事，有人认为，这是佛教那个时候在印度开始堕落、衰亡的原因之一。

2.3 寺院的宗教生活

《南海寄归内法传》对7世纪时印度佛教寺院的生活做了全面的描述。依据《南海寄归内法传》，我们几乎可以把1000多年前这些佛教僧人们日常生活的大部分面貌重新勾画出来。[1]但是这里不准备这样做，这里只打算根据《南海寄归内法传》谈到的情况将寺院宗教生活中的“受斋”和“随意”这两件事提出来讨论。至于其他方面的情况，或者可以参考义净原书，或者留在以后再讨论。

先谈受斋。《南海寄归内法传》卷1“受斋轨则”章专门讲这件事。我们知道，佛教虽然有时号称是“出世”的宗教，但是实际上恰恰相反，除了少数例外，大多数佛教徒，尤其是大乘佛教徒都不是出世，而是积极地入世。佛教的僧团始终与社会保持着密不可分的联系。这种情形，在古代印度如此，在中国也如此。我们在上面讨论佛教寺院的经济活动的一节里已经看到，在至关重要的衣食来源问题上，佛教僧人是怎样

〔1〕例如上引L. M. Joshi书中的第4章“Monastic Life and Discipline”几乎就完全是抄引《南海寄归内法传》写成的。只是作者依靠的是高楠顺次郎的英译本，英译本中原来翻译上的错误以及有时再加上作者进一步的发挥，使他在书中做出好些更错误的结论。例如对义净所讲到的“家主”，“寺主”，“维那”，“护寺”等几种人的含义和地位的理解等等。见原书pp. 75-76。

和世俗社会发生关系的，受斋则是僧人们与世俗人往来的另一个侧面。它既是一种宗教活动，又是一种社会活动，从中很可以反映出当时佛教宗教生活中的一些特点。

义净的叙述分成三个部分。第一部分讲印度受斋的规矩，分几个程序：

(1)施主事前发出邀请，“礼拜请僧”，放斋之日，再次“来白时至”。“僧徒器座，量准时宜，或可净人自持，或受他净物”。施主家一切准备就绪。

(2)僧人们来到施主家。安置停当，首先看水。如水中无虫，用此水洗脚，然后休息片刻。时间将近中午，“施主白言时至”，僧人们洗手，施主也洗手。施主先在僧人们面前“置圣僧供”，然后正式行食。行食时依着僧人的地位而有先后。施主合掌跪在上座前，口唱“三钵罗佉哆”（善至）。上座回答：“平等行食。”然后依次授食。授食之人必须当前并足，恭敬曲身，两手执器，器中盛放食物。僧人们随受随食，食物十分丰厚。

(3)僧人们吃完饭，漱口，洗手。从座位上起来，右手满捧食物，出外“普施众生”。再捧食一盘，跪在上座前。上座洒水念咒。然后僧人们捧食出屋外，撒在幽僻的地方，或者树林里，或者河池中，算是布施给“先亡及余鬼神”。

(4)然后施主授齿木，供净水。最后僧人们向主人告别，口中念道：“所修福业，悉皆随喜。”僧人们再各自念诵伽他。

这是印度当时一般受斋的规矩，还有另外两种，程序大同小异。一种是食前所有僧人在佛像前蹲踞合掌，各自念诵。另一种是食前有一人在佛像前长跪合掌，大声赞佛，施主在一旁燃灯散花，以示虔诚，又用香泥涂抹僧足。同时“鼓乐弦歌，随情供养”。

义净叙述的第二部分讲南海方面受斋的规矩，讲得也很详细，只是场面更大，供奉更丰厚。原书具在，这里不再重述。

第三部分叙述“北方诸胡，覩货罗及速利国等”的受斋规矩。这部分讲得比较简单，因为义净本人没有亲自到过这一地区。

从义净有关当时僧人受斋的很生动的记载中，我们可以看到以下几点：

第一，当时世俗社会对僧人斋供的优厚。义净讲："然其斋法，意存殷厚。所余饼饭，盈溢盘盂，酥酪纵横，随著皆受。"他自己初到东印度耽摩立底国，也想设供斋僧(可见也有僧人斋僧的，不过这种情况可能是少数)。他本想弄得简单朴素些，可是其他人告诉他说："若才足而已，何为不得？然而古来相承，设须盈富。若但满腹者，恐人致笑。闻师从大国来，处所丰赡，若无盈长，不如不设。"义净只好依照当地的习惯办理。但这种普遍的讲求排场甚至奢靡的风气和寺院中积聚起来的大量财富一样，从消极的方面讲，会使僧人们更加满足和追求于生活的享受，实际的结果是腐蚀了佛教的僧团。

第二，设供斋僧，既然要做到如此丰厚，才不致被人讪笑，斋主必定都是富贵之家。当时印度的情形是这样，南海方面更是如此。斋家所用的器皿，或是金瓶，或是金澡罐。供奉时要有香花鼓乐，童男童女。供奉的食物一定要丰盛得"肴馔饮食，数盈百味"，"一人残食，可供三四"，甚至"十人食亦未尽"。斋供结束时又另有赠送，"或作如意树以施僧，或造金莲花以上佛，鲜花齐膝，白叠盈床"。所有这些，都不是一般人能办得到的。这正是义净讲的"王家及余富者"。虽然义净也提到有设食只有三二十般的"贫窭之辈"，但既然能有"三二十般"，恐怕也不是很穷的人家。如果是国王斋僧，"国王乃舍尊贵位，自称奴仆，与僧授食，虔恭彻到，随著皆受，更无遮法"。对僧人真是恭敬到极点。他们是佛教最重要的支持者，佛教所联系的社会阶层越来越从下往上转移。

第三，功德转让的信仰在当时普遍流行。所谓功德转让，是指一个人(或佛，菩萨)由于行善或做了其他好事，可以获得功德，这种功德不仅自己可以享用，一定条件下也可以转让给其他人。这是大乘佛教很强调的一点。但是这种说法在早期佛教中比较少见，它是随着佛教的发展，尤其是大乘佛教的发展而逐渐发展起来的。施主设供斋僧的目的，就是要为自己或与自己有关的人获取功德。义净的记载很能说明这一特点。印度斋僧，斋供末了总有一个必不可少的程序：将供食普施众生，然后"以上先亡及余神鬼应食之类"。这时上座还必须洒水念诵咒愿：

以今所修福，普沾于鬼趣。食已免极苦，舍身生乐处。菩萨之福报，无尽若虚空。施获如是果，增长无休息！

最后，僧人们口云"所修福业，悉皆随喜"而散。很清楚，这就是在实行功德转移。义净这里讲的是大乘的情况。而在当时主要奉行小乘的南海地区也一样。南海斋僧，最末的一个程序也是僧人们念诵陀那伽他，内容是："须称施主名，愿令富乐。复持现福，回为先亡。后为皇王，次及龙鬼。""回为先亡"，这也是在转移功德。

功德转让的学说是怎样产生的？有的学者认为，它是亡灵祭的传统在佛教中的继续和发展，也有的学者倾向于认为是由佛教内部大乘教义的发展所决定的。[1]这里不准备详细地讨论这个问题，只是要说明义净的记载反映了这种学说在当时流行的情形。可以说，对这种功德转让学说的信仰实际上就是举行这种斋僧活动的最主要的思想契机。从施主讲，布施了财物，为自己或为与自己有关的人，包括家里的"先亡"取得了功德；从僧人讲，接受了布施，将功德留给了施主，"功德随喜"（puṇyānumodānā）。双方各得其所。佛教在历史上总是和商人有着特殊的关系。[2]《南海寄归内法传》里有几处也很称赞商人。佛教的施主们很多都是一些大商人。设供斋僧的富者当然很多也是商人。他们虽未正式出家为僧，但是从世俗社会方面讲，他们对佛教的影响无疑是巨大的。我怀疑这种功德转让想法的产生与商人"商品经济"的思想有某种联系。在商人们和一些僧人眼中，宗教的功德也是一种可以交换，可以转移的"精神财产"。

其次再简单谈一下"随意"与寺院内部的制度问题。《南海寄归内法传》卷2"随意成规"章专门讲这事：

〔1〕见 H. Bechert："Buddha-Feld und Verdienstübertragung：Mahāyāna-Ideen im Theravāda-Buddhismus Ceylons"。这篇文章专门讨论这个问题，其中在表达自己的看法时列举了其他一些学者的看法。讨论功德转让的部分主要在pp. 27-44。

〔2〕季羡林先生《商人与佛教》一文专门讨论了这个问题。原文收入《第十六届国际历史科学大会中国学者论文集》，中华书局，1985年。

凡夏罢岁终之时，此日应名随意，即是随他于三事之中任意举发，说罪除愆之义。旧云自恣者，是义翻也。

随意是梵文字pravāraṇa的意译。坐夏本是僧人的事，但是坐夏结束，参加这天的活动的不只是僧人，还有许多世俗群众：

于时俗士云奔，法徒雾集，燃灯续明，香花供养。明朝总出。旋绕村城，各并虔心，礼诸制底。棚车舆像，鼓乐张天，幡盖萦罗，飘扬蔽日，名为三摩近离，译为和集。凡大斋日，悉皆如是，即是神州行城法也。

这种行城又称为行像。法显在于阗、在印度巴连弗邑和在师子国都亲眼见过，是一种僧俗群众都参加的盛大热烈的宗教活动。这种时候，国王或其他信佛的群众又要做大量的布施。但是这一天最重要的事还是"随意"：

过午咸集，各取鲜茅可一把许，手执足蹈，作随意事。先乃苾刍，后方尼众，次下三众。若其众大，恐延时者，应差多人，分受随意。被他举罪，则准法说除。

这其实就是僧伽内部的一种批评与自我批评的活动，执行批评的标准就是佛教的律。僧伽依照规定每半个月举行一次的"布萨"也是同样的性质。这实际上是强调纪律、维持宗教信仰、调整僧伽内部关系的一种方法和方式。只是我们不知道这种活动在当时认真到什么程度，是不是很有效，也不太清楚在举行这种活动时是不是绝对只限于正式的僧人参加，而把所有其他人排斥在外。依照义净的记载，当时印度的僧人"名字不贯王籍"，"其有犯者，众自治罚"。僧伽内部的问题自己内部处理，要维持好寺院内僧人之间的团结和纪律，除了传统的书本上的戒律规定外，还必须要有一些具体的办法和制度。以那烂陀寺为例，虽然《大慈恩寺三藏法师传》讲"建立以来七百余载，未有一人犯讥过者"[1]，但是义净也说明了："此之寺制，理极严峻，每半月令典事佐史巡房读制。"（《大唐西域求法高僧传》卷上）可见寺院有严格的管理。我们读义净在《大唐西域求法高僧传》中对那烂陀寺内部建筑形制的那些记

〔1〕原书，卷3，《大正藏》第50卷，第237页下。这句话恐怕很大成分上是慧立的溢美之词。

载，每间僧房房门只安一扇，不许安帘，以便僧人们互相检察，寺院的门"虽非过大，实乃装架弥坚"，吃饭时还得"重关返闭"，"意在防私"等等，就可以知道，在那烂陀，这样严格的管理无处不在。

2.4 寺院的教育

在古代印度，文化教育和宗教很难分开。作为正统宗教的婆罗门教、印度教是如此，佛教也是如此。很多佛教寺院既是宗教中心，也成为文化教育的中心。《南海寄归内法传》有不少关于这方面的记载。卷3"受戒轨则""师资之道"以及卷4"西方学法"都是有关寺院教育的专章。这为我们今天了解当时佛教寺院的教育情况提供了很多有用的资料。

先谈寺院教育的内容。

佛教的寺院教育，当然首先是宗教教育，传授的课程围绕这个中心来安排，但是却不局限于此。以那烂陀寺为例。《大慈恩寺三藏法师传》讲："僧徒主客常有万人，并学大乘兼十八部，爰至俗典《吠陀》等书，因明，声明，医方，术数，亦俱研习。"[1] 不仅那烂陀寺如此，其他寺院看来也一样，而且各个寺院有各自不同的特点。玄奘遍游印度，每到一个地方，只要知道有通解典籍、有学问的僧人，不管通解的是大乘典籍还是小乘典籍，还是其他方面的学问，都向他们学习。《大慈恩寺三藏法师传》中这样的事例比比皆是。那烂陀寺偏重瑜伽行派的学说和典籍，玄奘在此主要向他的老师戒贤学习《瑜伽师地论》。当然也附带学习其他的典籍。那烂陀附近的羝罗荼寺有一位说一切有部的僧人般若跋陀罗，精通说一切有部三藏以及声明、因明。玄奘在此停留两个月，专门向他学习。其他许多地方的佛教寺院里都有一些各自精通不同的典籍的僧人，玄奘都分别向他们学习过。这些僧人在各自的寺院里讲授的

〔1〕原书，卷3，见《大正藏》第50卷，第237页中。吕澂先生把当时那烂陀寺佛学教育的内容归纳为五科，即因明、对法、戒律、中观、瑜伽。见其《奘净两师所传的五科佛学》，载《现代佛学》1956年第1期。

课程便各有特点。

这个时期佛教寺院教育的另一个特点是对外开放。到寺院里来参加学习的不仅有正式的僧人，有来学习佛典、准备取得僧人资格的“童子”，还有不当僧人，仅仅为学习外典而来的“学生”。关于后两种人，我们在前面“寺院内部的组织”一节里已经谈到了他们在寺院中的身份和地位。值得注意的是义净还讲到“西国僧寺，多有学生，来就苾刍习学外典，一得驱驰给侍，二乃教发好心。既有自利利他，畜之非损”，因此看来寺院教育这种对外开放的现象还十分普遍。在那烂陀寺，佛教历史上最早的分裂派，提婆达多派，甚至也可以来“杂听诸典”，虽然正统的佛教徒们不承认他们为佛教徒。

寺院教育的对外开放，对佛教本身的发展无疑是有好处的，它使寺院可以从社会各方面获得更大的支持。在寺院中学习的“童子”和“学生”，不仅要自己负担自己的生活费用，而且要为寺院提供一些劳务性服务。这对寺院只有好处，所以义净说是“自利利他”。这同时还有利于帮助佛教寺院和那些即使是不信仰佛教的世俗群众建立起比较良好的关系，扩大佛教的影响。印度古代的一些统治者，例如Gupta王朝的几位国王，本来主要都信仰婆罗门教，可是却在那烂陀为佛教徒建造寺院。义净时代Valabhī的Maitraka王朝的国王本来也只信仰湿婆教，可是却也表现出支持佛教的态度，建造寺院。他们这样做的原因，除了政治策略上的考虑外，其中之一看来就是他们也把这些佛教寺院的建设看作是有利于自己统治的一种文化教育事业，从而给予支持。寺院教育的对外开放，因此不仅符合寺院本身的利益，也符合统治者的利益。

从求法僧们的记载看，寺院中教学的方法主要是由有学问的僧人开设讲座。仍以那烂陀为例，《大慈恩寺三藏法师传》讲“寺内讲座日百余所”，又讲“凡解经论二十部者一千余人，三十部者五百余人，五十部者，并（玄奘）法师十人，唯戒贤法师一切穷览，德秀年耆，为众宗匠”，[1]实在不啻现代一所颇具规模的大学。戒贤法师被称作“正法藏”，这地位有些像今天大学里地位最高的一位正教授或校长。他在为玄奘重新

〔1〕原书，卷3，见《大正藏》第50卷，第237页中。

开讲《瑜伽师地论》时,听者有数千人之多。

在同一座寺院里,不同的学术观点都可以得到表达。那烂陀寺是以瑜伽行派为主的寺院,但是其他派别的僧人也可以升座宣讲自己的观点。玄奘在那烂陀时,中观派僧人师子光开讲《中论》和《百论》,专门就批评瑜伽行派的观点。玄奘又对他进行反批评。两人反复辩论,听师子光讲论的僧人开始时似乎不少,可是据说后来"学徒渐散,而宗附法师"。最后玄奘将自己在辩论中形成的观点写成一篇三千颂的论文《会宗论》。[1]这也很有些像今天大学里的做法。这种在学术思想上的开放态度无疑是促成佛教宗教哲学思想的学术水平在当时达到一个空前绝后的高度的原因之一。

辩论本来就是古代印度各派宗教在宣传教义时最喜欢使用的一种方法,佛教寺院里也常常举行各种辩论。《大慈恩寺三藏法师传》和《大唐西域记》里有很多这方面的记载。一个僧人的名声和地位往往首先在于能否在辩论中战胜对方。《大唐西域记》卷9里有一段讲到那烂陀寺的叙述颇为生动:

> 故异域学人,欲驰声问,咸来稽疑,方流雅誉。是以窃名而游,咸得礼重。殊方异域,欲入谈议,门者诘难,多屈而还。学通古今,乃得入焉。于是客游后进,详论艺能,其退飞者,固十七八矣。二三博物,众中次诘。莫不挫其锐,颓其名。

这段文字有些地方也许过于有点形象化,但要是说僧人们在研讨学问时常常进行激烈的争辩,恐怕是符合当时的实际的。

7世纪时,梵语仍然是印度最通行的"雅语"。在寺院里学习的人,不管是僧人还是非僧人,首先要学好声明,因为这是识字读书写文章的基本条件。《南海寄归内法传》卷4"西方学法"章记载了一系列书名,有《悉谈章》《波你尼经》和钵颠社攞(Patañjali)、伐致诃利(Bhartṛhari)及其他人的"疏"或"释",还记载了学习的程序。这些是最基本的课程,"法俗悉皆通学"。然后再进一步学习因明,或者再加上医明与工巧明。如果不是僧人,也不想当僧人,学习到一定程度,通解了一些典籍,便可以

[1] 原书,卷4,见《大正藏》第50卷,第244页中至下。

离开寺院，出外去求取功名事业。义净讲到这种情形时说：

> 闲斯释已，方学缉缀书表，制造诗篇，致想因明，虔诚《俱舍》。寻《理门论》，比量善成；习《本生贯》，清才秀发。然后函丈传授，经三二年，多在那烂陀寺。或居跋腊毗国。斯两处者，事等金马石渠、龙门阙里，英彦云聚，商榷是非。若贤明叹善，遐迩称俊，方始自忖锋锷，投刃王庭，献策呈才，希望利用。坐谈论之处，己则重席表奇；登破斥之场，他乃结舌称愧。响震五山，声流四域。然后受封邑，策荣班，赏素高门，更修余业矣。

跋腊毗前面已经提到过，是当时西印度佛教文化学术的一个中心。上面讲的那些在寺院中"习学外典"的"学生"，数量不少，看来就是这种人。这再次说明当时寺院教育所包括的内容不仅仅限于佛教这一较小的范围，接受教育的也不仅仅限于寺院内的佛教僧人。当然，寺院中多数还是僧人。作为僧人，就留在寺院里进一步学习佛教的经律论。

对于出家僧人的教育，寺院里专门有一整套程序和规则。每个僧人在刚出家时都有一位亲教师（upādhyāya）和一位轨范师（ācarya）作为专职的导师，在相当长的时间内负责对他的宗教生活和学习进行指导。义净《南海寄归内法传》卷3"受戒轨则"章里对此有很详细的叙述，原书可以参考。有关的规则实际上也是寺院教育制度的一部分。

关于当时寺院中弟子和老师的关系，义净也做了一些专门的介绍。弟子对老师必须十分尊敬。每天早上先要送上齿木、澡豆、水巾，敷置好座位，然后在老师面前，踞地合掌，表示问候。老师回答，才退下读经。弟子一天所有的活动，包括吃饭这样的事都要先请示老师。夜晚分为三时，初夜和后夜都是学习诵经的时间，老师个别地教授经文。弟子然后为老师按摩身体或折叠衣服。平时所有生活上的事，弟子都要为老师代劳。当然，照义净的记载，老师对弟子也必须十分爱护。平时尽心地教导，如果弟子生病，老师应该亲自照顾，"躬自抱持，汤药所须，忧同赤子"。从这些记载看得出来，这是一种正常融洽的师生关系。更多的细节可以参考《南海寄归内法传》卷3"师资之道"章。

总结起来，从义净和玄奘有关的记载中，大致可以得到这样的结论:这一时期在印度佛教寺院中已经形成了一套比较完整的教育体系和制度。它具有对外开放的特点。教学的内容以佛教为中心,但也包括其他非佛教但是重要的文化典籍,能够同时满足社会的一般需要和佛教寺院本身的需要。佛教的寺院教育已经发展到一个相当成熟的阶段,从而成为古代印度整个文化事业重要的一部分。

(原载《南亚东南亚评论》第2辑,北京大学出版社,1988年。)

3　论释迦牟尼时代以后的提婆达多派

在佛教最早的历史上和文献里，提婆达多是颇引人注目的一位反面人物。关于提婆达多，我知道的，印度学者 D. Mukherjee 曾经出版过一本专著，已故比利时鲁汶天主教大学的 E. Lamotte 发表过一篇论文，北京大学的季羡林先生也发表过一篇论文，再有日本的学者也发表过一些论文。[1]这些专著和论文，对释迦时代的提婆达多及相关的一些问题，已做了相当多的讨论。就讨论问题的深度和有新见解而言，拙见以为，当数季羡林先生的文章。

提婆达多是佛教僧团在历史上最早出现的反对派。他为什么会"破僧"，成为佛教史上的反面人物，以致最后被摈除于佛教的僧团之外，其原因，除了可以在佛经中所讲的那些故事里去寻找，看来更需要做深一层的研究。

依照佛经中的记载，就在释迦牟尼在世之时，提婆达多及其追随者就已经被彻底驱逐出佛教的僧团，提婆达多本人则身败名裂，堕入地狱。以后的事情，在印度自身的佛教文献中就再也没有记载。

我们现在无法知道，有关提婆达多最后结局的这些记载是不是确切。但有一点却可以肯定，在提婆达多以后，提婆达多一派在印度并没有消失。有关提婆达多派的消息，被中国到印度求法的僧人们记载在他们的著作里。东晋末年赴印求法的法显法师在他的《法显传》中讲：

〔1〕B. Mukherjee: *Die Uberliferung von Devadatta, dem Widersacher des Buddha in den Kanonischen Schriften,* Munchen, 1966; E. Lamotte, "Le Buddha insulta-t-il Devadatta", in *BSOAS*, XXXII, 1970, pp. 107-115; 季羡林:《佛教开创时期的一场被歪曲被遗忘了的路线斗争——提婆达多问题》,载《北京大学学报》(哲学社会科学版),1987年第4期;日本学者的一些论文见拙稿《南海寄归内法传校注·前言》,中华书局,1995年,第182页,注149所引。原书日文印刷有小误。

调达亦有众在，常供养过去三佛，唯不供养释迦文佛。[1]

法显讲的，是他在中印度拘萨罗国舍卫城的见闻。法显赴印，从长安出发的时间是东晋隆安三年，即公元399年，回到中国的时间是东晋义熙八年，即公元412年。

唐初赴印的玄奘法师是中国历史上最著名的求法僧。玄奘在他不朽的名著《大唐西域记》也提到提婆达多派：

别有三伽蓝，不食乳酪，遵提婆达多遗训也。[2]

玄奘赴印，在贞观初年，即公元627年。他讲的是东印度羯罗拏苏伐剌那国的情形。

但记载最详细的是义净法师。义净赴印的时间，稍晚于玄奘。他在唐咸亨二年，即公元671年从广州出发，咸亨四年到达东印度。义净在印度十多年，又在南海停留了近十年，他回到洛阳，则是在武后证圣元年，即695年。义净除了翻译了大量佛教经典，也有一些著作，其中最有名的是《南海寄归内法传》和《大唐西域求法高僧传》。这两部书，与法显、玄奘的著作一样，也是研究印度佛教史的很重要的文献。不过，义净关于提婆达多派的记载，不在他的这两部书里，而是在他为他翻译的一部广律，《根本说一切有部百一羯磨》里的一条注里。义净译《根本说一切有部百一羯磨》卷9有一段译文：

言立制得利者，谓诸苾刍，或是随党，或是非随党，共作制要，然后安居於某村坊街衢之内，某家属我，某舍属汝。若得物时，依制而受，广如大律。

然后义净在解释"随党"和"非随党"时加了一段他自己写的注：

此言随党者，谓是随顺提婆达多所有伴属。言非随党者，即是佛弟子。此乃由其住处，则令物随处判(制?)。[3]处中既非两处，故遣两众均分。现今西方在处皆有天授种族出家之流，所有轨仪，多同佛法。至如五道轮回，生天解脱。所习三藏，亦有大同。无大

〔1〕章巽：《法显传校证》，上海古籍出版社，1985年，第74页。

〔2〕季羡林等校注：《大唐西域记校注》，中华书局，1985年，第807-808页。

〔3〕"判"字它本或作"制"。

寺舍，居村坞间。乞食自居，多修净行。葫芦为钵，衣但二巾，色类桑皱，不餐乳酪。多在那烂陀寺，杂听诸典。曾问之曰：汝之轨式，多似大师，有僻邪处，复同天授，岂非天授之种胄乎？彼便答曰：我之所祖，实非天授。此即恐人嫌弃，拒讳不臣耳。此虽多似佛法，若行聚集，则圣制分途，各自为行，别呈供养。岂况诸余外道，计断计常，妄执自然，虚陈得一。食时杂坐，流俗难分。踵旧之徒，用为通鉴。更相染触，泾渭同波。高尚之宾，须察斯滥。殊行各席，深是其宜。[1]

天授就是“提婆达多”一名的意译。这样，法显、玄奘和义净三位法师，在不同的时候都讲到了提婆达多一派。他们的记载详略不等，但讲到的肯定是同样的一类人和事。他们的记载非常重要，因为他们讲的都是自己的亲见亲闻，丝毫没有掺杂虚构的成分。这就与一般的佛经不一样，也是需要我们特别注意的。

如果我们把三位法师的记载综合起来，可以说明些什么问题呢？我以为至少可以总结出以下几条：

第一，在法显、玄奘和义净到达印度时，提婆达多派是有一定的势力的。法显和玄奘看到的提婆达多派，一是在中印度，一是在东印度。而义净看到的提婆达多派，则“在处皆有”，“多在那烂陀寺”。那烂陀在中印度的摩揭陀国。摩揭陀当时和在此前后都是印度文化和政治的中心。

第二，提婆达多派供养的是过去三佛，就是不供养释迦牟尼佛。这一点，说明他们坚持了提婆达多的立场。因为提婆达多和他的徒众们当年反对的最直接的对象，就是释迦牟尼。

第三，当时的提婆达多派，多数仍然坚持苦行沙门的修行特点：首先是“不食乳酪，遵提婆达多遗训”。其次是“无大寺舍，居村坞间。乞食自居，多修净行。葫芦为钵，衣但二巾，色类桑皱，不餐乳酪”，这种情

〔1〕《大正藏》第24卷，第495页下。我在多处场合讲过，义净的著作和翻译的佛经中的注，绝大部分都是义净本人所加。这段注释就是一个证明。除义净本人，任何其他人都不可能写出这样内容的注。

形，可以说和当时印度佛教僧团的状况形成鲜明的对比。我们知道，佛经中讲到提婆达多的地方很多，提婆达多专跟释迦牟尼作对，捣了无数的乱，其中最严重的事情有两件，一是试图害佛，一是破僧。前一件事，佛经里有很多故事。后一件事，有些细节则与玄奘和义净在这里讲到的情况有关。破僧是在僧团里制造分裂。在佛教的戒律里，破僧是最严重的罪行之一。和一切宗教史、政治史上的分裂派一样，提婆达多破僧，有他自己的一伙徒众，更有一套理论。佛经里有关于此的记载也不少，我们仍然引义净翻译的另一部广律《根本说一切有部毗奈耶破僧事》作为说明。《破僧事》卷10：

> 於是提婆达多谤毁圣说，决生耶(邪?)见，定断善根，但有此生，更无后世。作是知已，於其徒众别立五法，便告之曰：尔等应知，沙门乔答摩及诸徒众，咸食乳酪，我等从今更不应食。何缘由此？令彼犊儿镇婴饥苦，又沙门乔答摩听食鱼肉，我等从今更不应食。何缘由此？於诸众生为断命事。又沙门乔答摩听食其盐，我等从今更不应食。何缘由此？由其盐内多尘土故。又沙门乔答摩受用衣时，截其缕绩，我等从今受用衣时留长缕绩。何缘由此？坏彼织师作功劳故。又沙门乔答摩住阿兰若处，我等从今住村舍。何缘由此？弃捐施主所施物故。

简单地说，一共有五件事，用一段摄颂表示：

> 不餐於乳酪，鱼肉及以盐，长绩在村中，是天授五法。[1]

我们看到，这就是提婆达多破僧的主要纲领。提婆达多另立僧团，靠的就是这五条规矩。他千年以下的徒子徒孙们，仍然还遵守这五条

〔1〕《大正藏》第24卷，第149页中。“天授五法”又被称作“调达五事”。在其他部派的律里也有记载，但细节上稍有不同。化地部的《五分律》卷25是：(1)不食盐；(2)不食酥乳；(3)不食鱼肉；(4)乞食；(5)春夏八月日露坐，冬四月日住于草庵。《大正藏》第22卷，第164页上。法藏部的《四分律》卷4是：(1)尽形寿乞食；(2)尽形寿着粪扫衣；(3)尽形寿露坐；(4)和(5)尽形寿不食酥、盐、鱼及肉。《大正新修大藏经》第22卷，第594页中。说一切有部的《十诵律》卷4是：(1)尽形寿受着纳衣；(2)尽形寿受乞食法；(3)尽形寿受一食法；(4)尽形寿受露地坐法；(5)尽形寿受断肉法。《大正藏》第23卷，第24页中。巴利文律藏称此为 panña vatthuni, 见 *Cullavagga*, VII, 3.14, *The Vinaya Piṭaka*, ed. by H. Oldenberg, Vol. II, London, 1930, p. 197。

规矩。从某种意义上讲，这并不是件容易的事。

但是，第四，依照义净的观察，提婆达多派所实行的宗教轨仪，很多又与正统的佛教僧人的轨仪差别不大，“所有轨仪，多同佛法”。而且他们也讲“五道轮回，生天解脱”，这与正统的佛教也很接近。但与上面讲的提婆达多主张的“但有此生，更无后世”却又有不同。在这一点上，后世的提婆达多派似乎已对祖师爷的理论做了一些修改，因此他们看来也不是一成不变的。〔1〕

第五，提婆达多派也有自己的“三藏”。他们的“三藏”，与佛教的三藏“亦有大同”。这是以前完全没有记载的。虽然依着《大唐西域记》等的说法，提婆达多活着时已经“诵持八万法藏”，可是除了义净，谁也没有讲到，到了公元7世纪，提婆达多派居然还有他们自己的三藏。如果义净的话靠得住的话，那么和佛教的三藏一样，这一部三藏一定是提婆达多派在提婆达多以后的几百年间逐步编成的。既然称作“三藏”，大而言之，应该包括经、律、论三个方面的经典。可惜我们今天无法知道其具体的内容。

第六，当时提婆达多派的僧人有不少在印度佛教的学术中心那烂陀寺“杂听诸典”，这说明他们与正统的佛教僧人的关系在当时已经不是水火不相容，而是可以和平相处的。他们的派性似乎已经没有提婆达多在世时那样强——也许可以说，是释迦牟尼一派的佛教徒也已经不像当初那样嫌弃和憎恨他们。只是我们不清楚，他们在那烂陀杂听的，具体是哪些“诸典”。因为根据玄奘和义净在其他地方的记载，当时那烂陀寺里所讲授的，有各种各样的经典。既有佛教的经典，也有佛教以外的经典。佛教的经典中，既有大乘，也有小乘。

第七，在义净当时，提婆达多派的僧人在公开的场合不承认自己是提婆达多派，“恐人嫌弃，拒讳不臣”。义净为此与他们有一段直接的对话。同时他们的组织、宗教活动与正统的佛教徒的区别又是泾渭分明，

〔1〕季羡林先生认为，“但有此生，更无后世”的说法，与外道晡剌拿有关。这也是提婆达多跟释迦牟尼闹分裂而树立起的理论旗帜之一。见季羡林：《佛教开创时期的一场被歪曲被遗忘了的路线斗争——提婆达多问题》。

"若行聚集,则圣制分途,各自为行,别呈供养"。看来提婆达多派在当时仍然被有些人看作是异端,否则用不着这样做。

以上讲到的情况,对于研究印度佛教以及印度宗教史的学者们来说,应该是非常有趣的。印度从古到今,出现过大大小小、许许多多、形形色色的宗教和宗教派别。在释迦牟尼在世时,佛教以外,就有婆罗门教和"九十六种外道"。佛教以内,释迦牟尼在世时有提婆达多的"破僧"。释迦牟尼之后,有上座部和大众部的分裂,再后又分为"十八部"或者"二十部"或者更多的部派,同时在教义上又有大乘小乘两派之分。但是,法显、玄奘、义净所见到的提婆达多派,还能算是印度佛教的一部分吗?从他们供养和崇拜的对象是"佛"而言——虽然只供养"过去三佛"——不把他们称作"佛教"又称作什么呢?但在另一方面,他们千年之下,仍然"遵提婆达多遗训",实行的是提婆达多一派的苦行,而且就是不拜"释迦文佛",他们又不能被算在供养释迦牟尼佛的正统的佛教之内。他们究竟是怎么回事?他们在印度佛史上处于何种地位?这些问题,在东西方当今所有学者的有关印度佛教和宗教史的著作中,几乎没有一处涉及。虽然因为缺乏更多的材料,这些问题看来一时也还很难解决。

研究印度的古代史、佛教以及其他宗教,在任何一个方面,都离不开法显、玄奘和义净的著作。提婆达多和提婆达多派问题又是一个证明。

(原载《中国佛学》第1卷第1期,台北,1998年。)

4　说一切有部与中国佛教史的研究

佛教从印度传来。在中国佛教发展的早期和中期,印度佛教对中国佛教的影响非常之大。这一点,已是常识,不用再做说明。佛教最早传入中国之时,在印度方面,正是所谓部派佛教发展很盛的时期。部派与中国佛教之间,最初有些什么关系,虽然不是很清楚,但间接的记载仍然可以从汉文的文献中看到一些。涉及时代最早的,有梁慧皎的《高僧传》。《高僧传》卷1《昙柯迦罗传》讲,印度僧人昙柯迦罗在曹魏嘉平年间(249—253)来到洛阳,译出《僧祇戒心》,其后又有安息国僧人昙帝,在魏正元年间(254—255)译出《昙无德羯磨》。[1]

《高僧传》虽然写成的时间晚一些,是6世纪中期的作品,不过其中所搜集的材料有些应该说是比较早的。依照当时的情形推想,这两条材料基本可以相信。

《高僧传》在这里讲的是大众部的律和法藏部的律的译出。比《高僧传》撰写时间稍早,有僧祐的《出三藏记集》,其中也保存着不少与部派律有关的材料。《出三藏记集》卷11收有道安撰写的《比丘大戒序》。道安自己讲,他在鹑火之年,"自襄阳至关右,见外国道人昙摩侍讽阿毗昙,于律特善,遂令凉州沙门竺佛念写其梵文,道贤为译,慧常笔受,经夏渐冬,其文乃讫。"这部《比丘大戒》,原书后来佚失,但僧祐看来是见到过的。《出三藏记集》卷2把它称作《十诵比丘戒本》,又称《十诵大比丘戒》,由此我们可以判定,它是说一切有部的《十诵律》的一部分。译出的时间是在东晋简文帝时(371—372)。[2]不过,我有些怀疑,《出三藏记集》列出的经题中的"十诵"二字,是僧祐在编书时才补加上去的。

〔1〕《大正藏》第50卷,第325页上。

〔2〕《大正藏》第55卷,第10页上,第80页上至下。

同样的一部《比丘尼戒本》或称《比丘尼大戒》，也在同时被译出。“胡语”的原本由僧纯从西域的拘夷国，即今天中国新疆的库车带回。传授这一戒本的是拘夷国的僧人佛图舌弥。同样由竺佛念、昙摩侍以及慧常等译为汉文。从各方面的情况推测，这部戒本也属于说一切有部。[1]只是《出三藏记集》中所收的有关的两篇经序不知由谁撰写而成。不一定是道安，但至少是道安同时代的人。[2]

道安的时代，比僧祐和慧皎更早一些。与《高僧传》中讲到的后汉时译出的大众部律和法藏部律相比，说一切有部的律译出的时间则稍晚。

不过，时间再稍晚一点，5世纪初期，在北方的长安以及南方的建康分别译出的几种“广律”中，说一切有部的《十诵律》却是最早译出的一种。[3]《十诵律》的译出，与鸠摩罗什有关。鸠摩罗什本人，就是译者之一。

对印度的尤其是从印度北传的几个佛教部派，中国佛教僧人的认识，前后有一个由知之很少而知之渐多，由只知道局部而逐渐知道全体的发展的过程。到这个时候，情况大致就比较清楚了。这一点，可以从《十八部论》的译出以及僧祐《出三藏记集》中所收的几种有关律的经序看到。《十八部论》的原书失译人名，但它附于“秦录”，译出正是在这个时候。也有人说，它就是鸠摩罗什所译。只是这没有很确实的证据。

僧祐的《出三藏记集》中有关部派的材料最值得注意。这包括卷3中收录的3篇译经序录：《新集律分为五部记录》《新集律分为十八部记录》和《新集律来汉地四部序录》。[4]其中的第一种《新集律分为五部记录》实际上出于《大毗婆沙》。但第二、三两种，尤其是第三种则包括有很多关于部派律及其翻译情况的很重要的材料。

除此以外，《出三藏记集》的卷12还收有一种《萨婆多部记目录

---

〔1〕参见拙文“Buddhist Nikāyas through Ancient Chinese Eyes”，载 *Untersuchungen zur buddhistischen Literatur*, ed. by H. Bechert, Vandenhoeck & Ruprecht at Göttingen, 1994, pp. 167-168。

〔2〕《大正藏》第55卷，第10页上，第79页下至第80页上，第81页中至第82页上。

〔3〕依译出的先后时间，几种广律分别是说一切有部的《十诵律》、法藏部的《四分律》、大众部的《摩诃僧祇律》以及化地部的《五分律》。

〔4〕《大正藏》第55卷，第20页下至第22页中。

序》。根据《出三藏记集》中记载的内容，这部《萨婆多部记》，原书5卷，撰者应该就是僧祐本人。原书的第1卷，是僧祐自己撰写的一篇序和一个由53位印度祖师组成的名录，大致构成一个说一切有部的传承系统。第2卷是“长安城内齐公寺萨婆多部佛大跋陀罗师宗相承略传”，列出一个由54位祖师组成的名录，同样也构成一个传承系统。不过，两个名录其实非常接近，仅仅只是个别祖师的名字和排列次序略有差别。第3卷则包括6位印度或中亚来的僧人的传记。6位僧人是：卑摩罗叉、鸠摩罗什、弗若多罗、昙摩流支、求那跋摩以及佛大跋陀罗。第4卷也是僧人的传记，共有20位，都是中国僧人。第5卷包括4种“受戒记”和一篇“小乘迷学竺法度造异仪记”。[1]

这里就有一个过去几乎还没有人提出过的问题：依照僧祐的记载，或者说是说一切有部本身的传承，我们可以承认，印度方面的那53或54位祖师被认为或真的就是属于说一切有部的僧人，但是以卑摩罗叉为首的那6位印度或中亚来的僧人呢？不仅这6位“外国”僧人，还有后面所列的那20位中国僧人，他们也应该被算作是说一切有部的僧人吗？

这个问题，看来似乎很简单，但牵涉的方面却很多。

我的浅见，不仅这6位法师，卑摩罗叉、鸠摩罗什、弗若多罗、昙摩流支、求那跋摩以及佛大跋陀罗都是属于说一切有部的僧人，其余的20位中国法师，因此也可以算作说一切有部的传人。而且我相信，僧祐法师——同时还应该包括当时其他的人——也是这样想的。我以为，只有这样，才好对僧祐的记载做合理的解释。其实，把中国僧人划属于某一部派的例子，在僧祐之后，虽然不多，但仍然还可以看到。玄奘的名著《大唐西域记》的末尾，有一篇“赞”，作者是当时协助玄奘撰写《大唐西域记》和译经的僧人辩机。辩机在这篇“赞”中，首先讲了好些有关玄奘的事迹，最后讲到他自己，“少怀高蹈之节，年方志学，抽簪革服，为大总持寺萨婆多部道岳法师弟子”。[2] 道岳是隋末唐初的名僧，《续高僧

[1]《大正藏》第55卷，第88页下至第90页中。

[2]季羡林等：《大唐西域记校注》，中华书局，1985，第1049页。

传》卷13有传，玄奘未去印度之前，亦曾问学于他。道岳在这里被称作说一切有部僧，这其中是否还可以说明其他的一些问题呢？所谓部派，很多情况下是指不同的传律的系统，大乘僧人因此往往也都有自己特定的部派归属。〔1〕

僧祐的记载，主要是就律的传承而言。僧祐列举的那20位中国僧人，大致都是如此。不过，把道岳称为萨婆多部僧，其含义似乎还要多一些。道岳不是律师，而是法师，他依说一切有部律出家，又"宗师《俱舍》，弘阐有部"，因此应该说在宣传有部的佛教义理方面也做了不少事。〔2〕

从僧祐的记载，我们还应该看到一点，虽然汉地的僧人在唐以后几乎无一例外地以法藏部的律，即《四分律》作为律制的基础，但最早的情形并非如此。在唐以前，法藏、大众、说一切有部——甚至还可能包括化地——几个部派的律实际上都同时在流传和使用。有关的情形还可以从文献中找到一些材料。唐初的义净法师，是中国历史上最著名的求法僧之一。他在印度留学多年，对佛教的律制作过最细致入微的观察和研究，对中国的情况当然也非常了解。义净在他撰写的《南海寄归内法传》中讲到部派律在中国传承的历史，有一段很简明的总结："然东夏大纲，多行法护。关中诸处，僧祇旧兼。江南岭表，有部先盛。"〔3〕

义净所讲，是唐初的情形，这时《四分律》实际上已经取代了《摩诃僧祇律》和《十诵律》最初所有的地位。《续高僧传》卷21《洪遵传》及卷22《智首传》《法砺传》就讲到这种转变的情形。〔4〕不过，这恰恰也就说明，大众部和说一切有部律——二者之间尤其是后者——在开始时影响最大。

以上所说，基本上是从说一切有部的律在中国传译和流行的情形来做考虑。但是，这里还有一个问题：说一切有部除了通过律的传承对

〔1〕有关的一些问题，我曾在拙稿《南海寄归内法传校注》的前言中做过详细的讨论。我有些自认为比较特别的想法。《南海寄归内法传校注》前言部分，中华书局，1995年，第38至114页。

〔2〕《大正藏》第50卷，第447页中。

〔3〕拙稿《南海寄归内法传校注》，第19页。

〔4〕《大正藏》第50卷，第611页下，第614页中，第615页下。

中国佛教产生了这些影响以外，在其他方面是否还有表现呢？

要回答这一问题，可以从经和论两类文献或者说两个方面来讲。在经的传承方面，情况实际上不是很明朗。同样是在5世纪初译成汉文的几部《阿含经》，以及阿含类中其他的经典，它们的部派属性，从来就有种种不同的说法，而且直到现在还有争议。它们中的《长阿含经》，属于法藏部，大致可以视作定论。《中阿含经》依照吕澂先生的意见，属于说一切有部。《杂阿含经》属于根本说一切有部，而《增一阿含经》则属于大众部。其他的阿含类经典更需要分别做具体的分析。[1] 在中国佛教思想史上，几种《阿含经》的影响当然是有的，不过，若是要单讲说一切有部在这方面的影响，则比较难。[2]

但是在论书方面的情况却完全不同。被翻译成汉文的各种论书，也就是所谓的阿毗达磨类的文献，情况虽然也比较复杂，但有一点很清楚，属于说一切有部的，数量最多，而且体系最完整，对中国佛教思想的发展产生的影响也最大。就这方面而言，在中国佛教的初传时期，就有说一切有部的踪迹可寻。安世高是中国历史上有确实记载可考的最早的译师。安世高翻译的经典，从各方面来分析，可以判定，与说一切有部有最多的关系。只是当时中国的佛教僧人或学者是不是明白这一背

---

〔1〕见吕澂为《中国佛教》第3辑所撰写的"阿含经"条，知识出版社，1989年，第158至163页。关于《阿含经》的部派属性，日本学者做过较多的讨论，简要的介绍可参见前田惠学，"Japanese Studies on the Schools of the Chinese agamas", in *Zur Schulzugehörigkeit von Werken der Hīnayāna-Literatur*, Hrsg. von H. Bechert, Erst Teil, Vandenhoeck & Ruppecht in Göttingen, 1985, pp. 94-103。

〔2〕与这一问题有关，我们还应该注意的是，20世纪初以来在中亚包括中国新疆地区发现的梵文以及其他"胡语"佛经，如果按部派分类，其中数量最多的，就是说一切有部的经典。古代新疆地区，尤其是在"北道"一线，佛教说一切有部无疑有最大的势力和影响。汉地的佛教，主要从西域传来，汉译佛经中"经"一类的文献，与说一切有部有关系的，一定有不少。例子可见 E. Waltschmidt, "Central Asian Sūtra Fragments and their Relation to the Chinese agamas", 载 *Die Sprache der ältesten buddhistischen überlieferung*, Hrsg. von H. Bechert, Vandenhoeck & Ruppecht in Göttingen, 1980, pp. 136-174。德国学者研究在新疆发现的梵文佛教文献，编辑有 *Sanskrit-Wörterbuch der buddhistischen Texte aus den Turfan-Funden und der kanonischen Literatur der Sarvāstivāda-Schule* 一书，即与说一切有部有关。该书在Göttingen出版，到1999年为止已经出到了第十一册。这些梵文经典与汉译佛经和汉地佛教之间的关系，有很多地方还不清楚。这方面更多的研究工作尚有待于进行。

景，则很难说。文献中没有记载。从情理上推断，可能性不大。[1]但在安世高之后，随着论书方面的经典相继译出，情况就应该逐渐变得清楚起来。尤其是从十六国即东晋时期开始，译出的论书，主要的几部，都属于说一切有部论师的著作。这些论书对中国佛教所产生的影响，只要看从南北朝至隋唐时期出现的"毗昙宗"或者说毗昙学派以及毗昙师的情形，就可以知道。有关"毗昙宗"和毗昙师的历史，可以联系到中国佛教史上不少的问题，可以谈很多，这里不拟做仔细的讨论，但至少有一点是我们应该注意到的，就是，说一切有部的这些论书，包括所谓的"一身六足"以及相关的一些经典，从译出一直到宋代，都为中国佛教僧人和学者所重视。学习这些经典，从来就被看成是通解印度佛教理论的最基本的路径之一。唐代的玄奘大师，在印度留学多年，对印度佛教各个部派及大小乘的理论都有极深极透彻的了解，他回国后译出的部派方面的经典，完全属于说一切有部或与说一切有部有关，这不是偶然的事。玄奘翻译的经典，在他自己，显然做过精选，都是他认为的对当时的中国佛教最有用、最有益、最重要的佛经。毗昙师的传统，在玄奘的弟子中也有所体现。只是这方面的情况似乎还需要我们做进一步的梳理。[2]

问题讨论到这里，就应该提到印顺法师的《说一切有部为主的论书与论师之研究》一书。印顺法师这部书，内容与说一切有部有关，而主要讨论说一切有部的论书和论师。书出版于1968年，至今仍是一部研

---

〔1〕关于安世高及其翻译的经典，已经有不少的学者做过详略不等的研究。最新的可以举出几种，A. Forte：*The Hostage An Shigao and his Offsprings: An Iranian Family in China*, Kyoto, 1995；山部能宜："An Shigao as a Precursor of the Yogācāra Tradition: A Preliminary Study"，载《渡边隆生教授还历纪念：佛教思想文化史论丛》，东京，1997，第826至785页；P. Harrison："The Ekottarikāgama Translation of An Shigao"以及拙文"Mahāyāna or Hīnayāna: A Reconsideration of the yāna Affiliation of An Shigao and his School"，二文均载 *Bauddhavidhyāsudhākaraḥ*, ed. by P. Kieffer-Pülz and J. Hartmann, Swisttal-Odendorf, 1997, pp. 261-284, 689-698。拙文又有中文修改稿，载《佛教与中国传统文化》下册，王尧主编，宗教文化出版社，1997年，第667页至682页。

〔2〕相关的研究实际上已经有一些，例如 C. Willemen, B. Dessin 与 C. Cox 新近合作出版的 *Sarvāstivāda Buddhist Scholasticism*, Leiden: E. J. Brill, 1998 即是其中一种。不过这部书讨论的重点仍然主要放在与印度佛教有关的问题上。Willemen 教授把他的新著的复印本寄赠给我，我愿借此机会对他表示衷心感谢。

究说一切有部的重要参考著作。印顺法师的书,虽然以讨论印度以及中亚方面的问题为主,但实际上对了解中国佛教与印度佛教的说一切有部的关系也有很大的意义。印顺法师对说一切有部的论书和论师所做的分析,充分利用了汉译的经典和中国方面的文献。这类文献,恰恰也反映出当时印度以及中亚流行的佛教说一切有部对中国佛教的影响。印顺法师的书,内容很丰富,有很多精到的见解,可以说是对部派佛教研究的一大贡献。其中的一些研究成果,看来还需要进一步去体会和利用。

在印度佛教史的研究中,部派问题可以说一直是一个重要的题目。说一切有部在佛教的历史上曾经是很重要也很有影响的一派。说一切有部在从根本上座部分出以后,最早主要流行于西北印度一带,然后传入中亚,然后再传入中国的新疆地区,然后再被介绍到汉地。说一切有部有自己的完整的一套经典,其他的文献也很丰富,而且其中相当一部分有幸保留了下来。这一部派中先后出现过不少大师级的学者,他们为发展、丰富和宣传佛教的理论和学说做出了重要的贡献。由于汉地佛教与西域佛教在历史上的特殊的因缘,中国佛教的发展往往与说一切有部有许多关系,并受到它的影响。对此印顺法师以及其他学者已经做了不少研究,他们的著作为我们做出了榜样。当然,有关的问题还有很多仍然需要做进一步的探讨。

末了,最后说一句:本文的题目很大,但实际解决的问题却不多,不过只是希望由此能引起时贤们研究佛教部派历史的兴趣,尤其对说一切有部以及中国佛教两方面的问题同时给予更多的注意。

(原载《印顺思想》,正闻出版社[台北],2000年,第117-123页。)

5 论安世高及其所传学说的性质[1]

作为中国佛教史上最早的有确切记载的佛经翻译家，安世高对佛教在中国的传播所做出的贡献，众所周知。安世高，安息人，东汉末年来到中国，从汉桓帝建和二年(148)至灵帝建宁(168—171)年间在洛阳译经和宣传佛教。[2]安世高所传的佛教学说，大致地讲来，可以分为两大部分：一是“禅”，二是“数”，这也早有定论。[3]安世高所传的包括这两部分内容的学说，从性质上讲，大多被认为属于“小乘”的范畴。[4]从这一点出发，人们往往进一步推论，安世高是一位小乘僧人。这种情形，刚好和支娄迦谶是大乘僧，所传为大乘学说成为对比。但是，做这样的结论，实际上显得过于简单化，其中存在一些疑点。本文的目的，即拟根据相关的一些材料做一点讨论，并希望这样会有助于对佛教初传中国时期的历史背景和具体情况做更好的了解。

---

〔1〕本文根据我用英文写成的论文“Mahāyāna or Hīnayāna: A Reconsideration on the yāna Affiliation of An Shigao and His School”补充修改而成。论文1996年12月曾在荷兰莱顿举行的一次学术研讨会上做过发表，后来收入在德国出版的 *Bauddhavidyāsudhākaraḥ, Studies in Honour of Heinz Bechert on the Occasion of his 65th Birthday*, ed. by P. Kieffer-Pülz and J. Hartmann, Swisstal-Odendorf, 1997，第689-697页。

〔2〕见慧皎：《高僧传》卷1《安世高传》引《道安录》。《大正藏》第50卷，第324页上。虽然慧皎书写成的时代稍晚，但这一说法出自《道安录》，因此比较可信。

〔3〕参见拙文《安息僧与早期中国佛教》，载叶奕良编：《伊朗学在中国论文集》，北京大学出版社，1993年，第83至92页；又参见汤用彤：《汉魏两晋南北朝佛教史》，中华书局，1983年，第43至47页。

〔4〕例如任继愈主编：《中国佛教史》第一册，中国社会科学出版社，1981年，第228页以下；Erick Zürcher: *The Buddhist Conquest of China*, Leiden, 1927, p. 33ff。

5.1 “菩萨”和“开士”[1]

关于安世高，我们所知道的，现存最早的记载，是严浮调撰写的《沙门十慧章句序》。《沙门十慧章句》书虽不存，但僧祐的《出三藏记集》中保存了原书的序。该序中讲：

有菩萨者，出自安息，字世高。韬弘稽古，靡经不综。愍俗童蒙，示以桥梁，于是汉邦敷宣佛法。[2]

严浮调是安世高的亲传弟子，汉末人。他的记载应该说最为可信。

比严浮调稍晚，是康僧会为安世高所译《安般守意经》所写的序。《安般守意经》是安世高翻译的主要的经典之一。这篇序讲：

有菩萨者安清，字世高，安息王嫡后之子。让国与叔，驰避本土。翔而后进，遂处京师。[3]

僧会是三国吴时人，祖籍康居，世居天竺，其父经商而至交阯。僧会出家为僧，虽然未能亲见安世高，但他的老师是安世高的亲传弟子，因此他也自认为是安世高的弟子。

再有题陈慧撰，撰写的准确时间虽不清楚，但大致与此相同或相近的《阴持入经注》。《阴持入经》也是安世高翻译的主要的经典之一。《阴持入经注》前有一篇序，其撰者自称“密”。该序中讲：

安侯世高者，普见菩萨也。捐王位之荣，安贫乐道。夙兴夜寐，忧济涂炭，宣敷三宝，光于京师。[4]

再其后的记载，如晋道安的四种经序：《阴持入经序》《安般注序》

[1] 意大利学者Antonino Forte在他不久前出版的一部书 *The Hostage An Shigao and His Offerings: An Iranian Family in China*, Kyoto, 1995里也提出了与我在本节里将要讨论的相同的问题。他的书的第三章第二节，题目就是“Did An Shigao belong to the Hīnayāna tradition?”Forte主要讨论了“菩萨”和“开士”两个称号。他在这一节中表示的意见，我大多同意，同时我在这里想把讨论的范围再扩大一些。我还想借此机会对Forte先生赠送给我他的新著表示感谢。

[2]《大正藏》第55卷，第69页下。

[3]《大正藏》第55卷，第43页中。

[4]《大正藏》第33卷，第9页上。

《十二门序》和《道地经序》以及谢敷的《安般守意经序》，对安世高的称谓与前几种记载完全相同，只是把“菩萨”二字换成了另一种译名“开士”。例如谢敷的《安般守意经序》：

汉之季世，有舍家开士安清，字世高，安息国王之太子也。……[1]

在这些记载中，与我们这里讨论的问题有关，值得我们注意的一点是，安世高总是被称作“菩萨”或“开士”。那么，对于安世高的同时代人以及他的学生弟子们而言，把安世高称作“菩萨”或“开士”，是否会有某种特殊的意义呢？一种解释是没有。把安世高称作“菩萨”，不过是对他表示尊敬的一种方式。但是，如果我们把同时代，同样的作者在提到当时到中国来译经传教的其他外国僧人时所使用的称谓做比较，就会发现，“菩萨”或者“开士”一名，仅仅只限定使用于大乘僧，而且是要有成就的大乘僧。这样的例子很容易就可以找到。在这一时期的经序或译经记中，被称作“菩萨”的僧人或佛教徒并不多，只有来自大月氏的支娄迦谶和来自印度的竺朔佛以及来自敦煌的竺法护。前两位与安世高同时，后一位比安世高稍晚。[2]他们都是中国早期佛教史上最有名的大乘僧人。

相反，我们也可以看到，并不是所有从西方来的外国僧人都可以被称作“菩萨”或者“开士”。这样的例子也有好些。就在道安的《阴持入经序》里，道安在称呼安世高为“开士”的同时，同时又提到“应真”，也就是“罗汉”一名。该序中有一段是：“若取证则拔三结，住寿成道，径至应真。此乃大乘之舟楫，泥洹之关路。”[3]显然，在道安看来，在佛教修习的阶位上，前者低于后者，两者之间是有差别的。

在道安的《道地经序》里，也是同样的一种情形。《道地经序》开首的第一句就是：“夫道地者，应真之玄堂，升仙之奥室也。”然后又讲到“有

---

[1]《大正藏》第55卷，第44页中。

[2]见不明撰者的《道行经后记》《须真天子经记》《普曜经记》《般舟三昧经记》以及支敏度《合首楞严经记》。《大正藏》第55卷，第47页下，第48页中，第48页下，第49页中。

[3]《大正藏》第55卷，第44页中至第45页上。

开士安世高者……”[1]而在他的其他的著作，例如《鞞婆沙序》里，道安则用“罗汉”一名来称呼撰写《鞞婆沙》的三位印度僧人，因为在道安的眼里，他们属于所谓的小乘僧，虽然对他们的学问，道安仍然非常称赞。[2]

再如慧远，慧远是道安最杰出的弟子，也是当时南方佛教界的代表人物。在他所撰写的《庐山出修行方便禅经统序》里，慧远把阿难、末田地和舍那婆斯称作“三应真”，但同时在提到撰写《禅经》的达磨多罗和佛大先时，则说他们是“禅训之宗，搜集经要，劝发大乘”，指明他们是大乘僧。[3]在《三法度序》里，慧远又讲，《三法度》是一位叫作山贤的小乘的“应真”所撰，而后又有一位叫作僧伽先的大乘居士“为之训传，演散本文，以广其义”。[4]

至于“开士”一名，我们只要看看安世高同时的安玄和严浮调所翻译的《法镜经》以及稍后一点的支谦翻译的《大明度经》，就可以知道，这个称号是绝对使用于大乘佛教徒的。[5]

对照起来看，我们可以得出结论，对于当时的佛教徒和学者们而言，在不同情况下使用的“菩萨”或者“开士”，“罗汉”或者“应真”这两个称号，显然是有不同的意思。[6]具体结合到安世高的情况，我们只能说，在安世高的同时代人或者弟子或者其后的人看来，安世高是“菩萨”，他应该属于大乘。

---

〔1〕《大正藏》第55卷，第69页上至中。

〔2〕《大正藏》第55卷，第73页中。

〔3〕《大正藏》第55卷，第65页中至第66页上。

〔4〕《大正藏》第55卷，第73页上。

〔5〕《大正藏》第12卷、第8卷。在《大明度经》里，“开士”也写作“闿士”。

〔6〕这一点，我曾经在我过去的一篇文章里在讨论另外一些问题时曾提到过，希望能引起学者们的注意。见拙文“Buddhist Nikāyas through Ancient Chinese Eyes”，载Heinz Bechert(eds.), *Untersuchungen zur Buddhistischen Literatur*, Vandenhoeck & Ruprecht in Göttingen，1994，p.143。

5.2 所谓“安世高学派”

在一些研究中国佛教史的著作中，安世高与他译经时的助手或者弟子们，常常被称作“安世高学派”(An Shih-kao school)。[1]这实际上指的是以安世高为首，包括协助安世高译经，继承他所宣传的佛教学说的及门的和不及门的弟子以及一批中国佛教徒。这中间，我们知道姓名的，除了有上面提到的严浮调、康僧会、“密”，还有会稽陈慧、颍川皮业、南阳韩林。他们无一例外的都是大乘僧或大乘信徒。我们很难想象，如果安世高是一位小乘僧，会有这么多大乘信徒追随于他。实际的情况是，这些中国佛教徒向安世高学习佛教，协助安世高翻译经典或者撰述，宣传安世高所传的佛教学说，他们理解和实践的出发点，都带有大乘的色彩，在他们眼里，从没有把安世高看成是小乘师。

我们首先看严浮调和安玄。他们两人一起合作，翻译了《法镜经》。这是在中国早期翻译的大乘经典之一。没有人会怀疑他们不是大乘僧人。[2]

再看康僧会。康僧会在他的《安般守意经序》的一开首，就这样写道：夫安般者，诸佛之大乘，以济众生之漂流也。然后下文才讲：

> 大士上人，六双十八辈，靡不执行。有菩萨者安清，字世高……徐乃演正真之六度，译安般之秘奥。学者尘兴，靡不去秽浊之操，就清白之德。[3]

没有什么比这一段文字更能说明在康僧会的眼里，安世高以及安世高所翻译的经典是什么性质了。

---

[1] 见Zürcher：*The Buddhist Conquest of China*一书中关于安世高的一节。

[2] 严浮调是安世高的亲传弟子，他参与翻译大乘的《法镜经》。如果把安世高看成小乘僧，这件事就多少有些奇怪。Zürcher：*The Buddhist Conquest of China*一书中p. 34就写道：“(it) is somewhat surprising because this sutra, a summary account of the career of a Boddhisattva, wholly belongs to the Mahayana. In spite of this, Yen Fo-t' iao regarded himself as a disciple of An Shih-kao...”

[3]《大正藏》第55卷，第43页上至中。

还有一个例子是《阴持入经注》。虽然我们对这部著作的来源和作者还不是很清楚，但它属于中国最早的佛教注疏却无可怀疑。它为了解和理解《阴持入经》经典本身以及佛教经典和学说当时在中国传译的情况提供了许多有价值的材料。[1]一般认为，《阴持入经》是一部属于小乘的经典，但这部《阴持入经注》却是把大小乘糅合在一起，注者引用了不少经典，包括大乘经来做解释。它引用的经典，可以明确判定为大乘经的就有：

《大明度经》

《老母经》

《慧印经》

《法镜经》

《维摩诘经》

《屯真经》，即《纯真陀罗经》

《了本经》，即《了本生死经》[2]

可以说，当时刚译出的主要的几种大乘经几乎都有了。作者作注疏时的出发点和立场由此可以看得很清楚。

至于晚一些的道安等人，当然更是从大乘佛教的立场来理解安世高的学说。因此，我们如果承认有一个"安世高学派"，我们只能说，这个学派并不完全是小乘学说的宣传者，他们佛教信仰的基本立场，是大乘而不是小乘。

---

〔1〕见《大正藏》第33卷，第9页上。《大藏经》中现存的《阴持入经注》题陈慧撰，但学者们一般都对此表示怀疑。《阴持入经注》有一篇序，《序》的作者自称"密"。很多学者认为"密"也就是《阴持入经注》的作者。这很有可能。《阴持入经注》中有多处提到"师云"。Zürcher认为，这位"师"是指康僧会，但我以为应该就是指安世高。见 Zürcher: *The Buddhist Conquest of China*, p.54。注文中又提到《安般解》一书，应即康僧会《安般守意经序》中提到的"陈慧注义，余助斟酌，非师不传，不敢自由"，解释《安般守意经》的著作。见《大正藏》第55卷，第43页下。

〔2〕《大正藏》第33卷。所引《大明度经》见第10页中，第13页中，第21页下；《老母经》见第10页中；《慧印经》见第11页中，第11页下，第12页中；《法镜经》见第11页下，第19页上；《维摩诘经》见第15页上；《屯真经》见第13页上；《了本经》见第21页上。

5.3 大乘经还是小乘经?

一般认为,安世高翻译的经典,都属于小乘。这实际上也存在疑问。

安世高来中国后,究竟翻译了多少佛经,到道安时,已经不大清楚。我们现在当然更难知道,只是相信数量不少。严浮调称他:“凡所厥出,数百万言,或以口解,或以文传。”[1] 其注的谢敷也说:“其所译出,百余万言。”[2] 虽然这些说法现在难于得到准确的证实,但如果包括“口解”,我们相信,就数量大而言,总是有些根据的。齐梁时代的僧祐,在编《出三藏记集》时,根据他当时所见以及道安的意见,很谨慎地著录了安世高翻译的佛经共35部41卷。就字数讲,这与严浮调等的说法比,当然相差很远。不过,因为我们很难知道在此之外,究竟还有哪些经典是安世高所译,我们讨论的问题,仍然只好限制在僧祐《出三藏记集》所记载的经典的范围之内。

在僧祐著录的安世高所译佛经中,有一部《五十校计经》。僧祐的记载是:

《五十校计经》,2卷。或云《明度五十校计经》。[3]

这里我们要注意的是“明度”二字。就译语而言,在中国佛经的翻译史上,“明度”从来就是大乘经用语的标志之一。因此,我们完全可以怀疑这部经是一部大乘经典。但是这部经典似乎一直没有引起研究安世高的学者们足够的重视,或者有人认为它与其他好些安世高翻译的经典一样,已经佚失不存。[4] 但在现存的《大藏经》里,《五十校计经》实

---

〔1〕《大正藏》第55卷,第69页下。

〔2〕《大正藏》第55卷,第44页中。

〔3〕《大正藏》第55卷,第6页上。

〔4〕例如 Zürcher:“A New Look at the Earliest Chinese Buddhist Text”, in K. Shinohara and G. Schopen(eds.), *From Benares to Beijing: Essays on Buddhism and Chinese Religion in Honour of Prof. Jan Yün-hua*, Oakville: Mosaic Press, 1991年,文章的附录中所列的安世高所译经典目录中,就不包括《五十校计经》。

际上是能找到的，只是被改了名字，收入另一部经典《大方等大集经》中。在《大方等大集经》中，它作为经文的最末的两卷，即第59、60卷，被改题为《十方菩萨品》。而译者则往往被误题为北齐时来华的印度僧人那连提耶舍。[1]

《大方等大集经》是一部有名的大乘经典，《五十校计经》为什么会被编入或者说"窜入"其中？这首先是一个值得考虑的问题。它说明，在《大方等大集经》当时的译者和编者看来，《五十校计经》属于大乘经，否则它是不可能被放置其中的。而就我们现在所见到的经文的内容而言，这部《五十校计经》，其中讲到的东西，确实带有大乘的色彩，如果不能称为"纯大乘"(pure Mahāyāna)，至少也是"半大乘"(semi-Mahāyāna)。

《五十校计经》是怎么被改换题目，放置进《大方等大集经》的呢？有关这一过程的记载，我们也可以在经录里找到。隋代费长房《历代三宝纪》卷12讲：

> 《新合大集经》六十卷。右一部六十卷，招提寺沙门僧就开皇六年新合。[2]

僧就所编60卷本《大方等大集经》，包括了昙无谶所译《大集经》30卷，再加上据传为宋智严共宝云所译《无尽意菩萨经》6卷，高齐那连提耶舍译《大乘大方等日藏经》15卷，《大方等大集月藏经》12卷，《大乘大集须弥藏经》2卷，最后加上的就是安世高翻译的《五十校计经》2卷。费长房的记载在稍后的智昇的《开元录》中也得到证实。《开元录》卷11讲：

> ……然隋朝僧就合《大集经》，乃将《明度五十校计经》题为《十方菩萨品》，编《月藏》后……[3]

当然，有人还可能会问：我们现在见到的这部《五十校计经》，是不是就是安世高所译呢？这个问题确实存在，但我们只要看译文的风格和用语，我们可以相信，说它出于安世高之手，不应该有大问题。我们

[1] 见《大正藏》第13卷，第394页中。

[2] 《大正藏》第49卷，第103页上至中。

[3] 《大正藏》第55卷，第588页中。虽然费长房《历代三宝纪》中的记载常常有些问题，但这里讲到的情节应该可以相信。一是因为这是讲当时的事，二是智昇的《开元录》也讲到此事。而《开元录》则基本上是一部可靠的书。

可以从经文中举几个例子。

佛在王舍国法清净处，自然师子座交络帐……

佛言：用不行安般守意，不校计百八颠倒故。

若曹坐不行安般守意，校计百八欲，欲不舍故。

行菩萨道，数息行禅，若自怙定意，当校计百八堕。

数息相随，止观还净。为净得除栽，不净者为不除栽。

佛言：菩萨心所贯，痛痒思想生死识，中自用有五阴，中有习，是为贯生。

菩萨坐禅数息不得定意。

佛言：诸菩萨不可作菩萨道，贡高胜十方人。

佛言：汝至十方佛前，自贡高，自誉言……[1]

而且，译文中没有偈颂体。没有或很少偈颂体，也是安世高译文的特点之一。

再有一部经典是《道地经》，又称《修行道地经》。这是安世高翻译的有名的几部经典之一。《道地经》的作者是僧伽罗刹。世高所译是第一译。在安世高之后，有北凉昙无谶的译本。从安世高的译本看《道地经》的内容与大乘没有什么明显的关联。但现存的昙无谶的译本的最末一尾，即卷7，其中却包括有《弟子三品修行品》《缘觉品》，以及《菩萨品》三个章节。这三个章节，则完全是讲大乘菩萨行的理论。虽然我们有足够的理由，可以断定，原本或者最初的译本中并没有这三品，这三品是后来所加，但这件事恐怕发生得相当早。它说明，《道地经》在流传的过程中，很容易地就被“窜入”了大乘的内容。[2]

僧祐《出三藏记集》提到的安世高翻译的经典中，还有一部《十四意

[1]《大正藏》第33卷，第394页中，第396页上，第396页下，第397页中，第398页中，第400页下，第401页上，第406页中，第407页上。

[2] 关于《修行道地经》，法国学者 Paul Demiéville 曾做过很好的研究，见其“La Yogācārabhūmi de Saṃgharakṣa”, in *BEFEO*, Tome 44, Fasc.2(1954)，这里尤其参见其中 pp. 351-363一节。《修行道地经》还有一个题名支曜译的译本，称为《小道地经》。虽然《小道地经》是否真是支曜翻译，尚有待研究，但从译文看，这个译本也相当早。支曜则是与安世高同时代的一位大乘僧。见《大正藏》第15卷。

经》，又称作《菩萨十四意经》。僧祐本人，当时没见到这部经，我们现在也无法知道经的具体内容。不过，从《菩萨十四意经》中的“菩萨”二字看，我怀疑它很可能也与大乘有些关系。

5.4 结语

有关安世高和他所翻译的经典，过去已经有一些研究著作和论文。在已发表的这些论著中，讨论得比较多的，是安世高和安世高所翻译的经典属于当时佛教的哪一个部派，而对他究竟属于大乘还是小乘，则考虑得比较少。〔1〕过去的一般的意见，倾向于把他看成是一位小乘僧。但是，本文上面所论，则对这一结论提出了一些不同的看法。如果我上面的意见能够成立，我以为对了解佛教初传时期的情况是有意义的。它说明，当时从西方来到中国传播佛教的外国高僧们，虽然所传的学说常有不同的侧重，但中国佛教徒所接受和学习的，从基本的倾向来讲，都是大乘。在中国佛教史上，从没有出现像在印度和中亚那样的大小乘并峙的局面，原因看来不是偶然的。一般地讲，中国佛教都属于大乘佛教的传统。中国的佛教徒，学习和研究大乘的经典，但也不排斥学习和研究所谓“小乘”的经典。在他们看来，作为整个佛教理论的一部分，后者也非常重要，尤其是在修习的“初级阶段”。判断某一位僧人或译人属于大乘还是小乘，如果仅仅从他翻译或研究的一部或几部经典来做结论，往往会出问题。〔2〕玄奘翻译的经典中，就有相当部分属于小乘经，而玄奘在佛教史上却是一位有名的大乘僧。对玄奘而言，翻译这些经典，是他的整个翻译计划的一部分，他是有意为之。这样的情

〔1〕1996年在莱顿召开的关于安世高的讨论会上提交的论文，大多集中在讨论安世高所译佛经属于哪一个部派的问题上。这当然也是一个很重要、很有意思的问题，只是目前恐怕很难得到一致的结论。

〔2〕举一个例子，东晋时来华的印度僧人佛陀耶舍，是法藏部的僧人，但同时也是一位大乘僧。因为他翻译了《四分律》，属于法藏部，有时就被误解为是小乘僧。见任继愈等：《中国佛教史》第二册，中国社会科学出版社，1985年，第259页。关于佛陀耶舍以及其他一些僧人的身份问题，参见拙稿《南海寄归内法传校注》前言部分，中华书局，1995年，第66-88页。

况，在中国佛教史上，其实很普遍。甚至一个宗派都可以以某一部“小乘”的经作为自己的基本经典。国外有的学者，对这一点就不甚清楚，因此往往出现误解。[1]

但对安世高的研究的意义还不只限于中国佛教。安世高在公元2世纪中叶从安息或印度来到中国。从安世高翻译的经典和所传的“禅”学理论来看，他很有可能属于当时在西北印度说一切有部的佛教僧人中新出现的一批“瑜伽行者”或“瑜伽师”（Yogācārin）的先驱者之一或者是他们中的一员。我们弄清安世高的背景及其所翻译的经典和所传的学说性质，对了解这一批“瑜伽师”以及他们所使用或编撰的经典的性质，相信也会有所帮助。在这方面，已经有学者在做研究。[2]希望拙文在这里讨论的问题和提出的意见也能对此多少有所贡献。

（原载《佛教与中国文化》，宗教文化出版社，1997年。）

---

〔1〕例如意大利学者Giuseppe Tucci等为《新大英百科全书》合撰的有关佛教的词条，其中就把中国佛教的律宗归入“最早的宗派”（the earliest schools），而不是列入“大乘派别”（the Mahayana schools）。大概因为律宗的基本经典是《四分律》，《四分律》属于法藏部，而法藏部被认为属于早期的佛教派别，所以他们做出这样的判断。见 *The New Encyclopaedie Britanica*, the 15th edition, Chicago, 1985, vol.15, pp.268,278。这样的看法当然很片面。中国佛教的律宗毫无疑问应该划归为大乘宗派。

〔2〕例如日本学者山部能宜在这次莱顿会议上提交的论文“On the School Affiliation of An Shigao: Sarvāstivāda and Yogācāra”就与此有关。

6 譬喻师与佛典中譬喻的运用

关于佛教历史上所谓的譬喻师,过去已经有过一些讨论,但不是很多。在汉文的学术著作中,我见到最重要的,是印顺法师的《说一切有部为主的论书与论师之研究》。其中第八章以及第十一章,都与譬喻师有关,题目是《说一切有部的譬喻师》。[1] 其次是吕澂先生的《印度佛学源流略讲》书中的第三讲第二节,也有一些讨论。[2] 相对而言,印顺法师的讨论比较深入,吕澂先生的讨论则比较简略。

在西文的著作中,与这个议题有联系、最早最直接的论文,是 Jean Przyluski 半个多世纪前发表的"Darṣṭāntika, Sautrāntika and Sarvāstivādin"。[3] 在近代西方——其实也包括东方——的学者中,Przyluski大概是最早注意,同时对这一问题做了比较深入讨论的人。

一般认为,譬喻师作为一类僧人,属于说一切有部。如果讲到说一切有部,研究的著作就比较多一些。[4] 讨论说一切有部,往往也要涉及譬喻师,譬喻师的问题与说一切有部有关。以上这些讨论,大致都是这样的一种看法。

〔1〕台北正闻出版社,1992年。第八章题目是《说一切有部的譬喻师》,第355-407页;第十一章题目是《经部譬喻师的流行》,第528-610页。

〔2〕上海人民出版社,1979年,第146-149页,第308-321页。

〔3〕*The Indian Historical Quarterly*, No. 16 (1940), 第246-254页。

〔4〕比较新,也比较全面的讨论应该是 Ch. Willemen, Bart Dessein & Collett Cox: *Sarvāstivāda Buddhist Scholasticism*, Leiden: E. J. Brill, 1998. 其中也有一个章节,题目是"Darṣṭāntika, Sautrāntika and (Mūla)sarvāstivādin",第106-110页。再有,现在香港大学的Bhikkhu KL Dhammajoti(法光)教授近年出版的研究有关说一切有部阿毗达磨的几种书也有所涉及,例如 *Abhidharma Doctrine and Controversy on Perception*, Hong Kong: Centre for Buddhist Studies, the University of Hong Kong, 2007,第5-14页。我愿意借此机会对这两位学者寄赠给我他们的大著表示感谢。当然,日本学者也有一些著作涉及这些问题,但我没能直接读到。

但是，有关譬喻师，我的感觉，有些方面的问题还是不很清楚。以说一切有部在印度佛教历史上的影响和地位而言，弄清楚譬喻师与说一切有部究竟是怎样的一种关系以及如何认识这一个群体及其在佛教发展的历史上曾经有过的作用和影响，其实不无意义。

因此，关于譬喻师，我以为有下列问题还需要做进一步的讨论：

(1)究竟什么人算是譬喻师？

(2)所谓的譬喻师从哪儿来？

(3)譬喻师：说一切有部之内还是之外？

(4)譬喻师与佛典中譬喻的运用。

这些问题，看似细枝末节，但认真追究起来，其实与印度佛教、中亚佛教乃至于中国佛教的发展，尤其是文献的形成都有大小不等的关系，因此不可以不注意。

以下是对这几个问题的讨论。

6.1 究竟什么人算是譬喻师？

首先是“譬喻师”这个名字。在汉译佛典中，这个名称有翻译为“譬喻者”或者“譬喻尊者”。但“譬喻师”或“譬喻者”这个名字，我们目前见到的，其实也就只见于汉译佛典。最早提到这个名字，也提到得最多的是《大毗婆沙论》(*Mahāvibhāṣā*)。[1] 当然，除了《大毗婆沙论》，也还有一些经典提到“譬喻者”。这是我们了解譬喻师的基本数据。

什么是譬喻师呢？有关的解释，引用得最多的出自窥基。窥基《成唯识论述记》卷第4(本)讲：

> 譬喻师是经部异师，即日出论者。是名经部。此有三种：一，根本，即鸠摩逻多。二，室利逻多，造经部《毘婆沙》，《正理》所言上座是。三，但名经部。以根本师造《结鬘论》，广说譬喻，名譬喻师，

〔1〕Willemen统计是86次。见 Willemen书 *Sarvāstivāda Buddhist Scholasticism*，第109页。

从所说为名也。[1]

从这个解释出发，譬喻师被认为是从经部师分出，是“经部异师”，也是“日出论者”。但实际的情况其实正相反，譬喻师这个名称的出现显然比经部师早。与其说譬喻师从经部师分出，毋宁说譬喻师是经部师的前身。虽然这个问题在细节上还需要再做一些分析。

不过，窥基有这样的说法，也不是没有原因或者根据的。后期的譬喻师与经部师的关系如此密切，所以研究这个问题的学者很多情况下把二者视为一体，称作Darṣṭāntika-Sautrāntikas（譬喻经部师）。[2] 讨论到譬喻师，就不能不讨论到经部或经部师。

对于譬喻师，窥基还有更多的解释：

此破日出论者，即经部本师。佛去世后一百年中，北天竺怛叉翅罗国有鸠摩逻多，此言童首。造《九百论》。时五天竺有五大论师。喻如日出，明导世间，名日出者，以似于日，亦名譬喻师。或为此师造《喻鬘论》，集诸奇事，名譬喻师。经部之种族，经部以此所说为宗。当时犹未有经部，经部四百年中方出世故。如《成业论》……[3]

按照这样的说法，譬喻师就称作“日出者”或“日出论者”，“五天竺有五大论师”，都是譬喻师。北天竺的是鸠摩逻多。鸠摩逻多来自怛叉始罗国。因为他“造《喻鬘论》，集诸奇事，名譬喻师”。在譬喻师出现时，还没有经部。经部在佛灭后400年才出现。

这里值得注意的有几个名称：第一个是“日出论者”，窥基说“日出论者”就是经部师。再有就是“根本”或者说“根本师”，也就是说，经部中有一部分法师与其他的法师不一样，不一样的地方就是他们不全部都是“根本”或者说“根本师”。

《喻鬘论》指的是什么书呢？一般认为，就是20世纪初在中国新疆

[1]《大正藏》第43卷，第358页上。这些专有名词基本上都可以还原。还原后的梵文是，经部：Sautrāntika，根本：Mūla，鸠摩逻多：Kumāralāta，室利逻多：Śrīlata，毘婆沙：Vibhāṣā，《正理（论）》：*Nyāyānusāra*，根本师：Mūlācarya，《结鬘论》：*Darṣṭāntikapaṅkti*。

[2] 例如Willemen书 *Sarvāstivāda Buddhist Scholasticism*，第107页。

[3]《成唯识论述记》卷第2（本），见《大正藏》第43卷，第274页上。

地区发现的梵文写本佛经 *Kalpanāmaṇḍitikā / Dṛṣṭāntapaṅkti*（*Kalpanālaṃkṛtikā*或 *Dṛṣṭāntapaṅktyām*）。根据写本上的题记，作者就是鸠摩逻多。[1] 虽然作者究竟是鸠摩逻多还是马鸣，一直有争论，但从书名看，这是《喻鬘论》应该没有问题。而且说它就是汉译佛经中的《大庄严论经》，也没有问题。虽然这期间的传承关系，包括作者究竟是鸠摩逻多还是马鸣，目前要做最后的确定——甚至是能不能最后确定——还有困难，也就是说，还需要做更多的研究。

但是什么又是"日出论者"呢？窥基的解释是："喻如日出，明导世间，名日出者，以似于日，亦名譬喻师。"

如果我们接受"五天竺有五大论师"的说法，鸠摩逻多是其中之一，其他四位是谁呢？对我们来说，比较清楚的是，鸠摩逻多作为譬喻师，延续下来，成为经部的早期人物，但五天竺的"五大论师"都是经部本师吗？这似乎还是有些问题。"五大论师"也被称为譬喻师，分布的地域很广，据说包括五天竺。但譬喻师以后的经部只存在于印度的西北部，或者说犍陀罗地区。

窥基的解释显然来自玄奘。玄奘的《大唐西域记》卷12"朅盘陀国"（Tashqurgan）条的一段记载似乎与此有关，但是是"四日"，不是"五大论师"：

> 其王于后迁居宫东北隅，以其故宫，为尊者童受论师建僧伽蓝。台阁高广，佛像威严。尊者呾叉始罗国人也，幼而颖悟，早离俗尘，游心典籍，栖神玄旨，日诵三万二千言，兼书三万二千字。故能学冠时彦，名高当世，立正法，摧邪见，高论清举，无难不酬，五印度国咸见推高。其所制论，凡数十部，并盛宣行，莫不翫习，即经部

---

〔1〕H. Lüders: *Bruchstücke der Kalpanāmaṇḍitikā des Kumāralāta*, Leipzig, 1926; M. Winternitz, *History of Indian Literature*, Vol. II, New Delhi: Oriental Books Reprint Corporation, 1972, pp. 267–268; M. Hahn: "Kumāralāta's Kalpanāmaṇḍitikā Dṛṣṭāntapaṅkti, Nr. 1. Die Vorzüglichkeit des Buddha", in *Zentralasiatische Studie*, 16 (1982), pp. 306–336。中国学者注意到《喻鬘论》的极少，陈寅恪是例外。陈先生在20世纪20年代回国后，最早发表的文章中，就专门讨论及此：《童受喻鬘论梵文残本跋》，见《金明馆丛稿二编》，上海古籍出版社，1980，第207–211页。H. Lüders就是陈先生在德国学习时的老师，陈先生能够关注到这个问题，显然是受到了Lüders的影响。

本师也。当此之时，东有马鸣，南有提婆，西有龙猛，北有童受，号为四日照世。故此国王闻尊者盛德，兴兵动众，伐呾叉始罗国，胁而得之，建此伽蓝，式昭瞻仰。[1]

童受就是鸠摩逻多，但“四日照世”的“四日”就是“日出论者”吗？鸠摩逻多是“日出论者”，马鸣、提婆、龙猛也都是吗？如果进一步说马鸣、提婆、龙猛都是“经部本师”，是不是就太牵强了？“四日”也是东西南北，一个地方一位。而且，说“当此之时”，把这四位佛教大师都放在一个时间段上，似乎也有些问题。

从语义上进行分析，Dārṣṭāntika的意思其实很简单，英语的解释是one who uses an example or simile as proof。与此相关的梵文词dārṣṭānta，意思是explained by an example or simile。[2] 这个词又来自dṛṣṭa和词根dṛś。dṛṣṭa是眼睛能看到的东西。但是什么是这种眼睛能看到的东西呢？这就是所谓的“譬喻”吗？其实进一步延伸，依我的理解，应该就是指与抽象的教义宣传相区别的因缘故事，讲述这些因缘故事，最后的效果差不多就是一种dārṣṭānta或者dṛṣṭa，也就是成为一种visional presentation。

什么人是譬喻师，牵涉到什么是譬喻？如果完全从汉语追溯，很难弄清楚。汉文翻译中的“譬喻”，来源不止一处，不同情况下可以还原为不同的词语，但在这里，似乎就是dārṣṭānta。或者就更广泛的意义而言，经典中只要是在阐述教义时加入故事作为说明，就都是譬喻。譬喻师这个名称，我以为最初大概就是在这个意义上产生的。

依照早期的说法，佛教经典可以分为9类或12类，这就所谓“九分教”（navāṅga）和“十二分教”（dvādaśāṅga）的说法。“九分教”和“十二分教”中的“优陀那”（udāna）、“本事”（itivṛttaka，itivuttaka）、“因缘”（nidāna）都可以算作譬喻的各种类型。“譬喻”（avadāna，apadāna，“阿婆陀那”“阿波陀那”）当然就更是了。只有“本生”（jātaka）由于表述的形

〔1〕《大正藏》第51卷，第941页下。

〔2〕Monier Monier-Williams: *A Sanskrit-English Dictionary*, Oxford University Press, 1899, p. 401c。

式比较特别,似乎还不算在内。

在佛教历史上,佛教的僧人或者学者,有各种称呼,这些称呼,出现在不同的时期,对应于不同的条件,有不同的含义。例如巴利语文献里讲到的“经师”(suttantika)、“持律师”(vinayadhara)、“说法师”(dhammakathika)以及“持法师”(dhammadhara)。[1]

这些名称,也就是北传系统的文献中讲的“佛在世时,无有三藏名,但有持修多罗比丘、持毘尼比丘、持摩多罗迦比丘。”[2]

同样的,在印度早期的碑铭(Bharhut)中也可以见到这样一些名称:“持藏者”(peṭakin)、“经师”(suttantika)、“讽诵者”(bhāṇaka)、“长部讽诵者”(Dhīgha-bhāṇaka)、“中部讽诵者”(Majjhima-bhāṇaka))、“诵法师”(Dhamma-bhāṇaka)。[3] 而在其他早期的佛典中,还能见到“阿毗达磨者”(abhidharmika)和“阿笈摩师”(Āgamaka)这样的名称。

因此,我的一个有待进一步讨论的看法是:所谓的譬喻师,是不是也是在这个过程中出现的一种称谓呢?从公元前一二到公元一二世纪之间,佛教中有一种普遍的趋势,一些佛教学者,为了使佛教被更多的民众接受,在传教的方法和形式上,越来越多地运用所谓的譬喻来制作经典,这些人后来逐渐地就得到一个称呼,那就是譬喻师。这一点,也就是印顺法师说的,“譬喻师的特色是:内修禅观,外勤教化,颂赞佛德,广说譬喻”。只是印顺法师认为,譬喻师一开始就是从说一切有部中生出,而我对这一看法稍微有些保留。[4]

这些譬喻师,绝大部分与说一切有部联系最紧密。鸠摩逻多是其中的一位代表人物。“日出论者”也是,“五大论师”也是。在一些场合下,他们甚至被称作“譬喻部师”。[5]

不过,“譬喻部师”这个名字,不一定就意味着佛教中有一个部派被

[1] 日本学者平川彰就注意到了这一点。见平川彰:《印度佛教史》(中文译本),庄昆木译,台北商周出版,2002年,第78页。

[2]《大智度论》卷100,见《大正藏》第20卷,第756页中。

[3] 平川彰:《印度佛教史》,第192页。

[4] 印顺:《说一切有部为主的论书与论师之研究》,第533页。

[5] 我通过CBETA,检索到40处。

称作"譬喻部"。所谓"譬喻部师",在这里仅仅只是翻译的一种表达形式。[1]

至于鸠摩逻多是不是属于说一切有部或者是经量部,或者经量部只是说一切有部下面的一个派别,我以为,属于另外的一回事。

总之,在我看来,譬喻师和经部师,在大部分情况下可以算作一回事,但不总是一回事。譬喻师与经部师,应该有前后的区分。[2]

在这一点上,我同意印顺法师的看法。

6.2 所谓譬喻师从哪儿来?

窥基有关譬喻师的解释从玄奘得来。玄奘当然是很博学的佛教学者,对印度的情况也非常了解。但我们需要注意的是,玄奘到印度去,是在公元7世纪,这个时间,与譬喻师活跃的时代相比,已经比较靠后。玄奘访问印度时的信息来源,会受到时代的影响,不同的时代,信息往往有所不同。

在编撰佛典的过程中,使用譬喻或者大量地使用譬喻,当然不是从马鸣或者鸠摩逻多才开始的,此前应该就有一个传统。在鸠摩逻多活动的相邻地区,西北印度或者说犍陀罗地区,广泛地运用譬喻来阐述佛教教义的,突出的一个例子可以举出那先(Nāgasena)。在《那先比丘经》里,那先也充分地运用了譬喻,那先可以说是譬喻师的先驱。[3]那先在历史上显然实有其人,只是我们对他的情况知道得并不多。

相似的情况还有法救(Dharmatrāta)。法救是北传系统的《法句经》

---

〔1〕印度佛教历史上在不同的发展时期,出现过不同的派别。这些派别,在汉译中都被称作"部"或"部派"。其实部派的问题很复杂,"部"或"部派"一词,在不同的背景下,往往有完全不同的含义。汉译中的"部"或"部派",必须要还原在印度佛教历史的背景下去做不同的理解。参考拙著《南海寄归内法传校注》前言第二章,中华书局,1995年,尤其是其中第64-66页所讨论的问题。

〔2〕Dhammajoti也有这样的看法,见其 *Abhidharma Doctrine and Controversy on Perception*, Hong Kong:Centre for Buddhist Studies, the University of Hong Kong, 2007,第6-14页。

〔3〕吕澂先生就是这么讲。见其《印度佛学源流略讲》,第52页。

的编撰者，他也运用譬喻编撰出《法句譬喻经》一类的经典。[1]当然，“四日”中的马鸣也可以说是一位这样的人物。

前面提到“日出论者”，从各方面情况看，这些“日出论者”，可以是经部本师，但不等于所有的“日出论者”都是经部师。“四日”中的其他三位更不能说都是经部师。

因此，与前面已经讨论到的问题一样，在我看来，佛教譬喻师的传统，其实是佛教僧人们在宣讲和编撰佛经的过程中，为了适应向大众宣传佛教的需要，在佛经中大量运用譬喻而逐步形成的。

6.3 譬喻师在说一切有部之内还是之外？

大多数譬喻师与说一切有部有密切的关系，这是事实。《大毗婆沙论》中讲到的譬喻师，基本上就是后来的经部，也就是说一切有部的一部分（西部师），与同属于说一切有部的毗婆沙师（东部师）相区别。但我以为，早期的譬喻师不一定就完全属于说一切有部，或者说可以完全与说一切有部画等号。上面说了，譬喻师的出现，有一个过程，说一切有部的形成，也有一个过程。二者在不同的层面上出现和发展，而且不一定同步。

《异部宗轮论》没有提到譬喻师，我以为，这大概是原因之一，即使在汉译的佛经里出现过“譬喻部师”这个名称。

所谓的譬喻，在几乎所有部派的经典中都能见到。不只是说一切有部的经典中，在其他部派的佛典的编撰过程中，也都运用所谓的譬喻，可是为什么其他部派没有特别强调“譬喻师”这个身份呢？

这其中的原因，我的推测，应该是在西北印度，说一切有部的势力和影响最大，说一切有部的经典应用譬喻最多，说一切有部中的这一类法师，强调譬喻，也强调譬喻师的身份，于是后来讲到的譬喻师，都在说一切有部的范围之内，譬喻师便与说一切有部，尤其是其中的经部成了

---

〔1〕吕澂先生认为：“譬喻师开始是重点地采用《法句经》一经作枢纽来组织学说的。”《印度佛学源流略讲》，第309页。

同义语。

这或许就是譬喻师与说一切有部有最密切关系的最主要的原因。

6.4 譬喻师与佛典中譬喻的运用

佛典中广泛地应用譬喻,不能说全部与这里讲到的譬喻师有关,但譬喻师显然发挥过很大的作用。在这一个时期出现的佛教经典中,有一些突出的例子。我把这些例子大致归纳为几类:

第一类:《法句经》。汉译的《法句经》与巴利文的《法句经》(*Dhammapada*),犍陀罗语的《法句经》(*Gāndhārī Dharmapada*),一半俗语,一半梵语的《法句经》(*Patna Dharmapada*)以及梵语的*Udānavarga*名称和结构完全相当,内容上也很接近,只是属于不同的传承系统。三国时代维祇难(Vighna)等翻译的《法句经》,作者是法救(Dharmatrāta),法救就被认为是一位譬喻师。三国本的《法句经》,基本上没有譬喻,但西晋时代法炬与法立翻译的《法句譬喻经》则完全是以譬喻或者说故事逐一地解释《法句经》。《法句譬喻经》的作者也是法救吗?这当然很可能。至于也被认为是法救所撰的*Udānavarga*和汉译的《出曜经》,显然也是同一类的经典。[1]它们最初大概都是或者都被标注为法救的作品,但显然后来在传承上发生了变化。

从《法句经》《法句譬喻经》和《出曜经》,甚至包括《法集要颂经》,可以看出譬喻师处理这一类经典的方式。这某种程度上有点类似于中国古代为"经"作"传"的做法,例如《春秋》的"传",我们知道的,就有三种:《左传》《公羊》和《谷梁》。当然,印度佛教的大师与中国古代的学者,在这件事上的目的、取向、剪裁的内容很不一样。

这样多方面地运用譬喻故事,来做教义宣传的方式,其实也不限于《法句经》,其他的经典也有。例如有名的《修行地道经》

[1]《出曜经序》:"出曜经者,婆须密舅法救菩萨之所撰也。集比一千章,立为三十三品,名曰《法句录》。其本起系而为释,名曰《出曜》。出曜之言,旧名譬喻,即十二部经第六部也。"《大正藏》第4卷,第609页中。

(*Yogācārabhūmi*),编撰者是僧伽罗刹(Saṃgharakṣa)。[1] 僧伽罗刹也是有名的譬喻师。《修行地道经》中的"擎钵"譬喻最为胡适所称赞。僧伽罗刹还编撰有《僧伽罗刹所集经》。譬喻师处理经典的方式和方法,从《修行地道经》和《僧伽罗刹所集经》也可以看得很清楚。

第二类:《大庄严论经》等一批类似的经典。

《大庄严论经》是典型的譬喻师的作品。这类经典的特点是故事性特别强,整部经往往就是故事的集成。《大庄严论经》包括89个独立的故事,每个故事的开始或结尾处都有相应的说明,表达出故事的意义。

这一类经典很多,篇幅大小不等。篇幅大如《杂宝藏经》《撰集百缘经》《菩萨本缘经》,中等篇幅的如《杂譬喻经》《百喻经》[2],最小篇幅的如《群牛譬经》《大鱼事经》《譬喻经》,一部经不过几百字。这些经典,在形式上几乎都是一样,很难说它们不是譬喻师或者譬喻师影响下产生的作品。

在梵文经典方面,可以提到的是 *Avadānaśataka* 和 *Divyāvadāna*。它们形成的年代相对较早,核心部分形成的时间大致与这个时期相当。

在这一类经典的影响下,应该提到佛教的讲经和表演。《贤愚经》就是在这种情况下编撰而成的。僧祐《贤愚经记》讲:

> 十二部典,盖区别法门。旷劫因缘,既事照于本生;智者得解,亦理资于譬喻。《贤愚经》者,可谓兼此二义矣。河西沙门释昙学、威德等,凡有八僧。结志游方,远寻经典。于于阗大寺遇般遮于瑟之会。般遮于瑟者,汉言五年一切大众集也。三藏诸学,各弘法宝。说经讲律,依业而教。学等八僧,随缘分听。于是竞习胡音,析以汉义,精思通译,各书所闻。还至高昌,乃集为一部。既而踰越流沙,赍到凉州。于时沙门释慧朗,河西宗匠。道业渊博,总持方等。以为此经所记,源在譬喻,譬喻所明,兼载善恶。善恶相翻,

---

〔1〕P. Demiéville:"La Yogācārabhūmi de Saṃgharakṣa", in *BEFEO*, Tome 44, Fasc. 2 (1954)。

〔2〕《百句譬喻经记》,出经前记:"永明十年九月十日,中天竺法师求那毘地,出修多罗藏十二部经中抄出譬喻,聚为一部。凡一百事。天竺僧伽斯法师集行大乘,为新学者撰说此经。"《出三藏记集》卷9,《大正藏》第55卷,第68页下。

则贤愚之分也。前代传经，已多譬喻，故因事改名，号曰《贤愚》焉。[1]

这不仅说明了《贤愚经》的来源，而且把它与佛经中的譬喻联系了起来。所谓譬喻，就是讲故事。讲故事的对象，则是一般的大众。这种讲经的方式，对中国汉族地区讲经和讲唱，乃至表演传统的形成有极大的关系。[2] 至于譬喻或者说故事的内容，汉地的佛教僧人与世俗文人则往往根据需要而加以改造，由此演变出更多的故事。

对于《贤愚经》以及这类譬喻故事，还在20世纪的30年代初，陈寅恪先生就注意到了。陈先生在引用僧祐上面一段记载后，就讲："《贤愚经》者，本当时昙学等八僧讲听之笔记也。近检其内容，乃一杂集印度故事之书。以此推之，可知当日中央亚细亚说经，例引故事以阐经义。此风盖导源于天竺，后渐及于东方。故今大藏中《法句譬喻经》等之体制，实印度人解释佛典之正宗。此土释经著述，如天台诸祖之书，则已支那化，固与印度释经之著作有异也。夫说经多引故事，而故事一经演讲，不得不随其说者听者本身之程度及环境，而生变异，故有原为一故事，而歧为二者，亦有原为二故事，而混为一者。又在同一事之中，亦可以甲人代乙人，或在同一人之身，亦可易丙事为丁事。若能溯其本源，析其成分，则可以窥见时代之风气，批评作者之技能，于治小说文学史者傥亦一助欤？"[3] 陈先生所讲，同时考虑到此类经典来源与流变两方面的问题，实在是很有见地。

第三类：阿育王以及相关的故事。阿育王故事在中国有特殊的意义，因此这里把它单独归为一类。相关的梵文经典有*Aśokāvadāna*，汉译经典则有《阿育王经》《阿育王传》以及《天尊说阿育王经》等。

第四类：包括《普曜经》(*Lalitavistara*)、《佛本行经》、《佛本行集经》

---

[1]《出三藏记集》卷9，见《大正藏》第55卷，第67页下。

[2] 美国 Victor Mair(梅维恒)做过相关的讨论，见其 *Painting and Performance: Chinese Picture Recitation and Its Indian Genesis*, Honolulu: University of Hawaii Press, 1988，尤其是其中第一、第二章。中译本《绘画与表演》，王邦维等翻译，中西书局，2011年。

[3] 陈寅恪：《西游记玄奘弟子故事之演变》，见《金明馆丛稿二编》，上海古籍出版社，1980年，第192页。

以及马鸣的《佛所行赞》(*Buddhacarita*)等。

第五类:佛教的律。

佛教的戒律中,也有很多可以称作譬喻的故事。在各个部派的律中,我们都能找到很多譬喻故事,但最多的是根本说一切有部的律。

在印度佛教的历史上,说一切有部与根本说一切有部,是两个派别,还是一个派别?为什么名字相近而又不完全相同?二者之间究竟是什么样一种关系?学者中长期以来就有许多争议。上面讲了,譬喻师与说一切有部有特殊的关系,大部分譬喻师出自或者说属于说一切有部,但他们与根本说一切有部是怎么一个关系呢?其实在我看来,说一切有部与根本说一切有部关系并不复杂。二者最大的差别就是各自使用的是不同的律。而且,在某种意义上讲,根本说一切有部的律正是譬喻师参与编撰的结果。《大智度论》卷100,最末处讲:

> "毘尼"名比丘作罪,佛结戒:应行是、不应行是,作是事得是罪;略说有八十部。亦有二分:一者、摩偷罗国毘尼,含阿波陀那、本生,有八十部;二者、罽宾国毘尼,除却本生、阿波陀那,但取要用作十部。有八十部《毘婆沙》解释。[1]

这就是说,摩偷罗一系的律,包括有大量的譬喻和本生故事,80部,篇幅极大。这不就是现在见到的根本说一切有部的律吗?这显然与譬喻师有关。罽宾一系的律有10部,这不就是《十诵律》吗?只是我们不清楚这里说的"有八十部《毘婆沙》解释",指的是什么《毗婆沙》。[2]

最后,总结起来讲,如果把这些问题与整个佛教文献发展和传承的历史联系起来,我们可以发现一个现象,那就是,所谓的譬喻师和佛教的譬喻,在佛教传播的过程中,曾经起过多么重要的作用。佛教文献中最具有文学色彩的经典,佛教宣说故事的传统,很多与他们有关。不仅如此,这个时候相当于中国后汉到南北朝时期,正是中国方面大规模接受佛教的阶段。由这些譬喻师编撰或在他们影响下出现的佛教经典,

---

〔1〕《大正藏》第25卷,第756页下。

〔2〕解释"毘尼"即律的《毗婆沙》确实存在,例如汉译佛典中的《善见律毗婆沙》。但这里讲到的"八十部《毘婆沙》"即使有过,也早已失传了。

在此期间大量地传到汉地并被翻译出来，对中国佛教乃至于一般世俗文学的发展产生了很大的影响。研究中国佛教史和中古时期文学史的学者们在这方面已经找出了不少事例，但这些事例最早从哪里来，怎么进入中国人的视野，最后怎么演变为中国本土的文学故事并成为中国文化的一部分，这中间显然还有好些问题值得我们做进一步深入的研究。对学者们来说，即便重点只是研究中国中古时期的历史、文学和文化，先弄清楚这些问题，其实也很有意义。

（原载《文史》2012年第3辑，中华书局。）

7　禅宗所传祖师世系与印度的付法藏传统

禅宗所传的祖师世系，以菩提达摩为界，可以分为两个部分，即达摩之前的印度祖师传承的世系为一部分，达摩之后的中国祖师传承的世系为另一部分。就禅宗史的研究而言，对后者做考察，自然很重要。但是，对于前者的考察，也不是没有意义。因为中国历史上几乎所有的佛教宗派，从理论上讲，都可以——不管是符合实际，或是牵强附会——追溯，而且确实被追溯到印度的某一个源头。这些，虽然未必全是事实，但如果我们要完整地了解它们的历史，其中源和流的关系，也不能不搞清楚。这一问题，学者们已有所注意，并做过一些考察。本文的目的，则是在前人研究的基础上，就禅宗所传世系中的印度祖师部分以及相关的一些问题做进一步考证和探讨。

7.1　敦煌本《坛经》中的印度祖师世系

依照敦煌本《坛经》，如果不算过去七佛，释迦牟尼佛以下，印度祖师一共有28位：

> 大迦叶、阿难、末田地、商那和修、优婆毱多、提多迦、佛陀难提、佛陀蜜多、胁比丘、富那奢、马鸣、毗罗长者、龙树、迦那提婆、罗睺罗、僧伽那提、僧迦耶舍、鸠摩罗驮、阇耶多、婆修盘多、摩拏罗、鹤勒那、师子比丘、舍那婆斯、优婆堀、僧伽罗、须婆蜜多、菩提达摩〔1〕

其他禅宗文献中所讲到的传法世系，大多比《坛经》晚出，而且基本

〔1〕我这里使用的是杨曾文先生校写的《敦煌新本坛经》，上海古籍出版社，1993年，第66页。

的框架没有大的不同，因此不在此做细的列举。

7.2 《坛经》与印度佛教的付法藏传说

过去的研究者中，早已有人指出，上面所列的禅宗传法法统中的印度祖师部分，实际上来自《达摩多罗禅经》和《付法藏因缘传》。

《达摩多罗禅经》中的传法世系前一部分比较简单，如果不算如来，有：

大迦叶、阿难、末田地、舍那婆斯、优波崛、婆须蜜、僧伽罗叉、达摩多罗

"乃至尊者不若蜜多罗，诸持法者以此慧灯次第传授。"[1]《达摩多罗禅经》的译者，是东晋来华的印度僧人佛陀跋陀罗。东晋慧远为《达摩多罗禅经》作的序中又补充说明，在不若蜜多罗之后，则有佛大先。慧远讲："今之所译，出自达摩多罗与佛大先。"在佛教史上，达摩多罗与佛大先以及佛陀跋陀罗都是说一切有部的僧人。因此，从内容上讲，《达摩多罗禅经》基本可以判断属于印度佛教说一切有部系统的经典。与《坛经》中的传法世系比较起来，它是后者来源的一部分，但不是全部。实际上，如来之后，最早的5位祖师，是北传佛教讲到部派分裂之前的传法世系的一个比较普遍的说法。类似的说法，北传的其他的文献中常可以见到。

《付法藏因缘传》则有24位祖师：

摩诃迦叶、阿难、摩田提、商那和修、优波毱多、提多迦、弥遮伽、佛陀难提、佛陀蜜多、胁比丘、富那奢、马鸣、比罗、龙树、迦那提婆、罗睺罗、僧伽难提、僧迦耶舍、鸠摩罗驮、阇夜多、婆修盘陀、摩拏罗、鹤勒那、师子[2]

天台宗的大师，隋代的智顗，在他的《摩诃止观》一开始，就一成不

[1] 卷1，见《大正藏》第15卷，第301页下。这里的"持法者"一名，还原成梵文，是dharmadhara。

[2]《大正藏》第50卷，第297页上至第322页上。

变地借用了这个传法世系，以此作为天台宗"金口所记"的法统的基础。[1]禅宗的出现，晚于天台宗，禅宗的法统说，出现更晚。所以，早有学者指出，《坛经》或其他禅宗文献中的传法世系中的印度部分，在方法上比照天台宗，也是根据《付法藏因缘传》的传法世系，同时再略加增减而成。

这一变化过程其实并不复杂。如果把《坛经》中所讲的印度祖师的序列，与《达摩多罗禅经》和《付法藏因缘传》中的祖师序列做一仔细的对照，就会发现，《坛经》中的28祖，是先把《付法藏因缘传》的24位祖师的名字全部照抄下来，但在提多迦后去掉了弥遮迦（不知为什么会单单去掉这一位？）还剩23位，再把《达摩多罗禅经》中最初8位祖师中的后5位，即舍那婆斯、优波崛、婆须蜜、僧伽罗叉、达摩多罗的名字略作改变（"婆须蜜"改为"须婆蜜多"，"僧伽罗叉"改为"僧伽罗"，"达摩多罗"改为"菩提达摩"），接在其后，于是就成了一个新的祖师世系，加起来一共28位。这个新形成的传法世系，在祖师的排列上，虽然看起来很整齐，但其中却有一个很大的问题，就是，舍那婆斯其实就是商那和修，而优婆堀其实就是优波毱多，这两位很重要的祖师实际上在不同位置上用不同的汉译名重复出现了两次。但这一点，《坛经》的最初的作者似乎并不清楚。这正说明这个祖师世系还比较粗糙，它还处在形成过程中较为早期的阶段。后来稍晚一些的智矩撰写《宝林传》，就发现了这一问题，于是做了修正。智矩先把舍那婆斯改为婆舍斯多，然后去掉末田地、优婆崛和僧伽罗，仍然依照《付法藏因缘传》，把弥遮迦恢复到原有的位置上。智矩又依照《达摩多罗禅经》，认为婆须蜜的年代较早，于是把婆须蜜补在弥遮迦后面，然后补进《达摩多罗禅经》中的不若蜜多罗（不如蜜多），后面再补进一位般若多罗，最后是菩提达摩。这样，问题似乎就解决了，而祖师们的总数仍然保持为28位。智矩以后，如五代时编成的《祖堂集》、宋道元的《景德传灯录》等，都继承了这一改动过的传法世系。至于《历代法宝记》，因为撰成的时间看来比《宝林传》更早一些，其中讲到的传法世系，大多与敦煌本《坛经》相同，而且明白说明

〔1〕卷1，见《大正藏》第46卷，第1页上至中。

来自《付法藏因缘传》。不过,《历代法宝记》在最后把菩提达摩和达摩多罗杂糅在一起,成为菩提达摩多罗,其用意似乎是想把二者调和起来,但菩提达摩多罗这个名字在今天看来,显得真有点匪夷所思。[1]

不过,不管怎样改动,跟天台宗的情形一样,《付法藏因缘传》中的祖师世系,也成为禅宗法统说中印度部分的最主要的来源。

《付法藏因缘传》一书,是印度典籍的直接的翻译还是"译者"依据各种典籍所编纂而成,过去有争论。我的意见,恐怕其中有一部分是翻译,也有一部分是编纂。但书中记载的传法世系,不大可能完全是编译者随意的杜撰,它们应该有所来源。有关的一些问题,后面还将谈到。

7.3 其他的印度佛教祖师传法世系传说

比《付法藏因缘传》更早,在汉译的佛教文献中,讲到传法世系的,有西晋安法钦译《阿育王传》,次序是:

摩诃迦叶、阿难、商那和修、优波毱多、提地迦[2]

不过,被称为同本异译的梁僧伽婆罗译《阿育王经》卷7"佛弟子五人传授法藏因缘品"中的说法略有不同,在中间加进了末田地。次序是:

摩诃迦叶、阿难、末田地、舍那婆私、优波笈多、郗征柯[3]

舍那婆私即商那和修。这与上面提到的《达摩多罗禅经》大同小异。两部书,讲传法世系,都是到阿育王为止。

《阿育王传》和《阿育王经》,实际上属于"譬喻"或者"因缘"类的文献。同类的文献,有 *Divyāvadāna*,其中也有类似的说法。[4]《阿育王传》和《阿育王经》,以及 *Divyāvadāna*,一般都被认为是说一切有部的文献。

---

[1]《大正藏》第15卷,第180页上至中。关于禅宗传法世系中印度祖师部分的与《付法藏因缘传》的关系,已有不少学者做过讨论,意见大致相似。

[2] 卷6,见《大正藏》第50卷,第126页中。

[3]《大正藏》第50卷,第162页中。

[4] *Divyāvadāna*, ed. by Cowel and Neil, Cambridge, 1886, pp. 348, 1. 27-364, 1.10。

不过，东晋失译《舍利弗问经》，从部派归属上讲属于大众部，其中记载的最初五师也一样：

大迦叶、阿难、末田地、舍那婆私、优波笈多[1]

北魏慧觉等编译《贤愚经》，译出时代与《付法藏因缘传》相近，卷13有《优波毱多品》，提到阿难传耶贳羁，耶贳羁传和优波毱多。[2]刘宋时译出的《杂阿含经》卷25则提到佛预言优波堀多“当作佛事”。[3]失译附后汉录的《分别功德论》卷2提到阿难的弟子，有摩禅提和摩呻提。[4]

译出时间较晚，唐义净所译《根本说一切有部杂事》卷40也记载了一种传承：

大迦叶、大迦摄波、阿难陀、奢搦迦、日中、邬波笈多、地底迦、黑色善见[5]

这是根本说一切有部的说法。根本说一切有部与说一切有部派不一样，说法有所区别，但区别却又不大，这不奇怪。

《根本说一切有部药事》卷9没讲这么详细，但也讲到佛预言阿难之后有末田地，末田地度近密，近密“作佛事”，最后传法。近密即优波毱多。[6]此外，东晋法显与佛陀跋陀罗合译的《摩诃僧祇律》卷32也有一个27人的“闻法”系统。不过，可信度更小，此处不再列举。[7]但在《摩诃僧祇律》经后所附的中国僧人撰写的《私记》中，仍然是讲从大迦叶到优波堀多五师。[8]

---

[1]《大正藏》第24卷，第900页上。

[2]《大正藏》第4卷，第422页中至第433页下。

[3]《大正藏》第2卷，第37页中。

[4]《大正藏》第25卷，第37页中。

[5]《大正藏》第24卷，页411中至下。

[6]《大正藏》第24卷，页41下；*Gilgit Manuscripts*, Vol. III, part 1, ed. by N. Dutt, Srinagar - Kashmir, 1942(?), *Mūlasarvāstivādavinayavastu*, *Bhai·jyavastu*, pp. xvii, 3-7。

[7]《大正藏》第22卷，第492页下至第493页上。

[8]《大正藏》第22卷，第548页中。

7.4 僧祐记载的说一切有部祖师世系

文献中，还有一种传法世系，这就是梁僧祐《出三藏记集》卷12载僧祐自撰的《萨婆多部师资记》中所列出的祖师序列。僧祐在序中说了，这是说一切有部的传承系统。僧祐记载的，有两种说法，一种是僧祐自己的记载，应该是得自印度或者西域其他来华僧人的口碑，印度方面的祖师，有53人：

大迦叶、阿难、末田地、舍那婆斯、优波掘、慈世子、迦旃延、婆须蜜、吉栗瑟那、胁罗汉、马鸣、鸠摩罗驮、韦罗、瞿沙、富楼那、后马鸣、达摩多罗、蜜遮伽、难提婆秀、瞿沙、般遮尸弃、罗睺罗、弥帝力尸利、达磨达、师子、因陀罗摩那、瞿罗忌梨婆、婆秀罗、僧伽罗叉、优波膻驮、婆难提、那伽难、达磨尸梨帝（法胜）、龙树、提婆、婆罗提婆、破楼提婆、婆修跋摩、毗栗慧多罗、毗楼、毗阇延多罗、摩帝丽、诃梨跋暮、婆秀盘头（青目？）、达磨达帝、栴陀罗、勒那多罗、盘头达多、弗若蜜多罗、婆罗多罗、不若多罗、佛驮先、达磨多罗

另一种是佛大跋陀罗所传。佛大跋陀罗即佛陀跋陀罗。前面讲了，《达摩多罗禅经》就是他翻译的。佛大跋陀罗所传的内容，与僧祐自己的记载大同小异，但有54人：

阿难、末田地、舍那婆斯、优波掘、迦旃延、婆须蜜、吉栗瑟那、勒比丘、马鸣、瞿沙、富楼那、达摩多罗、寐遮迦、难提婆秀、巨沙、般遮尸弃、达磨浮帝、罗睺罗、沙帝贝尸利、达磨巨沙、师子、达磨多罗、因陀罗摩那、瞿罗忌利、鸠摩罗大、众护、忧波膻大、婆婆难提、那迦难提、法胜、婆难提、破楼求提、婆修跋慕、比栗瑟嵬弥多罗、比楼、比阇延多罗、摩帝戾披罗、呵梨跋慕、披（波？）秀盘头、达磨呵帝、旃陀罗、勒那多罗、盘头达罗、不弗多罗、佛大尸致利、佛驮悉达、又师以鬘为证不出名、婆罗多罗、佛大先、昙摩多罗、达磨悉大、罗睺罗、耶舍、僧伽佛澄（僧伽跋澄？）

然后，又有6位来自印度或中亚的僧人，也被认为是说一切有部的

"师资",他们是:

卑摩罗叉、鸠摩罗什、昙摩流支、弗若多罗、求那跋摩、佛大跋陀罗(佛陀跋陀罗)

然后是20位中国僧人。[1]

把《达摩多罗禅经》和《付法藏因缘传》中的祖师的名单与这个《萨婆多部师资记》的名单做对照,前两种书中记载的祖师中,至少有19位甚至更多跟僧祐所记相同。这些祖师是:

大迦叶(摩诃迦叶)、阿难、末田地(摩田提)、舍那婆斯(商那和修)、优波掘(优波崛、优波毱多)、婆须蜜、胁、勒(比丘)、马鸣、鸠摩罗驮、弥遮伽、罗睺罗、师子、僧伽罗叉(众护)、龙树、提婆(迦那提婆)、婆秀盘头(披秀盘头、婆修盘陀)、弗若蜜多罗(不若蜜多罗)、佛驮先(佛大先)、达磨多罗

如果再把后来敦煌本《坛经》中以及后来所传的28位或29位印度祖师的名字与此相对照,可以看到,《萨婆多部师资记》中所记的祖师,用稍微不同的译名出现在禅宗的传承中,而且数量还更多一些:

大迦叶、阿难、末田地、商那和修(舍那婆斯)、优婆鞠多(优波掘)、弥遮迦(蜜遮伽)、婆须蜜(须婆蜜多)、胁比丘、马鸣、毗罗(韦罗?)、龙树、迦那提婆(提婆)、罗睺罗、鸠摩罗驮(鸠摩罗大、鸠摩逻多)、婆修盘多(婆修盘头、婆秀盘头)、师子、舍那婆斯、优婆堀(忧婆掘)、僧伽罗(僧伽罗叉、众护)、须婆蜜多(婆须蜜)、菩提达摩或菩提达摩多罗(达摩多罗)

《付法藏因缘传》所讲,只与印度佛教早期的历史有关。因此,如果要讲佛教部派方面的渊源,从各方面来判断,不管它是"译"还是"撰",说它与说一切有部有最多的关系,这一结论,看来大致不会错。禅宗,也包括天台宗,传承中的印度祖师部分,既然绝大部分是从《付法藏因

[1]《大正藏》第55卷,第88页下至第90页中。有关僧祐这一记载以及相关的一些问题,请参见拙文"Buddhist Nikāyas through Ancient Chinese Eyes"及其附录二,拙文载 *Untersuchungen zur buddhistischen Literatur*, hrsg. von H. Bechert, Vanderhoeck & Ruprecht in Göttingen, 1994, pp. 165-203。应该说明,僧祐与佛陀跋陀罗所列的所谓"师资"们,并不一定都是前后继承的师徒关系。

缘传》中得来，因此也就把说一切有部所传的一大批祖师拉了进来。

7.5　上座部所传的两种祖师世系

以上完全是北传文献中的情况。在巴利佛典中，则有两种传承世系，一种是律的传承，一种是阿毗达磨藏的传承，但都只到印度阿育王时代为止。下面略作抄引，以资比较。

第一种称作 Vinayapāmokkha（律主），记载在巴利佛典的律藏的 *Parivāra*（《附随》）中，排列的祖师是：

Upāli、Dāsaka、Sonaka、Siggva、Moggaliputtatissa、Mahinda（Mahendra）〔1〕

汉译的《善见律毗婆沙》从流传的系统讲，属于南传。其中卷1一段与上面律的传承有关，排列的译名如下：

优波离、大象拘、苏那拘、悉伽符、目揵连子帝须、摩哂陀〔2〕

第二种称作 abhidhammācariya（论师），是5世纪初斯里兰卡著名的佛教学者佛音在他的 *Atthasālinī* 中所记载的：

Sāriputta、Bhaddaji、Sobhita、Piyajāli、Piyapāla、Piyadassin、Kosiyaputta、Siggava、Sandehe、Moggaliputta、Visudatta、Dhammiya、Dāsaka、Sonaka、Revata（以上印度祖师）、Mahinda、Ittiya、Uttiya、Bhaddanāma、Sambala（以上斯里兰卡祖师）〔3〕

Mahinda 本是印度祖师，旧传佛教就是由他传到斯里兰卡的。他在这里承上启下，在斯里兰卡的地位颇有些像在中国成为禅宗中土第一祖的菩提达摩。

两种传承，前一种肯定更早一些。〔4〕巴利文献中，没有直接谈到

〔1〕*Vinaya piṭaka*, ed. by H.Oldenberg, Vol. V, PTS, 1883, pp. 2-3；又见 *Dīpavaṃsa*, ed. by H. Oldenberg, PTS, 1879, IV, 27-46, V, 89-96；*Mahāvaṃsa*, ed. by W. Geiger, PTS, 1908, V, 95-153.

〔2〕《大正藏》第24卷，第677页中。

〔3〕*Atthasālinī*, ed. by E. Müller, PTS, 1897, p.32.

〔4〕这20位祖师中，Siggava、Moggaliputta、Dāsaka、Sonaka 以及 Mahinda 等5位又是 vinayapāmokkha。

"法藏"的传承。在南传系统中,似乎是把律和法的传承混在一起。这大概与南传佛教比较重律的倾向有关。

7.6 佛教的部派与付法藏传说的形成

实际上,在印度佛教的历史上,最早并没有付法藏的说法。形成较早,保留原始形态较多的一些佛经,在讲到释迦牟尼临终时,没有提到将"法藏"专门托付给某一位指定的弟子。例如《长阿含经》卷3《游行经》讲,佛临终时告诉比丘们的"四大教法",是依经,依律,依法,而不依人。[1] *Dīgha Nikāya*中的经典记载相同。[2]

再如《根本说一切有部毗奈耶杂事》卷37讲到佛将涅槃:

> 尔时世尊告阿难曰:如是应知,教有真伪。始从今日,当依经教,不依于人。[3]

因此,在释迦牟尼涅槃后,虽然有以大伽叶为首的弟子们把佛教继承了下来,但最早并没有一个统一认定的"接班人"。只是到了后来,佛教发生分裂,出现了互不统属、主张各异的教团,这就是部派。随着佛教传播的地区愈广,部派分化愈多,很多部派为了证明自己继承有序,从而提高本派的地位,便逐渐各自编制出一些或完整或不完整,或真实或不真实的"付法藏"的说法。说一切有部大概是其中最典型的一个。文献中还有不少的证据,可以说明这方面的情况。

7.7 说一切有部与禅宗所传祖师世系

从以上的比较,我们可以得出一个结论,禅宗传法系统中的印度祖师世系,大部分内容与说一切有部的传承有关。出现这种情形并不奇

〔1〕《大正藏》第1卷,第17页中至第18页上。《佛般泥洹经》卷上和《般泥洹经》卷上同。《大正藏》第1卷,第167页上至中,第182页下至第183页上。

〔2〕*Mahāparinibbānasuttanta*, 2.25, *Dīgha Nikāya* ,ed. by Rhys Davids and Carpenter, Vol. 2, PTS, 1903, pp.100, 154.

〔3〕《大正藏》第24卷,第389页中。

怪，因为大约从公元一二世纪开始，到公元七八世纪，在印度西北以及中亚，说一切有部一直是势力和影响最大的一个佛教部派。它的传法世系，不管是真实的，还是传说的，或者说一半是真实，一半是传说，总之由于在中国流传最广，最后被中国僧人所仿效和抄袭。

最后，总结起来说，禅宗——或者扩大而言之，也包括隋唐以后中国其他大多数佛教宗派——所实行的付法传嗣制度，从形式上讲，是对印度佛教付法藏传统的仿效和发展。在具体的内容上，其印度祖师的一部分，又特别对印度佛教说一切有部的传承体系做了最多的模仿。这种付法藏的传统，实际上是在释迦牟尼去世以后，当佛教僧团发生分裂，演变为不同部派以后，各部派为了给自己一派争取地位，根据各自的具体情况而逐渐编制出来的。传法祖师的世系，各部派之间不一样，各部派内部，不同时候，不同的传承系统，也有差异。早期中国禅宗的传法史，倒真和这种情形相差无几。

（原载《学人》第10辑，江苏文艺出版社，1996年，有修订。）

8 《大乘二十二问》之最末一问
——昙旷对佛教部派问题的认识

在敦煌的佛教史上，唐代的昙旷应该是一位有过影响的人物。但昙旷的事迹在传统的佛教文献中未见记载。昙旷为人所知，是在藏经洞文书被发现之后。自从在敦煌文书中发现昙旷和他的几种著作，研究敦煌佛教的学者已经做过不少研究。其中工作做得最多、最细的，首推日本的上山大峻和现居美国的巴宙两位先生。除了论文以外，上山出版有《敦煌佛教の研究》一书，书中的第一章即以“西明寺学僧昙旷与敦煌佛教学”为题。[1]巴宙则出版有《大乘二十二问之研究》。[2]巴宙的书，正如书名所示，研究的重点是昙旷的著作《大乘二十二问》。

我对昙旷并未做过专门的研究，但很久以前曾经对昙旷的《大乘二十二问》中最末的一问发生过兴趣。这里以此为题，谈一点对《大乘二十二问》中最末一问的看法，希望由此也能从一个特定的角度增加对敦煌乃至中国佛教历史的了解。

敦煌文书中现存的《大乘二十二问》略有残损，但基本上是一部完整的作品。与敦煌文书中其他的作品比，篇幅中等，有一定的规模，因此内容相当丰富。依照上山和巴宙的意见，它是昙旷晚年的著作，代表了昙旷在佛教义理研究方面最高的成就。这些意见，我都同意，我的一些看法，有时候也参考了他们的意见。他们已经谈过的问题，我基本不再做讨论，我只讨论一些过去不大被人注意到的问题，有的意见，可能与一般的讲法不一样。

如篇名所示，《大乘二十二问》分为二十二个部分，即二十二个问答。如果从内容来做大的区分，前二十一问涉及的主要是教义问题，只

〔1〕法藏馆（东京），1990年。

〔2〕东初出版社（台北），1992年。

有最末一问涉及的是佛教历史上的部派问题。这样的结构,恐怕不是随意的安排,而有昙旷自己或者问题设计者特别的用心。而从篇幅上看,在整个《大乘二十二问》,最末一问文字则最长,其长度往往是其他一问的两倍或三倍,甚至更多一些。

已有的研究,涉及前二十一问的较多,涉及最末一问则很少。以下讨论的范围因此仅限于最末一问。我依据的文本,是手头借到的巴宙《大乘二十二问之研究》一书中的抄录本,但部分文字和标点根据我自己的理解做了一些校正。

我的讨论大致包括三方面的内容。

(1)关于《大乘二十二问》抄本的基本情况。这是讨论问题的起点,但这方面我没有做更多的了解,也没有自己的新发见,仅仅只能介绍上面提到的上山和巴宙等人已经做过的研究,包括他们对抄本的整理情况。

(2)昙旷在这最末一问中对佛教部派的理解和讲法,根据是什么,有哪些地方值得我们注意?

(3)从研究佛教史的角度看,昙旷对部派的理解和讲法,说明了些什么问题?

以下的讨论从第二个方面的问题开始,先看《大乘二十二问》的提问:

> 第二十二问云:佛在世时众僧共行一法,乃佛灭后分为四部不同,於四部中何是一法?

这个问题看起来很一般,但熟悉中国佛教史的人应该知道,正是这个问题,几乎从佛教传入中国的一开始,就让中国的佛教僧人和佛教学者觉得是很大的一个疑问。当然,这种情形不奇怪,印度佛教的部派究竟是怎么回事,作为一个问题,甚至可说是纠缠至今。[1]

昙旷的问答,开首的一段很平常,与佛教典籍中一般的传说没有什

〔1〕关于中国古代佛教僧人和学者对部派问题的认识,可参见拙文"Buddhist Nikāyas through Ancient Chinese Eyes",载 *Untersuchungen zur buddhistischen Literatur*, Vandenhoeck & Ruprecht in Göttingen,1994年,第165-203页。

么不同：

谨对：佛在世时大师导世，真风广扇，法雨遐沾，共禀慈尊，别无师范。大士怀道，不二法门。小乘遵途，混一知见。并无异辙，咸禀通达。及至觉归真，邪魔孔炽，群生失御，正教陵夷，遂使一味之法，分成诸见之宗。三藏微言湮灭，群迷之口竞申别趣。各擅师资，互起憎嫌，更相党援。始分部执，盛开二十之名。

但接下来有好些地方则值得我们加以注意：

终久流行，但闻四五之说。所言四者，即是西域各有三藏，盛行四宗。但就律宗说有五部：一者萨婆多，即《十诵律》，汉地似行。二昙无德，即《四分律》，汉地盛行。三弥沙塞，即《五分律》，汉地少行。四摩诃僧祇，即《僧祇律》，汉地不用。五《迦摄毗耶律》，空传律名，但有戒本。东方五部从西域来，西域四部咸传本有，皆称佛说，并号圣言。今者须明有之始末。部执初兴，即二十别。及传永久，唯四五存。先明二十名之所因，后配四五教之同异。

在这里，昙旷显然认为，关于佛教的部派，有“四”和“五”两种说法（“但闻四五之说”）。当然，这也没有什么可以让人奇怪的，因为这两种说法在昙旷之前早已存在。有意思的是昙旷对这两种说法有自己的理解。昙旷的理解，主要就表现在他的这段话中。这包括几个方面的内容：

第一，讲佛教部派，“所言四者”，即“四部”，是指“西域”，“东方”（中国）则是“五部”。五部之说，是就律的传承而言的。

第二，昙旷认为，部派之分，最初是二十部（“部执初兴，即二十别”），流传到后来，剩下四部或五部（“及传永久，唯四五存”）。

第三，昙旷提到的汉地佛教部派律流传的情况，与此前的情况已经有所不同。具体地讲，依照昙旷此处所讲，说一切有部的《十诵律》，在汉地似有流行，法藏部的《四分律》在汉地盛行，化地部的《五分律》在汉地很少，大众部的《僧祇律》汉地不用，饮光部的《迦摄毗耶律》则是空传律名，仅有戒本。昙旷的时代已经是在晚唐，但我们知道，唐初，尤其是唐以前的情形并非如此。隋末唐初以前，在汉地最流行的，不是《四分律》，而是《十诵律》和《僧祇律》。[1]而在中唐以后，《四分律》很快取代了《十诵律》和《僧祇律》，成为汉地唯一流行的一种佛教律。昙旷的说法，反映了这一事实，但只是事实的一部分。他的说法不够准确，也不够全面。

第四，昙旷努力要想做的，是“先明二十名之所因，后配四五教之同异”。昙旷以下的“答问”便是如此。

为了“先明二十名之所因”，昙旷先从《文殊师利所问经》中引用了一大段的文字，说明佛教分裂为二十部派的来历，然后再把与佛教部派的分裂与大天有关的故事讲述了一遍。从文字和内容看，昙旷讲话的根据，大部分出自《大毗婆沙论》和《异部宗轮论》等书。昙旷大致杂糅了几种说法。两段文字都很长，不用再抄引。但此后的话则又值得注意，因为有一些是昙旷自己的发明。昙旷根据自己的理解“配四五教之同异”：

> 以四五部相配属者，汉地所名五部中名萨婆多部者，即四部中说一切有，当二十中第十一部。昙无德者，唐言法藏，四部中无，即二十中第十八部。弥沙塞者，唐言化地部，四部中无，是二十中第十七部。摩诃僧祇四中大众，即二十中第一部。迦摄毗耶，唐言饮光，即二十中第十九部。其四部中初一上座，五部中无，即二十中第十部。四中正量，五部中无，是二十中第十五部。如是东西共行六部：一上座部、二说有部、三大众部、四正量部、五化地部、六法藏部。余十四部两处不行。其化地部本出印度，印度已灭，于阗盛行。其法藏部本出西方，西方不行，东夏广阐。化地、有部，汉地似行。上座、正量，印度盛行，余方不见。

对照其他各方面的材料，昙旷的理解，可以说基本正确。在昙旷的时代，已经既没有像鸠摩罗什或陈真谛那样学识渊博，从西域或印度本土来到中国的佛教高僧，也没有像玄奘或义净那样亲身到过印度求法，对中印两方面的情况都有深刻了解的大师级的人物，能有这样的理解，应该说已经比较高明。而且，昙旷的这段话，也不是没有一点新意。除

〔1〕见拙著《南海寄归内法传校注》前言部分的第二章，中华书局，1995年。

开他试图“配四五教之同异”这一点外，他还提到了化地部在于阗的流行。考虑到昙旷身处敦煌，于阗历史上与敦煌的联系从来就十分密切，他的意见不能不予以特别的注意。〔1〕

我一直有一个看法，佛教的部派问题，自一开始就与佛教律的传承有最大的关系，因此不管是在印度还是中国，往往是传律的僧人最关心部派的分别。印度的情形暂不论，中国南北朝时的僧祐就是典型。唐代的道宣在历史上也是最重传律的僧人之一，道宣所在的长安西明寺当时曾是汉地传律的中心。昙旷本人，曾经在西明寺学习过，如果说他在这方面的知识，与西明寺的学统有关，这或许不能说没有根据。

最后谈问题的第三个方面：从研究佛教史的角度看，昙旷对部派问题的理解和讲法，有些什么意义？对此我的看法是，昙旷在《大乘二十二问》最末一问中对佛教部派问题所做的种种解释，对我们今天了解当时敦煌乃至汉地的佛教僧人对佛教教义以及佛教史的理解和研究状况是有价值的。它至少可以说明两点：

第一，昙旷力图调和四部与五部两种说法。这一定程度上颇有些类似此前中国佛教僧人提出的“判教”之说，只是传统的“判教”多从教义方面考虑，而非律与部派的传承。但二者的实质都一样，目的都是依据中国人对佛教理论和佛教史的理解，对印度佛教原有的理论和历史做一番改造，以适应新的中国佛教宗派的理论，同时为更新的发展提供更大的理论空间。这其实也是佛教愈益中国化的表现之一。在当时这已经是大势所趋。玄奘、义净之后，虽然也有不多的中国的求法僧前往印度，但他们已经不能取得像玄奘、义净那样的成就和影响。人们对印度佛教实际的情形实际上也越来越隔膜，或者说不像过去那样关心。人们更关心的是在现有的知识和理论框架下，调和与改造传统的说法，同时构建出新的理论。这样如此有意和如此用心地调和四部与五部两种说法，在中国佛教史上昙旷应该是第一人，虽然在他之后关心这个问

〔1〕我们可以对比义净相关的说法。义净《南海寄归内法传》卷1序：“有部所分，三部之别。一法护，二化地，三迦摄卑。此并不行五天，唯乌长那国及龟兹于阗杂有行者。”义净的时代在唐初，比昙旷早100多年。

题的人似乎不多。

第二，昙旷在做这种理论的改造与构建时，讲“东西共行六部”，他把东方与西方，即中国与印度放在一起考虑，这一点尤其值得欣赏。在昙旷的眼中，似乎整个佛教世界就是由这两部分组成的。佛教中心东移的趋势，在昙旷的答问中已经可以看得到一些征兆。

所有这些，使我觉得，对昙旷及昙旷著作以及中晚唐时期敦煌佛教的研究，应该还有更多的作为。当然，以上所谈，只能算是一个尝试。

（原载《戒幢佛学》第2卷，岳麓书社，2002年。）

9 法显与《法显传》：研究史的考察

法显是中国东晋时代的僧人，也是历史上有记载的第一位到达了印度本土的中国人。中国历史上的佛教求法僧，最杰出、最有成就的，公推法显、玄奘和义净，其中法显的年代最早。《法显传》是法显唯一的著作，写成于他归国后不久。法显的事迹今天能为人所知，绝大部分亦依赖于此书。但此书的价值，不仅仅限于记述了法显个人的经历，更重要的是，它是中国人最早以实地的经历，根据个人的所见所闻，记载一千五六百年以前中亚、南亚，部分也包括东南亚的历史、地理、宗教的一部杰作。与它同时，世界上没有任何其他人有类似法显的经历，或者写有类似的书，《法显传》因此有它不可取代的特殊的地位和价值。

2002年是法显赴印求法归国的1590周年。为了纪念法显，同时推动对法显与《法显传》的研究，本文拟就100多年来《法显传》研究史做简要的回顾和考察，在某些问题上，也发表一点个人的看法和意见。

9.1 19世纪以前

法显从印度及斯里兰卡归国，义熙八年(412)在青州长广郡牢山即今天青岛的崂山登陆，第二年到达当时东晋首都建康(今南京)。在建康，法显写成记载自己求法经历的《法显传》，写成的时间大约是在义熙十二年(416)。

《法显传》写成后，似乎一时流传颇广。这在稍后编成的佛经经录的记载中可以得到证明。[1]流传的范围，虽然主要是在佛教徒中，但不仅限于佛教徒。就佛教方面而言，当时正是中国历史上第一个西行求法的高潮时期，《法显传》是法显印度旅程的亲身记载，既为中国人增加了有关印度和印度佛教的知识，也正好可以作为其他打算西行的求法僧的参考。如果讲到对《法显传》的研究，佛教徒之外的学者则似乎做得还多一些。最早的一位，现在知道的，应该是北魏的郦道元。郦道元撰写《水经注》，广采群书作为资料，其中有不少是佛教徒的著作。佛教徒的著作中，就有《法显传》。《河水注》中，引用到《法显传》的有20多处，大多与北印度有关。《水经注》一书，使用材料之丰富，考订推理之精到，语言叙述之优美，1000年来，一直让人赞叹不已。史称郦道元好学，历览"奇书"，《法显传》当时大概也可以算是"奇书"之一。郦道元书的成就，此处无须赘言。[2]

与玄奘的《大唐西域记》一样，《法显传》也被收入了清代编成的《四库全书》中，归入史部地理类。《四库全书》收入释家著作很少，地理类只有这两种。

收入《四库全书》史部地理类的《法显传》称作《佛国记》。两个书名，早已存在，可以互通。《四库全书总目》有馆臣撰写的"提要"，这段提要，代表了19世纪也包括此前中国学术界的主流对《法显传》一书整体的看法或者说研究水平：

> 《佛国记》一卷，内府藏本。宋释法显撰。杜佑《通典》引此文。又作法明。盖中宗讳显，唐人以明字代之，故原注有"国讳改

[1] 如果把《出三藏记集》卷2记载的《佛游天竺记》看作与今本《法显传》是一部书，最早记载《法显传》的经录就是《出三藏记集》。其后隋法经《众经目录》、费长房《历代三宝纪》等历代经录都有记录。"正史"中最早记载《法显传》的是《隋书》的《经籍志》。而最早引用到《法显传》的书，却是北魏的郦道元的《水经注》。《水经注》成书，距《法显传》的成书相差不过100年左右。

[2] 对《水经注》的研究，清代以来，已经成为一种专门的学问。参与其间的，大多是些大学问家，例如全祖望、赵一清、戴震、杨守敬、王国维等。这种情形，几乎一直持续到现在。但有关北印度一节，也就是与《法显传》相关的部分，却不是大家注意的重点。不过，在20世纪50年代，有一本书是以《水经注》中记载的北印度作为研究内容，即意大利学者L. Petech的 *Northern India according to the Shui-ching-chu*，1950年作为《罗马东方学丛书》(*Serie Orientale Roma*)的第2种，在罗马出版。其中与《法显传》有关的部分特别值得我们注意。

焉”四字也。显晋义熙中自长安游天竺,经三十余国,还到京,与天竺禅师参互辨定,以成是书。胡震亨刻入《秘册(汇?)函》中,从旧题曰《佛国记》,而震亨附跋,以为当名《法显传》,今考郦道元《水经注》引此书,所云於此顺岭西南行十五日以下八十九字,又引恒水上流有一国,以下二百七十六字,皆曰《法显传》,则震亨之说似为有据。然《隋志》杂传类中载《法显传》二卷、《法显行传》一卷,不著撰人。地理类载《佛国记》一卷,注曰:沙门释法显撰。一书两收,三名互见,则不必定改《法显传》也。其书以天竺为中国,以中国为边地,盖释氏自尊其教,其诞谬不足与争。又于阗即今和阗,自古以来崇回回教法,《钦定西域图志》考证甚明,而此书载有十四僧伽蓝,众僧数万人,则所记亦不必尽实。然六朝旧笈,流传颇久,其叙述古雅,亦非后来行记所及。存广异闻,亦无不可也。[1]

实事求是地讲,馆臣们写的这段提要,对《法显传》撰者姓名的辨正以及版本流传情况的考订,都做得不错,大致也都到位。但讲到于阗一地的情况,就完全外行。于阗即和阗,曾经是西域南道上佛教最为盛行的地方。于阗“自古以来崇回回教法”这句话,暴露出当时的馆臣们对边疆或者说域外历史的浑然无知。接下来馆臣们又以当时刚编成的书《钦定西域图志》为依据:“《钦定西域图志》考证甚明,而此书载有十四僧伽蓝,众僧数万人,则所记亦不必尽实。”这就更使人为馆臣们唯“钦定”是从的态度感觉到悲哀。至于对“以天竺为中国,以中国为边地”的批评,也有些勉强。看得出来,馆臣们实际上不太明白这里讲的“中国”和“边地”究竟是什么意思。

其实,这里重要的倒不是馆臣们撰写的“提要”中有一处或几处错误,而是其中反映出的馆臣们对历史和中国以外的世界极大的无知。要知道,编修《四库全书》的馆臣们在某种意义上代表着当时中国知识界的最高知识水平!

同样的情形其实不限于此。《四库全书》史部地理类在《佛国记》之

〔1〕《四库全书总目》卷71,史部地理类四“外纪”,中华书局,1981年,第630页。

后,收入的是玄奘的《大唐西域记》。馆臣们为《大唐西域记》撰写的"提要"正好以《佛国记》做比较:

> 昔宋法显作《佛国记》,其文颇略,《唐书·西域列传》较为详核。此书所序诸国,又多《唐书》所不载。史所录者,朝贡之邦,此所记者,经行之地也。…… 所述多佛典因果之事,而举其地以实之。晁公武《读书志》称,元奘至天竺求佛书,因记其所历诸国。凡风俗之宜,衣服之制,幅员之广隘,物产之丰啬,悉举其梗概,盖未详检是书,姑据名为说也。我皇上开辟天西,咸归版籍,《钦定西域图志》,征实传信,凡前代传闻之误,一一厘正。此书侈陈灵异,犹不足稽,然山川道里,亦有互相证明者。姑录存之,备参考焉。[1]

这与讲到《法显传》的态度并无二致。馆臣们不知天下变化的大势,而只以"钦定"为真理,其气度完全不可与魏晋南北朝时相比,遑论汉唐!

回顾中国近两三百年的历史,在这个时候,这样的自满与无知还只是开始。这种情形要延续到大约半个世纪之后,到鸦片战争发生,中国人才不得不"睁开眼"去发现外部的世界,并为此付出不小的代价,这不能不说是历史的悲哀。

四库全书编撰时间大致在乾隆三十七年至四十七年的10年之间(1772—1782)。在此之后不到100年,《大唐西域记》也包括《法显传》等书的价值却被当时西方以及在印度与中亚活动的西方考古学家所认识到,并给予很高的评价。标志之一,就是在19世纪的欧洲出现了这几种书的西文的翻译。

9.2 19世纪

在欧洲,最早注意到《法显传》,并将它翻译成法文的应该是法国学者Abel Rémusat。Rémusat是法兰西学院第一位汉学教授,他对中国古代的语言文学有着广泛的兴趣。后来在法国形成气候的汉学及中亚研

〔1〕《四库全书总目》卷71,史部地理类四"外纪",中华书局,1981年。

究的学术传统,很大程度上就是由他开始的。Rémusat翻译的法文本《法显传》,原书我没见过,国内似乎也很难找到,只知道这个译本曾经经过增补,1836年在巴黎出版过。[1]

《法显传》在欧洲的第二个西文译本是Samuel Beal翻译的英文本,题目是*Travels of Fa-hsian and Sung-yun: Buddhist Pilgrims from China to India (400 A.D. and 518 A.D.)*,1869年在伦敦出版。Beal原是一位英国传教士,清代来华。他翻译过好几种书,其中以《大唐西域记》最为著名。他后来对《法显传》的这段翻译,又做过修改,放在他翻译的《大唐西域记》前面。[2] 平心而论,现在看来,Beal的翻译质量并不太高,研究也很一般。但Beal的这个译本,与他翻译的《大唐西域记》一样,在英语世界,是最早的译本,所以直到今天,在西方及印度仍不时还有人提到并引用。

在Beal之后,又有一位英国学者做过翻译《法显传》的工作,这就是剑桥大学的Herbert A. Giles。Giles翻译的《法显传》,题目是*The Travels of Fa-hsien (399-414 A.D.) or Record of the Buddhistic Kingdoms*,1877年出版于剑桥。[3] Giles原是英国政府派驻中国的外交官,任满后到剑桥做教授,是剑桥大学汉学研究最早的开拓者之一。在中国20世纪50年代制定的汉语拼音被广泛接受以前,西方使用得最多的一种拼写汉语的规则,是所谓的威妥玛式拼音。这套拼音有两位设计者,其中之一就是A. Giles。

这个时候,欧洲的学者一致对《法显传》发生兴趣,并非偶然。欧洲学者,尤其是英国和法国的学者,为了研究印度和中亚的历史、考古、地理以及宗教诸多问题,多方面地搜集资料。他们突然发现,在中国古代的文献中,原来有这样丰富细致、翔实明确的记载,真是如获至宝。因

---

〔1〕见 James Legge, *A Record of Buddhistic Kingdoms*, Oxford, 1886, p. xii所引 Revu, complété, et augmenté, d'éclaircissements nouveaux par MM. Klaproth et Landresse, Paris, 1836。

〔2〕S. Beal, *Si-Yu-Ki: Buddhist Records of the Western World*, *Truener's Oriental Series*, London, 1884.

〔3〕章巽《法显传校注》"校注说明"中所举Giles译本,出版的时间是1923年,不完全准确。大概章先生见到的是重印本。

此，他们花了很大的精力来研究和翻译这些著作。这些著作中，包括《法显传》《大唐西域记》《大唐西域求法高僧传》《南海寄归内法传》等一批中国求法僧的书。我们只要看这些书先后在欧洲被翻译出版的历史，就可以明白这点。《大唐西域记》的第一个英文译本由Beal完成，不久又出现第二个英文译本，这就是由T. Watters翻译并详加注释的*On Yuan Chwang's Travels in India*。对《法显传》，Watters其实也很有兴趣。他发表过一篇文章，专门讨论《法显传》的翻译。[1] Watters最早也是英国驻华的外交官，曾经做过驻宜昌的领事。他做过的最有名的工作，是《大唐西域记》的翻译和研究。[2]

在这样一种翻译和研究求法僧著作"热"的形势下，又有了《法显传》的第三个英文译本，这就是James Legge翻译的*A Record of Buddhistic Kingdoms, being an Account by the Chinese Monk Fa-hien of His Travels in India and Ceylon (A.D. 399–414)*，1886年在牛津出版。[3] Legge的翻译，比起他的先行者而言，已经比较讲究版本。他使用的底本，是当时在欧洲留学的年青日本僧人南条文雄提供给他的日本安永年间的一个重刻本，这个重刻本的底本是高丽藏本。到目前为止，在西方学术界，提到和用得最多的，是Legge的这个译本。

一个遗憾的事实是，这个时期，我们中国学者，在《法显传》研究方面，除了上面讲到的《四库全书》馆臣们撰写的那一篇提要以外，几乎没有可以值得一提的东西，甚至连关心这部书的人也极少。当然，这主要是当时的大形势使然。

9.3 20世纪至今

时间进入20世纪，中国社会发生了极大的变化。中国学者也开始

〔1〕"Fa-hsien and his English Translators", *in China Review*, 1879, 1880.

〔2〕*On Yuan Chwang's Travels in India (A.D. 629–645)*, edited after author's death by T.W. Rhys Davids and S.W. Buswell, 2 vols., London, 1904–1905, reprinted, Delhi, 1961.

〔3〕北京大学周一良先生1995年曾赠给我Giles这部书最早的印本。周先生仙逝，遽而已经两年，睹物思人，回想先生在世时奖掖鼓励之恩，不禁重增感念！

注意到《法显传》一类的文献。尤其是清末民初以来，由于外来各方面的刺激与清代朴学传统相结合，对边疆史地的研究，也渐渐形成风气。与《法显传》有关的，民国初年，有李光廷的《汉西域图考》卷7《节录晋释法显佛国记》与丁谦的《晋释法显佛国记地理考证》。[1] 再后有岑仲勉的《佛游天竺记考释》。[2] 中国学者的工作，往往显示出自己的优长，中国学者因此逐渐成为研究《法显传》的重要力量。

在这一时期，日本学者也在《法显传》研究方面做出了显著的成绩。这方面最主要的著作，是足立喜六1935年在东京出版的《考证法显传》。足立的书，1940年再版时改称《法显传：中亚·印度·南海纪行研究の研究》。[3] 足立喜六清末曾经在中国西安做过教习，后来回到日本做教授。他对唐代的历史兴趣最大，著作中与《考证法显传》相关或相类似的还有《大唐西域记の研究》与《大唐西域求法高僧传》以及《唐代长安史迹の考证》。[4] 其中最后一种，最近国内有出版社出版了中文译本。足立研究《法显传》的书中，同时包括日文的翻译。他以北宋元丰三年(1080)福州东禅寺的刻本和北宋政和二年(1112)福州开元寺的刻本为底本，而以日本石山寺写本以及高丽藏本共5种作为参照，在文字上稍有校正，同时对书中的内容做了详细的考证注解，并附以地图多幅。这种研究方式和著作的形式，在日本学者这类的研究中很典型。

足立的书，出版后得到不少称赞。对足立喜六的《考证法显传》，北京大学的汤用彤先生写过一篇很好的书评。[5] 汤用彤对书中的一些地方提出了不同意见，例如对北宋本与高丽本之间的异同，主张"版本之善否，不能全依年代断定"，对法显在崂山登陆后南下的行迹，以及标

---

〔1〕李光廷书未见，转引自章巽：《法显传校注》。丁谦书收入"浙江图书馆丛书"，为第二集。

〔2〕商务印书馆，1934年。我的印象，此书在20世纪50年代似乎重印过。

〔3〕法藏馆(东京)，1935年，1940年再版。足立喜六的书的第一版，有何健民、张小柳合译的中文本，书名《法显传考证》，国立编译馆(上海)，1937年。

〔4〕《大唐西域记の研究》上下册，法藏馆(东京)，1942年；《大唐西域求法高僧传》，岩波书店(东京)，1942年；《唐代长安史迹の考证》2卷，东洋文库(东京)，1933年，1983年重印。

〔5〕《评考证法显传》，收入汤用彤：《往日杂稿》，中华书局，1963年，第26-30页；又收入《汤用彤学术论文集》，中华书局，1983年，第36-39页。

点方面的错误。这方面的问题，在足立的其他几种书里其实也有不少。

汤先生的书评不长，但非常精到，可以说代表了当时中国学者在相关研究方面的最高水平。汤先生的一些意见，至今仍很有价值。

50年代，中国学者方面，对《法显传》的研究，可以举出贺昌群1956年在湖北人民出版社出版的《古代西域交通与法显印度巡礼》一书。贺书不完全是研究《法显传》，而是结合古代西域交通讲法显的西行，同时带有普及历史知识的性质。贺昌群之后，在中国大陆，对于法显，虽然有时偶尔有一两篇文章还能讲到一些，但真正的研究，实际上已经很难见到。到60年代，在中国大陆大讲"阶级斗争"的政治形势下，已经谈不上还有多少学术研究。直至"文化大革命"，大陆的学术与教育完全被摧毁殆尽。

不过，值得一提的是，在贺昌群的书出版的前一年，即1955年，北京的文学古籍出版社影印出版了北京图书馆(今国家图书馆)所藏的南宋绍兴二年(1132)湖州思溪圆觉禅院的《法显传》刻本。虽然只是原版影印，但为研究《法显传》提供了方便的条件。日本学者很快就注意到这个南宋刻本，并使用到他们的研究中。

二战以后，日本学者研究《法显传》的兴趣仍然不减，并不时有新著问世。这些著作中可以提到的有长泽和俊1970年出版的《宫内厅书陵部图书寮本法显传校注》。[1] 所谓宫内厅书陵部图书寮本，即上面所说的福州开元寺本。长泽把这个本子与上面讲到的北京图书馆藏南宋本相对照，同时再加上高丽藏本和石山寺本，有日文的翻译，并加以解说，内容上当然比足立喜六的书要新许多。

在《宫内厅书陵部图书寮本法显传校注》出版后不久，长泽和俊还出版过一部书，题目是《法显传·宋云行纪》。[2] 不过这部书我自己没见过，估计内容包括对《法显传》的翻译和注释，再加上《洛阳伽蓝记》卷5中有关北魏宋云西行的一节。

1980年，日本奈良的天理大学的天理图书馆善本丛书汉籍之部编

〔1〕雄山阁(东京)，1970。

〔2〕《东洋文库》194，平凡社(东京)，1971。

集委员会出版了一种《西域求法高僧传集》，书中影印了在天理图书馆收藏的与中国西域求法僧有关的几种日本古抄本，包括《法显传》《大唐大慈恩寺三藏法师传》《南海寄归内法传》以及《大唐西域求法高僧传》。其中《法显传》有两个抄本，一个抄成于日本长宽二年（1164），一个抄成于（金＋兼）昌初期（12世纪末至13世纪初）。这也为《法显传》的研究提供了一些新材料。

从60年代中期到70年代中期，是中国大陆的“文化大革命”时代，社会一片混乱，学术荡然无存。不过，大陆以外的地区，仍然有学者注意《法显传》的研究。香港的饶宗颐先生1974年在台湾《历史语言研究所集刊》第四十五本第三分发表的《金赵城藏本法显传题记》一文，即是一例。《赵城金藏》中的《法显传》，收藏在台湾“中央研究院”的历史语言研究所，此前无人知晓，由饶宗颐首次做了介绍。[1]饶文并将它与其他已知的版本做了一些比较，结论是，它在版本上与其他宋本差异较大，却与高丽藏本相当接近，具有独特的价值。这一发现，对《法显传》进一步的校勘和研究有重要意义。

1976年，“文化大革命”结束，中国大陆的社会生活渐渐走上正轨，学术研究也逐步得到恢复。就研究《法显传》而言，1985年正好是一个转折。这一年，北京的中华书局出版季羡林教授等完成的《大唐西域记校注》，上海的上海古籍出版社同时也出版了复旦大学历史系的章巽教授完成的《法显传校注》。两部书性质上十分接近，这很大程度上标志着中国学者在这方面研究工作不仅得到全面恢复，而且很快取得了值得称赞的成绩。

章巽先生的《法显传校注》，就版本源流的考证、文字的校订各个方面而言，在目前所能见到的，国内也包括国外有关《法显传》的研究著作中，我以为是做得最好的。这是章巽多年研究法显和《法显传》的成果。

章巽的校注本，以思溪圆觉本为底本，使用了11种古刻本和抄本

〔1〕现存的《赵城金藏》，绝大部分目前都收藏在北京的国家图书馆，台湾“中央研究院”历史语言研究所收藏的赵城金藏本《法显传》不知来自何处。其来源待考。饶文后来收入其《梵学集》，上海古籍出版社，1993年。

以及支那内学院1932年刊刻的一个校本作为对照，同时还参考了几种与《法显传》有关的"音义"以及《水经河水注》中的相关材料。就使用底本和校本的数量而言，这是最多的。但书中的工作并不止于此，章先生对各个刻本和抄本之间的关系，也做了很好的对比、分析和梳理，基本上把《法显传》自宋以来刊刻的情况弄清楚了。文字上的校对和考订章先生也做得很认真。

章巽的书，如果说有什么不足的话，是史地方面的考证显得旧一些，原因主要是80年代初这方面国内能够见到和利用的资料有限。当时的客观条件有限。即便是现在，条件应该说大有改善，但也还不够。[1] 此外，书中有的地方，还可以补充或商榷。例如第55页讲到摩头罗国一段，各本的文字有一些不同，章巽本作：

> 众僧大会说法。说法已，供养舍利弗塔，种种香华，通夜然灯。使彼人作舍利弗本婆罗门时诣佛求出家。大目连、大迦叶亦如是。诸比丘尼多供养阿难塔。以阿难请世尊听女人出家故。诸沙弥多供养罗云。阿毘昙师者，供养阿毘昙。律师者，供养律。年年一供养，各自有日。摩诃衍人则供养般若波罗蜜、文殊师利、观世音等。

其中"使彼人作舍利弗"一句，章巽书中的校记说，高丽藏本此处作"使伎乐人作舍利弗"。这里的"彼人"，在上下文中虽然不能说不通，但比较勉强，而作"伎乐人"则是对的。因为这指的是演佛戏。20世纪最初10年，德国人在我国新疆进行考古发掘，发现的一些梵文残卷，其中有三部马鸣写的剧本。三部剧本中有一部是《舍利弗传》，残卷的卷末，标明作者是"金眼之子马鸣"。[2] 这是现存最早的印度戏剧的剧本。马鸣是印度佛教史上的大师，也是诗人、戏剧家，活动的年代大约在公元一二世纪。法显到达摩头罗国时，遇上佛教大会，"伎乐人作舍利弗"，演的是不是就是马鸣的《舍利弗传》，我们不敢肯定，但说法显见到的是佛戏，应该没有问题。法显的这一段话，对我们今天了解古代印度

[1] 这个问题，在《大唐西域记校注》中其实也存在，只是情况稍好一些。

[2] H. Lüders："Das Śāriputraprakaraṇa: Ein Drama des Aśvaghoṣa", in *SPAW* 1911, 388-411.

佛教戏剧的历史，其实是一条非常重要的资料。这一点，似乎从来还没有人指出过。

与《法显传》有关，章巽在80年代还发表过一两篇论文，不过其中的内容后来都包括在他的《法显传校注》书中。

在章巽之后，在国内，据说中国佛协的李荣熙先生80年代曾经用英文翻译过《法显传》，书准备是在美国出版或者已经出版，但我没有见到。[1] 此外，90年代，大陆和台湾都出版过几种有关《法显传》的书，虽然读者对象定位为一般人，但也有一定的学术性。[2]

20世纪的最后10年里，与《法显传》有关，最后，也是最新的一部书是日本京都大学人文科学研究所的桑山正进与高田时雄主持编成的《法显传索引》。这部索引，最初作为人文科学研究所下属的"东洋学文献中心"编印的《索引丛刊》的第二册，在1994年出版，当时只是赠送流通。7年以后，2001年，《法显传索引》与《洛阳伽蓝记索引》《释迦方志索引》一起，三种书，合编成《西域行记索引丛刊》的第三种，由京都的松香堂正式出版。加上此前已经出版的《大唐西域记索引》和《大慈恩寺三藏法师传索引》，形成一个索引系列。

日本学者在研究中重视文献、重视编纂工具书的传统，在这几种索引上又一次体现出来。几种书都是所谓的"一字索引"，即从索引中可以查到任何一个字的出处及上下文。桑山正进与高田时雄编成的这部《法显传索引》，基本上以章巽的校注本为底本。这也可以说是对章巽本的一个评价。京都大学的桑山正进，从1991年到1996年，主持过一个"研究班"，研究的题目是"《法显传》研究：五世纪的中亚和印度"，研究班的成员不限于京都大学或京都地区。《法显传索引》就是这个研究班研究中的"副产品"。研究班的主产品，即他们研究《法显传》的著作，目前似乎还未出版。不过桑山正进他们已经出版过几种类似或相关的

---

〔1〕估计是在美国加州Berkeley的Numata Center for Buddhist Translation and Research出版的一套翻译性质的丛书中。但我见到的这套丛书的已出书目中，没有《法显传》。

〔2〕例如郭鹏的《佛国记注释》，长春出版社，1995年；吴玉贵释译的《佛国记》，佛光出版社（高雄），1996年；以及袁维学的《灵鹫山：东晋高僧法显传奇》，中国旅游出版社，1993年。

研究著作。[1]。

这里附带提一下20世纪90年代初国内出版的一本与《法显传》有关的书，这就是连云山的《谁先到达美洲》，书的副标题是："纪念东晋法显大师到达美洲1580年兼纪念哥伦布到达美洲500年"。这部书1992年由北京的中国社会科学出版社出版。书的标题，加上1992年正是国际上纪念哥伦布"发现"美洲500年，似乎有过一点轰动效应。作者在书中的主要论点是，法显在从斯里兰卡乘船东归，中途曾经到达的"耶婆提"，不是一般认为的今天印度尼西亚的爪哇，而是美洲。作者做这样的论断，很富有想象力，也很能增加中国人的自豪感，但书中没有提出任何新材料，所做的证明很难说服人。书出版后，学术界有学者写过书评，明确表示不同的意见。[2] 其实，书中说"耶婆提"不是爪哇，而是美洲，纯属猜想。做这样的猜想，作者不是第一人，此前早已有人提出过，只是没有证明，也无法证明，因此很难被学术界接受。当然更谈不上是什么新的发见。

最后，报告两条与《法显传》研究有关的新消息。

第一条消息是，根据最新一期《南亚研究》刊登了薛克翘《关于法显传的印地文和尼泊尔文译本》一文，文中讲到他在印度见到的1918年出版，2001年再版的一种《法显传》印地语译本以及2000年在尼泊尔出版的一种尼泊尔文的译本。[3] 这使我们知道的《法显传》的外文译本又增加了两种，尤其是这两种译本所使用的语言一种是印度的现代语言，一种是法显曾经访问过的国家的语言。与欧洲和日本语的译本相比，《法显传》的印地语和尼泊尔语译本在印度和尼泊尔出版，应该说具有特别的意义。

另一条消息是，维也纳大学的Max Deeg教授在几年前也完成了一部研究《法显传》的著作，其中包括用德语翻译的《法显传》全文。这部

〔1〕例如桑山正进主持的关于《慧超往五天竺国传》的研究。或许他们关于《法显传》的研究著作不久就会正式出版。

〔2〕书评作者薛克翘，书评发表在1993年出版的《南亚研究》上。

〔3〕《南亚研究》2003年第1期，第58至60页。

书据说近期内将要出版。书的篇幅不小,打印稿有600多页,内容看来也很丰富。我们因此希望不久能见到这位教授研究《法显传》的这部新著。[1]

9.4 结语:三点建议

以上大致地介绍了200多年来国内和国外有关《法显传》研究的情况,有关法显个人的研究其实也包括其中,因为法显一生的行事以及他的成就,都与《法显传》密不可分。我们看到,对《法显传》,过去200年里,已经有这么多的校本、注本和各种外文的译本。这些校本、注本和译本,在校注和翻译之中,实际上就包含了校注者或译者的研究成果,书中的导言或解说,以及图表、索引、附录,也都体现了研究者们的研究水平。时至今日,对《法显传》的研究,应该说不算太少,有的研究也相当深入。但是不是就题无余义了呢? 我以为还不是。我们可以做的事还是有的。例如《法显传》中对今天新疆境内的和田佛教的记载,《法显传》讲到的笈多王朝时期的印度佛教,《法显传》中一些不同于一般的译名,都还有不少值得探讨的问题。我们应该追踪新的发现,包括新的文献和新的考古成果,对《法显传》中涉及的一些问题做新的探索。以上所举的研究著作,出版大多已有一段时间,这之后至今,国内外对中亚以及印度历史、考古、佛教的研究已有不少新的进展,我们因此应该把这些新的进展和研究成果与《法显传》的研究结合起来。对《法显传》的研究,不能就《法显传》而研究《法显传》,而应该把视野和范围尽量放宽,文献、语言、历史、地理、考古、佛教各个方面的内容都纳入进来,这样的研究,才能做得比较深入而有新意。当然,要完全达到这个目标,并非易事,但努力总是应该的。

---

〔1〕 Max Deeg: *Dharmasucher, - Reliquien - Legenden, Der älteste Bericht eines chinesischen buddhistischen Pilgermönchs über seine Reise nach Indien: Das Gaoseng-Faxian-zhuan als religionsgeschichtliche Quelle, Untersuchungen zum Text und Übersetzung des Textes*, Habilitationsschrift, Würzburg, 1997, 630 S.

这是我对法显和《法显传》研究建议的第一点。

我的第二点建议是，对法显的研究，不仅应该包括他的生平，他的求法经历，还应该包括他回国后翻译的经典，这样才能全面地了解他对佛教和中国文化的贡献。可惜这方面的研究过去做得不多。法显翻译的佛经，虽然数量不算多，但其中有的是当时和后来在中国佛教史上发生过重要影响的经典，例如《大般泥洹经》和《摩诃僧祇律》。即使是一些篇幅不大的经典，如一卷本的《杂藏经》，其中也有很值得注意的地方。〔1〕

最后一点，对于像法显和《法显传》这样一种涉及面甚多的研究题目，我们是否也可以考虑，通过研究班的形式，集合各方面的专家，取长补短，相互切磋，以期取得有一个较高水平的结果。这是日本学者们现在常见的一种做法，我们可以向他们学习。中国学者往往习惯“单干”，“单干”不能说就一定不好，但有的研究，涉及问题太多，一两个人确实很难做好。《法显传》的情况，在有些方面就是如此。

（原载《世界宗教研究》2003年第4期，中国社会科学出版社。此为原稿，发表稿有所删削。）

---

〔1〕我自己对这方面的问题就有兴趣，也曾经尝试做过一点工作。拙文《略论大乘〈大般涅槃经〉的传译》，载《季羡林教授八十华诞纪念论文集》，江西出版社，1991年，第769-787页；《跋梵文贝叶经说出世部比丘律 Abhisamàcàrikà》，载《中国文化》第10期，三联书店，1994年，第116-123页；《杂藏考》，载《国学研究》第2卷，北京大学出版社，1994年，第561-573页以及《汉语中“语法”一名最早的出处》，载《汉语史学报》第2辑，上海教育出版社，2002年，第62-64页，都与法显翻译的这几种佛经有关。

10 扶南沙门曼陀罗事迹钩沉

唐道宣《续高僧传》卷1《译经篇》，本传6人，附见27人。本传第一人为僧伽婆罗，即《梁扬都正观寺扶南沙门僧伽婆罗传》。附见3人，第一人为曼陀罗，其文云：

> 梁初又有扶南沙门曼陀罗者，梁言弘弱。大赍梵本，远来贡献。敕与婆罗共译《宝云》、《法界体性》、《文殊般若经》三部合一十一卷。虽事传译，未善梁言。故所出经文多隐质。

《僧伽婆罗传》则云：

> 僧伽婆罗，梁言僧养，亦云僧铠。扶南国人也。幼而颖悟，早附法津。学年出家，偏业阿毘昙论。声荣之盛，有誉海南。具足已后，广习律藏。勇意观方，乐崇开化。闻齐国弘法，随舶至都。住正观寺，为天竺沙门求那跋陀之弟子也。复从跋陀研精方等，未盈炎燠，博涉多通，乃解数国书语。值齐历亡坠，道教凌夷。婆罗静洁身心，外绝交故。拥室栖闲，养素资业。大梁御宇，搜访术能。以天监五年被敕征召于扬都寿光殿、华林园、正观寺、占云馆、扶南馆等五处传译，讫十七年。都合一十一部，四十八卷，即《大育王经》、《解脱道论》等是也。[1]

可知曼陀罗来华，稍晚于僧伽婆罗，译经则与僧伽婆罗合作。曼陀罗所译佛经3部11卷，今俱收入大藏经中。道宣又撰有《大唐内典录》，其卷4云：

> 《宝云经》七卷(见《宋录》)；
>
> 《法界体性无分别经》二卷(见《李廓》及《宝唱录》)；
>
> 《文殊师利般若波罗蜜经》二卷(或有“说”字，见《李廓录》)。

〔1〕《大正藏》第50卷，第426页上至中。

右三部，合一十一卷。天监年初，扶南国沙门曼陀罗，梁言弘弱，大赍梵本经来贡献。虽事翻译，未善梁言，其所出经，文多隐质。共僧伽婆罗于扬都译。[1]

道宣另撰有《古今译经图纪》，其书卷4叙曼陀罗事迹则稍详：

沙门曼陀罗，此言弱声，亦云弘弱，扶南国人。神解超悟，幽明毕观。无惮夷险，志存弘化。大赍梵本，以梁武帝天监二年岁次癸未用以奉献。帝令译之。即以其年，共僧伽婆罗同于扬都译《宝云经》（七卷）、《法界体性无分别经》（二卷）、《文殊师利说般若波罗蜜经》（二卷）。总三部，合一十一卷。[2]

梁天监二年为公元503年。梁武帝令曼陀罗译经，事在天监五年敕召僧伽婆罗传译之前。唯曼陀罗"未善梁言"，译经须赖婆罗相助。道宣唐初时人，其书所本，或为隋费长房《历代三宝纪》。长房书卷11云：

《宝云经》七卷（见《东[宋?]录》）；

《法界体性无分别经》二卷（见《李廓》及《宝唱录》）；

《文殊师利般若波罗蜜经》二卷（一云《文殊师利说般若波罗蜜经》，见《李廓录》初出）。

右三经，合一十一卷。天监年初，扶南国沙门曼陀罗，梁言弱声。大赍梵本经来贡献。虽事翻译，未善梁言。其所出经文多隐质。共僧加婆罗于扬都译。[3]

长房书同卷又云：

（僧伽婆罗）以天监五年被敕征召，于扬都寿光殿，及正观寺、占云馆三处译上件经。其本并是曼陀罗从扶南国赍来献上。[4]

长房所言《李廓录》及《宝唱录》，今俱不存。唐初道宣之后，记曼陀罗事迹，大多皆本上引之文，或稍作补充。如智昇《开元释教录》卷6：

[1]《大正藏》第55卷，第265页下。

[2]《大正藏》第55卷，第364页中。

[3]《大正藏》第49卷，第98页中。《东录》显为《宋录》之误。下同。

[4]《大正藏》第49卷，第98页下。

《文殊师利所说摩诃般若波罗蜜经》二卷(或一卷,亦直云《文殊般若波罗蜜经》,初出,与僧伽婆罗出者及《大般若》第七会《曼殊室利分》同本。亦编入《宝积》当四十六会。见《李廓录》及《续高僧传》);

《法界体性无分别经》二卷(第二出,今编入《宝积》,当第八会。见《李廓》、《宝唱》二录及《续高僧传》);

《宝云经》七卷(初出,与陈代须菩提《大乘宝云经》及唐达摩流支《宝雨经》等同本异译,见《东[宋?]录》及《续高僧传》)。

右三部一十一卷,其本并在。

沙门曼陀罗仙,梁言弱声,亦云弘弱,扶南国人。神解超悟,幽明毕观。无惮夷险,志存开化。大赍梵经,远来贡献。以武帝天监二年癸未届于梁都。敕僧伽婆罗令共翻译。遂出《文殊般若》等经三部。虽事传译,未善梁言。故所出经文多隐质。[1]

所谓陈代须菩提译《大乘宝云经》,亦即《历代三宝纪》卷9所载:

《大乘宝云经》八卷。第二出,与梁世曼陀罗所出者七卷《宝云》同本异出。

右一部合八卷。周武帝世扶南国沙门须菩提,陈言善吉。于扬都城内至敬寺为陈主译。见一乘寺藏《众经目录》。[2]

扶南为公元1世纪至7世纪初印度支那半岛上著名古国,即今柬埔寨之古称,而地域实较今柬埔寨更广。扶南一名,今多以为即古代孟—高棉语bnam一词音译,意为"山",在中国载籍中用作国名。扶南自三国吴时即与中国相通,南北朝时扶南来华僧人,当不在少数。

曼陀罗一名,梵文可还原为Mandra,音义俱合。曼陀罗在华事迹可考者甚少,以上诸书之外,颇难追寻。然日本平安时期僧人安然在元庆四年(880)撰《悉昙藏》,卷2论及所谓梵文的"十四音",举列七解,第六解与梁武帝有关,其中提到"曼陀罗禅师":

第六梁武解并弹前来诸师。彼弹前云:书缺二字者,尔时去圣

〔1〕《大正藏》第55卷,第537页中。

〔2〕《大正藏》第49卷,第88页中。

久，所以缺二字。今圣人出世，何得言缺耶？（灌顶引观师弹）次宗法师以"悉昙"足之者亦非。悉昙自吉祥，何关十四音耶？（引观师弹）次弹谢公以后四字足之者。此是外道师名叶波跋摩，教婆多婆呵那王，以后四字是为十四音，实非音也。何以知之？此曼陀罗禅师传述彼事，文云：边海昆仑未体此旨，亦习外道之气，乃至彼小学乘学者，亦复如此，故不得以后四字足也。下释四字中云：六卷云履、梨、楼、吕（为楼许反），此中云鲁、流、卢、楼。梁武并弹此两处文，就两文中，此中文小胜。有解云：以此四字足前为十四音，此是摄婆跋摩外道师教婆多婆呵那王。何故教之？旧云：彼王舌强，故令王诵此字也。[1]

灌顶即隋章安灌顶。观师应指刘宋时僧人慧观。宗法师指南齐僧宗。谢公即谢灵运，为宋齐时代著名文学家。曼陀罗为禅师，并宗大乘，于此可知。其中所讲"外道师名叶波跋摩，教婆多婆呵那王，以后四字是为十四音，实非音也"。此"外道师"叶波跋摩即印度有名的梵语语法书 *Kātantra* 传说的作者 Śarvavarman 。婆多婆呵那一名，第一个"婆"字应作"娑"。婆多婆呵那王即娑多婆呵那王，梵文原文是 Śātavāhana 。娑多婆呵那为公元前1世纪中晚期至公元3世纪中期南印度王朝之名，其国王亦以此作为名称。叶波跋摩一名，亦译摄婆跋摩。传说叶波跋摩为南印度国王娑多婆呵那王大臣，国王不善梵语，为王后所嘲笑，叶波跋摩因此为教国王学习梵语而编写了 *Kātantra* 一书。此一故事，在印度流传颇广，印度古代最有名的故事集成 *Bṛhatkathā*（《故事广记》）以及其后从《故事广记》改编而成的 *Kathāsaritsāgara*（《故事海》）和 *Bṛhatkathāmañjari*（《大故事花簇》）中均有记载。其中所

〔1〕《大正藏》第84卷，第377页下。所谓梵文"十四音"，亦是一个很有趣的论题，具体内容请参考拙文《谢灵运〈十四音训叙〉辑考》，载《国学研究》第3卷，北京大学出版社，1995年，第275至300页；修订稿载《北京大学百年国学文粹》语言文献卷，北京大学出版社，1998年，第631至646页。

讲，正是“彼王舌强，故令王诵此字也”。[1]

曼陀罗又言“边海昆仑未体此旨，亦习外道之气，乃至彼小学乘学者，亦复如此”。“边海”亦即“南海”。“昆仑”泛指古代南海一带土著民族。《旧唐书》卷197《南蛮西南蛮传》称“自林邑以南，皆卷发黑身，通号为昆仑”[2]，亦即指此。[3]“外道”则指印度婆罗门教。古代印度婆罗门文化与佛教大小二乘均同时流传于扶南及南海诸国，其影响浸润，遍及各个方面，此明证也。

南北朝时有关扶南的情形，以《梁书》卷54《诸夷传》所记最详，其中一段讲到齐梁时代与中国往来之情形：

> 其后王憍陈如，本天竺婆罗门也。有神语曰“应王扶南”。憍陈如心悦，南至盘盘。扶南人闻之，举国欣戴，迎而立焉。复改制度，用天竺法。憍陈如死，后王持梨陀跋摩，宋文帝世奉表献方物。齐永明中，王阇邪跋摩遣使贡献。天监二年，跋摩复遣使送珊瑚佛像，并献方物。诏曰：扶南王憍陈如阇邪跋摩，介居海表，世纂南服，厥诚远著，重译献赕。宜蒙酬纳，班以荣号。可安南将军、扶南王。[4]

曼陀罗抵建康，在天监二年，当时或与扶南使人同行，亦未可知。

---

〔1〕《故事广记》原书早已不存，但其大部分内容保留在后出的《故事海》与《大故事花簇》中。手边一时未能找到梵文本《故事海》。有关一节的英文翻译可见 *The Ocean of Story, being C. H. Tawney's Translation of Somadeva's Kāthā Sarit Sāgara*, by N.M. Penzer, London: Privately printed for subscribers only by Chas. J. Sawyer LTD, 1926，第1册，第68至75页。我所见为胡适私人藏书，后被北京大学东语系图书馆收藏，书首尚有胡适亲笔题记：This magnificent collection of Indian fiction in ten volumes is a gift from my friend K. M. Panikkar, Bakanar, Rajputana, India, Hu Shih, March 19, 1943。汉译则可见黄宝生等译《故事海选》，人民文学出版社，2001年，第36至40页。西方学者在讨论 *Kātantra* 时对这个故事多有征引。见 B. Liebich: *Zur Einfuerung in die indische einheimische Sprachwissenschaft*, I. *Das Kātantra*, Heidelberg, 1919，第3-4页以及 H. Scharfe: *Grammatical Literature, A History of Indian Literature*, ed. by J. Gonda, Vol. V, Fasc.2, Wiesbaden: Otto Harrassowitz, 1977，第162-163页。又西藏学者 Tāranātha（多罗那他）的 *rGya gar chos 'byung*（《印度佛教史》）第15章亦记载了这个故事，但个别细节已稍有改变。

〔2〕中华标点本，第16册，第5270页。

〔3〕关于“昆仑”和“昆仑音”，可参见拙稿《大唐西域求法高僧传校注》，中华书局，1988年，第82-83页。

〔4〕中华标点本，第3册，第789-710页。

《梁书》同卷记载，天监十年、天监十三年、天监十六年、天监十八年、普通元年、中大通二年、大同元年、大同五年，扶南国均有使节来华，足见当时扶南与中国往来之频繁。梁武帝在建康设“扶南馆”，诚事出有因，为专门安置扶南使节及僧人等各类人员之场所。扶南文献，亦有传至中土者。《隋书》卷32《经籍志》载“《婆罗门书》一卷”，其下又注云：“梁有《扶南胡书》一卷。”[1]“扶南胡书”单列，显与来自印度的“婆罗门书”有所不同。可惜诸书早已佚失。

梁武之世，不仅曼陀罗“大赍梵本经来贡献”，僧伽婆罗等来华大张译事，亦有印度僧人经扶南而至中国。《续高僧传》卷1《拘那罗陀传》载梁武帝时与扶南交往以及真谛事：

> 大同中，敕直后张泛等送扶南献使返国。仍请名德三藏、大乘诸论、《杂华经》等。真谛远闻行化，仪轨圣贤。搜选名匠，惠益民品。彼国乃屈真谛，并赍经论，恭膺帝旨。既素蓄在心，涣然闻命。以大同十二年八月十五日达于南海。沿路所经，乃停两载。以太清二年闰八月，始届京邑。[2]

“拘那罗陀”一名，依梵文实应译为“拘罗那陀”，原文Kulanātha，意译“亲依”。此即中国佛教史上有名的高僧陈真谛，梵文名“波罗末陀”，原文Paramārtha。真谛本西天竺优禅尼国人，后到扶南，由扶南而至中国，在中国翻译大乘经典甚多，成为佛经翻译史上“四大译家”之一。真谛来华之前，停留于扶南，说明扶南当时佛教颇盛。此种情形，其实与当时西域北道之龟兹、南道之和阗相似。

又扶南一名，亦作“跋南”。唐初义净撰《南海寄归内法传》，论及当时南海一带地理及宗教形势：

> 从那烂陀东行五百驿，皆名东裔。乃至尽穷，有大黑山，计当土蕃南畔。传云是蜀川西南，行可一月余，便达斯岭。次此南畔，逼近海涯，有室利察呾罗国，次东南有郎迦戍国，次东有杜和钵底

〔1〕中华标点本，第4册，第945页。香港饶宗颐先生曾撰有《说扶南胡书》一文，讨论及此。饶文载《梵学集》，上海古籍出版社，1993年，第175至177页。

〔2〕《大正藏》第50卷，第429页下。

国，次东极至临邑国。并悉极遵三宝，多有持戒之人。乞食杜多，是其国法。

其书又云：

从西数之。有婆鲁师洲、末罗游州，即今尸利佛逝国是。莫诃信洲、诃陵洲、呾呾洲、盆盆洲、婆里洲、掘伦洲、佛逝补罗洲、阿善洲、末迦漫洲。又有小洲，不能具录。

概括而言之：

斯乃咸遵佛法，多是小乘，唯末罗游少有大乘耳。诸国周围，或可百里，或数百里，或可百驿。大海虽难计里，商舶串者准知。良为掘伦，初至交广，遂使总唤昆仑国焉。唯此昆仑，头卷体黑。自余诸国，与神州不殊。赤脚敢曼，总是其式。广如《南海录》中具述。驩州正南，步行可余半月，若乘船才五六朝，即到匕景。南至占波，即是临邑。此国多是正量，少兼有部。西南一月，至跋南国，旧云扶南。先是裸国，人多事天，后乃佛法盛流。恶王今并除灭，迥无僧众，外道杂居。斯即赡部南隅，非海洲也。[1]

义净所言，是唐初时情形，时间较萧梁时代约晚一百三四十年，南海一带地理形势或大致相同，但佛教方面，已有一些变化。尤其是扶南一地，佛教"恶王今并除灭"，情况与此前迥异。[2]今附录有关记载于此，或可供治佛教及东南亚史者参考。

（原载《文史》2005年第3辑，中华书局。）

〔1〕拙稿《南海寄归内法传校注》，中华书局，1995年，第12-17页。

〔2〕真腊征服和取代扶南，在公元7世纪前半。义净所指，可能正是这种情形。

11　题敦煌本《南海寄归内法传》（P. 2001）

唐释义净撰《南海寄归内法传》，伯希和编号P. 2001。义净原书4卷，今敦煌写本仅存第1卷。原件藏巴黎，据1970年巴黎出版之《敦煌汉文写本目录（伯希和藏汉文卷子）》第1卷介绍，可知原卷状况：

> 字体工整，相当小，笔画纤细。开始数行间缺漏之文字用硃笔补写，其后用墨笔补写。每纸24到28行，每行27到30字。小字注，单行或双行。边缘无线，上缘宽1到1.5厘米，下缘宽0.5到1.2厘米。
>
> 原卷15纸，其中14纸长34.7到36.3厘米（第7纸长7.5厘米）。纸张不均匀，薄、软、脆，灰褐色。有水渍斑点。原已修补。
>
> 全卷高28.9到29.5厘米，长508厘米。[1]

国内今藏影片，共13张，已足资研究。

伯希和当年从敦煌携走汉文卷子数量甚多，此卷编在第一号，足见伯希和本人当初对此卷颇为注意。

原卷既残，前后均无题记，何时所抄颇难断定。唯知义净于唐高宗咸亨二年（671）自广州附舶赴印度，武后垂拱元年（685）离开印度，仍取道海路东归，又在南海一带滞留将近10年，方于证圣元年（695）返抵洛阳。《南海寄归内法传》一书即义净居留于南海室利佛逝国期间所撰，并于天授二年（691）与其另一著作《大唐西域求法高僧传》及其他一些佛教经论一起被送回长安。原卷抄写时间当然在此之后，此为上限，所需考订者唯下限之大概时期。

敦煌写本今藏于巴黎者甚多，其中无年代题记者亦多，近年来有法

〔1〕*Catalogue des Manuscrits chinois de Touen-Houang*（Fonds Pelliot chinois），Vol. I, p.1, 1970, Paris.

国学者取新研究方法，专就写本之纸张进行鉴定，以有年代题记可判明年代之写本与无年代题记难于判明年代之写本就纸张之质地相比较，以确定后者写成之大致年代。法国学者戴仁研究敦煌写本纸张，他对大量写本做了分析比较后，把敦煌本《南海寄归内法传》归入8世纪前半期写本之范围。[1] 此论断应予重视。

以书写字体而论，敦煌本《南海寄归内法传》书法工整，俊逸娟秀，实可认为出于唐代抄经高手。有意思的是，若将此写本之书体与今藏于伦敦之另一敦煌写本《大唐西域记》残卷（S. 2659）相比较，二者极相类似，或俱出于同一无名之抄手欤？而据向觉明先生意见，就书法而言，后者"大概是八九世纪之间的写本"。[2] 向先生经眼敦煌写本甚多，判断与戴仁基本一致，应非一般之偶合。

义净返国后，在洛阳与长安两地译经，声名极著。武后中宗两朝，对他都极为优待。义净去世于玄宗先天二年（713）。他一生著译甚多，过去多依《开元释教录》卷13及《宋高僧传》卷1之说法，称他前后译经律论56部230卷，又撰《大唐西域求法高僧传》等5部9卷，共61部239卷。[3] 但据《贞元新定释教目录》卷13所录唐卢璨所撰《大唐龙兴翻经三藏义净法师之塔铭并序》云，则"前后所翻经总一百七部，都四百二十八卷，并敕编入一切经目"。[4] 唯现存其著译作品部数卷数俱与此相差甚殊。

依上引《义净塔铭》所言，《南海寄归内法传》一书在义净去世后即入藏。北宋开宝年间开版雕刻全藏，今仅存少量残卷，其中虽无此书，但原帙中当即有此。开宝以后，历代雕刻藏经，亦俱收入此书。兹就今国内所见古本举例如下：

（1）赵城金藏本；

（2）思溪藏本；

---

〔1〕Jean-Pierre Drége: "Papiers de Dunhuang, Essai d' analyse morphologique des manuscrits chinois dates", in *T'oung Pao,* Vol. LXVII, 3-5 (1981), p. 358.

〔2〕《大唐西域记古本三种》引言，中华书局，1981年，第4页。

〔3〕《大正藏》第55卷，第568页中；第50卷，第710页上。

〔4〕《大正藏》第55卷，第869页下。

(3)碛砂藏本；

(4)高丽藏本；

(5)洪武南藏本；

(6)永乐南藏本；

(7)永乐北藏本。

径山藏以下不赘列。以上刻本，其中《南海寄归内法传》俱是全帙，但刊刻年代最早者不过在南宋初，时间至少晚于此写本两三百年。海内所存宋代以前古本，今知仅有三件：两件存日本，据云为奈良时期(710—784)写本，据观察，应亦为中国写经，当时被携往日本者。[1]一件即此敦煌写本。三件写本年代大致相同，写成时间不过在义净原书开始流传后数十年间。三件写本一西行于瓜沙，二东渡至扶桑，由此或可想见义净此书当时传抄之情形。千年之下，而又俱得存留，虽非全帙，亦幸事矣。

今试以此敦煌写本《南海寄归内法传》(据国内所藏影片)与日本古写本(据影印本)及数种宋明旧刻略略相较，可知三种古写本颇相近，而写本与刻本则稍异，或可由此得见原书一二旧貌，且取为校勘之助。兹略举数例言之：

原卷第27行，影片第2，第24行：

序文："诸部流派，生起不同，西国相承，大纲唯四。"以下小字注文举四部梵文名称之音译，又以汉文释其义，称为"周云"或"周译"。今赵城金藏本、高丽藏本俱作"唐云""唐译"，日本写本此段残，其他各本则多与敦煌本同。按武则天改唐为周在载初元年(690)九月，义净撰书以

〔1〕日本所藏两件，一件原藏日本石山寺，今存日本奈良县天理大学图书馆。影印本收入天理大学出版《西域求法高僧传集》，天理图书馆善本丛书，第5卷，昭和五十五年(1980)出版。抄写书法圆润茂密，丰腴遒厚，亦甚精妙。据称为日本奈良时期(710—784)写本，估计很可能亦为当时中国写经，被携往日本者。其中"正"字均抄作"缶"，这是武则天载初元年(689)正月所造的十二个"新字"之一，这种写法流行时间很短，可以说明这个抄本抄写时间可能确实相当早。可惜原卷也残缺不全，仅存卷1大部和卷2起首一部。另一件为日本守屋孝藏氏收藏。原卷抄写书法极为精美，但残缺过甚，仅存卷4一部。原件据说也是奈良时期写本。日本昭和十八年(1943)古典保存会据以影印为《南海寄归内法传卷第四残简》一书。

及此书最早流传，正值此时，文中称“周云”“周书”，颇能合于当时史实。“周云”“周译”之改为“唐云”“唐译”，应是则天之后，中宗神龙元年(705)恢复国号以后事。印本佛经中，赵城金藏与高丽藏虽属较早刊刻者，但毕竟已在数百年后，未能存其原字。但两本在全书末尾(卷4)仍有一句：“义净敬白大周诸大德。”其中“大周”两字犹存，显为当时漏改之处，尚可窥见此改动之痕迹。至于法国汉学家沙畹曾以此“周”为“后周”，其误显然，无须细辨。

原卷第36行，影片第3，第3行：

小字注：“次东有扗和钵底国。”“扗”即“杜”字。“扗和钵底”，诸本皆作“社和钵底”，日本写本此段仍残。按杜和钵底，义净原书卷3(惜敦煌本此卷已残去)又作“杜和罗”，其《大唐西域求法高僧传》卷上则译作“杜和罗钵底”，玄奘《大唐西域记》卷10译作“堕罗钵底”[1]，《旧唐书》卷197《南蛮西南蛮传》又作“堕和罗”[2]，《新唐书》卷222下《南蛮传》下作“堕和罗”，亦作“独和蛮”[3]。诸译名俱为梵文Dvārapatī之音译。其国在今泰国湄南河下游一带，古都在今曼谷北约70公里处。“社”为“扗”即“杜”之讹。诸刻本皆误，唯敦煌写本存其真迹。

原卷第74行，影片第4，第7行：

“大周西域行人传一卷。”赵城金藏本、高丽藏本作“大唐西域高僧传一卷”，碛砂藏本、洪武南藏本、永乐南藏本、永乐北藏本则作“大唐西域高僧传二卷”；唯日本古写本与敦煌写本同，作“大周域行人传一卷”，“域”字前脱一“西”字。按今本义净此书书名作“大唐西域求法高僧传”，裁为2卷。但由此也可知道此书当时尚有一二异名。而《大周西域行人传》一名，无疑为武周时所立，后始废除。

但敦煌写本亦有若干错讹处。试举一例：

原卷第38行，影片第3，第5行：

小字注：“即今尸利佛游是。”“尸利佛游”，南宋及明代诸刻本俱同

---

〔1〕《大唐西域记校注》，第803页。

〔2〕中华书局标点本，第16册，第5273页。

〔3〕中华书局标点本，第20册，第6303页。

敦煌写本；赵城金藏本、高丽藏本则作“尸利佛逝”；日本古写本此段残。今按应依后者。尸利佛逝，梵文Śrivijaya，义净《大唐西域求法高僧传》，《新唐书》卷221下《南蛮传》下，《唐会要》，《册府元龟》等作“室利佛逝”“尸利佛誓”“佛逝”“佛誓”，唐时为南海中一大国，都城旧地在今印度尼西亚苏门答腊岛上巨港（Palembang，又译巴邻邦）一带。逝、迣、遊三字形近，传抄而致误。

《南海寄归内法传》一书，对于今日研究印度佛教史、中国佛教史、唐代中外关系，乃至古印度及南海地区之历史、地理、文化、社会生活等，其重要性自不待言。1896年日本学者高楠顺次郎曾将其译为英文，由牛津大学出版社出版。当时英国著名梵学及印度学专家马克斯·缪勒曾撰一长信致高楠，附印于英译之前，对此书表示十分重视。此书遂广为西方及印度学者所知。但高楠之英译，所据主要为清代刻本，并未进行原文之校勘，译文中颇有值得商榷之处。其注释距今已90余年，亦颇陈旧。旧译旧注，可纠正补苴处甚多。

此举一例言之：

印度佛教分为大小二乘，世皆晓然。十八部派，俱属小乘，几乎毋庸置疑。义净此书卷1“序”中列举当时印度佛教四部即四种尼迦耶（nikāya）之名称，传承及典籍数量，过去诸家论及小乘部派，多引此段文字，以标明当时部派之分野，但却往往忽视原书在此段文字之后，有“其四部之中，大乘小乘区分不定”一句，为上文做补充。从上下文看，揣义净原意，四种尼迦耶中，或大乘，或小乘，并不可限为一定。换言之，四种尼迦耶中，未必尽是小乘。此则与传统说法大异。此一疑点，过去很少有人提出，仔细论及者则更少，似颇有研究之必要。

（《中国文化》创刊号，三联书店，1989年，有修订。）

12 略论大乘《大般涅槃经》的传译

12.1 大乘佛教的《大般涅槃经》

在佛教经典中,"涅槃类"的经典数量不算太少。这一类经典的共同特点是,内容以释迦牟尼佛涅槃这件事为题材,或者以此为契机,"记载"释迦牟尼入涅槃前讲说的法教以及有关的一些事情,经名往往就题作 *Mahāparinirvāṇasūtra*(《大般涅槃经》)。但从大处分,这一类题作《大般涅槃经》或虽未题作此名,内容相似的经典,又可分为大乘《涅槃经》和小乘《涅槃经》两大类。二者在内容、经典的组织结构,尤其是阐发的教义上差别很大,来源显然不同。此处则只讨论大乘的《大般涅槃经》,而且主要只讨论有关现在题作此名的大乘《大般涅槃经》传译的一些问题。[1]

---

〔1〕关于这一类经典,要想获得简明扼要的介绍,近人的著作中,可参考中村元:*Indian Buddhism: A Survey with Bibliographical Notes*, Tokyo, 1980, Delhi, rep. 1987, pp. 212-215, 365 及山田龙城:《梵语佛典の诸文献》,京都,1981 年重印本,页 95。小乘《大般涅槃经》研究做得最好的首推德国学者 E. Waldschmidt。他的 *Die Überlieferung von Lebensende des Buddha: Eine vergleichende Analyse des Mahāparinirvāṇasūtra und seiner Textentsprechungen*, 2 parts, Göttingen, 1944, 1948 和 *Das Mahāparinirvāṇasūtra: Text in Sanskrit und Tibetisch vergleichen mit dem Pāli, nebst einer Übersetzung der chinesischen Entsprechung in Vinaya der Mūlasarvāstivādins*, 3 parts, Berlin, 1949, 1950, 1951 是以在中国新疆吐鲁番发现的梵本与巴利文、汉译《长阿含》中的《游行经》,西晋的法祖译《佛般泥洹经》,失译《般泥洹经》,所谓法显译《大般涅槃经》、义净译《根本说一切有部毗奈耶杂事》以及藏译相互对照,而研究其内容和来源。大乘《大般涅槃经》欧洲学者研究的人很少,但日本学者研究的较多。见中村元书。从整理文献的角度看,近年内最主要的出版物是:A. Yuyama(汤山明):*Sanskrit Fragments of the Mahāyāna Mahāparinirvāṇasūtra*, I. Koyasan Manuscript, Tokyo, 1981 以及 G. M. Bongard-Levin: *New Sanskrit Fragments of the Mahāyāna Mahāparinirvāṇasūtra* (*Central Asian Manuscript Collection at Leningrad*), Tokyo, 1986。汤山明亦有很详细的文献目录。关于讨论大乘《大般涅槃经》思想内容的著作,从古至今,从古代的经疏到今人的著作,几乎可以说是无数。但本文基本不涉及其思想内容。

12.2 《大般涅槃经》的梵文残本

大乘《大般涅槃经》,完整的本今已不存,但近代发现了其梵文残片,共有九件。一件存日本高野山,最早为日本学者高楠顺次郎所发现。高楠在刊印《大正新修大藏经》时,曾在汉译本有关段落做了标注,并在最后一段附了他所做的拉丁转写。[1] 其后日本学者汤山明在其 *Sanskrit Fragments of Mahāyāna Mahāparinirvāṇasūtra* 一书中再次转写,部分地方做了校正,并加上英译等内容。[2] 另一件现藏于英国大英图书馆所属印度事务部图书馆,即所谓的 Hoernle Manuscripts 之一,编号是 No.143, SA.4。原件来自我国新疆和田附近,估计是在 Khādalik 出土,在 1903 年前后落入当时英国驻喀什噶尔的代理"中国事务特别助理"P. J. Miles 手里,然后再转交给 Hoernle。英国学者 F. W. Thomas 做了转写和翻译,刊布在 Hoernle 所编的 *Manuscript Remains of Buddhist Literature Found in Eastern Turkestan* 一书中。[3] 再有六件,由苏联学者 G. M. Bongard-Levin 先是零星,然后集中刊布在其 *New Sanskrit Fragments of the Mahāyāna Mahāparinirvāṇasūtra* 一书中。六件残片现存列宁格勒,属于所谓的 Petrovsky 藏品。当时是沙俄驻喀什噶尔的领事,他利用这种便利,攫取了大量文物,因此来源也应是新疆和田附近。[4] 事情确实也如此。再有一件残片,为 A.Stein 在 Khādalik 所获得,编号为 Kha-i-89,现藏印度事务部图书馆,恰可与 Bongard-Levin 书中的第二号残片缀合为一片。[5] 梵文残片数量虽然很少,与汉译对照,不过零散的几个段落,总计分量约略不过百分之一,却很重要,因为

---

〔1〕《大正藏》,第 12 卷,第 604 页。

〔2〕见 128 页注〔1〕。

〔3〕原书,Oxford,1916,rep. St. Leonards-Amsterdam,1970,pp. 85,93-97。

〔4〕Bongard-Levin: *New Sanskrit Fragments of the Mahāyāna Mahāparinirvāṇasūtra* (*Central Asian Manuscript Collection at Leningrad*), P. XIII.

〔5〕Bongard-Levin: *New Sanskrit Fragments of the Mahāyāna Mahāparinirvāṇasūtra* (*Central Asian Manuscript Collection at Leningrad*), pp.10-12.

不是译本，而是一种原本。当然，以后还有可能发现新的梵文残片。[1]

12.3 《大般涅槃经》的三种汉译本

大乘《大般涅槃经》的汉译现存有三种：(1)东晋法显、佛大跋陀、宝云等合译《大般泥洹经》6卷[2]；(2)北凉昙无谶译《大般涅槃经》40卷，经录中有时又作36卷，也称作"北本"；(3)刘宋慧严、慧观、谢灵运等依以上两种译本为基础，合本对照修治而成的《大般涅槃经》36卷，也称作"南本"。此外，再有一种《大般涅槃经后分》，为唐初南海波凌国僧人般若跋陀罗与中国僧人会宁合译，据认为也属于《大般涅槃经》的一部分，即最末一部分。[3]以上几种，加上其他相近的一些经典，在汉文大藏经传统上都收在一起，称为"大乘涅槃经类"。汉译的最大优点是完整。此外，译出的年代早，与传译过程有关的记载在文献中保留颇多，这对了解其早期传译的历史十分重要。而这一类记载又只存在于汉文文献中。

---

〔1〕梵文佛教文献 *Ratnagotravibhāga* 中有一处亦曾引用《大般涅槃经》。见汤山明：*Sanskrit Fragments of the Mahāyāna Mahāparinirvāṇasūtra* 引用各书，p.15，*Ratnagotravibhāga* 最早有后魏勒那摩提的汉译，题作《究竟一乘宝性论》，4卷。

〔2〕今大藏经中6卷《大般泥洹经》一般都题作法显译，但依《出三藏记集》卷8所载《六卷泥洹经记》，翻译此经的是印度来华僧人佛大跋陀(佛陀跋陀罗)"手执胡本"，宝云传译，时间是东晋义熙十三年十月一日至十四年一月二日，地点是建康道场寺，未提及法显。此"出经后记"见《大正藏》第55卷，第60页中。宝云是中国僧人，亦曾与法显一起去印度求法，行至弗楼沙而还。见《法显传》，《大正藏》第51卷，第857页上至第858页下。宝云并译过《新无量寿经》2卷和《佛所行赞》5卷。不过，当时法显亦在道场寺，正在翻译大部头的《摩诃僧祇律》(以晋义熙十二年岁次寿星十一月，共天竺禅师佛驮跋陀于道场寺译出，至十四年二月末乃迄)，见《出三藏记集》卷3《新集律来汉地四部序》，《大正藏》第55卷，第21页上。我们不确切知道法显是否直接参加，或参加了多少《大船泥洹经》的翻译，但梵本是他从印度携回，他过问或参加翻译也是可能的。而且《出三藏记集》将此经列在法显名下，见《大正藏》卷55，第11页下。同时《出三藏记集》卷11《佛大跋陀传》也讲："其先后所出，《六卷泥洹》、《新无量寿》、《大方等》、《如来藏》、《菩萨十住》、《本业》、《出生无量门持》、《净六波罗蜜》、《新微密持》、《禅经》、《观佛三昧经》，凡十一部。"《大正藏》第55卷，第112页中。历代经录中有题法显译者，亦有题佛大跋陀译者。法显与佛大跋陀合译的《摩诃僧祇律》，情形亦颇相似。因此我们现在把此经看作法显、佛大跋陀、宝云合译也许比较合理。

〔3〕有关《大般涅槃经后分》，下面将要讨论到。

12.4 《大般涅槃经》的两种藏译本

藏译也存两种：一种是由印度僧人胜友（Jinamitra）、智藏（Jñānagarbha）和天月（Devacandra）所译。翻译时间在9世纪，可能是9世纪初。翻译的原本是梵本。另一种从昙无谶的汉译本转译，翻译时间可能约在11世纪后半期。[1]两种藏译题名一样：phags-pa yoṅgs-su mya-ṅgan-las das-pa chen-povi mdo。此外，还有从两种藏译转译的两种蒙译。

12.5 《大般涅槃经》的突厥语译本

汉文文献记载，6世纪时，曾有人将汉译的《大般泥槃经》转译成突厥语。《北齐书》卷20《斛律羌举传》：

> 代人刘世清，祖拔，魏燕州刺史；父巍，金紫光禄大夫。世清武平末侍中开府仪同三司，任遇与孝卿相亚，情性甚整，周慎谨密，在孝卿之右。能通四夷语，为当时第一。后主令世清作突厥语翻《涅槃经》，以遗突厥可汗，敕中书侍郎李德林为其序。[2]

这位突厥可汗，应该就是立于北齐后主武平三年（527）的佗钵可汗。[3]突厥最初无佛教。《隋书》卷84《北狄传》：

> 齐有沙门惠琳，被掠入突厥中，因谓佗钵曰："齐国富强者，为有佛法耳。"遂说以因缘果报之事。佗钵闻而信之，建一伽蓝，遣使聘于齐氏，求《净名》、《涅槃》、《华严》等经，并《十诵律》。[4]

突厥所求的经典中，就有《大般涅槃经》。后主令刘世清翻《涅槃

[1] 见汤山明：*Sanskrit Fragments of the Mahāyāna Mahāparinirvāṇasūtra*，第9-13页。

[2] 中华书局标点本，第1册，第267页。

[3] 见《资治通鉴》卷171，中华书局标点本，第12册，第5314页。

[4] 中华书局标点本，第6册，第1865页。

经》为突厥语,即与此事有关。[1]不过,至今未能发现突厥语的《大般涅槃经》的写本。

12.6 《大般涅槃经》的粟特文译本

20世纪初,德国人在我国新疆吐鲁番掘获大量各种古语言的文书,其中有一件粟特文大乘《大般涅槃经》的残片,原文经德国学者F. W. K. Müller转写,刊布在*Soghdische Texte II*一书中。[2]残片内容相当于昙无谶汉译本卷37迦叶菩萨品第十二之五"业因者,即无明触……我当云何断是果报"一段。[3]残片背面抄有回鹘文。原件编号T II Y50b,可能仍藏柏林,根据Müller比较的结果,粟特文译文与汉译本极为接近。从译音字看,也不大可能是直接从梵本译出。因此结论是从汉译本转译而成。现存的从汉译转译出的粟特文佛经的残本还有一些,这是其中一例。但粟特文译文中也有与汉译不完全相合的地方,这使Müller推测,粟特文译者在使用昙无谶本作为翻译的底本的同时,还利用了另一个本文。这一推测很有意思。

12.7 《大般涅槃经》残本的梵汉对照

为了好说明一些问题,现在将汉译本与梵本的残片进行对照。残片中高野山一件和今藏英国,F. W. Thomas刊布的一件段落基本上是完整的,因此我们选作对比的对象。有关段落不算长,我先列梵文,再列

---

〔1〕据《北齐书》卷8《后主本纪》,后主一代,突厥遣使北齐有两次,一次在天统二年(566),一次在武平三年。天统二年时,佗钵尚未立为可汗,突厥君主亦无意于佛教,因此此事当系于武平三年。佗钵可汗遣使北齐,遂有译《涅槃经》为突厥语等事。

〔2〕*Soghdische Texte II*, von F. W. K. Müller, aus dem Nachlass herausgeben von W. Lentz, Berlin, 1934, S. 49-54.

〔3〕《大正藏》第12卷,第585页中。

两种古代汉译，然后再列根据梵文拟译出来的现代汉译。[1]

12.7.1 高野山梵本

(1)梵文

(yadā ...)mama śrāvaka mahāyānakāṅkṣitās tadā ṣaḍrasavan mahābhojanam iva mahāparinirvāṇaṃ mahāsūtraṃ deśayāmi. tatra katame ṣaḍrasāḥ?duḥkham āmblam anityaṃ lavaṇam anātmakaṃ kaṭukaṃ sukhaṃ madhuraṃ sātmakaṃ kaṣāyaṃ nityaṃ iti. ime ṣaḍrasāḥ kleśendhanena māyā-agninā paripācitaṃ bhojanaṃ mahāparinirvāṇaṃ tattvānnamṛṣṭam mama śrāvakā bhuñjante.

punar aparam bhagini yathā yūyaṃ parāmantraṇena paracūḍākaraṇanimittena vā paragrāmaṃ gantukāmā duṣputrān utsṛjya satputrāṇām guhyābhinidhānāni darśayasi. āma bhagavan duṣputrā anācārā anarthabhāginas teṣāṃ darśayāmi evam ahaṃ bhagini mahāparinirvāṇ agamanakriyāṃ yadā karomi tadā tathāgatavividhguhyaṃ samdhāvacanaṃ śrāvakebhyo niravaśeṣaṃ kathayiṣyāmi. adya putrebhyaś chandaṃ dāsyāmi. yathā tvāṃ bhagini pravāsagrtāṃ duṣputrā mṛteti kalpayanti na cāpi mṛtā. āma bhagavan punar apy āgatānte paśyanti. evam eva bhagini mayā mānityasaṃjñāṃ kārṣīt. adya tathāgataḥ parinirvāsyatīti naivaṃ kalpayitavyaṃ mṛtasaṃjñāvat. ye sadā nityo dhruvaḥ śāśvatas tathāgata iti dhārayanti teṣāṃ tathāgato gṛhe tiṣṭhati. eṣa parādhyāśayo nāma.

pṛcchāvaśā nāma. iha kaścit tathāgatam arhantaṃ samyaksaṃbuddhaṃ paripṛcchet: katham ahaṃ bhagavan kīrtiṃ prāpnuyāṃ loke dāyako viśruta iti. na ca dadyāt kasmiṃscit. tathāgatam evam vadet: niḥsaṅgaṃ pravāraya dāsīdāsaparigraheṇ tyantabrahmacāriṇaṃ kumārīdānena amāṃ- sabhojinaṃ māṃsabh(ojana...)

[1] 高野山一件梵文经汤山明校正过，见汤山明：*Sanskrit Fragments of the Mahāyāna Mahāparinirvāṇasūtra*。英国一件依 Thomas 刊布的梵文抄录，Thomas 只是转写原件，基本未在文字上做改动。

(2)法显等译本

道心既增堪受大乘。然后为说此摩诃衍大般泥洹甜苦辛酢咸淡六味坚实之食。以苦酢味,无常咸味,非我苦味,悦乐甜味,吾我淡味,常法辛味。以烦恼薪,燃幻行火。熟大般泥洹口甘露法食。

复次,善女人!譬如姊妹,有诸缘事,舍家出行,诣他聚落,或久不还。汝有二子,一者纯善,一者弊恶,临欲行时,珍宝秘藏,不语恶子,而付善子。女人白佛:实尔,世尊!佛问女人:何故宝藏不语恶子?女人白佛:彼恶子者,所作非义,为放逸行,食用无度,是故不语。其善子者,能立门户,荣显宗族,是以付之。佛言:应尔,我法亦然。欲入方便般泥洹时,如来宝藏,秘密法要,悉付弟子,不授犯戒诸邪见者。汝今于我为作灭想?为作常想?女人白佛:我于如来作常住想。佛言:姊妹!如汝所说,应作是观,莫作灭想。当知如来是常住法,非变易法,非磨灭法。其有众生,于如来所修常住想者,当知是等家家有佛,是名能正他人。

能随问答者。犹若有人来问如来:我当云何得大施之名,流闻天下,而不舍财?佛告族姓子:唯有清素,不畜童仆,修持梵行,而乐施彼奴婢妻妾;断除肉味,而乐施以肉……[1]

(3)昙无谶译本

若我声闻诸弟子等,功德已备,堪任修习大乘经典,我于是经为说六味。云何六味?说苦醋味、无常咸味、无我苦味、乐如甜味、我如辛味、常如淡味。彼世间中,有三种味。所谓无常无我无乐。烦恼为薪,智慧为火。以是因缘,成涅槃饭,谓常乐我净,令诸弟子,悉皆甘嗜。

复告女人:汝若有缘,欲至他处,应驱恶子,令出其舍,悉以宝藏,付示善子,不示恶子。女人白佛:实如圣教,珍宝之藏,应示善子,不示恶子。姊!我亦如是,般涅槃时,如来微密无上法藏,不与声闻诸弟子等,如汝宝藏,不示恶子,要当付嘱诸菩萨等,如汝宝藏,委付善子。何以故?声闻弟子生变异想,谓佛如来,真实灭度,

〔1〕《大般泥洹经》卷3《四法品》,见《大正藏》第12卷,第868页中至下。

然我真实不灭度也。如汝远行未还之顷，汝之恶子，便言汝死，汝实不死。诸菩萨等说言如来常不变易，如汝善子，不言汝死。以是义故，我以无上秘密之藏付诸菩萨。善男子！若有众生，谓佛常住不变异者，当知是家则为有佛，是名正他。

能随问答者。若有人来问佛世尊：我当云何不舍钱财，而得名为大施檀越？佛言：若有沙门婆罗门等，少欲知足，不受不畜不净物者，当施其人奴婢仆使；修梵行者，施与女人；断酒肉者，施以酒肉。……[1]

(4)现代汉译

(当)我的声闻弟子们渴望大乘时，我教给《大般涅槃》大经，它就像一道具备六种味道的大食。哪六种味道？苦是酸味，无常是咸味，无我是苦味，快乐是甜味，有我是淡味，常是辛味。这就是六味。用烦恼作柴，烧幻像火，煮出《大般涅槃经》真理的美食，我的声闻弟子们享用。

再有，善女人！就如你们被人邀请，或者因为别人剃度，而要去另一处村庄，你避开坏儿子，把秘密宝藏指示给好儿子。……是的，世尊！坏儿子行为不端，不可分给财富，我不指给他们。但好儿子能立持宗族，能荣显宗族，财富可以托付给他们，我指给他们。……善女人！我也是这样，当我入大般涅槃时，将把如来种种秘密言教全告诉声闻弟子们。……我现在将答应儿子们。……就如你，善女人！远行在外，坏儿子们认为你死了，你当然没死。……是的，世尊！在我归来时，他们又看见了(我)。……我也是这样，善女人！勿谓我无常。如来现在将入涅槃，勿谓涅槃是灭。若有人谓如来是常，是常住，是不变易，如来即在其家。这叫能正他人。

能随问答者。倘若有人问如来阿罗汉等正觉：世尊！我如何能在世上获得名声，远近知名，乐于喜舍？他却不愿施舍于人。他可以这样对如来说：你把女奴、男奴送给已脱离了世俗的人，把年

[1]《大般涅槃经》卷4《如来性品》，见《大正藏》第12卷，第385页下至第366页上。

青的女子送给修梵行的人，把肉做的食物送给不吃肉的人……

我们看到，法显等的译文最接近梵本，尤其是前大半部分，句子的次序、内容，几乎完全能与梵本对应，而且翻译得明白准确，文字通畅朴实，翻译水平可以说相当高。但是梵本中母亲远行未归，坏儿子认为母亲已死一段，法显译本没有。相反，法显译本中"汝今于我为作灭想"一段问答，在梵本中虽有类似的意思，但没有这样表达出来。对比之下，昙无谶的译本则差别较大，有一些内容梵本没有，法显本也没有。"智慧为火"这一句则用词迥异。但却有"远行"一段，前后次序也与梵本基本相同。"云何六味"这类句子，虽然在上下文中不重要，但从梵本的角度看，却翻译得很忠实，说明昙无谶所使用的梵本一定有此一句。最后的一段，如来与人的对话，梵本始终作有人问如来语，两种古汉译却是先有人问，然后如来作答。虽然梵本中如来始终是业格，因此只能理解为受话者，但从文意和上下文看，汉译是对的，梵本则不通。从梵本译出的藏译与汉译一样，也可以说明古汉译的译者所依据的梵本以及他们对此段落的理解是正确的。[1] 相反，高野山梵本在此可能有抄误。当然，这是任何文字的抄本在传抄中都会发生的事。

12.7.2 Hoernle 梵本

(1)梵文

...mahāsūtra(ṃ) tathāgatagarbhasaṃdīpakatvāt kṣipra(ṃ) sūtrasthānam adhigantukāmena kulaputreṇa vā kuladdhitrāya vā tathāgatagarbhe bhiyoga karaṇīya. āha sma evam evad bhagavān evam evad bhagvān. tathāgatagarbhabhāvanaṃ yādyahaṃ pauruṣaṃ praveśitāprabhāvita pratibodhitaś cāsmi. āha (sma s)ādhu sādhu kulaputra evam eva draṣṭavyaṃ lokānuvṛttya. āha sma no hīdaṃ bhagavan lokānuvartanā. āha sma sādhu sādhu kulaputra evaṃ gambhīreṇa vṛkṣapuppāhārabhrmaravat dharmāhāreṇa bhavitavyam.

punar aparaṃ kulaputra yathā maśakamūtreṇa mahāpṛthivī nai-

[1] 见汤山明：*Sanskrit Fragments of the Mahāyāna Mahāparinirvāṇasūtra*，第30、32页。汤山明书抄录了藏译，也有他作的英译。

va tṛ(pyat)e atisvalpatvāt eva maśakamūtravat svalpam ida mahāsūtra loki pracariṣyati. anāgate kale saddharmavināśaparame mahāpṛthivīgatam (maśa) kamūtravat kṣayaṃ yāsyati. ida saptamaṃ nimittaṃ. saddharmāṃntardhānasyāśeṣāṇi saṃninimittāni jñātavya kuśalena.

punar aparaṃ kulaputra (yathā varṣā)su dhvastāsu prathamo hemantamāsa śarad ity ucyate. tasyā śarady upāvṛttāyā meghā tvaritatvaritam abhivṛṣyāpa (varttayanty uṣmaṃ evam idaṃ ma) hāsūtraṃ tvaritavarṣaṇaśaranmeghanirgamanava dakṣiṇāpathaṃ praviśya mahāparinirvbāṇaṃ sarvbe sa(ndh)āvacana dharmamegha… dakṣiṇāpathakānā bodhisatvānā mahāsatvānāṃ. saddharmavināśam ājñāya āsannahe (mantavṛ)ttameghavat kaśmī (rāṃ pra) vi (śya pṛthīvyā)m antardhāsyate. sarvbamahāyānasūtra vaitulyaparamāmṛta saddharm āntardhānāni bhaviṣyantīti. tad idānīm ayaṃ sūtralā(bha) tathāgatājñeyam āgatā sadharmāntardhānāv iti bodhvyam bodhisatvai mahāsatvai narakuṃjarai.

āha sma akhyātu bhagavāṃs tathāgataḥ pratyekabuddhaśrāvakabodhisatvadhātunirnnā(nā) karaṇaṃ viśadavispaṣṭārtha (sa)rvbasatvānāṃ sukhavijñānāya. bhagavan avocat: tadyathā kulaputra gṛhapatir vbā gṛapatiputro vā bhūtasya vrajasya nānāvarṇānā gavāṃ svāmi syat. Tatra ca nīlā gāvaḥ syuḥ tā gā(vā) eko gopaḥ pālayet. bhataḥ sa gṛhapati kadācit ātmano devatānimittaṃ…

(2)法显等译本

此摩诃衍《般泥洹经》，无量无边功德积聚，广说众生有如来性。若善男子善女人，欲得疾成如来性者，当勤方便，修习此经。迦叶菩萨白佛言：善哉！世尊！我今修习《般泥洹经》，始知自身有如来性，今乃决定是男子也。佛告迦叶：善哉！善哉！善男子！当勤方便，学此深法，如蜂采华，尽深法味，譬如迦叶。

蚊虫津泽，不能令此大地沾洽。如是，善男子！当来之世，众恶比丘，坏乱经法，无数无量，如高旱地，非此《大乘般泥洹经》所能津润。所以者何？当知正法灭尽，衰相现故。

复次，善男子！譬如夏末冬初，秋雨连注，温泽潜伏，如是，善男子！此摩诃衍《般泥洹经》。我般泥洹后，正法衰灭，于时此经流布南方，为彼众邪异说，非法云雨之所漂没。时彼南方护法菩萨，当持此契经，来诣罽宾，潜伏地中，及诸一切摩诃衍方等契经于此而没。哀哉是时，法灭尽相，非法云雨，盈满世间。修习如来恩泽法雨，护法菩萨，人中之雄，皆悉潜隐。

尔时迦叶菩萨白佛言：世尊！诸佛如来，声闻缘觉，性无差别，唯愿广说，令一切众生，皆得开解。佛告迦叶：譬如有人，多养乳牛，青黄赤白，各别为群。欲祠天时，集一切牛，尽谷其乳，着一器中……[1]

(3)昙无谶译本

是大乘典《大涅槃经》，无量无边不可思议功德之聚。何以故？以说如来秘密藏故。是故善男子善女人，若欲速知如来密藏，应当方便，勤修此经。迦叶菩萨白佛言：世尊！如是如是如佛所说，我今已有丈夫之相，得入如来微密藏故，如来今日，始觉悟我，因是即得决定通达。佛言：善哉！善哉！善男子！汝今随顺世间之法而作是说。迦叶复言：我不随顺世间法也。佛赞迦叶：善哉！善哉！汝今所知，无上法味，甚深难知，而能得知，如蜂采味，汝亦如是。

复次，善男子！如蚊子泽，不能令此大地沾洽，当来之世，是经流布，亦复如是。如彼蚊泽，正法欲灭，是经先当没于此地。当知即是正法衰相。复次，善男子！譬如过夏初月名秋，秋雨连注，此大乘典《大涅槃经》，亦复如是。为于南方诸菩萨故，当广流布，降注法雨，弥满其处。正法欲灭，当至罽宾，具足无缺，潜没地中，或有信者，或不信者，如是大乘方等经典，甘露法味，悉没于地。是经没已，一切诸余大乘经典，皆悉灭没。若得是经，具足无缺，人中象王，诸菩萨等，当知如来无上正法，将灭不久。

〔1〕《大般泥洹经》卷3《四法品》，卷6《问菩萨品》，见《大正藏》第12卷，第895页上。

尔时文殊师利白佛言：世尊！今此纯陀，犹有疑心，唯愿如来，重为分别，令得除断。佛言：善男子！云何疑心？汝当说之，当为除断。文殊师利言：纯陀心疑，如来常住，以得知见佛性力故。若见佛性而为常者，本未见时，应是无常，若本无常，后亦应尔。何以故？如世间物，本无今有，已有还无，如是等物，悉是无常。以是义故，诸佛菩萨，声闻缘觉，无有差别。尔时世尊即说偈言：本有今无，本无今有，三世有法，无有是处。善男子！以是义故，诸佛菩萨，声闻缘觉，亦有差别，亦无差别。文殊师利赞言：善哉！诚如圣教，我今始解诸佛菩萨，声闻缘觉，亦有差别，亦无差别。

迦叶菩萨白佛言：世尊！如来所说，诸佛菩萨，声闻缘觉，性无差别，唯愿如来，分别广说，利益安乐，一切众生。佛言：善男子！谛听！谛听！当为汝说。善男子！譬如长者，若长者子，多畜乳牛，有种种色，常令一人，守护将养。是人有时，为祠祀故，尽构诸牛，着一器中。……[1]

(4)现代汉译

因为启示如来藏，这部大经……想迅速理解这部经典的族姓子和族姓女应该在如来藏上精勤努力。(迦叶)说：是这样，世尊，是这样，世尊！我今知道我具如来藏，有男子气。……(佛)说：善哉！善哉！族姓子！依世间法，作如是观。……(迦叶)说：世尊！此不依世间法。……(佛)说：善哉！善哉！族姓子！要获得佛法的深刻道理，就如同蜜蜂采集树上的花蜜。

再有，族姓子！当雨季过去，冬天的第一个月，叫作秋天。秋到来时，而带来雨，将热气除去。如同秋雨带来很快就过去的阵雨，这部大般涅槃大经流传到南方，为南菩萨大士……所有秘密言教。知正法将灭，它如同冬天来临时出现的云，来到克什米尔，将隐没在地中。所有大乘经典，方等精妙甘露妙法都将隐没。于是菩萨大士、人中之雄知道，妙法隐没，是如来教命，经典利益。

……(迦叶)说：为使众生开解，请世尊如来详说辟支、声闻、菩

〔1〕《大般涅槃经》卷4《如来性品》，卷9《如来性品》，见《大正藏》第12卷，第422页中至下。

萨性无差别。……世尊说:族姓子!譬如一位家主,或是家主的儿子,他的牛棚中有各色的奶牛。假设其中有青色牛。有一牧人守护牛群。这位家主有一次为了自己的神祇……

我们看到,这一段梵文有很多抄写错误,其中个别的也可能属于佛教梵语中某些特殊现象。后者涉及的问题比较复杂,超出了本文的范围,因此不论,不过原文的意思还是清楚。和两种古代汉译相照,整个地讲起来,同样的,梵本与法显本较为接近,但一些句子有出入。昙无谶的汉译则多了“文殊师利白佛言”一大段内容。可是有好些地方,在句子的结构和表达形式上,法显本与梵本不一致时,昙无谶本却与梵本正好接近或完全一样,例如“复次”的位置,“当知即是正法衰相”,“过夏初月名秋”,“甘露法味”几句以及“譬如长者,若长者子”一段。梵文有的内容,法显本完全没有,但昙无谶本却有,例如佛和迦叶关于“随顺世间法”的两句对话。我们在前面根据高野山梵本所做的对照中也有类似的情况。如果我们以梵本为标准,我们只能就主要段落和内容做判断,说法显本比昙无谶本较为接近梵本。就此我们也许可以说法显等翻译得比较“忠实”,但同时我们也很难说昙无谶就翻译得不忠实,因为也有不少梵本中有的句子和内容在法显本里找不到,或意思上有程度不等的差异,却能在昙无谶本里找到,而且翻译得也很“忠实”,有时也许更忠实。[1]至少没法随便地说谁“忠实”谁不忠实。从内容上讲,我们总的印象是,梵本与汉译本基本一致,梵本有的内容,汉译都有,但汉译中有些内容,梵本却没有。原因何在?汉译中多出的内容,有的地方,或者可以解释为是译者在翻译时为了补足文意,或是为了使译文明白易懂,而增补进一些类似于解释的词句。但这种词句比较容易看得

〔1〕我们可以再举一个例子。梵本中dakṣiṇā-pathakāna bodhisatvāna mahāsatvānaṃ是复数属格用作为格,这是佛教梵语中常见的一种现象,见F. Edgerton: *Buddhist Hybrid Sanskrit Grammar and Dictionary*, Vol.I, 7.63, P.46, rep. Delhi, 1985。昙无谶译作“为于南方诸菩故”就很适合。相反,连F. W. Thomas这样的专家对此的理解和翻译都非常勉强。法显等有关的译文完全是另一意思,但我们不知道法显携回的原本究竟怎样。

出来。[1]有的地方完全与理解文意无关，例如昙无谶本多出的大段内容，不能说是这种情况。如果说是译者别有用意的增补，用意是什么？其来源又在何处？这都很难回答。在没有确实的根据前，我们只好说译者所据的原本如此。也就是说，昙无谶的原本不全同于法显的原本，现存梵本残文则又抄自另一种或两种抄本。这种情况是可能的，而经录和僧传中有关的记载也倾向于说明这一点。

12.8 《大般涅槃经》几种文本的来源

高野山的残片，日本传说是空海所抄。但这一说法有人表示怀疑，认为空海仅仅是从中国带到日本。空海的中国求法，是在唐贞元二十年至元和元年间(804—806)，他回国后创日本真言宗，在日本历史上被尊为圣人。这件残片，汤山明认为有可能是9世纪前在中亚所抄的抄本，但又说也可能是空海在中国所抄。[2]不过，这些都是推测。残片是纸质，上面的字体是唐代及唐以后在中国日本熟见的悉昙体。由此看来，时代不会太早。[3]

新疆出土的残片，英国印度事务部图书馆的那一件，根据Thomas的介绍和已刊布的半面照片，原件是纸质，一面七行，字体是直体婆罗谜，正面还隐约有原来的标码，标码是162。列宁格勒的那六件，也都全是纸质，字体也是直体婆罗谜，五叶为七行，一叶为九行，原件大小不一。从各方面看，几件残片不属于同一抄本。英国的另半叶残片，每面七行，其他与此同。从纸质这一条看，原件不会来自印度。从字体看，大约是在六七世纪所抄写，抄写地点在中亚。[4]

我们再看法显本的来源，原本当然早已不存，但从文献可以找到一

〔1〕有这种“嫌疑”的句子在昙无谶本中可以找到一两处，如“彼世间中，有三种味，所谓无常无我无乐”，“谓常乐我净”。这只是从上下文中语气看，显得比较突兀，现在还没有其他的根据。

〔2〕见汤山明：*Sanskrit Fragments of the Mahāyāna Mahāparinirvāṇasūtra*, p.7。

〔3〕山田龙城认为是8世纪的书体。见《梵语佛典の诸文献》，第14页。

〔4〕Bongard-Levin: *New Sanskrit Fragments of the Mahāyāna Mahāparinirvāṇasūtra*, p. XVII-XVIII.

些记载。法显自撰的《法显传》讲，法显在中天竺巴连弗邑寻得许多经典，其中就有“一卷《方等般泥洹经》，可五千偈”。[1]《出三藏记集》卷8所载《六卷般泥洹记》记载：

摩揭提国巴连弗邑阿育王塔大王精舍优婆塞伽罗，先见晋土道人释法显远游此土，为求法故，深感其人，即为写此《大般泥洹经》如来秘藏，愿令此经流布晋土，一切众生悉成平等如来法身。[2]

法显赴印求法，是在东晋隆安三年(399)，返回中国在义熙八年(412)，因此，他得到这部梵本是在5世纪初。梵本带回不久，就被译成汉文：

义熙十三年十月一日，于谢司空寺所立道场寺，出此《方等大般泥洹经》，至十四年正月二日校定尽讫。禅师佛大跋陀手执胡本，宝云传译，于时坐有二百五十人。[3]

义熙十四年即418年。再看昙无谶的原本。据《出三藏记集》卷14的《昙无谶传》，昙无谶是中天竺人，少年出家，初学小乘及五明诸论，“后遇白头禅师”。白头禅师是大乘僧人，昙无谶与他辩论：

交争十旬，谶虽攻难锋起，而禅师终不肯屈。谶服其精理，乃谓禅师曰：颇有经典可得见否？禅师即授以树皮《涅槃经》本。[4]

这讲的是他最初学的《涅槃经》从何处来。树皮抄本，在古代印度西北，尤其克什米尔一带最多，这说明昙无谶可能是在印度西北或中亚开始学习这部经典的。传记继续讲他由于得罪了国王，不得不逃亡：

乃赍《大涅槃经》本前分十二卷并《菩萨戒经》、《菩萨戒本》奔龟兹。龟兹国多小乘学，不信《涅槃》，遂至姑臧。[5]

姑臧即今武威。当时割据河西的是北凉沮渠蒙逊。昙无谶得蒙逊

[1]《大正藏》第51卷，第864页中。

[2]《大正藏》第55卷，第60页中。开译时间《出三藏记集》卷2稍异，作“晋义熙十三年十一月一日”。同书卷，第11页下。这可能是个小错误。

[3]《大正藏》第55卷，第60页中。

[4]《大正藏》第55卷，第102页下。

[5]《大正藏》第55卷，第103页上。

接待，“学语三年”，然后开始翻译，首先就翻译这《大般涅槃经》，先只译了前分：

谶以《涅槃经》本品数未足，还国寻求。值其母亡，遂留岁余。后于于阗更得经本，复还姑臧译之，续为三十六卷焉。〔1〕

依照慧皎《高僧传》卷2《昙无谶传》，在于阗取经本有两次：

后于于阗更得经本中分，复还姑臧译之。后又遣使于阗，寻得后分，于是续译为三十三（六）卷。〔2〕

译出的时间，慧皎讲是北凉玄始三年开始，十年结束。前一个时间可能有些疑问，不过玄始十年，即421年一说各家记载一致。由此我们知道，昙无谶的译本，前半部分（前分）是他自己从印度和中亚带来，后半部分（中分和后分）则来自于阗。

几乎与昙无谶译经的同时，另一位中国求法僧智猛在印度也寻得一部原本。《出三藏记集》卷15《智猛传》讲智猛到了印度：

后至华氏城，是阿育王旧都。有大智婆罗门，名罗阅宗，举族弘法。王所钦重，造纯银塔，高三丈。沙门法显先于其家已得《六卷泥洹》。及见猛问云：秦地有大乘学不？答曰：悉大乘学。罗阅惊叹曰：希有！希有！将非菩萨往化耶？猛就其家得《泥洹》胡本一部，又寻得《摩诃僧祇律》一部及余经胡本。誓愿流通，于是便反。以甲子岁发天竺，同行四僧于路无常，唯猛与昙纂俱还于凉州，译出《泥洹》本，得二十卷。〔3〕

甲子岁即宋文帝元嘉元年，即424年。照这一段记载，智猛所得，

〔1〕《大正藏》第55卷，第103页中。

〔2〕《大正藏》第55卷，第336页中。

〔3〕《大正藏》第55卷，第113页下。《出三藏记集》卷8所载“未详作者”的《大般涅槃经》说法有些不同：智猛在印度寻得胡本回国后，“暂憩高昌”。后昙无谶至凉州，沮渠蒙逊“遣使高昌，取此胡本，命谶译出”。昙无谶译时“知部党不足，访募余残，有胡道人应期送到此经”。《大正藏》第55卷，第60页上。但这一说法，自身的疑点很多，僧祐当时就有怀疑。又《隋书》卷35《经籍志》载一说法，略近于此，谓智猛在高昌译《泥洹》20卷，昙无谶至，沮渠蒙逊“遣使高昌取猛本，欲相参验，未还而蒙逊破灭。姚苌弘始十年，猛本始至长安，译为三十卷”，中华书局标点本，第4册，第1097-1098页。这一说法在时间上更混乱。智猛甲子岁从印度出发时，昙无谶已译完《大般涅槃经》。又隋灌顶《大涅槃经玄义》卷下的说法亦类似于此。见《大正藏》第38卷，第14页上至中。

则与法显几乎完全一样。可惜智猛的译本早已不存。[1]

总起来说,几种汉译,甚至一种汉译之中,原本来源不一,但抄写和翻译的年代都比现存的梵本抄成的时间早。

藏译的时间晚。我们不知道原本从哪里来,从印度和中亚的可能性都有。

12.9 大乘《大般涅槃经》形成的年代问题

大乘《大般涅槃经》在汉地的译出,其间的过程,可以说比较清楚。但它在印度出现在什么时候,却不清楚。这一点,在印度,迄今为止,没有任何直接相关的文献或材料可以说明。只是经文本身提供了一点线索。过去的研究者试图据此做出一些推断。昙无谶译本卷6:

> 若我正法余八十年,前四十年,是经复当于阎浮提,雨大法雨。[2]

又卷7:

> 我般涅槃七百岁后,是魔波旬,渐当沮坏我之正法。[3]

又卷9:

> 我涅槃后,正法未灭,余八十年,尔时是经于阎浮提,当广流布。[4]

照此暗示,我们似乎可以得到的一个结论是,这部经典开始形成,是在释迦牟尼佛涅槃后700年,然后在正法未灭前广泛流传。但释迦牟尼究竟什么时候入的涅槃,准确的年代我们今天并不知道。种种说法,差别很大。许多种说法中,一直比较被人接受的是公元前5世纪(约在公元前486年,一般称为Corrected Long Chronology)。最近更多一些学者倾向于接受一种较晚的说法,即公元前4世纪(约公元前383

〔1〕僧祐编《出三藏记集》时,就未见到智猛所译《般泥洹经》,见僧祐书卷2,《大正藏》第55卷,第12页下。此外,智猛译文有20卷,法显等只有6卷,分量差别很大,使人有些不解。

〔2〕《大正藏》第12卷,第398页中。

〔3〕《大正藏》第12卷,第402页下。

〔4〕《大正藏》第12卷,第421页下。

年，一般称为Short Chronology)。[1] 不过，即使我们真正准确知道释迦牟尼在什么时候涅槃(这恐怕很难，甚至不可能)，经文中的这类关于年代的暗示，也只能作为暗示而已。多数学者据此而得出的结论是公元4世纪甚至更晚。[2] 更准确的判断是不可能的。分析经文的内容，结合这一时期前后印度政治、社会和佛教本身发生的变化来看，这种结论也有道理。在印度，这是比笈多王朝稍早或相当于笈多王朝初期。如果这是指"大本"，可能如此，因为法显本、昙无谶本、智猛本的翻译都在此之后。但从经录中可以证实还有比这更早的某种大乘《大般涅槃经》。

12.10 从汉译本推测大乘《大般涅槃经》早期的形态

《出三藏记集》卷3记载，后汉支娄迦谶翻译的佛经中，有一种《胡般泥洹经》，1卷，但僧祐本人未见到原书，标注为"今阙"。[3] 当然，单凭经名，我们难说它属于大乘涅槃经还是小乘涅槃经，而且究竟是哪一种。《历代三宝纪》卷4把经名改为《梵般泥洹经》，并说明："旧录云'胡般'，今改为'梵'。初出。或二卷。见朱士行《汉录》及《三藏记》。"[4] 费长房所引，经录多了一种朱士行的《汉录》，它不可能是朱士行所编，但是，是南北朝时出现的一种经录。[5]《大唐内典录》卷1及《开元释教录》卷1略同："《梵般泥洹经》二卷，或一卷。初出，与《大般涅槃经》等同本。"[6] 是否就与《大般涅槃经》同本，我们没有把握。但从支谶译经，

---

〔1〕有关佛灭年代的讨论，文章很多。1988年在德国哥廷根还专门召开过一次学术会议，讨论这一问题。当然没有肯定的结论。见H. Bechert："The Problem or the Determination of the Historical Buddha"，*in Wiener Zeitschrift für die Kunde Südasiens*, Band XXXIII, 1989, pp. 93-120。

〔2〕见中村元 *Indian Buddhism: A Survey with Bibliographical Notes*, Tokyo, 1980, Delhi, rep. 1987, p.212。

〔3〕《大正藏》第55卷，第6页中。僧祐又标注："其《古品》以下至《内藏百品》凡九经，安公云似支谶出也。"其中包括这部《胡般泥洹经》。因此，如果谨慎些考虑，此经是否支谶所译稍有疑问，不过年代大大早于道安是肯定的。《出三藏记集》卷13《支谶传》："又有《阿阇世王》、《宝积》等十部经，以岁久无录。安公挍练古今，精寻文体，云似谶所出。"《大正藏》第55卷，第95页下。

〔4〕《大正藏》第49卷，第53页上。

〔5〕费长房引用的朱士行及竺道祖等经录，可能又根据的是他当时所见隋以前的几种经录。

〔6〕《大正藏》第55卷，第223页下，第478页下。

特点是全译大乘经这一点来看，说它是一种大乘的《涅槃经》大致可信。

《出三藏记集》同卷又记载，吴支谦译有一种《大般泥洹经》2卷。僧祐说明："安公云出《长阿含》，祐案今《长阿含》与此异。"[1]若是出《长阿含》，那就是小乘《涅槃经》了。但僧祐见到了原书，他将能见到的几种《大般涅槃经》做了对照，认为支谦所译"与《方等般泥洹》大同"[2]，他指的是西晋竺法护所译的2卷本《方等泥洹经》，今《大正藏》本题作《方等般泥洹经》。但《历代三宝纪》卷5的说法稍不同："此略大本序分《哀叹品》为二卷，后三纸少异耳。见竺道祖《吴录》。"[3]"大本"就指昙无谶译的大乘《大般涅槃经》，《哀叹品》正在序分内。两种说法，哪种正确？支谦本今不存，我们无法再做对比。考虑到竺法护译本一开始也是"哀泣品"，支谦本本身内容也少，因此在僧祐说两者"大同"时，竺道祖的《吴录》说是"大本"的节略，两人可能都有道理。但总之，这是一种大乘《大般涅槃经》。

再有一种《大般涅槃经》，僧祐未记，也见《历代三宝纪》卷5："《大般涅槃经》，二卷。略大本前数品为此二卷。见竺道祖《魏录》。"[4]译者是安法贤。安法贤事迹不清楚。只知道是三国魏时来中国的外国僧人，从名字可以知道是安息国人。如果依照这一记载，我们可以把这部经同样看作是大乘《大般涅槃经》的一种或一部分。

再有就是竺法护所译的《方等泥洹经》。据《出三藏记集》卷2，"或云《大般泥洹经》，太始五年七月二十三日出"，即269年。[5]从内容和篇幅上看，我们不能说它与法显、昙无谶等译的《大般涅槃经》同本，但它是早期译出，现存的一种大乘的《大般涅槃经》。

这几种早期译出的都题作《大般涅槃经》的汉译大乘经，除最末一种，经本都已不存，但经录中的记载说明，早在后汉或稍迟一些时候，汉

---

〔1〕《大正藏》第55卷，第6页中。

〔2〕《大正藏》第55卷，第14页上。

〔3〕《大正藏》第49卷，第57页上。《大唐内典录》等同。

〔4〕《大正藏》第49卷，第56页下。《大唐内典录》等同。

〔5〕《大正藏》第55卷，第8页。法显也译有一种2卷本的《方等泥洹经》，但其本不存。《大正藏》第55卷，第11页下。两种书或是同本异译。

地已经开始在传译属于大乘的《大般涅槃经》。如果设定第一种《大般涅槃经》确是支谶所译，支谶到中国是后汉桓帝建和年间，译经当稍后，他是汉地翻译大乘经典的第一人，这个时间在公元2世纪后半。支谦、法贤活动的时间在3世纪前半叶，竺法护的时间也只稍晚十多二十年。他们的时代都在4世纪以前，这说明在此之前，也许应该更往前提早一点，在印度或中亚，已经出现具有某些大乘思想内容的，以释迦牟尼涅槃为题材，以《大般涅槃经》为经名的经典。这个时期在印度笈多王朝时期之前。后来出现的法显、昙无谶等所据以译出的《大般涅槃经》，虽然在内容上与前者有相当的差别，但两者应该有一定的联系，因为都属于大乘僧人们利用旧有的题材，构造出来的新的经典。支谶、法贤、支谦的译本究竟怎样，我们今天已难以知道。这么早的译本，即使与今天能见到的"大本"的某些章节有相似之处，但差别肯定很大。我们也许可以把它们看作一种原始形态的大乘《大般涅槃经》。〔1〕

12.11 "前分"与"后分"

上面讨论的大乘《大般涅槃经》总起来说，法显等所译，属于所谓的"前分"或者叫"初分"，相当于昙无谶译本的前10卷，即从《寿命品》至《一切大众所问品》，谶译的后30卷，称作"后分"。但当时就有人认为，昙无谶所译还不完全，《大般涅槃经》还有一个"后分"。《出三藏记集》卷14《昙无谶传》末尾讲：

> 初谶译出《涅槃》，卷数已定，而外国沙门昙无发云：此经品未尽。谶常慨然，誓必重寻。蒙逊因其行志，乃伪资发遣厚赠宝货。未发数日，乃流涕告众曰："谶业对将至，众圣不能救也！以本有心誓，义不容停。行四十里，逊密遣刺客害之。时年四十九岁，众感

〔1〕在隋以后的经录中，常把支谶本列为"初出"，法贤本列为"二出"，支谦本列为"三出"，往下是法显本、昙无谶本、智猛本，依次排列。见智昇《开元释教录》各卷，《大正藏》第55卷，第507页中，第519页下，第521页中，第591页上，第628页下。但因为前三种译本在隋以前已佚。仅仅凭此而说它们与后三种译本是"同本"，同到什么程度，我们没有把握。

恸惜焉。"[1]

这是一个悲剧性的结局。但寻找"后分"的事业并未结束。《大般涅槃经》传到南方后,讲习极盛,南方的僧人更有心要寻到"后分":

后道场寺慧观志欲重求后品,以高昌沙门道普,常游外国,善能胡书,解六国语,宋元嘉中,启文帝,资遣道普,将书吏十人,西行寻经。至长广郡,舶破伤足,因疾遂足。普临终叹曰:《涅槃》后分,与宋地无缘矣。[2]

仍然是一个令人叹息的结局。但中国僧人仍没忘掉"后分"。[3]事隔200余年,到了唐初,另一位中国求法僧会宁在去印度的途中,在南海波凌国与一位印度僧人合译出一种《大般涅槃经》的"后分"。武周明佺等编撰《大周刊定众经目录》卷2著录:"《大般涅槃经茶毘分》二卷,一名《阇维分》。"这就是"后分",译本现存,就题作《大般涅槃经后分》,《大周刊定众经目录》并有说明:

大唐麟德年中,南天竺僧若那跋陀共唐国僧会宁,于日南波陵国译。仪凤年初,交州都督梁难敌附经入京。至三年,大慈恩寺主僧灵会于东宫三司受启所陈闻,请乞施行。三司牒报,逐利益行用。长安西太原寺僧慧立作序。至天册万岁元年十月二十四日,奉敕编行。[4]

会宁有一小传,在义净撰写的《大唐西域求法高僧传》中。但就在这篇小传里,义净对这个"后分"的性质表示怀疑。《大唐西域求法高僧传》卷上:

(会宁)爰以麟德中杖锡南海,泛舶至诃陵州。停住三载,遂共诃陵国多闻僧若那跋陀罗于《阿笈摩经》内译出如来焚身之事,斯与大乘《涅槃》颇不相涉。然大乘《涅槃》西国净亲见目云其大数有

[1]《大正藏》第55卷,第103页中。

[2]《大正藏》第55卷,第103页中。

[3] 从南北朝至唐,《大般涅槃经》讲习极盛,出现专讲此经的"涅槃师"。中国僧人的注疏中就常有提到未译出的"后分"。如隋慧远《大涅槃经记》卷1,《大正藏》第37卷,第614页下;隋灌顶《大涅槃经疏》卷33,《大正藏》第38卷,第230页上。虽然后者引的是一部疑伪经。

[4]《大正藏》第55卷,第385页中。

二十五千颂，翻译可成六十余卷。检其全部，竟而不获，但初得《大众问品》一夹，有四千余颂。[1]

义净与若那跋陀罗、会宁等是同时的人，他不仅为会宁撰写传记，也列名参加过上面引到的《大周刊定众经目录》的编订，他有此疑问，并以他在印度见到的一个梵本作为证据，使人不得不注意他的看法。稍晚一些的智昇在著录这个"后分"时就在经名之后引了上面《大唐西域求法高僧传》中的这一段内容，然后写道：

今寻此经，与《长阿含》初分《游行经》少分相似，而不全同。经中复言法身长存，常乐我净，佛菩萨境界，非二乘所知，与《大涅槃》义理相涉。经初复题《陈如品末》，文势相接。且编于此，后诸博识者详而定之。[2]

然而我们今天读这个"后分"，得到的印象还是与智昇一样，仍然很难解决这个问题。在没有更多的材料以前，我们也无法做出更新的结论。[3]只是我们如果相信会宁的译本，又相信义净的话，是否有这样一种可能：在义净当时，也就是公元7世纪后期，在南海地区流行的一种《阿笈摩》，其中关于佛涅槃诸事一部分，已经掺进了相当多的大乘思想内容，以至与大乘相近或一样，因此会宁等会把它看作是大乘《大般涅槃经》的一部分，而义净却认为它属于《阿笈摩》。而义净在印度及南海前后20余年，广求经本，他在印度也只见到一个"前分"，既未见到昙无谶本的"后分"，也不认为会宁等所译属于《大般涅槃经》，以及前后分在汉地及西藏传译的历史，说明《大般涅槃经》本身就是分别流行，流行的时间、地区，甚至前后的内容上也不同。《阿笈摩》传统上属于小乘的经典，大乘的思想渗入其中，是否又说明当时在印度和南海一带佛教中大小乘在互相混融？从印度佛教发展的历史和其他的史料看，做这样

〔1〕拙稿《大唐西域求法高僧传校注》，中华书局，1988年，第76-77页。

〔2〕《大正藏》第55卷，第591页上。

〔3〕关于会宁译本的来源，最大的问题是至今没有发现相关的梵本或有其他记载。译自梵本的藏译也没有这一部分。有关的藏译转译自汉译。译自梵本的藏译也没有昙无谶本的"后分"部分。因此使人觉得有些可疑。

的推论，似乎不是不可能的事情。[1]

12.12 从大乘佛教的历史看《大般涅槃经》

在佛教的发展史上，大乘的出现和演变，大乘经典本身起着很重要也许是最重要的作用。大乘作为一种思潮，从原始佛教和部派佛教中发展出来，它正式形成的标志，可以说就是一批大乘经的出现。[2] 大乘佛教思想在印度的发展，呈现出一种层次性，即不同的大乘佛教学说与理论是渐次发展出来的。这种层次也反映在经典形成的历史中。一类经典中，可以有早期经典，然后逐渐发展，出现新的，更"完整"的经典；一种经典，也可以在出现以后，在流传中逐渐被改动、增补和发展，最后形成一种或数种与早期出现的文本具有程度不一的差别的文本。认为佛经就是释迦牟尼说教的直接记录固然已是一种误解，认为一种佛经出于一人或一群人之手，一经出现，便有定本，多数情况下，也还是误解。可以肯定地说，因为口传，也由于随时在改动，除了基本格式以外，佛经，尤其是较早的佛经根本没有或极少有"定本"。抄本出现以后，情况也许稍好一些，但还是没有根本改变。这就是为什么我们今天会有这么多即使是同一类或同一经名的一种经典，却有似相同又不同

---

〔1〕关于7世纪时印度佛教中大小乘之间的关系，拙稿《南海寄归内法传校注》的《前言》中做过较多的论列。原稿将由中华书局出版。

〔2〕关于大乘的早期历史，有很多问题还不清楚。近二三十年中，很多学者，尤其日本学者把大乘起源与在家信徒的影响的增长以及佛塔崇拜联系在一起。如比利时学者É. Lamotte和日本学者平川彰，É. Lamotte："Der Mahāyāna-Buddhismus", in *Die Welt des Buddhismus*, hrsg. von H. Bechert und R. Gombrich, München, 1984, s. 90；平川彰："The Rise of Mahāyāna Buddhism and its Relationship to the Worship of Stūpas", in *Memoirs of the Research Department of the Tokyo Bunko*, 22, Tokyo, 1963, pp. 57-106。但我以为，大乘佛教的出现，实际上恐怕主要还是佛教僧人自身对佛教理论发展的结果。这与大乘经典的编撰就有很密切的关系。大乘佛教的一个特点就是特别重视经典，几乎所有的大乘经都强调读诵、书写、流通经典的好处。参见G. Schopn："The Phrase 'sa pṛthivīpradeśaś caityabhūto bhavet' in Vajracchedikā: Notes on the Cult of the Book in Mahāyāna", in *Indo-Iranian Journal*, 17 (1975) pp.147-181; R. Gombrich: "How the Mahāyāna Began", in *The Buddhist Forum*, Vol.1, ed. by T. Skorupski, London, 1990, pp. 21-30; P. Williams: *Mahāyāna Buddhism: The Doctrinal Foundations*, London and New York, 1990, pp. 20-26。

的文本的缘故。反映在汉译,是同样的一种情况。最早的汉译佛经,估计比较多的是从中亚或印度西北的古语言的文本翻译过来的,原本的情况就很复杂,加上初期翻译,各方面条件不成熟,因此汉译本的情况也很复杂,甚至可以说是混乱。后来梵本逐渐增多,不仅外国人带来,中国求法僧人也可以直接到达印度本土,取回经本,然后翻译,翻译的水平也渐臻完善。但梵本的情况仍然是不一定就有定本,译成汉本有时仍然会有差异。〔1〕就大乘《大般涅槃经》而言,原本传来,有不同的来源,时间不完全一样,篇幅,也包括部分内容也不一样,因此导致出现不同的汉译本。在原本今天基本不存的情况下,这反过来也可以使我们部分地推测原本当时的状况和流传的情形。我们看到《大般涅槃经》的经文本身,前后就不一致。例如中国佛教史上曾经引起激烈争论的"一阐提"是否也有佛性的问题,在前分与后分中说法就不一样。法显只寻到前分,翻译出来的也只是这一部分内容,其中讲众生皆具"菩提因",唯独"除一阐提辈"。〔2〕昙无谶的译本,在前分中也还把"一阐提"排除在"能作菩提因缘"之外,但后30卷中的翻译就发生了变化,明明白白讲"于一阐提,心无差别"以及"及一阐提,悉有佛性"。〔3〕译本传到南方,当时在南方因主张此说而被驱摈出僧众之列的竺道生才由此而得到"平反"。同一部经,前后说法不一,表明是不同的人,在不同的时候写成,因此也不在一起流传。经典本身就是发展。〔4〕佛教经典原本和汉译的关系,是一个非常复杂的问题。通过将原存梵本或巴利本与汉

〔1〕例如《法华经》。现存梵本大乘经中抄本最多的大概要算《法华经》。不同来源的梵本《法华经》在文字和内容上有差别,有时差别相当大。梵本本身很早就已经依不同的系统分别在印度、中亚、克什米尔和尼泊尔流行。见 H. Bechert:"Remark on the Textual History of Saddhamapuṇḍarīka", in *Studies in Indo-Asian Art and Culture*, Vol.2, Śatapiṭaka Series, Vol. 96, New Delhi, 1973, pp. 21-27。

〔2〕法显本《大般泥洹经》卷6,《大正藏》第12卷,第891页下至894页上。

〔3〕昙无谶本《大般涅槃经》卷9、15、16、20、22,《大正藏》第12卷,第417页下,第454页上,第459页上,第482页中,第488页中,第493页中。

〔4〕道朗《大涅槃经序》后有一段讲《大涅槃经》:"如来去世,后人不量愚浅,抄略此经,分作数分,随意增损,杂以世语,缘使违失本正。"《大正藏》卷55,第59页下至60页上。这其实反映的就是经典本身变化的情况。这一段文字不一定是道朗所写,实际出自《大般涅槃经》本身。见法显本卷6和昙无谶本卷9,《大正藏》卷12,第894页下,第421页下。

译,有时还有必要将其他文字的古译本包括进来一起进行对照,再结合汉文文献中其他有关的记载,探讨经典本身在不同时期发展的历史,其中有很多不易解决的困难,但对于佛教语言、文献、历史的研究,也一定有重要的意义。[1]

补记:

拙稿草成后,见到日本学者松田和信一文,报告他在伦敦的Stein / Hoernle收藏中发现见33件梵文《大般涅槃经》残片。松田和信谓据尺寸、字体和抄写格式,这些残片分属3份不同的写本。见 *The Eastern Buddhist*, New Series, Vol.20 (1987), No. 2, pp.105-114。

(原载《季羡林教授八十华诞纪念论文集》,
江西人民出版社,1991年。)

〔1〕例如早期汉译的般若类经典,保存了迄今可能了解的最早形态的大乘般若思想。它们显然与现存梵本《般若经》所反映的思想有很大差别,前者显得非常"原始",这不奇怪。现存"般若经"的梵本大多数抄写的时间要比最早的汉译晚1000余年。见 L. Lancaster:"The Oldest Mahāyāna Sūtra: Its Significance for the Study of Buddhist Development", in *Eastern Buddhist* (new series), 8 (1975), pp.30-41。

13 “杂藏”考

13.1 问题的提出

佛教的经典，常常被称为“三藏”。所谓三藏，指经、律、论。这是常识，人所熟知。把经典总分为三藏，不仅是北传佛教的做法（Tripiṭaka），南传的上座部也一样（Tipiṭaka），只是南传的三藏，在次序上安排不同，不是经、律、论，而是律、经、论。这一安排，似乎不是简单地在编排自家经典时的随意所为，却反映出南传的上座部和北传的各部派当年分道扬镳时在教理意义上的不同。不过我们现在已很难弄清楚，在最初结集经典时，究竟是经应在先还是律应在先。因为我们现在知道的有关结集经典的传说，其最后形成，大多晚于经典本身，各家各派的说法又有差异，仅仅根据这些传说，很难判断哪一种说法是正确的。〔1〕

“三藏”的说法，最为流行，但也有“四藏”或者“五藏”的说法。唐玄奘《大唐西域记》卷9，讲到佛涅槃后的“第一次结集”，先讲结集“三藏”：

> 是时安居初十五日也。于是迦叶扬言曰：念哉谛听！阿难闻持，如来称赞，集素呾缆藏。优波厘持律明究，众所知识，集毘奈耶藏。我迦叶波集阿毘达磨藏。两三月尽，集三藏讫，以大迦叶僧中上座，因而谓之上座部焉。〔2〕

又讲到结集“五藏”：

> 阿难证果西行二十余里，有窣堵波，无忧王之所建也，大众部

〔1〕参 E.Frauwallner: *The Earliest Vinaya and the Beginning of Buddhist Literature*, Rome, 1956; H. Bechert und R. Gombrich (hrsg.): *Die Welt des Buddhismus*, München, 1984中有关章节。

〔2〕季羡林等:《大唐西域记校注》，中华书局，1985年，第739至741页。

结集之处。诸学无学数百千人,不预大迦叶结集之众,而来至此,更相谓曰:如来在世,同一师学,法王寂灭,简异我曹。欲报佛恩,当集法藏。于是凡圣咸会,贤智毕萃,复集素呾缆藏、毗奈耶藏、阿毘达磨藏、杂集藏、禁咒藏,别为五藏。而此结集,凡圣同会,因而谓之大众部。[1]

佛涅槃后有无一次结集,结集的情形和结果怎样,是一个非常复杂的问题,我们暂且不去多管它。这里对我们有意义的是,玄奘在7世纪初去印度,回国后在他的《大唐西域记》中记载了许多有关西域各国的情况,其中就有这样一条与"三藏"或"五藏"有关的传说。除了经(素呾缆)、律(毗柰耶)、论(阿毘达磨)三藏外,引起我们注意的是后两藏:"杂集藏"和"禁咒藏"。禁咒藏的问题,这里暂且也不做讨论,只集中讨论所谓的杂集藏,或简称杂藏。

13.2 佛教部派文献中讲到的"杂藏"

依照上面所引玄奘记载的说法,上座部只结集有三藏,而大众部则有五藏。但是,从我们现在所能看到的佛教文献推断,在所谓的第一次结集上,以迦叶波为首的上座们结集而成的,不是三藏,而只有两藏,即"法藏"和"律藏",前者即经藏。南传的巴利文律藏的*Cullavagga*是现存最早的佛教文献之一,其中的*Pañcasatikakkhanda*就讲,在大迦叶(Mahākassapa)的主持下,先由优波厘诵出律,再由阿难诵出法,也就是经,可是没有明确提到论。[2]在这一点上,我们在下面可以看到,其他部派相应的文献(律),记载也大多相同。因此,玄奘记载的说法不尽正确。而更重要的是,在第一次结集时,根本就不可能出现了部派。

但是玄奘所讲,也不能说就完全不对。南传上座部现存的经典,确实是由律、经、论三大部分组成。玄奘去印度时,已经如此。玄奘撰写

[1]季羡林等:《大唐西域记校注》,中华书局,1985年。

[2] *The Vinaya Piṭaka*, H. Oldenberg, Vol. II, *The Cullavagga*, London, 1930, II, 2-8, pp. 285-287.

《大唐西域记》,常常是有闻即录,何况当时上座部的经典确已是如此。[1] 只是他记载的显然是出现得比较晚的一种说法。

在*Pañcasatikakkhanda*有关的一段叙述中,我们看到,关于律藏,提到属于*Pātimokkha*的pārājika等。关于经藏,提到了五部nikāya,更具体一点,则提到了*Brahmajālasutta*(《梵网经》)和*Sāmaññaphalasutta*(《沙门果经》)。没提到论藏,当然也没有"杂藏"。巴利文文献中与此相关,年代相对较早的两部史籍*Dīpavaṃsa*和*Mahāvaṃsa*的记载大致也相同。[2]

再看大众部以及其他部派方面的情形。我们知道,原始佛教的教团,在释迦牟尼涅槃后数百年间,分为各个不同的部派,是以上座、大众两部的分裂为其滥觞。但各个部派中,除了南传上座部,没有一个部派的文献完整地保留了下来。大众部现存有几种经典,其中最完整的是东晋法显翻译的一部《摩诃僧祇律》,其性质正与巴利三藏中的*Vinaya-piṭaka*相当。《摩诃僧祇律》卷32讲到第一次结集,先讲结集经:

> 尊者阿难诵如是等一切法藏,文句长者,集为《长阿含》;文句中者,集为《中阿含》;文句杂者,集为《杂阿含》,所谓根杂、力杂、觉杂、道杂,如是比等名为杂;一增二增三增乃至百增,随其数类相从,集为《增一阿含》、《杂藏》者,所谓辟支佛、阿罗汉、《自说》、《本行》、《因缘》,如是等比诸偈颂,是名《杂藏》。[3]

这里就有"杂藏",也就是玄奘讲的"杂集藏",并且对杂藏是些什么样的经典略略做了点说明。但却没有"禁咒藏"。《摩诃僧祇律》以下再讲结集律,没专门提到结集论,但后面有一处地方却又列举到"比尼、阿

---

〔1〕我数年前在拙稿《义净〈南海寄归内法传〉校注与研究》中也曾讨论到如何评价玄奘在《大唐西域记》中记载的传说问题,见北京大学油印稿,上篇,第65页。我讲到玄奘常常是有闻即录,举了相似的例子。

〔2〕*The Dīpavaṃsa*, ed. H. Oldenberg, London, 1879, IV, 1-26, pp. 30-32; *Mahāvaṃsa*, ed. By W. Geiger, London, 1908, III, 26-37, pp. 18-19。不过我们也可以说,这两部书的数据源,很多就出自巴利文律藏,或与巴利文律藏同源。

〔3〕《大正藏》第22卷,第491页下。

毗昙、《杂阿含》、《增一阿含》、《中阿含》、《长阿含》"一串名字。〔1〕

另一佛教部派，化地部，被认为是从上座部分出。化地部的文献，确切知道的只有一部汉译的律，即刘宋时代佛陀什共竺道生等译出的《五分律》。《五分律》卷30在讲结集经时也提到"杂藏"：

迦叶如是问一切修多罗已，僧中唱言：此是长经，今集为一部，名《长阿含》；此是不长不短，今集为一部，名为《中阿含》；此是杂说，为比丘、比丘尼、优婆塞、优婆夷、天子、天女说，今集为一部，名《杂阿含》；此是从一法增至十一法，今集为一部名《增一阿含》。自余杂说，今集为一部，名为《杂藏》。合名为修多罗藏。〔2〕

在此之前结集了律，虽然仍没有论。

法藏部被认为又是从化地部所分出。法藏部的文献，最完整，而部派归属又最可靠的也是它的汉译的一部广律，姚秦时由佛陀耶舍、竺佛念等译出，称作《四分律》。《四分律》卷54讲结集经：

阿难皆答。如长阿含说，彼即集一切长经，为《长阿含》；一切中经，为《中阿含》；从一事至十事，从十事至十一事，为《增一》。杂比丘、比丘尼、优婆塞、优婆私、诸天、杂帝释、杂魔、杂梵王，集为《杂阿含》。如是《生经》、《本经》、《善因缘经》、《方等经》、《未曾有经》、《譬喻经》、《优婆提舍经》、《句义经》、《法句经》、《波罗延经》、《杂难经》、《圣偈经》，如是集为《杂藏》。〔3〕

"杂藏"包括些什么经典，这里讲得比较清楚。再有，也没有提到论，但后面的一段中提到了三藏一名。〔4〕

还有一部律，失译附秦录的《毗尼母经》，其部派归属不很清楚，卷4讲到结集三藏，在三藏中提到杂藏：〔5〕

五百僧坐已，取五部经，集为三藏。诸经中有说比丘戒律处，

〔1〕《大正藏》第22卷，第492页下。

〔2〕《大正藏》第22卷，第191页上。

〔3〕《大正藏》第22卷，第968页中。

〔4〕《大正藏》第22卷，第968页下。

〔5〕日本学者平川彰认为《毗尼母经》属于法藏部，见其《律藏の研究》，三喜房（东京），1960年，第703页。吕澂认为属于雪山部，见其《印度佛学源流略讲》，上海人民出版社，1979年，第39页。

集为《比丘经》。诸经中有说戒律与尼戒相应者,集为《尼经》。诸经中乃至与迦絺那相应者,集为《迦絺那犍度》。诸《犍度》、《母经》、《增一》、《比丘经》、《比丘尼经》,总为毘尼藏。诸经中所说。与《长阿含》相应者,总为《长阿含》。诸经中所说,与《中阿含》相应者,集为《中阿含》。一、二、三、四乃至十一数增者,集为《增一阿含》。与比丘相应,与比丘尼相应,与帝释相应,与诸天相应,与梵王相应,如是诸经,总为《杂阿含》。若《法句》、若《说义》、若《波罗延》,如来所说,从修妒路,乃至优波提舍。如是诸经与杂藏相应者,总为杂藏。如是五种名为修妒路藏。有问分别、无问分别、相摄、相应、处所,此五种名为阿毘昙藏。此十五种经,集为三藏。[1]

但是,也有一些佛教部派的文献在讲第一结集时,讲到了三藏,可是没提到"杂藏"。后一点与南传的巴利文文献一样。姚秦时弗若多罗、鸠摩罗什等译出的《十诵律》,属于说一切有部,在中亚和汉地都曾流行很广,其中有"五百比丘结集三藏品",就是如此。[2]另一佛教部派,根本说一切有部,在很多方面与说一切有部很接近,七八世纪时在中亚和印度有很大影响。他们的律,汉译和藏译都相当完整,其中有关第一结集的一部分,也同样如此。[3]

上面所引,不管是仅有经、律,还是经、律、论俱全,不管是有"杂藏",还是没有"杂藏",意义不在于说明最初结集时有无杂藏,有几藏,因为要认真回答这些问题,存在很多困难,我们只能暂且不管。此处的意义只在于,在我们今天所能见到的各部派的经典编定时,哪一部派在自己的经典中做了"杂藏"一类的划分,而哪一些又没有。这样,归纳起来说,依据现存的经典,我们可以知道,在自己的经典中划出"杂藏"这一类别的有大众部、化地部、法藏部,或者还有雪山部,但上座部、说一

〔1〕《大正藏》第24卷,第818页上至中。

〔2〕原书,卷60,见《大正藏》第23卷,第447页至449页中。

〔3〕汉译如唐义净译《根本说一切有部毗奈耶杂事》卷40,见《大正藏》第24卷,第407页中至第408页中。

切有部和根本说一切有部却没有这样做。[1]至于其他部派，因为没有确定的文献流传下来，或者流传下来的文献不足以说明问题，情形就不得而知了。

13.3 大乘文献中讲到的“杂藏”

以上部派文献的说法。大乘的正式出现，比部派晚，大乘的文献中也讲到三藏、四藏、五藏、杂藏等。失译附后汉录的《分别功德论》卷1讲“五藏”：

> 所谓杂藏者，非一人说。或佛所说，或弟子说，或诸天赞颂。或说宿缘，三阿僧祇菩萨所生。文意非一，多于三藏，故曰杂藏也。佛在世时，阿阇世王问佛菩萨行事，如来具为说法。设王问佛，何谓为法？答：法即菩萨藏也。诸方等正经，皆是菩萨藏中事，先佛在时，已名大士藏。阿难所撰者，即今四藏是也。合而言之，为五藏也。[2]

包含不少大乘成分的《增一阿含经》在“序品”中讲：

> 契经一藏律二藏，阿毗昙经为三藏，方等大乘意玄邃，及诸契经为杂藏。[3]

鸠摩罗什翻译《大智度论》卷11：

> 复次，有人言以四种法教人：一修妒路藏，二毗尼藏，三阿毗昙藏，四杂藏。[4]

《大智度论》当然是大乘的经典。它是不是龙树所著，暂且不管它，

[1] 这种情形，后来可能也有变化。《高僧传》卷2《鸠摩罗什传》中讲到罗什曾经从罽宾名僧盘头达多学习经典，其中有“杂藏”及《中阿含》、《长阿含》等。《大正藏》第50卷，第330页中。据僧祐《萨婆多部记》，盘头达多是说一切有部的僧人。《大正藏》第55卷，第89页中，第90页上。因此说一切有部后来（公元四五世纪，鸠摩罗什时代）有可能也在自己的经典中划出了“杂藏”这一类。从经典发展的历史和部派间的关系看，这是完全可能的，所谓analogic development。

[2]《大正藏》第25卷，第32页中。

[3]《大正藏》，卷2，第550页下。《增一阿含经》一般多认为属于大众部的经典，但其中显然已经渗入或发展出了许多大乘的思想。

[4]《大正藏》第25卷，第143页下。

但说它是代表鸠摩罗什时代在中亚或许也包括印度最有影响的大乘佛教的作品之一，则肯定无疑。同书卷49：

所谓八万四千法众，十二部经，所谓阿含、阿毗昙、毗尼、杂藏、摩诃般若波罗蜜经等，诸摩诃衍经，皆名为法。〔1〕

除了部派和大乘文献，另外一部佛教史籍，失译附东晋录的《撰集三藏及杂藏传》，题目中就特地将杂藏标出，讲：

云何四藏？阿难可说，为众生故。阿难答曰：此说各异，随众意行，是名杂藏。佛说宿缘，罗汉亦说，天梵外道，故名《杂藏》。中多偈颂，问十二缘。此各异入，是名《杂藏》。三阿僧祇，菩萨生中，所生作缘，故名三藏。中多宿缘，多出所生，与阿含异，是名《杂藏》。《杂藏》之法，赞菩萨生，此中诸义，多于三藏。都合诸法，结在一处。〔2〕

在佛教历史上，大乘作为一种思潮，或者说是运动，是超越于部派之上的。信仰大乘的佛教徒虽然在宗教理论上做了革新，但同时也还承认和使用原来部派佛教的部分经典。《增一阿含经》把大乘经典和"诸契经"归为一类，作为"杂藏"，就是一例。而《大智度论》却似乎把大乘经与杂藏稍稍做了区别。

13.4 "杂藏"包括哪些经典？

杂藏的具体内容，依前引《摩诃僧祇律》，是：

辟支佛、阿罗汉、《自说》、《本行》、《因缘》，如是等比诸偈颂。

依《五分律》，是：

自余杂说，今集一部，名为《杂藏》。

依《四分律》，是：

《生经》、《本经》、《善因缘经》、《方等经》、《未曾有经》、《譬喻经》、《优婆提舍经》、《句义经》、《法句经》、《波罗延经》、《杂难经》、

〔1〕《大正藏》第25卷，第412页上。

〔2〕《大正藏》第49卷，第3页下至第4页上。

《圣偈经》。

依《毗尼母经》,是:

若《法句》、若《说义》、若《波罗延》,如来所说,从修妒路,乃至优波提舍。如是诸经与杂藏相应者,总为杂藏。

依《撰集三藏及杂藏传》:

中多偈颂,问十二缘。此各异入,是名《杂藏》。

各处的说法详略不等,总起来,可以列出的有:自说(Udāna)、本行(Itivṛttaka)、因缘(Nidāna)、生经(Jātaka)、偈颂(Gāthā)、方等(Vaipulya)、未曾有(Adbhutadharma)、譬喻(Avadāna)、优婆提舍(Upadeśa)、句义(说义 Arthavarga)、法句(Dharmapada)、波罗延(Pārāyaṇa)、杂难(Saṃcodana)、圣偈(Sthaviragāthā)这样一些经典(修妒路 sūtra)。或者,简单一句话,"自余杂说",统称杂藏。

但是,在列举出的这样一些名称中,已经很难明确指出在现存的北传经典中究竟是哪一部或哪一种,因为这些名称基本上只是指这类经典的文体或依据其内容可能归入的类型,与早期佛教徒把经典分为"九分教"或"十二分教"很相似,有一些就包括在"九分教"或"十二分教"中。不过,如果稍微仔细分析一下,也可以指出一些,例如,"本行"有玄奘的译本《本事经》。"生经"类型的汉译经有《六度集经》《生经》《菩萨本缘经》《菩萨本行经》等数种。"譬喻"则有 *Divyāvadāna* 和 *Aśokāvadāna*,后者汉译本即西晋法钦译《阿育王传》和梁僧伽婆罗译《阿育王经》。"句义"或"说义"大致是三国时吴支谦所译的《义足经》,不仅有汉译本,而且近代又在我国新疆发现了梵文的残本。"法句"则从三国至宋有四个汉译本,再加一个藏译本。梵本也是在新疆发现的,只是不称作 *Dharmapada*,而称作 *Udānavarga*,属于说一切有部和根本说一切有部。再有一种俗语本,写在桦树皮上,也是在新疆出土,即有名的 *Gāndhārī Dharmapada*。它被认为是现存最早的佛经写本。"方等"一类的经典,如果依照大乘佛教的解释,则可以把一批大乘经典包括在内。

13.5 南传上座部的《小部》经典

上面已经讲到，南传的上座部没有杂藏一说。他们的经藏，由五个部分组成，即五 nikāya：*Dīghanikāya*，*Majjhimanikāya*，*Saṃyuttanikāya*，*Aṅguttaranikāya*，*Khuddakanikāya*。五部中 *Dīgha*，*Majjhima*，*Saṃyutta*，*Aṅguttara* 在北传的经典中都找到大致相当的一类的经典，只是不叫 nikāya 而称 āgama，即汉译的《长阿含经》《中阿含经》《杂阿含经》（现存两种汉译）和《增一阿含经》，以及一批应该归属于此类的零散经典。只有一部 *Khuddaka* 没有与之相当的比较完整的汉译。依照斯里兰卡所传 *Khuddakanikāya*，包括15部经典。它们是：

（1）*Khuddakapāṭha*

（2）*Dhammapada*

（3）*Udāna*

（4）*Itivṛttaka*

（5）*Suttanipāta*

（6）*Vamānavatthu*

（7）*Petavatthu*

（8）*Theragāthā*

（9）*Therīgāthā*

（10）*Jātaka*

（11）*Niddesa*

（12）*Paṭisambhidāmagga*

（13）*Apadāna*

（14）*Buddhavaṃsa*

（15）*Cariyāpiṭaka*

我们如果将这15部经名与上引北传的归于“杂藏”的经名相对照，就会发现，北传“杂藏”中的经典，很多可与南传的 Khuddakanikāya 相对应，名称上完全相同的，有“自说”“法句”“如是说”“长老偈”或“圣偈”

“本生”“譬喻”。《经集》中第五品 *Pārāyaṇa*(《彼岸道品》)就是北传的“波罗延”。《经集》的第四品 *Atthakavagga*(《八颂经品》)与“句义”“说义”从名称到内容都有关系。南传的经藏分五部,北传的经藏一般却只有四阿含,而不是五阿含,但却增出一个“杂藏”。“杂藏”即大致相当于南传的 *Khuddakanikāya*。[1] 对这一点,比利时学者 E. Lamotte 曾经做过一些分析,得出这样的看法。他的文章可以参考。[2]

13.6 法显翻译的《杂藏经》

汉译的佛典,就有一部径自以《杂藏经》为经名的作品,这就是东晋法显所译的《佛说杂藏经》。[3] 但是,这部经名为“杂藏”,其实篇幅很短,只有1卷。经的结构有些混乱,但内容并不复杂。经的开端讲,佛弟子目连在恒河边上看见五百痛苦不堪的饿鬼,饿鬼们问目连,他们为什么会如此受罪。十七饿鬼依次讲了他们所受的折磨,于是目连一一告诉他们为什么会这样,原因都是前世的罪过。因果报应,是佛经中常见的主题,这类故事没有什么特别的地方。经的第二部分,讲了几个因善得福的小故事,正好与饿鬼的故事相对照。接着下面讲槃底国王忧达那和月明夫人的故事。故事牵连到摩竭国的洴沙王。这也很平常。但最奇怪的是,故事在讲到忧达那王出家后,与洴沙王的一段对话之后,突然一转,又讲到月氏国王和月氏王建立的“三十二浮图”,文中还补充道:“是故此寺名波罗提木叉。自尔以来,未满二百年,此寺今在,吾亦见之。寺寺皆有好形象。”极像是译者的注语,混入了正文。经的

〔1〕真谛译《阿毘达磨俱舍释论》卷22提到《少分阿含》(《大正藏》第29卷,第306页上),玄奘译《阿毗达磨俱舍论》卷29提到的《杂阿笈摩》(《大正藏》第29卷,第154页中),与也是玄奘译的《大阿罗汉难提蜜多罗所说法住经》里讲到的“五《阿笈摩》”中的《杂类阿笈摩》,是北传中少见的一种说法。这一说法的存在,说明北传经典的情况不仅一开始就相当复杂,而且后来又逐渐有新的变化。《杂类阿笈摩》可能就相当于旧说的“杂藏”,被称作“阿笈摩”,也是一种 analogic development。

〔2〕E. Lamotte:“Problemes concernant les texts canoniques ‘Mineurs’”, in *Journal Asiatipue*, 1956, pp. 249-264.

〔3〕《大正藏》第17卷,第557至560页。

最后以“佛有无量功德福田甚良，于中种种果报无尽，待我将来成佛，乃能知之”结束。

据法显自己撰写的《法显传》，他在师子国寻得的经典中，除了《弥沙塞律》《长阿含》《杂阿含》外，就有一部《杂藏》。[1]法显把这些经典带回了中国。这部《佛说杂藏经》，题为法显译，如果说根据的就是法显带回的那份原本，应该是顺理成章的事。但是，从现有的译本看，体例混乱，很难说是原文就如此，还是由于翻译以及传写的原因。或者两个原因兼有。原本早已不存，很难判断。不过，从《杂藏经》这个题目来看，原本很可能就是一种或几种零碎的经典拼凑在一起，《杂藏经》只是一个总题，指示出它可以归入的一个大类。《杂藏经》的三个异译本，题为安世高译的《鬼问目连经》和失译附东晋录的《饿鬼报应经》以及《目连说地狱饿鬼因缘经》就是例证。[2]法显译本中的十七饿鬼故事，与《鬼问目连经》和《饿鬼报应经》的内容相同，也与巴利文经典中*Petavatthu*相似。*Petavatthu*属于*Khuddakanikāya*。前面讲了，北传的“杂藏”类经典，在分类上相似于南传的小部经典。鬼问目连的故事或者说明，在巴利文系统的经典之外，也有一种或者数种可能称作*Pretavastu*的作品，属于“杂藏”的一部分。法显译本的“杂藏经”一名，即由此而来。

再有，还应该指出，法显译本《杂藏经》中出现有关月氏王的故事，说明至少这一部分内容比较晚出。

13.7 “杂藏”：中国汉地的新理解

以上讨论的“杂藏”问题，虽然依据的材料很多出自汉文的佛教文献，却主要与印度或中亚的佛教典籍有关。现存的佛教文献，从数量上讲，汉文的最多，但问题也最复杂。所谓北传的佛教文献，各种语言的都有。印度和中亚语言的佛教文献，相信曾经有一部分在某一个时候，例如使用梵文的说一切有部的文献，在公元前后，曾经依照“三藏”的形

〔1〕《高僧法显传》，见《大正藏》第51卷，第865页下。

〔2〕前两个汉译本今存。见《大正藏》第17卷，第535至536页，第560至562页。

式而存在过。但具体的形态如何，我们今天已经很难知道。对于其他部派，估计情形也大同小异。“杂藏”就是与此有关的一个问题。汉文的佛藏，其主体部分是由印度、中亚或东南亚传译而来的经典构成。汉文佛藏现在组织成“三藏”，明显是对原来的印度经典组织形式的一种继承和模仿。其中“杂藏”的地位如何，一方面反映出中国佛教徒当时对佛教经典整体结构的认识，同时也不同程度地反映出当时佛教经典在印度和中亚流传和演变的状况。在这一点上，汉文佛教文献就显示出了它的重要性和某些特殊性。

但还有意思的是，除了根据从印度和中亚传来的经典而划分“杂藏”外，中国佛教徒在整理并尝试全面编定已有的经典时，往往给“杂藏”以更宽泛的一个界定。一个例子是北齐武平年间(570—576)沙门法上所编《高齐众经目录》，又称为《法上录》。作为经录，《法上录》把经典著录为八大类(八件)，即：

(1)杂藏录；

(2)修多罗录；

(3)毗尼录；

(4)阿毗昙录；

(5)别录；

(6)众经抄录；

(7)集录；

(8)人作录。[1]

这里有两点值得注意：(1)法上把“杂藏”排在首位，似乎很重视杂藏一类的经典，这种做法，为其他经录所无。(2)据费长房等的转载，《法上录》中“杂藏”一类，共录有经典291部，874卷，数量大大超过同一经录中其他任何一类经典。这里面包括些什么经典，《法上录》现已不存，我们无法知道。但只是从这个数量上看，它包括的经典必定很广泛，可以说不仅是名副其实的“杂”，而且还广。

〔1〕《法上录》今不存，但其编纂结构记录在《历代三宝纪》卷15、《大唐内典录》卷10和《开元释教录》卷10中。见《大正藏》第49卷，第126页上，第55卷，第337页中、第574页上。

但是隋唐时有的僧人对"杂藏"一名的使用和理解则更进了一步。这也有例子。唐初静泰撰《大唐东京大敬爱寺一切经目录序》讲：

> 律师道宣又为录序，殷因夏礼，无革前修，于三例外附申杂藏，即法苑、法集、高僧、僧史之流是也。颇以毗赞有功，故载之云尔。[1]

这样说来，自道宣开始，把中土的撰述，归作一类，也可称为"杂藏"。中国佛教徒的著述，可以入藏并成为一类，可说是佛教在中国发展到一定时候的一个成果，它说明中国佛教已经进入了它的成熟期。当然，这里的"杂藏"一名，其意思和以前比较，已经有很大的变化。佛教经典中什么是"杂藏"？阿难回答："此说各异，随众意行。"对佛典传译早期的"杂藏"，我们做了以上的考证。那么到道宣编纂经录时，他"随众意行"，把中土著作也称作杂藏，也就无可厚非。虽然我们同时还应该知道佛典中"杂藏"一名在不同地方，前后不同的变化。

（原载《国学研究》第2卷，北京大学出版社，1994年。）

〔1〕《大正藏》第55卷，第181页上。

14 跋梵文贝叶经说出世部比丘律 *ABHISAMĀCĀRIKA*

1.1 说出世部(Lokottaravādin),或者称为大众部-说出世部,是印度佛教的部派之一。根据文献以及文献中的传说,早期佛教在分裂为上座、大众两部以后,继续分化,说出世部就是大众部分化而出。后世把前一件事称为"根本分裂",后一件事称为"枝末分裂"。Mahāsāṃghika-Lokottaravādin二名连用,可以证实,说出世部与大众部确有特别的关系,前者是后者的一个支部。[1]

1.2 说出世部,是有经典保留在印度古代语言中,而又有幸留存至今的不多的几个部派中的一个。现在的说出世部经典,篇幅最大的,是19世纪较晚时候在印度和尼泊尔发现的*Mahāvastu*,或者称为*Mahāvastu-Avadāna*。发现时是手抄本,后来由法国学者É. Senart校订整理出版,成为研究佛教语言、文献和历史的重要资料。[2]

1.3 20世纪的30年代中期,印度人R. Sāṅkṛtyāyana四次进入中国西藏地区,寻找从印度以及尼泊尔流入西藏的梵文经典。他在西藏见到的梵文经典,多数是贝叶经,大部分属于佛教经典。他在他的报告中讲,其中有一种他定名为*Bhikṣuprakīrṇakavinaya*(《比丘杂颂律》)的经典,他拍了照,胶片带回了印度。他讲,当时他是在日喀则附近的Ṣa-lu(霞努)寺发现这部贝叶经的,但他后来又说是在离Ṣa-lu寺不远的一座

〔1〕有关部派的分裂,尤其是说出世部从大众部的分出,最主要的原始文献,可以参考《十八部论》《部执异论》《异部宗轮论》以及《异部宗轮论述记》等。近人的研究,20世纪60年代以前的,可见E. Lamotte:*Histoire du Bouddhisme Indien*, Louvain,1976,p. 571所举书目。1988年出版的英译本又做了一些补充。具体的尤其可参考A. Bareau:*Les Sectes bouddhiques du Petit Vehicule*, Paris,1955,pp. 55-77,A. Yuyama:*Vinaya-Texte, Systematisch Übersicht über die buddhistische Sanskrit-Literatur*, Erster Teil, Wiesbaden,1979,pp.38-43。

〔2〕3 vols Paris,1882—1897,rep. Tokyo,1977.

叫作 Ṣha-lu-ri-phug 的寺院里。[1] Sāṅkṛtyāyana 提到的 *Bhikṣuprakīrṇakavinaya*，实际上是两部经典，现在完好地收藏在北京民族图书馆里。

1.4 在王森先生20世纪60年代为北京民族图书馆编的目录中，把 Sāṅkṛtyāyana 所提到的 *Bhikṣuprakīrṇakavinaya* 分列为两题，即两部经典：一部的题名是 *Lokottaravādināṃbhikṣuprakīrṇakavinaya*（《说出世部比丘杂颂律》），编号为第五号；另一部题名是 *Lokottaravādināṃbhikṣuṇīprakīrṇakavinaya*（《说出世部比丘尼杂颂律》），编号为第六号。前者共50页（每页包括正反面），后者共80页（同样包括正反面）。我们以下介绍的情况，即以此贝叶写本为准，主要介绍前者。

1.5 王森先生编目时，把 Sāṅkṛtyāyana 原来列为一题的经典，判明和分列为两部经典，这很自然。因为两部贝叶经各自都有首叶和尾叶，而且每部经的每部贝叶的背面（verso）的左缘有原抄写者写下的页码（pagination），两部经页码各不相属，一部有50号（页），一部有80号（页）。但每张贝叶的正面（recto）正上方边缘还有用墨水写的，用阿拉伯数字编的号码，从1编到80，再从81编到130。这估计是 Sāṅkṛtyāyana 当年添加上去的。为什么要把明明白白的两部经算作一部经，连续编号，有些使人费解。或者是因为两部经抄写字体、字迹、格式相同，内容又相近，同属于一个部派的律的经典。不过，事实证明，Sāṅkṛtyāyana 并没有仔细检查过其中的内容，这大概是他匆忙中所为。

1.6 王森先生编目时，把两部贝叶经分列，是很正确的做法，但他拟定的题目，有些地方还需要商榷。第五号贝叶经他标明为 Lokottaravādināṃbhikṣuprakīrṇakavinaya，但这一名字在经的正文中实际上是找不到的。第六号贝叶经他标明为 Lokottaravādināṃbhikṣuṇīprakīrṇakavinaya，可以说还有明确具体的根据，因为经的正文中出现过这个名字，

[1] R. Sāṅkṛtyāyana："Palm-Leaf MSS in Tibet", in *Journal of the Bihar and Orissa Research Society*, Vol. XXI (Patna, 1935), pp. 21–43；"Second Search of Sanskrit Palm-Leaf MSS in Tibet", in *JBORS*, Vol. XXIII (1937), pp.1–57；"Search for Sanskrit MSS in Tibet", in *JBORS*, Vol. XXIV (1938), pp.137–163.

虽然这一名字对于整部经不一定完全合适（见下）。不过，王先生的定名，从经的总的内容上讲，也不能算错，是可以使用的。而且，王先生拟定的经题，把两部经的部派属性明白地表示了出来，很有用，也很有意义。

1.7 R. Sāṅkṛtyāyana 在20世纪30年代所拍摄的胶片，现在保存在印度比哈尔邦Patna城的K. P. Jayaswal Research Institute。德国学者G. Roth在50至60年代期间，根据印度方面提供的照片，对写本中有关比丘尼律的部分做了转写和整理，在1970年出版了*Bhikṣunī-Vinaya: Manual of Discipline for Buddhist Nuns*一书。[1] 在Roth之前，据说有印度学者B. Mishra也做过转写，但未完成整理工作。Roth的书是一部研究著作，在学术界得到的评价较高。有关比丘律的部分，另一位印度学者B. Jinananda在1955至1962年间，也做过转写，在1969（1971?）年出版了*Abhisamācārika (Bhikṣuprakīrṇaka)*一书。[2] 但Jinananda的转写，错误和脱漏比比皆是，出版后被批评为"不可使用"。而且Jinananda没有就经典有关的内容提出任何有价值的研究意见，仅仅提供了一个质量很差、不可靠的天城体转写本。[3]

1.8 还需要顺便提到的是，R. Sāṅkṛtyāyana在西藏还见到一种说出世部的律，也拍了照，后来由W. Pachow（巴宙）和R. Mishra根据照片，做了转写并发表，这就是说出世部的戒本*Prātimokṣasūtra*。[4] 但从Pachow和Mishra的书的标题上看，他们没有把大众部和说出世部清楚地区别开来。印度学者N. Tatia后来又发表了一个转写本，从标题看，

〔1〕*Tibetan Sanskrit Works Series (TSWS)*, Vol. XI, Patna,1970。Roth把这部经定名为*Bhikṣuṇī-Vinaya*，是因为经中正文的第一句中，就有Bhikṣuṇi-vinayasyādiḥ几个字。经的后半部分，虽然也出现了bhikṣunī prakīrnaka (§§ 255, 293)和bhikṣu-prakīrnaka-vinaya (§ 296)的字样，但二者所代表的两部分文字，实际上只是经的主要部分的两个附录。Sāṅkṛtyāyana把两部贝叶经合为一部，定名为*Bhikṣuprakīrṇakavinaya*，可能就是来自后一题名。王森先生为北京民族图书馆编第五号贝叶经拟定的题名，大概也来自于此。第六号贝叶经的题名即来自前者。

〔2〕*TSWS*, Vol. IX, Patna, 1969.

〔3〕见J. W. de Jong的书评，in *Indo-Iranian Journal*, Vol. 16 (1974), pp. 149-152。

〔4〕*The Prātimokṣa-Sutra of the Mahāsāmghika*, Allahabad, 1956.

至少是把二者做了区别。[1]

2.1 以下继续介绍比丘律的有关情况,首先是题目。Jinananda 的书虽然错误很多,但他把 *Abhisamācārika* 作为经名,应该说是比较合适的。因为,这个题目是写本的原文中有的。写本的正文第一行第一句,在照例地敬礼佛陀之后,就是 abhisamācārikāṇām ādiḥ,全经的末尾,结束句也是 abhisamācārikāḥ samāptāḥ。除此以外,在正文中找不到其他的题目。abhisamācārika 是指比丘应该遵守的举止,*PTS Pali-English Dictionary* 的解释是:belonging to the practice of the lesser ethics; to be practiced; belonging to or what is the least to be expected of good conduct, proper。古代汉译译作"威仪"。这部律就是以佛的名义,具体详细地讲比丘在"威仪"方面应该怎样做,不应该怎样做。正文中 na pratipatyati abhisamācārikān dharmān atikrāmati("若不如是,越威仪法")因此成为反复不断出现的句式(formula)。写本的首叶的正面,未写任何梵文,但写了一行藏文:'phags-pa dge-'dun-phal-chen-pai 'jig-rten-las' das-par-smra-bai-'dul-ba(圣大众部-说出世部律)。与王森先生拟定的题目一样,可以看作是这部贝叶经的一个总题。

2.2 内容。*Abhisamācārika* 共分七个 varga(章)。依照全经最末的 antaroddāna(中间摄颂),这七个 varga 分别是:saṃghasthavira, śayyāsana, kaṭhina, āgantuka, āraṇyaka, nevāsika 和 pradīpa。但这只是每个 varga 的总题。每个 varga 末尾都有一个 uddāna(摄颂),是每章内容的提纲。从各个 uddāna 中,就可以大致知道每章主要讲的什么。uddāna 的作用,在经典早期主要凭借口头流传时,就是帮助记忆,把一段或数段文字的要点归结起来。下面依次将 uddāna 转写出来。

Prathmo Vargaḥ (10a7-10b1):

[1.1]evaṃ saṃghasthavireṇa poṣadhe pratipadyitavyaṃ

[1.2]evaṃ dvitīyasthavireṇa poṣadhe pratipadyitavyaṃ

[1.3]evaṃ sarvvehi poṣadhe pratipadyitavyaṃ

[1] *Prātimokṣasūtram of the Lokottaravādi- Mahāsāṃghika School*, Patna, 1976 (1975?), in *TSWS*, Vol. XVI.

[1.4]evaṃ saṃghasthvireṇa bhagtāgre pratipadyitavyaṃ

[1.5]evaṃ dvitīyasthavireṇa bhaktāgre pratipadyitavyaṃ

[1.6]evaṃ sarvvehi bhaktāgre pratipadyitavyaṃ

[1.7]evaṃ upādhyāyena sraddhvihārismiṃ pratipadyitavyaṃ

[1.8]evaṃ sraddhevihārinā upādhyāye pratipadyitavyaṃ

[1.9]evaṃ ācāryeṇa antevāsismiṃ pratipadyitavyaṃ

[1.10]evaṃ antevāsinā ācārye pratipadyitavyaṃ

Dvitīyo Vargaḥ (20a5-6):

[2.1]evaṃ śeyyāsane pratipadyitavyaṃ

[2.2]evaṃ varṣopanāmiko śeyyāsane pratipadyitavyaṃ

[2.3]evaṃ varṣopagatehi śeyyāsane pratipadyitavyaṃ

[2.4]evaṃ varsavustehi seyyāsane pratipadyitavyaṃ

[2.5]evaṃ āgantukehi śeyyāsane pratipadyitavyaṃ

[2.6]evaṃ naivasikehi śeyyāsane pratipadyitavyaṃ

[2.7]evaṃ hi sarvvehi śeyyāsane pratipadyitavyaṃ

[2.8]evaṃ varce pratipadyitavyaṃ

[2.9]evaṃ praśvāse pratipadyitavyaṃ

[2.10]evaṃ dantakāṣṭhe pratipadyitavyaṃ

Tṛtīyo Vargaḥ (25a6-7):

[3.1]evaṃ kaṭhine pratipadyitavyaṃ

[3.2]evaṃ cakkalīye pratipadyitavyaṃ

[3.3]evaṃ vihārae pratipadyitavyaṃ

[3.4]evaṃ kheṭe pratipadyitavyaṃ

[3.5]evaṃ pātre pratipadyitavyaṃ

[3.6]evaṃ yavāguye pratipadyitavyaṃ

[3.7]evaṃ sthātavyaṃ

[3.8]evaṃ caṅkramitavyaṃ

[3.9]evaṃ niṣīditavyaṃ

[3.10] evaṃ śeyyākalpayitavyaṃ

Caturtho Vargaḥ (30b4-5):

[4.1]evaṃ āgantukehi pratipadyitavyaṃ

[4.2]evaṃ nevāsikehi pratipadyitavyaṃ

[4.3]evaṃ pādā vanditavyā

[4.4]evaṃ sammotitavyaṃ

[4.5]evaṃ ālapitavyaṃ

[4.6]evaṃ pravyāharttavyaṃ

[4.7]evaṃ kṣatriyaparṣā upasaṃkramitavyā

[4.8]evaṃ brāhmaṇaparṣā upasaṃkramitavyā

[4.9]evaṃ gṛhapatiparṣā upasaṃkramitavyā

[4.10]evaṃ tīthikaparṣā upasaṃkramitavyā

[4.11]evaṃ āryaparṣā upasaṃkramitavyā

Pañcamo Vargaḥ (39b2-3)

[5.1]evamaraṇye prtipadyitavyaṃ

[5.2]evaṃ grāmāntike pratipadyitavyaṃ

[5.3]evaṃ pānīye pratipadyitavyaṃ

[5.4]evaṃ paridhovaniye pratipadyitavyaṃ

[5.5]evaṃ pādā dhovitavyā

[5.6]evaṃ pādadhovanike pratipadyitavyaṃ

[5.7]evaṃ snāne pratipadyitavyaṃ

[5.8]evaṃ jentāke pratipadyitavyaṃ

[5.9]evaṃ bhaṇḍe pratipadyitavyaṃ

[5.10]evaṃ cīvare pratipadyitavyaṃ

Ṣaṣṭho Vargaḥ (45a1):

[6.1]evaṃ nivāsitavyaṃ

[6.2]evaṃ prāvaritavyaṃ

[6.3]evaṃ antaraghare praviṣṭena cīvare pratipadyitavyaṃ

[6.4]evaṃ pureśramaṇena pratipadyitavyaṃ

[6.5]evaṃ paścācchramaṇena pratipadyitavyaṃ

[6.6]evaṃ piṇḍapātahārakena pratipadyitavyaṃ\

[6.7]evaṃ nīhārapiṇḍapātena pratipadyitavyaṃ

[6.8]evaṃ piṇḍāya caritavyaṃ

[6.9]evaṃ piṇḍacārikena pratipadyitavyaṃ

Saptamo Vargaḥ (50b1-2):

[7.1]pradīpe pratipadyitavyaṃ

[7.2]evaṃ geṇḍūke pratipadyitavyaṃ

[7.3]evaṃ niṣīdane pratipadyitavyaṃ

[7.4]evaṃ upādhyāye pratipadyitavyaṃ

[7.5]evaṃ kāsitavyaṃ

[7.6]evaṃ kṣīvitavyaṃ

[7.7]evaṃ kaṇḍūyitavyaṃ

[7.8]evaṃ jaṃbhāvayitavyaṃ

[7.9]evaṃ vātakarmma pratipadyitavyaṃ

说明一下:上面每一摄颂开始处括号里标示的数字和拉丁字a和b,是原贝叶经的叶数,或a面,或b面,以及原文所在的行数。原文很简略,几乎只是些“关键词”。全经的最末,是antaroddāna以及colophon:

antaroddānaṃ saṃghasthaviro ca śayyāsana kaṭhina āgantukā ca āraṇyakā nevāsikā ca pradīpo ca saptavargāh prakāsitāḥ || ābhisamācārikāh samāptāh || āryamāhāsāṃghikānāṃ lokottaravādināṃ madhyaddesapāṭ hakānām pāṭ heneti || ye dharmmā hetuprabhavā heṭ un teṣān tathāgato hyavadat teṣāñ ca yo nirodhe evaṃ vādī mahāśramaṇaḥ ||

在这一段colophon里,不仅有经名,而且明白地揭示出这部经的部派属性。

2.3 字体和抄本的年代。上面提到,R. Sāṅkṛtyāyana是把*Abhisamācārika*和*Bhikṣuṇī Vinaya*算作是一部经的,因为二者抄写字体、字迹和格式都相同,无疑是同一抄手(scribe)所抄。G. Roth将写本的字体,尤其是其中连写(ligature)的写法,与印度的碑铭字体做了很细致的对比，结论是与9至12世纪东印度的Pāla王朝时期的碑铭几乎完全一致。这种字体通常称作Proto-Bengali-Cum-Proto-Maithili Script，现存的其他一些有写年代的写本，在字体上与*Abhisamācārika*和*Bhikṣuṇi-Vinaya*非常接近的，也都属于同一时期。因此，Roth把贝叶写本*Abhisamācārika*和*Bhikṣuṇi-Vinaya*抄成的时间定在11世纪，最晚不超过12世纪。[1] Roth的结论可以接受。

3.1 佛教大众部系统的律，从大的部类讲，现在仅存有两种。一种是大众部律，即东晋时僧人法显与印度来华僧人佛陀跋陀罗合译的《摩诃僧祇律》。原本是法显到印度求法时，从印度摩竭提国巴连弗邑的摩诃僧伽蓝抄写带回，但原来的抄本早已不存。[2] 只有20世纪早些时候在中亚发现的梵文经典残片，经研究后被认为其中有属于大众部或大众-说出世部的律，但数量极少。[3] 另一种即以上介绍的说出世部的这几种律，虽然总的数量已经不少，但从总体上讲，要想重新组成一部完整的部派律，还差得很远。因此，法显汉译的《摩诃僧祇律》，不仅对研究大众部自身的律，也对研究其他部派律以及有关的一系列问题，都有很重要的价值。实际上，法显的汉译和其他几种汉译律，在原文原本绝大部分都不复存在的今天，差不多成了展开研究的最重要的出发点，在很多情况下，还是判断残存在印度或其他语言中的佛教律本的部派属性的基本坐标。

3.2 在汉译《摩诃僧祇律》中，与*Abhisamācārika*相对应的一部分，是卷34、35的《明威仪法》(或无“明”字，作《威仪法》)。《摩诃僧祇律》的《明威仪法》，与*Abhisamācārika*完全一样，也分为7个“跋渠”，即7个章节。[4]

---

〔1〕Roth：*Bhikṣunī-Vinaya*：*Manual of Discipline for Buddhist Nuns*，intr. XX-XXIX。

〔2〕《法显传》，见《大正藏》第51卷，第864页中。又见《出三藏记集》卷3，《大正藏》第55卷，第21页上。《摩诃僧祇律》最末所附《私记》说是在巴连弗邑的“天王精舍”，见《大正藏》第22卷，第548页中。

〔3〕S.Lévi：“Note sur des Manuscrits Sanscrits provenant de Bamiyan (Afghanistan) et de Gilgit Cachemire)”，in *Journal Asiatique*，1932，pp. 4-8.

〔4〕《大正藏》第22卷，第499页上至第514页上。“跋渠”的原字是varga还是vastu，我没有把握，似乎后者的可能性更大一些。

3.3 对比大众部和大众-说出世部的《威仪法》,最简单的办法,当然是首先对比二者的uddāna。

3.3.1 在《摩诃僧祇律》中,“初跋渠”的摄颂也是十项事:

上座布萨事,第二一切然,
上座食上法,第二一切然,
和上所教示,共行应随顺,
依止顺法教,弟子应奉行。

我们看到,和前2.2中抄录的梵文“初跋渠”的uddāna相比较,内容相同,次序也相同。只是“共行”一词的原文应该是sārdhavihārin,在*Abhisamācārika*中却抄成Sradhevihārin,原因是什么,还有待解释。

3.3.2 “二跋渠”的摄颂是:

床敷春末月,安居坐已竟,
客比丘并旧,一切亦复然,
厕屋大小便,齿木二跋渠。

和“初跋渠”一样,也是十项事,内容相同,次序也相同。

3.3.3 “三跋渠”的摄颂仍然是十项事:

衣带帘障隔,房舍及涕唾,
鐅龛粥行住,坐卧三跋渠。

十项事,内容相同,仅次序有小异,《摩诃僧祇律》是“行”在“住”前,*Abhisamācārika*中则是sthātavyaṃ在caṅkrmitavyaṃ之前。

3.3.4 “第四跋渠”的摄颂还是十项事:

客比丘并旧,洗足并拭足,
净水及饮法,温室亦洗浴,
净厨并衣法。

这里在内容和次序上出现了较大的差别。“客比丘”“旧”是相同的,但“洗足”以下不在*Abhisamācārika*的第四Varga里 。它们被移到了第五Varga里,即其中的后八项。而且排列的次序也稍有不同,在《摩诃僧祇律》里是“洗足”“拭足”“净水”“饮法”“温室”“洗浴”“净厨”和“衣法”,在*Abhisamācārika*里则是pānīye“饮法”(3),paridhovaniye“净水法”

(4)，pādā dhovitavyā“洗足”(5)，pādadhovanike“拭足”(6)，snāne“洗浴”(7)，jentāke“温室”(8)，bhaṇḍe“净厨”(9)，cīvare“衣法”(10)，而第四Varga中的九项(3-11)则是在“第五跋渠”中。

3.3.5 “第五跋渠”的摄颂还是十项事：

阿练若聚落，礼足相问讯，
相唤刹利种，婆罗门居士，
外道贤圣众。

前面“第四跋渠”中的八项，在*Abhisamācārika*中是在第五Varga中，相应的，“第五跋渠”中自“礼足”以下八项，则是在*Abhisamācārika*的第四Varga中，而且分列九项：“礼足”pādā vanditavyā (3)，“相问讯”sammoditavyaṃ(4)，“相唤”ālapitavyaṃ和pravyāharttavyaṃ (5，6)，“刹利种”kṣatriyaparṣā (7)，“婆罗门”brāhmmaṇaparṣā (8)，“居士”gṛhapatiparṣā (9)，“外道”tīthiparṣā (10)，“贤圣众”āryaparṣā (11)。不过，“第五跋渠”的第一第二两项，“阿练若”和“聚落”，则完全与第五Varga的第一第二两项araṇye和grāmāntike相同。

3.3.6 “第六跋渠”的摄颂仍是十项事：

内衣聚落衣，入聚落着衣，
白衣家护衣，前沙门及后，
倩迎并与取，乞食与相待。

《摩诃僧祇律》与*Abhisamācārika*内容和次序都一致。*Abhisamācārika*有九项，如此看来，“入聚落着衣”句连着“白衣家护衣”，算一项。两种文本的正文中也是如此。

3.3.7 “第七跋渠”的摄颂仍是十项事：

然灯行禅杖，掷丸持革屣，
尼师檀謦欬，唾及频申欠，
把搔及下风。

两种律内容次序基本一致。第一项都是“然灯”pradīpe，但*Abhisamācārika*的uddāna中却没有第二项“禅杖”，不过在正文中有yaṣṭhīyaṃ一段内容，看来是在uddāna中漏掉了。整个uddāna由此也就只有九项内容,比《摩诃僧祇律》少一项。同样的原因,第三项“掷丸”在梵本uddāna中排列成第二项geṇḍūke。第四项“革屣”在梵本中仍是第四项,但梵本中抄作upādhyāye,明显是抄错了,正确的写法应该是upānahāye。第五项“尼师檀”在梵本中位置提前,列为第三项niṣidane.以下第六至第十项,“謦欬”“嚏”“频申欠”“把搔”和“下风”,在梵本中则依次列为第五至第九项:kāsitavyaṃ, kṣīvitavyaṃ, kaṇḍūyitavyaṃ, jaṃbhāvayitavyaṃ和vātakarmma pratipadyitavyaṃ

3.4 以上就两种文本的uddāna所做的对比显示,大众部律的《明威仪法》,与大众-说出世部的*Abhisamācārika*在结构和内容上十分接近,很多地方完全相同。但是,仔细地对比,二者的区别也显然存在。以二者开头一小段为例,Abhisamācārika转写出来是:

> bhagvān srāvastyām viharati śāsta devānāñ ca manuṣyāṇāñ ca vistareṇa nidānaṃ kṛtvā saṃghasya dāni poṣadho āyuṣmāṃ nandano saṃghasthaviro upanandano dvitīyasthviro dāyakadānapatī pṛcchanti ārya kiṃ samagro bhikṣusaṃgho āhaṃsu no dīrghāyu | ko dāni nāgacchati | bhikṣū āhaṃsu samghasthaviro nāgacchati | te dāni ojjhāyanti paśyatha bhaṇe vayan tāva karmmāntān cchoraya āgacchāma | samagrasya saṃghasya pādāna vandiṣyama | deyad-harmmañ ca pratiṣṭhāpayisyāma | saṃghasthaviro nāgacchati | so dāni paścād āgatvā saṃkṣiptena catvāri pārājikān dharmman uddeśiyāṇa no ca dakṣiṇām ādiśati | na parikathāṃ karoti | utthiya ga-to | navakā bhikṣū pṛcchanti | āyuṣmān nāgato saṃghasthaviro bhikṣū āhaṃsu | āgato ca gato ca | te pi navakā bhikṣū āhaṃsu | naiva saṃghasthavirasya āgatiḥ prajñāyate na gatiḥ | etaṃ prakaraṇaṃ bhikṣū bhagavato ārocayeṃsu |

汉译《摩诃僧祇律》相应的一节是:

> 佛住舍卫城,尔时比丘僧集欲作布萨,比丘尽集。时难陀为僧上座,不来。有檀越持物来,待僧和合已,欲布施。问僧集未?答言:未集,复问:谁不来?答言:僧上座不来。檀越嫌言:我待僧集,

欲有布施,而上座不来。待良久,便布施而去。上座逼暮方来,竟不行舍罗,复不唱不来。诸比丘说欲清净,直略说四事而去。年少比丘问言:上座来未?答言:上座来已还去。年少比丘嫌言:云何上座来亦不使人知,去亦不使人知。诸比丘以是因缘往白世尊。

如果把*Abhisamācārika*以上一段再译为现代语体文:

薄伽梵住舍卫城,为天人师。序缘已作,僧伽布萨。具寿难陀为僧伽上座,优婆难陀为第二上座。施主们问:"贤首!全体比丘僧伽怎么样了?"回答道:"不行,具寿!""谁还没来?"比丘们答:"僧伽上座没来。"施主们不高兴。"你们瞧,我说,我们抛开了生业而来,要想敬礼全体僧伽,共作布施,僧伽上座却不来!"其后上座来了,来后略说四波罗夷法,却不供养,不作宣讲。起身而去。年少比丘们问:"具寿!僧伽上座来了没有?"比丘们回答:"来了,又走了。"年少比丘们说:"僧伽上座来,没人知道,去,也没人知道。"比丘们把这件事报告给薄伽梵。

法显所据的本文与大众-说出世部的梵文在文字上可说是大同小异。不过,以下的章节中有不少段落有的差异也相当大。只要对佛教文献,尤其是部派文献产生和发展的历史有较多的了解,就会知道,出现这种情形,很自然。详细地逐一对比还有待进行。

3.5　在非大众部系统其他部派律中,我一时还未来得及寻找与之相应的部分。

4.1　说出世部虽然是从大众部分化而出,与大众部有极密切的关系,但二者的区别显然存在。律的相似和差异都是重要的例证。上面对两种律的文本做的简略对比,即可说明这一点。W. Pachow等似乎不太注意将二者做一明确的区分(见前1.8)。其他后来的研究律的学者似乎也没看到这一点的重要性。[1]而使用不同的律对于区别不同的

〔1〕Ch. Prebish: *Buddhist Monastic Discipline, The Sanskrit Prātimokṣa Sūtra of the Mahāsāṃghikas and Mūlasarvāstivādins*, The Pennsylvania State University Press, 1975是研究部派律的一部著作,仍然没有把大众部和说出世部明确地区分开。

部派至关重要。[1]

4.2　从情理上推断,《摩诃僧祇律》的文本,应该说比说出世部的律先形成。《摩诃僧祇律》的《明威仪法》的文字,总的来说,比 *Abhisamācārika* 简单,这可能是原因之一。后者对于前者可能有一种继承的关系,或者二者都来自一个更古老的而早已不存在的文本? 前一种可能性较大,但目前也不能完全排除后一种可能性。这还需要从语言、历史和文献学几个方面做进一步更详细的分析和研究。

4.3　几个问题:梵文贝叶抄本的 *Abhisamācārika* 是怎样被带到西藏的? 它是在尼泊尔还是在印度抄写的? 哪些僧人使用它? 这些问题,一时很难回答,但有一条可以肯定:它在印度,是有僧人使用的。在印度佛教的后期,在东印度一带,大众部僧人似乎相当活跃。西藏文献如 Tāranātha 的 *rGya-gar-chos-'byung* 里提到的东印度和尼泊尔的大众部僧人,其中是否也包括有大众-说出世部的成员?[2]公元12、13世纪,佛教在印度衰败而后消亡,佛教徒受到入侵的伊斯兰军队的迫害,大批东印度僧人从东印度逃至尼泊尔,许多人又进而进入中国西藏地区,他们把大量经典带到了西藏,*Abhisamācārika* 等贝叶经,是否是他们带来的? 当然,当时也有不少西藏僧人到印度求法,他们也会带回各种佛教经典。不过大众部或者大众-说出世部的律从没有在西藏流行过,西藏的佛教僧人一直使用的是另一佛教部派,根本说一切有部的律。

4.4　但是在比上面讲到的更早的一个时期,说出世部不仅在印度,而且在中亚的一些地方流行过。唐玄奘《大唐西域记》卷1就提到在中亚的"梵衍那国",有"伽蓝十所,僧徒数千人,宗学小乘说出世部"。[3]梵衍那就是现在阿富汗境内的巴米扬(Bāmiyān),古代佛教曾

〔1〕参见拙文《略论古代印度佛教的部派及大小乘问题》,载《北京大学学报》(社科版)1989年第4期;《部派、大乘和小乘》,载《南亚东南亚评论》1989年第1辑,北京大学出版社;"Buddhist Nikāya through Ancient Chinese Eyes"(Paper Abstract presented at the 10th International Conference of the IABS, UNESCO, Paris, July, 1991), in *Buddhist Studies: Present and Future*, ed. by A. Gurugé, 1992, pp. 65-72。

〔2〕参见前注引拙文《略论古代印度佛教的部派及大小乘问题》的第四节。

〔3〕季羡林等:《大唐西域记校注》,中华书局,1985年,第129页。

经非常兴盛,至今尚存有世界闻名的巨大佛像。[1]除此以外,前面3.1中已经提到了在中亚发现过大众部或大众-说出世部的律的残片。

4.5 我们同时还需要注意到,在汉魏时期最早到汉地传教的中亚和印度僧人中,就有大众部的僧人。在《摩诃僧祇律》译出以后,直到唐以前,在汉地,尤其是在关中地区,中国僧人很多都讲习大众部律,所谓"关内素奉《僧祇》"。[2]大众部律在中国佛教早期发展史上,曾经有过较大的影响和作用。这一点过去往往被人所忽视。

4.6 最后,有一方面的研究还应该提到:如果能将*Abhisamācārika*和《摩诃僧祇律》的相应部分做全面的比勘,对于了解和理解法显的汉译本、汉译本中所反映的,在其他文献中一些少见或不见的中古汉语词汇和词法,恐怕会有一些新的发见。举一个例子,德国学者高明道最近在台湾发表的一篇文章《"频申久呿"略考》,考证汉译佛典中"频申久呿"一词的准确意义,征引极详,其中就引到《摩诃僧祇律》中《明威仪法》"第七踧渠""频申久(呿)"是指一件事,他未提到梵本。如果像我们前面3.3.7.中那样将两种文本稍做比较,就能更好地说明这一问题。[3]近年来,国内已经有不少的学者越来越认识到,汉译的佛典对于研究中古汉语极端重要,并且由此展开研究,得到了不少很好的成果。就此而言,*Abhisamācārika*和《摩诃僧祇律》自然是很好的一部分材料。

4.7 至于*Abhisamācārika*经文本身,由于是用一种被称作佛教梵语或混合梵语的语言写成,其中有许多用正规梵语看来不规范的语言现象,又随时混合着一些俗语和受到俗语影响的词汇,从研究佛教语言的角度讲,简直可以说是一处尽可供人大大挖掘一番的"宝藏"。不过,在这方面要想有所收获,先还得做许多工作。

(原载《中国文化》,第10期,三联书店,1994年。)

[1] 关于对巴米扬古代佛教的研究,可参见O. Klimburg-Salter: *The Kingdom of Bāmiyān: Buddhist Art Culture of the Hindu Kush*, Neples-Rome, 1989。

[2]《续高僧传》卷21《洪遵传》,《大正藏》第50卷,第611页下。

[3] 高明道文载《中华佛学学报》第6期,台北,1993年,第129-185页。

15　论阿富汗新发现的佉卢文佛教经卷

1994年9月，伦敦的英国图书馆得到由一位匿名的捐赠者所捐赠的一批古代写卷。写卷来自尚在战乱中的阿富汗。写卷上所写的文字是印度古代的佉卢文。写卷的质料不是纸，也不是印度古代写本中常见的贝叶，而是桦树皮。古代桦树皮的写卷在此之前不是没有发现过，但是不多。人们已经知道的，写有佉卢文的桦树皮写卷，最有名的，就是20世纪初在中国新疆的和田地区出土，后来被分别收藏在法国巴黎和俄国圣彼得堡的佉卢文《法句经》。这部佉卢文《法句经》的发现，对于佛教和佛教文献史，以及印度和中亚古语言的研究，其意义怎么估计都不为高。它在发现的当时，曾经在国际东方学界引起过很大的轰动。但一直到了60年代，英国剑桥大学的教授J. Brough才经过长期的努力，完成了他研究这部佉卢文《法句经》的著作。[1] J. Brough的书，已经被公认为是研究早期佛教经典的一部名著。

但是我们现在有了比和田出土的佉卢文《法句经》更早的一批写本佛经。它们是迄今为止我们所知道，所见到的年代最为古老的佛经。古代佛教的高僧大德当年念诵供奉的经典，历经劫难，两千载后，居然能存于天壤之间，实在不能不说是一件幸事。

不过，这批佉卢文的写本佛经，在送到英国图书馆的时候，实际上已经非常残破，有的只是一些碎片。英国图书馆立即组织了一些在文物修复方面非常有经验的技师，对这些写本的残片进行修复和缀合。在写本得到基本的修复后，英国图书馆邀请了美国华盛顿大学的邵瑞祺教授（Prof. Richard Salomon）对写本的文字和内容做进一步的辨识和研究。英国图书馆和美国西雅图的华盛顿大学由此提出一项叫作

〔1〕J. Brough: *The Gāndhārī Dharmapada*, London: Oxford University Press, 1962.

“早期佛教写本研究”(early Buddhist manuscripts project)的研究计划。研究工作进展得似乎很顺利。1996年年底，我在荷兰莱顿的一个学术讨论会上，第一次听邵瑞祺教授介绍这一重要的发现，今年就见到了他出版的研究这批写本的第一部书。

手边有刚从朋友处借到的邵瑞祺的书，书名是《来自乾陀罗的古代佛教经卷》(*Ancient Buddhist Scrolls from Gandhāra*, Seattle: University Washington Press, 1999)。读过一遍，第一个感觉是，这批佉卢文佛经对研究佛教，尤其是研究佛教文献的形成和发展真是太重要了，其中有太多的题目值得探讨。下面依据邵瑞祺的新著，先简单介绍这批佉卢文佛经的情况，然后再在个人的想法中挑出一两个问题，做一点讨论，希望有同样兴趣的朋友们由此也能注意到这一新发现和相关的一些问题。

先谈写本的基本情况。根据邵瑞祺教授在书中的介绍，这批写卷送到英国图书馆时，一共29件，因此编为29个编号。但这个编号完全是随机的，与写卷自身的内容没有任何关系。与这批写卷一起的，还有5个陶罐，以及26块陶罐的碎片。据捐赠者讲，这批写卷就出自这几个陶罐。两张在1993年最早拍摄的关于这批写卷的照片也完全证实了这一说法。而且它们极可能最早就出自其中一个现在编号为D的陶罐。它们都来自阿富汗东部，虽然没有资料说明具体来自阿富汗东部什么地方。不过，有很多理由可以推断，它们来自阿富汗东部的Jalalabad平原的Nagarāhāra，即玄奘《大唐西域记》卷2所讲到的“那揭罗曷国”。如果再具体一些，则来自这一地区的Haḍḍa，也就是玄奘书中记载的“醯罗城”。[1]写卷经过修复，然后再由邵瑞祺做辨认和初步的整理。邵瑞祺的估计，这批写卷最初的原卷最少有21件，最多有32件。整个写卷涉及的经典大约在23到34部之间。因为所有的写卷都是残本，而且写卷上的很多内容还不清楚，目前实际上还没有可能做出很准

〔1〕季羡林等:《大唐西域记校注》，中华书局，1985年，第220至232页。那揭罗曷国和醯罗城在古代以有众多佛教圣迹而著名。法显、宋云、玄奘等都到过那里。东晋慧远撰《佛影铭》，讲到的“佛影”，就在那揭罗曷国。

确的判断。目前可以做出初步判断的,仅仅只是其中一部分。不过,邵瑞祺根据他的研究,仍然尽可能地把整个写卷的内容大致地做了几种分类:

(1)"经"以及注疏(Sūtra Texts and Commentaries)。这部分文献包括 *Saṅgīti-sūtra*(《众集经》)和一种不清楚其来源的《众集经》的注疏。这部分《众集经》的注疏既不同于现存的玄奘翻译的本子,也不同于在梵衍那发现的梵本断片。再有两种"经"。一种讲到"四禅定",另一种部分内容与巴利经藏中的《增支部》中的部分段落很接近,因此也许可以被认为是乾陀罗语佛经中相当于梵文经藏的《增一阿含经》的某一部分。

(2)"论"一类的文献及注疏(Scholastic Treatises and Commentaries)。这一部分数量相对较多,但内容更不是很清楚。它们中的一部分,看起来是一些"偈颂"(verse)的注疏。这些偈颂,大部分都可以在巴利经藏《小部》中的《经集》《自说》《法句》《如是说》以及《长老偈》中找到,但排列次序却很不一样。另有一些则似乎是"阿毗达磨"一类的著作,其中一段讲到"一切有"。这一点很有意思。

(3)"偈颂"文献(Verse Texts)。这包括三分残卷,内容则比较容易判定。其中有有名的 *Anavatapta-gāthā*(《无热恼池偈颂》)的一些段落,还有 *Khaḍgaviṣāṇa-gāthā*(《犀角经》),以及一些《法句经》的片段。这最末的一项也可以说是很有价值的一个新发现,因为此前所发现的唯一一部佉卢文佛经就是《法句经》。现在我们则有了两种佉卢文《法句经》的抄本。虽然新发现的佉卢文《法句经》残卷只有很少的一点片段,但无疑仍然可以提供很重要的研究信息。

(4)"譬喻"及相关文献(Avadānas and Related Texts)。这一部分的内容也非常有意思,因为新发现的这些佉卢文佛经中的"譬喻",其中讲到的故事,提到了大约在公元1世纪初乾陀罗地区的两位月氏"总督"(mahākṣatrapa)或者说国王的名字:Jihonika 和 Aśpavarman 。这为判断这部分文献形成的年代也包括这批写卷抄成的时间提供了极其重要的根据。相似的事例以前从来还没有过。Jihonika 和 Aśpavarman 这两位月氏王的名字，则可以在近代考古在乾陀罗地区发现的古钱币和古铭文中得到印证，同时考证出他们活动的大致的年代。这些“譬喻”类的文献，本身还可以与其他语言或部派传承的“譬喻”做对比，大大帮助我们今天了解和研究这类文献最初形成的情形和后来发展的过程。

(5)其他文体及杂类文献(Other Genres and Miscellaneous Texts)。这包括一种“佛赞”(stotra)，内容与现在知道的唯一的一段写在佉卢文木椟上的“佛赞”很相似。后者是20世纪初在中国新疆尼雅所发现的。[1]这也非常有意思。再有就是一种目前尚不能确定具体名称的医学文献，在整个写卷中，它显得最特殊，因为它的语言不是乾陀罗语，而是梵语，抄写所用的字体也不是佉卢字，而是中亚写本中最常见的婆罗谜字。再还有一些残卷，因为太残破或太小，目前还很难判断究竟有些什么内容，邵瑞祺因此把它们暂时归放在这一类中。

关于这批写卷的年代。邵瑞祺从多方面做了考证，他的意见，这批写卷写成的时间，应该是在公元1世纪早期至2世纪早期。在这一段时间中，他目前更倾向于更早一些，即大约在公元1世纪的第二个十年至第三个十年之间。虽然在目前的条件下，对这些写卷的年代，是不是能判断到如此准确，可能还需要考虑，但无论如何，邵瑞祺的考证做得很精细，他的结论大部分应该说是有说服力的。这样看来，这批佉卢文写卷，作为现在知道的最早的手抄佛经，可以不用怀疑。其珍贵的价值，也就不言而喻。

邵瑞祺教授的书大16开，270多页(不包括插图)，道林纸精印，其中的图片大多是彩色印刷，印得非常漂亮清晰。全书共分8章，再加一个附录。除了一般的介绍(description)以外，书中大部分章节是对这批写本以及相关的一些问题所做的研究。总起来讲，邵瑞祺教授的书，内容非常丰富。他和他的协作者的研究工作，有的做得很细，有的意见非常好。对于这批写本的研究，邵瑞祺做的工作已经提供了一个很好的

[1] Niya documents nos. 510. See A. E. Boyer, E. J. Rapson, and E. Senart: *Kharoṣṭhī Inscriptions discovered by Sir Aurel Stein in Chinese Turkestan*, Oxford: Clarendon Press, 1920-1929, 2.184-187.

基础，而且可以说作了迄今为止最大的贡献。但是，正如邵瑞祺在书中所反复讲到的，几乎所有的研究意见或者结论都还是初步的（preliminary）。因此我在下面也就把自己读到邵瑞祺的书时的一些同样也是很粗浅的想法提出来，限于时间和篇幅，只谈其中的两点，或者可以为邵瑞祺教授以及有关的研究提供一点补充。

先谈想法中的第一点。上面讲了，根据邵瑞祺初步的研究，从这批佉卢文写卷中，目前可以辨识出的经典，大致有经、注疏、偈颂以及譬喻几类。在譬喻一类经典中，提到了公元1世纪初乾陀罗地区的两位月氏"总督"或者说国王Jihonika和Aśpavarman 。像这样形式的譬喻故事，邵瑞祺说"够稀奇"（curiously enough），但其实也并不稀奇，因为这让我一下想到汉译佛典中一个颇为相似的事例。中国东晋时代的法显，在4世纪的末年到印度求法，他先到印度，然后到了师子国，即今天的斯里兰卡。法显从师子国带回的佛经中，有一部《佛说杂藏经》。这部经，名为《杂藏经》，其实不长，篇幅仅有1卷。经中所讲的故事也不复杂。经的开端讲，佛弟子目连在恒河边上，看到500痛苦不堪的饿鬼。饿鬼们问目连，他们为什么会如此受罪。17个饿鬼依次讲了它们所受的折磨。于是目连一一告诉他们为什么会这样，原因都是前世的罪过。然后经的第二部分讲了几个因善得福的小故事，正好与饿鬼故事作为对比。接着下面讲槃底国王优达那与月明夫人的故事，还牵连到摩竭国的洴沙王。优达那王出家做了"道人"，游行至摩竭国，遇见洴沙王，并与洴沙王有一段对话。然后接着的一段是：

> 如月氏国王，欲求佛道，故作三十二塔，供养佛相。一一作之，至三十一时，有恶人触王，王心退转：如此恶人，云何可度？即时回心。舍生死向涅槃，作第三十二浮图，以求解脱。由是因缘，成罗汉道。是故此寺名波罗提木叉。自尔以来，未满二百年。此寺今在，吾亦见之。寺寺皆有好形象。[1]

经的最后，以"佛有无量功德福田甚良，于中种种果报无尽，待我将来成佛，乃能知之"结束。

---

〔1〕《大正藏》第17卷，第557至560页。

当然,《杂藏经》中讲到的月氏王,未必就是这里的佉卢文譬喻经中提到的那两位月氏王,但二者在讲故事的方式和都提到月氏王这一点上却是一样。可是十年以前,我读《杂藏经》,这正是让我生出疑问的地方。尤其是有关月氏王和月氏王寺的一段文字,在上下文之间,看起来显得有些突兀。因此我后来在一篇文章里,专门提到这一点,怀疑是不是出自经的原文。对"是故此寺名波罗提木叉"一段,则怀疑是译者的注语,混入了正文。[1] 现在看来,要是以新发现的佉卢文经卷中这一部分内容来做类比,我的这一判断中的一部分,应该做新的考虑。法显翻译的这部《杂藏经》的这一段,很可能在原来的写本上就已经有了。这一段内容,只是表明这部《杂藏经》在产生或流传的过程中,曾经也与乾陀罗地区以及乾陀罗的某一位或几位月氏王有关系。[2]

这里所涉及的问题,看似细枝末节,其实要是能弄清楚,会有特别的意义,那就是,帮助我们判断相关的经典形成或写成的年代,以及它们流传的情况。例如这部《佛说杂藏经》,经文中讲到的故事,与目连、优达那王以及洴沙王有关不奇怪,但涉及月氏王,就值得注意。而法显得到这部经,却又是在斯里兰卡。看来这其中可以探讨的问题还很多。我们如果认真地研究佛典的传译史,还会发现类似的事例。

再谈想法中的第二点。讨论佉卢文佛经,可以涉及许多方面的问题,问题之一就是它们与佛教部派的关系。具体地讲,现在已经发现的这些佉卢文佛经,如果是属于部派佛教的经典,它们应该归属于哪一个部派。这个问题,J. Brough 在整理和研究在新疆和田发现的佉卢文《法句经》时,就已经做过极认真的分析和讨论。Brough 的意见,这部他称作的乾陀罗语《法句经》,其所属的部派只有两种可能:属于迦叶部或者法藏部。[3] 而更多的学者认为,在这两个部派中,最有可能的则是法藏部。邵瑞祺教授在他的书中,也花了很大的篇幅,来详细讨论这一问

〔1〕见拙文《杂藏考》,载《国学研究》第2卷,北京大学出版社,1994年,第569页。

〔2〕相似却更为典型的一个事例是《那先比丘经》即南传巴利文经典 *Milindapañha*。这部经典产生的年代不是最早,但也不算太晚,而且同时被南传和北传的佛教系统接受和承认。只是南北的传本在内容上存在明显的差异,实际上也就是不同部派传承的差异。

〔3〕J. Brough: *The Gāndhārī Dharmapada*, p. 45.

题，尤其是这一批新近发现的佉卢文佛经，是不是也属于法藏部。对此邵瑞祺教授的结论也基本上是肯定的。他的理由归纳起来，主要有三条：

（1）在和田发现的《法句经》，Brough认为可能属于法藏部，而多数学者则肯定这一看法。认为和田《法句经》属于法藏部，几乎可以被看作是定论。这次在阿富汗发现的佉卢文写卷中的《法句经》的片段，在文字上做比较，也几乎与和田《法句经》完全一样，因此也应该归属于法藏部。

（2）这批写卷中的《众集经》，与现存的几种部派文献中不同的《众集经》做比较，它在内容上最接近于汉译《长阿含经》中的《众集经》。邵瑞祺为此列出了一个详细的对照表。汉译《长阿含经》属于法藏部，这在学术界也基本上是一个定论。

（3）再有重要的一点，与这批写卷一起送到英国图书馆的那5个陶罐，其中的一个，即编号为D的陶罐，壁上写有佉卢文的铭记，讲到这是属于法藏部僧的物品。一张1993年，也是最早照的照片证明，这批写卷最初是从这个陶罐中取出。当然，也有人怀疑，在此之前这批写卷是否还被挪动过地方。但这样的可能性实际极小，这样的怀疑也纯粹是怀疑，并没有任何根据。

除了以上三个方面的理由，还有一些其他的证据，也支持把这批佉卢文写卷归属于法藏部，邵瑞祺的结论因此可以说是有说服力的。

在中国佛教的历史上，经典大多是从西域传来，然后被翻译成汉文，在汉地流通。追本溯源，弄清楚佛教经典在西域其中包括印度产生和流传的情况，我以为实在有助于真正了解和使用汉译经典。虽然要充分认识到这一点，可能还需要一些时日。但无论如何，我们目前应该注意到与这批新发现的佉卢文佛经写卷有关的问题，以多方面地推动研究工作的进行。尤其是法藏部，在佛教传入中亚和汉地的过程中，曾经也有过重要的影响，应该成为我们加以深入研究的一个题目。

以上拉杂写下我读到邵瑞祺教授的新书时的一点感想。今逢圣严法师七十大寿，去岁有缘，在北京拜识法师，欣喜无量，特撰此文，为法师古稀吉祥之贺。

补记：本文正在写作中，见到今年8月末在瑞士洛桑(Lausanne)召开的国际佛教研究会第十二届大会(The XIIth IABS Conference)的论文提要，其中有包括邵瑞祺教授在内的四位学者发表的论文，仍然是以研究这批佉卢文佛经写卷为内容。他们的新的研究，值得我们继续注意。

又，承邵瑞祺教授好意，惠赠本文中提到的他的大著。书正在寄运之中。借此小文发表之机，也对邵瑞祺教授表示感谢。

1999年9月28日

(原载《中华佛学学报》第13期[卷上]，台北，2000年。)

16 关于法显从斯里兰卡带回的几种佛经

法显是东晋时代著名的高僧。后秦弘始元年(399),法显从长安出发,4年后(402)到达印度。法显在印度逗留前后8年,然后在东晋义熙五年(409)到达师子国,也就是今天的斯里兰卡,继而在斯里兰卡停留2年,最后在义熙七年(411)离开斯里兰卡,乘船东返。其间鲸波巨浪,几历危险,终于在义熙八年(412)回到今天中国山东的青岛崂山附近。[1]法显从印度和斯里兰卡带回了数量不少的一批佛教经典。根据僧祐《出三藏记集》卷2的记载,这些经典包括:

《大般泥洹》六卷(晋义熙十三年十一月一日道场寺译出)

《方等泥洹经》二卷(今阙)

《摩诃僧祇律》四十卷(已入《律录》)

《僧祇比丘戒本》一卷(今阙)

《杂阿毘昙心》十三卷(今阙)

《杂藏经》一卷

《綖经》(梵文,未译出)

《长阿含经》(梵文,未译)

《杂阿含经》(梵文,未译)

《弥沙塞律》(梵文,未译)

《萨婆多律抄》(梵文,未译)

《佛游天竺记》一卷[2]

---

〔1〕法显赴印求法的行程及时间的排比依章巽《法显传校注》,上海古籍出版社,1985年。

〔2〕"右十一部,定出六部,凡六十三卷。晋安帝时沙门释法显,以隆安三年游西域,于中天竺师子国得胡本。归京都住道场寺,就天竺禅师佛驮跋陀共译出。其《长》、《杂》二《阿鋡》、《綖经》、《弥沙塞律》、《萨婆多律抄》,犹是梵文,未得译出。"《大正藏》第55卷,第11页下至12页上。

一共12部，其中4部由法显从斯里兰卡带回。我现在要讨论的，只是这4部经典，其他的问题留在以后再说。这4部经典是：

《长阿含经》

《杂阿含经》

《弥沙塞律》

《杂藏经》[1]

根据僧祐的纪录，在僧祐的当时，《长阿含经》《杂阿含经》和《弥沙塞律》都没有译出，《杂藏经》1卷则已经译出。

以下依次讨论这4部经典。

首先是《长阿含经》。在现存的汉译佛经里，有一部《长阿含经》。译者是印度罽宾来的僧人佛陀耶舍，译出的时间是后秦弘始十五年(413)，地点是在长安。汉译本一共22卷，前有僧肇写的序。[2]

但是，佛陀耶舍翻译的《长阿含经》的原本，似乎是从印度或中亚地区直接传来，而不是法显从斯里兰卡带回的梵本。因为佛陀耶舍译本译出的时间距法显回国的时间太近，而且当时南北分治，法显回国以后，也没有机会再去长安。

今天汉译中保存的《长阿含经》，属于佛教的什么部派，有过一些争议，目前基本一致的意见是，它属于法藏部。而且原本的语言不是梵语，很可能是犍陀罗语。[3]

在斯里兰卡所传的上座部三藏中，没有《长阿含经》。与《长阿含

---

〔1〕《法显传》："法显住此国二年。更求得《弥沙塞律藏》本，得《长阿含》、《杂阿含》，复得一部《杂藏》，此悉汉土所无者。得此梵本已，即载商人大舶。"《大正藏》第51卷，第865页下。

〔2〕"大秦天王，涤除玄览。高韵独迈，恬智交养。道世俱济，每惧微言，翳于殊俗。以右将军使者司隶校尉晋公姚爽，质直清柔，玄心超诣。尊尚大法，妙悟自然。上特留怀，每任以法事。以弘始十二年，岁次上章掩茂，请罽宾三藏沙门佛陀耶舍出律藏一分，四十五卷。十四年讫。十五年，岁次昭阳赤奋若，出此《长阿含》讫。凉州沙门佛念为译，秦国道士道含笔受。时集京夏名胜沙门，于第校定。恭承法言，敬受无差。蠲华崇朴，务存圣旨。余以嘉遇，猥参听次。虽无翼善之功，而预亲承之末。故略记时事，以示来贤焉。"《大正藏》第1卷，第1页上。

〔3〕参考 F. Benhard："Gāndhārī and the Buddhist Mission in Central Asia"，载 *A jali, Papers on Indology and Buddhism: A Felicitation Volume Presented to O. H. de Alwis Wijesekera*, Peradeniya, 1970, pp. 55-62；以及辛岛静志：《长阿含经の原语の研究》，平河出版社(东京)，1994年。

经》相对应的,是《长部》。目前存世的《长阿含经》,我们知道的,只有两种,一是汉译的《长阿含经》,一是梵本的《长阿含经》。后者属于说一切有部。〔1〕那么法显带回的梵本《长阿含经》是哪一个部派的传本呢?也是说一切有部的吗?原本不存,我们无法知道。依照僧祐的说法,它是梵本。以情理推断,确实也可能是梵本。如果是梵本,它就与佛陀耶舍翻译的《长阿含经》有所不同。无论如何,对于研究佛教文献形成的历史而言,这些问题都涉及北传佛教经典中最基本的几种文献之一的《长阿含经》的结构和传承情况,非常值得我们注意。

《杂阿含经》的情况则有些不一样。现存汉译的《杂阿含经》共50卷,由刘宋时代来华的印度僧人求那跋陀罗翻译,时间在元嘉十二年(435)求那跋陀罗到达京都以后,地点是在建康的祇洹寺。〔2〕这时法显已经去世。求那跋陀罗翻译的《杂阿含经》,依据的是不是就是法显

〔1〕E. Waldtschmit:"Central Asian Sūtra Fragments and their Relation to the Chinese Āgamas", in *Die Sprache der ältesten buddhistischen Überlieferung*, hrsg. von H. Bechert, Vandenhoeck & Ruprecht in Göttingen, 1980; J. Hartmann:"Fragmente aus den Dīrgāgama der Sarvāstivādins", in *Sanskrit-Texte aus den buddhistischen Kanon: Neuentdenkungun und Newedition*, Folge 1, Vandenhoeck & Ruprecht in Göttingen, 1989, pp. 37-67.

〔2〕《出三藏记集》卷14:"求那跋陀罗,齐言功德贤,中天竺人也。以大乘学,故世号摩诃衍。本婆罗门种,幼学五明诸论。天文、书算、医方、呪术,靡不博贯。后遇见《阿毘昙杂心》,寻读惊悟,乃深崇佛法焉。其家世外道,禁绝沙门。乃舍家潜遁,远求师匠。即落发改服,专志学业。及受具戒,博通三藏。为人慈和恭顺,事师尽勤。顷之,辞小乘师,进学大乘。大乘师试令探取经匣,即得《大品华严》。师喜而叹曰:汝于大乘有重缘矣。于是读诵讲义,莫能酬抗。进受菩萨戒法,乃奉书父母,劝归正法曰:若专守外道,则虽还无益。若归依三宝,则长得相见。其父感其至言,遂弃邪从正。跋陀前到师子诸国,皆传送资供。既有缘东方,乃随舶泛海。中途风止,淡水复竭。举舶忧惶,跋陀曰:可同心并力,念十方佛称观世音,何往不感?乃密诵呪经,恳到礼忏。俄而信风暴至,密云降雨,一舶蒙济。其诚感如此。元嘉十二年至广州。时刺史车朗表闻,宋文帝遣使迎接。既至京都,勅名僧慧严、慧观,于新亭郊劳见,其神情朗彻,莫不虔敬。虽因译交言,而欣若倾盖。初住祇洹寺,俄而文帝延请,深加崇敬。琅琊颜延之,通才硕学,束带造门。于是京师远近,冠盖相望。宋彭城王义康、谯王义宣并师事焉。顷之,众僧共请出经。于祇洹寺集义学诸僧,译出《杂阿含经》。东安寺出《法鼓经》。后于丹阳郡译出《胜鬘》、《楞伽经》。徒众七百余人。宝云传译,慧观执笔。往复咨析,妙得本旨。后谯王镇荆州,请与俱行。安止新寺,更创殿房。即于新寺出《无忧王》、《过去现在因果》及一卷《无量寿》、一卷《泥洹》、《央掘魔》、《相续解脱》、《波罗蜜了义第一义》、《五相略》、《八吉祥》等诸经,凡一百余卷。"《大正藏》第55卷,第105页中至下。

带回的梵本，僧祐没有说。法显回国以后，主要停留在建康。他亲自参与翻译的几部经典，如《大般泥洹经》和《摩诃僧祇律》，都是在建康译出。他从印度和斯里兰卡携带回国的佛经，最后似乎也都留在了建康。法显自己没有来得及翻译的《弥沙塞律》，在他去世以后由印度罽宾僧人佛陀什与竺道生等翻译出来，依据的就是法显带回的梵本，翻译的地点也是在建康。因此，如果我们说求那跋陀罗翻译的《杂阿含经》依据的就是法显带回的梵本，应该可以接受。此外，依照隋代费长房编撰的《历代三宝纪》卷10的说法，求那跋陀罗翻译《杂阿含经》，底本的确是法显带回的梵本。[1]只是我们对《历代三宝纪》的记载，一般来说，应该比较审慎。

现存汉译的50卷本《杂阿含经》，属于什么部派，也是一个有争议的问题。一些学者认为属于说一切有部，但也有不同的意见。[2]根据吕澂先生的研究，最大的可能是属于根本说一切有部。[3]汉译《杂阿含经》还有两个译本，一个是16卷本的《别译杂阿含经》，另一个是1卷本的《杂阿含经》。后者篇幅太小，要做部派的判断恐怕很困难。前者有16卷的篇幅，可以提供的信息较多，应该加以更多的注意。《杂阿含经》的问题，比《长阿含经》更复杂。巴利三藏中与《杂阿含经》相对应的，是《相应部》。

《弥沙塞律》又称《弥沙塞部和醯五分律》。现存的汉译本共30

[1]《历代三宝纪》卷10："《杂阿含经》五十卷（于瓦官寺译，法显赍来。见道慧《宋齐录》）。"《大正藏》第49卷，第91页上至中。

[2] E. Mayeda（前田惠学）："Japanese Studies on the Schools of the Chinese Agamas", in *Zur Schulzugehörigkeit von Werken der Hīnayāna-Literatur*, hrsg. von H. Bechert, Vandenhoeck & Ruprecht in Göttingen, 1985, pp. 94–103.

[3] 吕澂：《〈杂阿含经〉刊定记》，载《内学》第1辑，1924年。

卷。[1]“弥沙塞”这个名称,明确表明这部经典属于化地部。印度佛教化地部的律,现存的只有这一部汉译本。化地部其他的文献,传世的也很少。因此,要了解化地部,《弥沙塞律》是最重要的数据之一。

最后是《杂藏经》。我在十多年前,发表过一篇文章,题目就叫《杂藏考》。我的讨论提到了法显的这部《杂藏经》。对佛教文献中讲到的“杂藏”,我在文章中主要表达了两条意见:第一,在北传的佛教经典中经常讲到的“杂藏”,是一类特殊的文献,它反映了佛教经典在逐渐定型的过程中不同部派对文献分类处理的态度。第二,法显从斯里兰卡带回的这部经典,以《杂藏经》的名字出现,有它特殊的背景。经文的内容与西北印度有关,提示了它最早是在什么地方出现,甚至是什么时候开始形成的。相关的讨论请参考拙文。[2]

以上是与法显从斯里兰卡带回的这几部经典有关的基本情况,除了这些,还有一个问题,是我更想提出来讨论的:法显在斯里兰卡找到的这些经典,在这个时候出现在斯里兰卡,说明了什么呢?这个问题也许比较复杂。下面我只能尝试做一个简单的回答。

斯里兰卡是一个佛教国家,到现在还是这样。根据传说,把佛教传入斯里兰卡的是阿育王的儿子或者说弟弟摩哂陀。从佛教部派的属性讲,2000多年以来,斯里兰卡的佛教都属于上座部。可是我们看到,法显从斯里兰卡带回的这些经典,不属于上座部。法显在斯里兰卡,停留了2年之久,对斯里兰卡的佛教也做了仔细的观察和记载。显然,在法

---

〔1〕《出三藏记集》卷3:“弥沙塞律(三十四卷):弥沙塞者,佛诸弟子受持十二部经,不作地相水火风相虚空识相,是故名为《弥沙塞部》,此名为《五分律》。比丘释法显于师子国所得者也。《法显记》云:显本求戒律,而北天竺诸国皆师师口传,无本可写,是以远涉,乃至中天竺。于摩诃乘僧伽蓝得一部律,是《摩诃僧祇》。复得一部抄律可七千偈,是《萨婆多众律》,即此秦地众僧所行者也。又得《杂阿毘昙心》可六千偈。又得一部《綖经》二千五百偈。又得一部《方等泥洹经》可五千偈。又得《摩诃僧祇阿毘昙》。法显住三年,学胡书胡语,悉写之。于是还。又至师子国二年,更求得《弥沙塞律》胡本。法显以晋义熙二年还都,岁在寿星。众经多译,唯《弥沙塞》一部,未及译出而亡。到宋景平元年七月,有罽宾律师佛大什来至京都。其年冬十一月,琅琊王、练比丘、释慧严、竺道生于龙光寺,请外国沙门佛大什出之。时佛大什手执胡文,于阗沙门智胜为译。至明年十二月都讫。”《大正藏》第55卷,第21页上至中。

〔2〕《杂藏考》,载《国学研究》第2卷,北京大学出版社,1994年,第561-573页。

显时代的斯里兰卡，佛教寺庙里保存的，不全是上座部的经典。虽然我们目前没有把握说，在法显时代，在斯里兰卡，就有这些部派存在，但是，我们至少可以说，在斯里兰卡有包括说一切有部、化地部这些部派的经典存在。历史上大乘佛教在斯里兰卡就曾经有过很大的影响，其他的部派的影响到达斯里兰卡，也不是不可能，虽然大乘的问题与部派的问题是两回事。有关斯里兰卡佛教历史上曾经留下过痕迹的非上座部部派和大乘，到目前为止，仍然还需要做更多的研究。[1]

过去的研究者中，往往有一种错觉，认为斯里兰卡的佛教一直都是上座部的传统。历史的事实却不是如此。法显从斯里兰卡带回的这几部经典为此提供了一个佐证。

因此，总结起来讲，法显从斯里兰卡带回的这些经典，为了解斯里兰卡佛教历史的发展提供了重要数据。当然，法显对于中国佛教史，对于中印、中斯两国的友好交往，对于各方面学术研究的贡献远远不止于此，法显是历史上第一位同时到达印度和斯里兰卡的中国僧人，他的成就是多方面的。希望以后还有机会讨论到有关于法显的其他的问题。

（原载《文史》2010年第3辑，中华书局。）

〔1〕例如在斯里兰卡至今还保存的梵文佛教经典，它们与上座部传统的关系，就是一个值得研究的问题。参考 H. Bechert: *Sanskrittexte aus Ceylon, Nachrichten der Akademie der Wissenschaften in Göttingen*, Philologisch-Historische Klasse, Vandenhoeck & Ruprecht in Göttingen, 1985。

17 法显与佛教律在汉地的传承

在中国古代的历史上，法显是第一位有明确记载到达印度本土的中国人。法显作为历史上杰出的求法僧之一，贡献是多方面的，其中之一是，他通过到印度求法，为汉地带回了印度当时很重要的三种戒律。这三种戒律，后来在汉地分别形成不同的传承。为什么会这样，与法显西行求法的目的直接有关。《法显传》第一句话讲："法显昔在长安，慨律藏残缺，于是遂以弘始二年岁在己亥，与慧景、道整、慧应、慧嵬等同契，至天竺寻求戒律。"[1] 法显去印度，主要是为了寻找佛教的戒律。我们对法显的研究，这是首先必须注意到的一点。本文因此重点讨论法显与佛教律的关系以及法显对于佛教律在汉地传承的历史贡献，讨论分为四个部分：

(1)法显赴印前佛教律在汉地传承的情况。

(2)法显求法所带回的律典。

(3)法显与汉地律的传承。

(4)结语：法显的意义。

17.1 法显赴印前佛教律在汉地传承的情况[2]

佛教最初传到汉地，佛教的律是否就随之传来，情况实际上并不清楚，估计即使有，也很少。从情理上推断，佛教经典中的经律论，最早传

---

〔1〕《大正藏》第51卷，第857页上；章巽：《法显传校注》，上海古籍出版社，1985年，第2页。

〔2〕此处涉及的一些问题，我20多年前曾经从另外的角度做过较为详细的讨论。见拙文"Buddhist Nikāyas through Ancient Chinese Eyes"，载 *Untersuchungen zur buddhistischen Literatur*, Vandenhoeck & Ruprecht in Göttingen, Germany, 1994年，第165-203页。

来的，应该主要是经，其后才是律和论。文献中能看到的记载也的确如此。佛教传到汉地的时间，一般认为是在两汉之交，但我们能找到的有关佛教戒律传译最早的记录，是在三国时代。《高僧传》卷1《昙柯迦罗传》讲：

昙柯迦罗，此云法时。本中天竺人，家世大富，常修梵福。迦罗幼而才悟质像过人。读书一览，皆文义通畅。善学四围陀论。风云星宿，图谶运变，莫不该综，自言天下文理毕己心腹。至年二十五，入一僧坊。看遇见《法胜毘昙》，聊取览之，茫然不解。殷懃重省，更增昏漠。乃叹曰：吾积学多年，浪志坟典，游刃经籍，义不再思，文无重览。今睹佛书，顿出情外。必当理致钩深，别有精要。于是赍卷入房，请一比丘略为解释。遂深悟因果，妙达三世。始知佛教宏旷，俗书所不能及。乃弃舍世荣，出家精苦。诵大小乘经及诸部毘尼。常贵游化，不乐专守，以魏嘉平中来至洛阳。于时魏境虽有佛法，而道风讹替。亦有众僧，未禀归戒，正以剪落殊俗耳。设复斋忏，事法祠祀。迦罗既至，大行佛法。时有诸僧，共请迦罗译出戒律。迦罗以律部曲制，文言繁广。佛教未昌，必不承用。乃译出《僧祇戒心》，止备朝夕。更请梵僧立羯磨法受戒。中夏戒律始自于此。迦罗后不知所终。

《昙柯迦罗传》的末尾还讲：

又有安息国沙门昙帝，亦善律学。以魏正元之中来游洛阳。出《昙无德羯磨》。[1]

嘉平和正元是曹魏的年号，嘉平年从249到253年，正元年从254到255年。《高僧传》写成，虽然是在萧梁时代，距离曹魏的时代有200多年，但从当时佛教传入汉地的情形看，这里的一段记载，应该可信。这

[1]《大正藏》第50卷，第324页下至325页上。今《大正藏》第22卷收有曹魏康僧铠译《昙无德律部杂羯磨》1卷及曹魏昙谛译《羯磨》1卷，但这两种文本来源很可疑。康僧铠译《昙无德律部杂羯磨》的说法实际上首见于《开元释教录》。见《开元释教录》卷1、13、17、19。智昇说是"拾遗编入"，这样的说法显然靠不住。《大正藏》第55卷，第619页中。日本学者平川彰根据文本和经录的记载分析，认为它们都不是曹魏时代的译本。见平川彰：《律の研究》，山喜房（东京），1968年，第202至218页。

段记载可以说明的至少有三点：第一，"中夏戒律始自于此"，汉地戒律的传承以此开始。第二，这个时候传承的，最早是大众部系统的戒律，然后是法藏部的戒律。第三，传承这两种戒律的僧人，分别来自印度和安息。

这是最早时的情况，在此之后的100多年里，更多戒律的文本陆续传到了汉地。我们可以列出最主要的一些。首先应该提到的是《出三藏记集》卷2记载的两种戒律：

《十诵比丘戒本》一卷（或云《十诵大比丘戒》）。右一部，凡一卷。晋简文帝时西域沙门昙摩持诵胡本，竺佛念译出。

《比丘尼大戒》一卷。右一部，凡一卷。晋简文帝时沙门释僧纯于西域拘夷国得胡本，到关中，令竺佛念、昙摩持、慧常共译出。〔1〕

西域拘夷国即龟兹，也就是今天新疆的库车。东晋简文帝（320—372）在位是从371到372年。不过，这两种律，译出的地点不在东晋统治的南方，而是在十六国时代的长安。《出三藏记集》卷11载有道安撰写的《比丘大戒序》和另外一篇《比丘尼戒本所出本末序》，对翻译的背景和其他相关的情况做了更详细的说明。〔2〕

竺佛念是这个时期很有成绩的一位佛经翻译家。除了上面提到的戒律，他还译出了另外一种戒律，称作《鼻奈耶》，又称《戒因缘经》。《鼻奈耶》由印度僧人耶舍诵出"胡本"。耶舍来自罽宾，后来随车师前部的使人来到长安。《鼻奈耶》译出的时间是前秦建元十九年（383）。这些戒律，都属于一个系统，即都属于说一切有部的律。

当然，这时译出的律，尤其是其中的戒本，并不限于说一切有部的律，其他部派的戒本在此前后也有翻译和传承。宝唱《比丘尼传》卷1《净捡尼传》讲到传比丘尼戒的情况：

晋咸康中，沙门僧建于月支国得《僧祇尼羯磨》及《戒本》。升平元年二月八日于洛阳译出。外国沙门昙摩羯多为立戒坛。晋沙

〔1〕《大正藏》第55卷，第10页上。

〔2〕《大正藏》第55卷，第79页下至第80页下。

门释道场以《戒因缘经》为难，云其法不成，因浮舟于泗。捡等四人同坛，止从大僧以受具戒。晋土有比丘尼，亦捡为始也。[1]

西晋咸康年即335到342年，升平元年即357年。这里传承的是大众部系统的律。汉地从此有了比丘尼受戒的传统。比起前面提到的东晋简文帝时译出的说一切有部的《比丘尼大戒》，《僧祇尼羯磨》及《戒本》要早10多年。

总起来讲，在法显赴印之前，虽然已经有一些佛教的戒律陆续传到了汉地，但没有一部可以说是完整的。这一点，当时已经影响到中国佛教的正常发展。这个时候中国佛教的领袖人物是道安，道安对此有深切的认识。道安在他为前面提到的《鼻奈耶》写的序言中讲："经流秦地，有自来矣。随天竺沙门所持来经。遇而便出。"[2]说的便是这样的一种情况。为此道安采取了两项举措：一是尽量与西域的僧人取得联系，邀请通解戒律的僧人到汉地，翻译戒律，讲传律学。二是鼓励和支持汉地的僧人西行，到西域诸国，或者进而到印度本土去求取戒律，尤其是所谓的"广律"。在这个时期，有这样的需求，感受到这种形势的，当然不止道安一人，还有其他的僧人，法显是其中之一。《法显传》的第一句话，为什么就讲"法显昔在长安，慨律藏残缺，于是遂以弘始二年，岁在己亥，与慧景、道整、慧应、慧嵬等同契，至天竺寻求戒律"，以及法显为什么会在这个时候赴印求法，原因都在于此。

17.2　法显求法所带回的律典

弄清楚法显赴印时中国佛教发展尤其是有关戒律传承的背景与情况，可以更好地理解法显赴印的动机以及他在印度的行为，但仅此也还不够，我们还需要了解印度以及中亚佛教的情况，其中尤其是佛教戒律

[1]《大正藏》第50卷，第934页下。

[2]《大正藏》第24卷，第851页上。

与佛教部派的关系。[1]

法显在后秦弘始元年(399年),离开长安西行,4年后到达印度。他在印度逗留前后8年。《法显传》详细记载了法显求法经历,其中一段讲到他求取经典的过程:

从彼波罗柰国东行,还到巴连弗邑。法显本求戒律,而北天竺诸国,皆师师口传,无本可写。是以远涉,乃至中天竺。于此摩诃衍僧伽蓝得一部律,是《摩诃僧祇众律》,佛在世时最初大众所行也,于祇洹精舍传其本。自余十八部各有师资,大归不异,然小小不同。或用开塞,但此最是广说备悉者。复得一部抄律,可七千偈,是《萨婆多众律》,即此秦地众僧所行者也。亦皆师师口相传授不书之于文字。复于此众中得《杂阿毘昙心》,可六千偈。又得一部经,二千五百偈。又得一卷《方等般泥洹经》,可五千偈。又得《摩诃僧祇阿毘昙》。故法显住此三年,学梵书、梵语,写律。[2]

需要指出的是,法显得到《摩诃僧祇众律》的地方,是在"摩诃衍僧伽蓝",也就是在一座大乘寺庙。看来这里的僧众使用的应该就是这部律。

义熙五年(409),法显从东印度的多摩梨帝国乘船到达师子国,也就是今天的斯里兰卡。法显在斯里兰卡停留了2年[3],《法显传》讲:

法显住此国二年,更求得《弥沙塞律》本,得《长阿含》、《杂阿含》,复得一部《杂藏》,此悉汉土所无者。得此梵本已,即载商人大舶。[4]

义熙七年(411),法显离开斯里兰卡,乘船东返。他乘坐的商船几次遇到大风,先是到达一座荒岛,然后又到达一处叫作"耶婆提"的大岛。从耶婆提出发,向东北方航行,计划的目的地是广州,遭遇大风,无

[1] 在佛教发展的历史上,律的传承与部派的形成和分化有很重要的联系,但这一问题此处无法做仔细的讨论,具体可以参考拙著《南海寄归内法传校注》前言的第二章的第一至第二节,中华书局,1985年,第38至66页。

[2]《大正藏》第51卷,第864页中;章巽:《法显传校注》,第141页。

[3] 法显赴印求法的行程及时间的排比依章巽《法显传校注》。

[4]《大正藏》第51卷,第865页下;章巽:《法显传校注》,第164页。

意中却被吹到今天山东的青岛崂山附近，在此登陆。此时已经是义熙八年（412）。

对于法显从印度和斯里兰卡带回的经典，僧祐《出三藏记集》卷2的记载是：

> 《大般泥洹经》六卷（晋义熙十三年十一月一日道场寺译出）
> 《方等泥洹经》二卷（今阙）
> 《摩诃僧祇律》四十卷（已入《律录》）[1]
> 《僧祇比丘戒本》一卷（今阙）
> 《杂阿毘昙心》十三卷（今阙）
> 《杂藏经》一卷
> 《綖经》（梵文，未译出）
> 《长阿含经》（梵文，未译）
> 《杂阿含经》（梵文，未译）
> 《弥沙塞律》（梵文，未译）
> 《萨婆多律抄》（梵文，未译）
> 《佛游天竺记》一卷
>
> 右十一部，定（?）出六部，凡六十三卷。晋安帝时沙门释法显，以隆安三年游西域，于中天竺师子国得胡本。归京都，住道场寺，就天竺禅师佛驮跋陀共译出。其《长》、《杂》二《阿鋡》、《綖经》、《弥沙塞律》、《萨婆多律抄》，犹是梵文，未得译出。[2]

11部佛经中，有4种是律，分属3个部派，即大众部的《摩诃僧祇律》及《僧祇比丘戒本》、化地部的《弥沙塞律》，以及说一切有部的《萨婆多律抄》。其中的《摩诃僧祇律》，后来法显与印度僧人佛陀跋陀罗合作，翻译为汉文。《僧祇比丘戒本》，僧祐说"今阙"，但现存汉译佛经中，有一

[1] 僧祐此处所谓的《律录》，指《出三藏记集》卷3《新集律来汉地四部序录》中有关"婆麁富罗律"一段文字。僧祐把《摩诃僧祇律》等同于"婆麁富罗律"，有原因，但这是误解。《大正藏》第55卷，第20页下至第21页上。

[2] 《大正藏》第55卷，第11页下至12页上。法显自己讲，他在巴连弗邑还寻得一部《摩诃僧祇阿毘昙》，但所有传世经包括《出三藏记集》对此都未做记载。章巽先生已经指出了这一点。章巽：《法显传校注》，第141、195页。

种《摩诃僧祇大比丘戒本》，还有一种《摩诃僧祇比丘尼戒本》，篇幅都是1卷，译者是佛陀跋陀罗，但没列出法显。[1] 僧祐说的《僧祇比丘戒本》，应该就是指这个本子，只是他没有见到。

不过，当法显还在印度寻找佛教戒律，尚未回到中国的时候，另外两种"广律"的传本也到达了汉地，那就是说一切有部的《十诵律》和法藏部的《四分律》。

《十诵律》的翻译与鸠摩罗什直接有关。后秦弘始三年(401)，鸠摩罗什从凉州到达长安。弘始六年(404)十月十七日，罗什在长安中寺翻译《十诵律》。罽宾僧人弗若多罗诵出梵文，罗什译为汉文，参与翻译的还有"义学僧数百余人"。翻译完成了2/3，弗若多罗去世，翻译于是停顿下来。第二年，"外国沙门"昙摩流支到达长安，昙摩流支刚好携有《十诵律》的梵本。于是庐山慧远写信给昙摩流支，请他与罗什合作，继续《十诵律》的翻译工作。最后完成了汉译58卷，译文尚未删定，弘始十一年(409)，罗什也去世了。罽宾僧人卑摩罗叉是罗什在西域时学习《十诵律》的老师，这时也来到了长安。罗什去世后，卑摩罗叉带着未最后完成的译文，到了南方寿春的石涧寺，补译出《善诵毗尼序》(或称《毗尼诵》)3卷，与罗什所译58卷合在一起，全书成为61卷。这就是我们现在所见到的《十诵律》。[2]

《四分律》译出的时间稍晚于《十诵律》，在弘始十二年(410)到弘始十四年(412)。梵本由佛陀耶舍诵出，竺佛念翻译，道含笔录。佛陀耶舍也来自罽宾。依现在传本的《四分律》前不知名作者的"序"的说法，东晋的僧人支法领西行求法，经过于阗，遇见佛陀耶舍，佛陀耶舍受邀于是来到长安。不过《高僧传》卷2《佛陀耶舍传》中的说法略有不同。[3]

---

〔1〕收入《大正藏》第22卷。

〔2〕《高僧传》卷2《弗若多罗传》，《大正藏》第50卷，第332页下至第333页下以及《出三藏记集》卷3《新集律来汉地四部序录》，《大正藏》第55卷，第20页上至中。

〔3〕《四分律》卷1《四分律序》，《大正藏》第22卷，第567页上至中；《高僧传》卷2《佛陀耶舍传》，《大正藏》第50卷，第333页下至第334页中；《出三藏记集》卷3《新集律来汉地四部序录》，《大正藏》第55卷，第20页中至下。

在法显的当时，有了《十诵律》和《四分律》，加上法显带回《摩诃僧祇律》和《弥沙塞律》，作为北传佛教律的几种“广律”，就基本完备了。其后只有唐初由义净从印度带回并翻译的《根本说一切有部律》，成为最后一种传到汉地的“广律”。

17.3 法显与汉地律的传承

戒律对于佛教的成立，其重要性不言而喻。佛教所谓的“三宝”，佛、法、僧，是支撑佛教的三大基石。其中的僧，既指僧人，也指僧团。无论是个体的僧人，还是整个僧团，都需要持戒而行。佛教的基本教义，称为“三学”，包括戒、定、慧，其中“戒”排在首位。可以这么说，佛教如果没有戒律，就不成其为佛教。

在中国佛教的历史上，完整或基本完整流传于汉地的戒律，前后一共5种，即说一切有部的《十诵律》、大众部的《摩诃僧祇律》、化地部的《五分律》、法藏部的《四分律》，以及根本说一切有部的《根本说一切有部律》。前面已经讲了，《根本说一切有部律》译出最晚，义净从印度携回并翻译，已经是在武后时期。在法显的时代，只有前4种。4个传承系统或者说部派的律中，法显从印度带回的，就占了3种，其中完整的，即所谓的“广律”2种，包括《僧祇比丘戒本》，不完整的一种，也就是说一切有部的《萨婆多律抄》。

这3种律，不仅是由法显从印度和斯里兰卡带回中国，法显回国以后，又参与了其中的《摩诃僧祇律》的翻译。传本《摩诃僧祇律》后附有一篇“私记”，其中讲到有关《摩诃僧祇律》的传说，也讲到了翻译的情况：

> 中天竺昔时，暂有恶王御世，诸沙门避之四奔，三藏比丘星离。恶王既死，更有善王，还请诸沙门还国供养。时巴连弗邑有五百僧，欲断事而无律师，又无律文，无所承案。即遣人到祇洹精舍，写得律本，于今传赏。法显于摩竭提国巴连弗邑阿育王塔南天王精舍，写得梵本，还扬州。以晋义熙十二年岁在丙辰十一月，于斗

(道?)场寺出之,至十四年二月末都讫。共禅师译胡本为秦焉。故记之。[1]

此处的禅师指佛陀跋陀罗,因为佛陀跋陀罗当时以精于禅学而闻名。扬州即今天的南京。《摩诃僧祇律》的原本,《法显传》讲得自中天竺巴连弗邑的"摩诃衍僧伽蓝",这里讲是"摩竭提国巴连弗邑阿育王塔南天王精舍",不过二者可以不矛盾。义熙十二年到十四年即416年到418年。

至于化地部的《弥沙塞律》,虽然法显在世时未能译出,但法显去世后不久就有了汉文的译本。《出三藏记集》卷3《新集律来汉地四部序录》讲:

弥沙塞律(三十四卷)。弥沙塞者,佛诸弟子受持十二部经,不作地相、水火风相、虚空识相,是故名为弥沙塞部。此名为《五分律》。比丘释法显于师子国所得者也。……法显以晋义熙二年还都,岁在寿星。众经多译,唯《弥沙塞》一部未及译出而亡。到宋景平元年七月,有罽宾律师佛大什,来至京都。其年冬十一月,琅琊王、练比丘、释慧严、竺道生于龙光寺,请外国沙门佛大什出之。时佛大什手执胡文,于阗沙门智胜为译,至明年十二月都讫。[2]

宋景平元年即423年,汉译本全部译出在第二年的年底。汉译本的全名是《弥沙塞部和醯五分律》,简称为《五分律》。

在中国佛教发展的历史上,法显带回和翻译的这两种律典,《摩诃僧祇律》和《五分律》,其实非常值得注意。虽然现在中国汉地的佛教,以《四分律》作为律学的传承的基础,并由此有了律宗和律宗传承的系统,但这样的情形,主要发生在唐代。汉地佛教以《四分律》作为唯一的律学经典,更是唐代中期以后的事,此前的汉地佛教,传承更多的是《十

〔1〕《大正藏》第22卷,第548页中。僧祐《出三藏记集》卷3《新集律来汉地四部序录》"婆麁富罗律"一节即抄自这篇"私记",僧祐误以为《摩诃僧祇律》与"婆麁富罗律"同名,见前注。《大正藏》第55卷,第20页下至第21页上。

〔2〕《大正藏》第55卷,第21页上至中。

诵律》和《摩诃僧祇律》。[1]讲到《摩诃僧祇律》的传承，当然离不开法显。至于《五分律》，虽然影响要小一些，但一度也是一些律学僧研究和传承的对象。

至于属于说一切有部的《萨婆多律抄》，法显带回了中国，但最后没有被翻译出来。原因似乎很简单，当法显出发去印度时，完整的说一切有部的律还没有传到汉地，更没有翻译出来，但当他回到汉地时，说一切有部的律，即《十诵律》，已经被鸠摩罗什等人翻译了出来，重复的翻译显然没有必要。

17.4 结语：法显的意义

本文的题目是《法显与佛教律在汉地的传承》，但讨论至此，我以为我们对法显和法显带回的佛经的理解，还不能仅限于佛教的戒律，也不能仅限于从中国方面考虑，我们显然还需要从一个更广大的范围，也就是当时的中亚和南亚整体的形势、印度佛教与中国佛教的关系等等来做考虑。这方面可以讨论的问题很多，这里我只简单地列举三点。

首先是法显分别从印度和斯里兰卡带回佛经中的两种律，《摩诃僧祇律》和《五分律》。在现存的佛教文献中，无论何种语言形态，完整或者基本完整的律，只有6种，即前面讲到的5种再加上巴利文的上座部律。这6种律，是研究佛教、理解佛教发展历史最基本、最重要的资料。其中的上座部律，保留的是印度古代语言巴利文的文本。根本说一切有部的律既有印度古代语言梵文的文本，也有汉文和藏文的译本。其余4种，作为完整的文本，基本上都是以汉译本的形态而存在。

[1] 对此唐代的义净曾经做过一个总结："然东夏大纲，多行法护。关中诸处，僧祇旧兼。江南岭表，有部先盛。"见其《南海寄归内法传》卷1。《续高僧传》卷22《智首传》："关中专尚，素奉僧祇。洪遵律师创开四分，而兼经通诲，道俗奔随。"《续高僧传》卷22《法砺传》："又往江南，游览《十诵》。"《大正藏》第50卷，第614页中，第615页下。更多的讨论见拙著《南海寄归内法传校注》前言第二章第四节，第96至97页。国内讨论佛教律学的著作很少，即使讨论，基本上也只涉及所谓的"四分律学"。但如果我们能够有一个比较大的视野，同时考虑到印度、中亚、东南亚和汉地佛教几个方面的情况，律学研究的内容其实应该丰富得多。

这中间就包括《摩诃僧祇律》和《五分律》。[1] 如果没有法显,《摩诃僧祇律》和《五分律》很可能就失传了。这两种律能够流传下来,用佛教的话说,是因为有法显印度求法的这段殊胜因缘。对于今天研究佛教文献和佛教史,尤其是其中的印度佛教史而言,这两种律是非常重要的基本资料。汉译所传,完整或基本完整保留在汉地的就有5种,汉译中唯一没有流传的,只有上座部律。[2] 佛教历史上不同的部派,使用不同的律,了解它们之间的差别十分重要,现存的这几种律,无论结构还是内容,都是进行这种对比的最基本的坐标。

其次,法显从印度和斯里兰卡带回的佛经,还有他自己写成的《法显传》,为今天研究中亚和印度佛教的历史、佛教的文献,还有古代中国与中亚、南亚地区文化交流、交通的历史,提供了极其宝贵的资料。这方面的例子太多,这里不用再列举。章巽先生多年来研究《法显传》,1985年出版的《法显传校注》一书,至今仍然是研究法显和《法显传》最重要的著作。[3]

再次,法显带回和翻译的佛经,除了律以外,还有其他很重要的经典,其中最重要的是《大般泥洹经》。这部经,法显与佛陀跋陀罗,还有与法显一起去印度求法的宝云合作,在东晋义熙十三年(417)十一月一

---

〔1〕参考拙文《关于法显从斯里兰卡带回的几种佛经》,载《文史》2010年第3辑(总第92辑),第45-29页。拙文中讨论到《摩诃僧祇律》对于研究现存的梵文本大众部-说出世部律的重要性。有关佛教各种律的文献概况,可以参考Akira Yuyama(汤山明):*Vinaya-Texte, Systematische Üersicht über die Buddhistische Sanskrit Literatur*, Erster Teil, Wiesbaden: Franz Steiner, 1979年。汤山明书出版稍早,书出版后,又有一些新资料被发现,不过总量不多。

〔2〕上座部的律,在中国历史上其实也曾经有过翻译。《出三藏记集》卷2:"《五百本生经》(未详卷数,阙);《他毘利》(齐言《宿德律》,未详卷数,阙)。右二部,齐武皇帝时,外国沙门大乘于广州译出,未至京都。""他毘利"即上座部的另一个译名。僧祐没见到原书,原书显然后来没有存留下来。不过,汉译佛典中的《善见律毗婆沙》,属于上座部,只是不是"广律"而是"律论"。《出三藏记集》卷2:"《善见毘婆沙律》十八卷(或云《毘婆沙律》,齐永明七年出)。右一部,凡十八卷。齐武帝时沙门释僧猗于广州竹林寺请外国法师僧伽跋陀罗译出。"《大正藏》第55卷,第13页中。汉译本《善见律毗婆沙》今存,只是它究竟是一部什么性质的书,古代与近代的学者有一些不同的意见。

〔3〕关于2003年以前研究《法显传》的学术史,见拙文《法显与〈法显传〉:研究史的考察》,载《世界宗教研究》2003年第4期,第20-27页。最新的研究著作则有Max Deeg: *Das Gaoseng-Faxian-Zhuan als religionsgeschichtliche Quelle*, Wiesbaden: Harrassowitz Verlag, 2005年。

日在建康的道场寺翻译了出来，一共6卷。它与北凉昙无谶翻译的40卷《大般涅槃经》实际上是同一经典的不同译本，都是大乘佛教的重要经典，在中国佛教思想的发展史上曾经有过很重要的影响。法显带回来和翻译的《大般泥洹经》，相对于昙无谶的译本，虽然篇幅较小，不是全本，但如果我们今天要了解和研究这部经典流传的历史，其中所提供的信息非常重要。稍晚一点时间，在法显译本和昙无谶译本的基础上，僧人慧严、慧观和谢灵运一起"改治"成36卷本的《大般涅槃经》。〔1〕

再有《杂阿毘昙心》，僧祐说有"十三卷"，但又说"今阙"。现存的汉译佛经中有一部以《杂阿毘昙心论》为题的经典，译者题刘宋僧伽跋摩等。僧伽跋摩为印度僧人，元嘉十年(433)到达建康，大致与法显同时。虽然法显的译本究竟是什么文本今天并不清楚，但有这一件事，对了解当时印度和中国毗昙学发展的历史仍然具有价值。法显带回却没有翻译的《长阿含经》和《杂阿含经》，也是同样的情况。即便是篇幅很短，看起来并不太重要的《杂藏经》，如果仔细地做研究，也有好些很值得讨论的地方。〔2〕

最后，回到本文的主题，我们似乎可以做一个总结，那就是，对于佛教律在汉地的传承，法显确实有过重要而特殊的贡献。现存佛教部派律中重要的两种，《摩诃僧祇律》和《五分律》，是因为有了法显，被法显带回中国，同时又被翻译为汉语而存留至今。

以上的讨论，不过仅仅涉及法显研究的一个方面，有关法显，还有许多问题有待于做深入的研究。在古代中印文化交流和佛教的历史上，法显有着多方面的贡献，所有这些，显然需要做更多的讨论。

(原载《宗教学研究》2013年第4期。)

〔1〕见拙文《略论大乘〈大般涅槃经〉的传译》，载《季羡林教授八十华诞纪念论文集》，江西出版社，1991年，第769-787页。

〔2〕见拙文《杂藏考》，载《国学研究》第2卷，北京大学出版社，1994年，第561-573页；以及拙文《论阿富汗新发现的佉卢文佛教经卷》，载《中华佛学学报》第13期(卷上)，台北，2000年，第13-20页。

18　佛传神话中的“字书”

现存的佛教文献中，有一类佛经，现代的学者一般称作佛传。佛传叙述佛一生的经历或一生中的某一段行事，故事性比较强，文体以叙述为主，在故事中宣说佛教的教义，既有教化的作用，又有几分愉悦的成分，容易被大众接受。如果从今天文学研究的角度讲，它们不仅是宗教文献，也可以被看作是一类文学作品。这一类佛经，数量不少。故事的基本情节，最初比较简单，后来逐渐发展和扩大，变得繁复起来。有一些成为独立的经典，有的情节成为稍后的文学家进行再加工、再创作的题材。印度古代著名的诗人马鸣的《佛所行赞》，就是这样的作品。这类经典，在现存的印度语言的文献中，保留了一些，但很多在印度早已经失传，却在中国古代汉译的佛经中却保留了下来。这些汉译，大多由历史上到中国来的中亚或印度僧人与中国人合作翻译而成，今天看来，这是对保留印度文献和文化的一大贡献。这些经典，在古代中国很著名，曾经有过多方面的影响。只是汉译的这一部分佛传至今还没有得到很好的整理和研究。

在至今还能见到的用梵语写成的佛传中，最著名的是*Lalitavistara*和*Mahāvastu*。前者在中国更为有名。因为它在历史上先后至少有两种汉译本，分别是《普曜经》和《方广大庄严经》，前者的译者是西晋时代的竺法护，后者的译者是唐代来华的印度僧人地婆诃罗。

此外，汉译佛经中还有一部经典，名称是《佛本行集经》，译者是隋代来华的印度僧人阇那崛多，内容上与*Lalitavistara*很接近，但结构和有些地方不一样，可以看作是性质相近的一部书。

这三种汉译佛经，在日本出版的《大正藏》里，都收入《本缘部》。以内容、结构和文字而论，地婆诃罗的译本最接近现存的梵文本，因此这里以《方广大庄严经》作为译名。《方广大庄严经》在古代还有一个汉译名，是《神通游戏》。20世纪60年代，金克木先生写《梵语文学史》，使用的就是后一个译名。

《方广大庄严经》的梵文本很早就被发现，而且先后有三种校订本出版。三种校订本分别是：

（1）R. Mitra校订本，1877年在印度出版，后来又重印过。

（2）S. Lefmann校订本，1902年，1908年在德国出版。

（3）P. L. Vidya校订本，1957年在印度出版，1987年由S. Tripathi修订重印。

但三种校订本，都有一些问题，使用中需要注意。[1]

梵文本共27品。从佛受大自在天等的请求，讲说《方广神通游戏大严经》，即《方广大庄严经》，从菩萨住兜率天宫讲起，投胎，降生，成长，出家，成道，一直讲到转法轮为止。地婆诃罗的汉译本，也完整地保留了27品的结构。

《方广大庄严经》的篇幅很长，内容也很丰富，一时不可能做全面的讨论。这里只挑选其中的第十品，讨论其中的一些问题。选这一品的原因是其中涉及印度的"字书"和"唱字"，涉及一些有意思的问题。

梵文本《方广大庄严经》的第十品名称是*Lipiśālāsaṃdarśanaparivarta*，汉译为《示书品》。《示书品》的一开首，讲到佛渐渐长大，到了上学的年龄，应该到学校去读书了。于是与佛一起，一万童男、一万童女相随，一万车乘，来到迦毘罗卫城的大街上，民众观瞻，欢喜无量，百千音乐，天雨妙花，诸天婇女，众神拥护。佛由父亲净饭王引领，到了学校。学校的老师名叫Viśvāmitra，汉文的译名是毘奢蜜多。有趣的是，汉译者在这个名字前还加了"博士"的头衔。在佛的面前，毘奢蜜多虽是"博士"，但自觉学问不够，"生大惭惧，迷闷躃地。时兜率天子，名曰妙身。扶之令起，安置座上"。毘奢蜜多起来之后，佛向老师提问，一下列举出64或者说65种所谓的"字书"，问老师准备教他哪一种。这些"字书"对

〔1〕相关较早的研究可参考M. Winternitz：*History of Indian Literature*，New Delhi：Oriental Books Reprint Cooporation，1977，Vol. Ⅱ，第248至256页。

于昆奢蜜多是闻所未闻。昆奢蜜多听说之后,“欢喜踊跃,自去贡高”,诵诗称赞佛的知识广博。佛列举出的“字书”分别是:[1]

(1)Brāhmī (2)Kharoṣṭī (3)Puṣkarasāri (4)Aṅgalipi (5)Vaṅgalipi (6) Magadhalipi (7) Maṅgalyalipi (8) Aṅgulīyalipi (9) Śakārilipi (10)Brahmavalilipi (11)Pāruṣyalipi (12)Drāviḍalipi (13)Kirātalipi (14) Dākṣiṇyalipi (15) Ugralipi (16) Saṃkhyālipi (17) Anulomalipi (18) Avamūrdhalipi (19) Daradalipi (20) Khāṣyalipi (21) Cīnalipi (22)Lūnalipi (23)Hūṇalipi (24)Madhyākṣaravistaralipi (25)Puṣpalipi (26) Devalipi (27) Nāgalipi (28) Yakṣalipi (29) Gandharvalipi (30) Kinnaralipi (31) Mahoragalipi (32) Asuralipi (33) Garuḍalipi (34)Mṛgacakralipi (35)Vāyasarutalipi (36)Bhaumadevalipi (37)Antarīkṣadevalipi (38) Uttarakurudvīpalipi (39) Aparagoḍānīlipi (40) Pūrvavidehalipi (41) Utkṣepalipi (42) Nikṣepalipi (43) Vikṣepalipi (44)Prakṣepalipi (45) Sāgaralipi (46) Vajralipi (47) Lekhapratilekhalipi (48) Anudrutalipi (49) Śāstrāvartā (50) Gaṇanāvartalipi (51) Utkṣepāvartalipi (52) Nikṣepāvartalipi (53) Pādalikhitalipi (54) Dviruttarapadasaṃdhilipi (55) Yāvaddaśottarapadasaṃdhilipi (56) Madhyāhāriṇīlipi (57) Sarvarutasaṃgrahaṇīlipi (58) Vidyānulomāvimiśritalipi (59) Ṛṣitapastaptā (60) Rocamānā (61) Dharaṇīprekṣiṇīlipi (62) Gaganaprekṣiṇīlipi (63) Sarvauṣadhiniṣyandā (64) Sarvasārasaṃgrahaṇī (65) Sarvabhūtarutagrahaṇī

有趣的就是这64或65种“字书”,佛早已经全知,而博士昆奢蜜多却不知道。故事中有这样的情节,不难理解,这里要表现的,是佛的全知全能,即便佛还只是一个幼童,也是如此。但这里的问题是:在古代印度,有这么多种文字吗?答案当然是否定的。

〔1〕通常一般讲字书的数量是64种,但梵文本举出了65种。地婆诃罗的汉译本也举出的是65种。从印度的习惯讲,64是个常数,因此似乎应该是64,但这里确实是65,大概是因为经典传承中不经意所造成的结果。《普曜经》和《佛本行集经》中举出的就是64种。梵文原文见P. L. Vidya本,Darbhanga,1987年,第96至99页。地婆诃罗的汉译文见《大正藏》第4卷,第559至560页。

不过，这其中讲到的也不完全不是事实。六十多种“字书”中，第1和第2种，即 Brāhmī（“梵寐书”）和 Kharoṣṭī（“佉卢虱底书”）[1]，就代表了印度古代最主要的两种文字系统，实际上都存在过。今天印度广泛使用的天城体字，就是从前一种“字书”发展而来。有趣的是其中提到第21种的 Cīnalipi（“支那书”），“支那”就是中国，这指的是中国的文字。中国当然很早就有文字。这是否说明《方广大庄严经》这个时候的作者已经知道了中国有文字？估计有这种可能。还有第23种的 Hūṇalipi（“护那书”），从梵文的原文看，应该指的是中国史籍中讲的匈奴，古代的匈奴有过文字吗？这却很可怀疑。再有就是，列举出来的各种字书，有的涉及印度的民族名，例如第12种的 Drāviḍalipi，这就是今天称作的达罗毗荼人；有的涉及地名，例如第6种的 Magadhalipi，第14种的 Dākṣiṇyalipi，第38种的 Uttarakurudvīpalipi，第39种的 Aparagoḍānīlipi，第40种的 Pūrvavidehalipi；有的则是神话中的天龙八部，诸天鬼神的名字，例如从第26一直到第33种的 Devalipi（提婆书），Nāgalipi（那伽书），Yakṣalipi（夜叉书），Gandharvalipi（干闼婆书），Kinnaralipi（紧那罗书），Mahoragalipi（摩睺罗书），Asuralipi（阿修罗书），Garuḍalipi（迦娄罗书）。其余的则很难判断是什么出处。

《方广大庄严经》是佛传，与其他的一些佛传不大一样的是，它已经明显具有大乘佛教的色彩，可以说已经是一部大乘经典。在《方广大庄严经》中，佛的生平已经充分地被神化。为了表现出佛的神异能力，故事中一下列举出60多种“字书”，虽然大部分不是事实，但第一，它反映了作者——当然不是一个人，也不是一个时候所写成的——对现实世界的了解，一定程度上也反映作者当时对印度周边国家、印度的民族、地理区划的认识；第二，它是作者对世界众生以及众生应该有的“字书”的想象。在作者的想象世界里，人天混杂，万象包罗。《方广大庄严经》的另一个译名《神通游戏》，反映的就是这个特点。佛天生通解60多种“字书”，就是一种神通。作为宗教神话，这不奇怪。古代印度其他的宗

[1] 这里的汉译名来自地婆诃罗的汉译本。地婆诃罗的译本列出的65种“字书”的名称和次序都不能完全与梵文原文匹配，说明地婆诃罗使用的梵文本与现存的梵文本文字上有一些差异。

教也是这样。在古代印度人的精神世界里，人神并存，虽然这对于我们中国人多少有些怪异。在中国，人与神的区别，一般是很明显的。

再有，如果我们拿西晋时代竺法护的《普曜经》中列出的汉译名做对比，则会发现另一种有趣的现象，“字书”的名字更多的是与中亚一些民族的名字相关，例如第7种字书的“大秦书”，第16种的“康居书”，第19种的“佉沙书”。是原文如此，还是竺法护自己因时因地而使用了自己认为更容易理解的词语？我们目前还不清楚。地婆诃罗翻译的“支那书”和“护那书”，竺法护则更明确地译为“秦书”和“匈奴书”。很大的一种可能是，竺法护翻译时所使用的底本是中亚的传本，流传过程中带有中亚的特点。

至于《示书品》中接下来讲到的“唱字”方面的问题，佛与一万童子“同学字母，唱阿字时，出一切诸行无常声。唱长阿字时，出自利利他声”，涉及佛教文献与佛教的另外一些问题，留待下次再讨论。

（原载《东方研究》，经济日报出版社，2008年。）

19　玄奘的梵音“四十七言”和义净的“四十九字”

印度梵文方面的知识，随佛教传入中国而逐渐被中国人所知晓。但是，在很长一段时间内，中国的僧人或者学者，从佛教的经典中，或从西域或者南海来华的外国僧人那儿，或者中国求法僧自己到了印度，他们得到的有关梵文的知识不完全一样。梵文的字音，即字母究竟有多少个，就是一例。关于梵音的字数，在中国先后就有42、46、47、49、50、51、52等数种说法。这些说法中，最值得注意的是42、47、49和50这4种说法。唐代的玄奘法师，在历代求法僧中是最著名的一位，又是大翻译家，他传的是“四十七言”说。由玄奘法师撰写，僧人辩机笔录的《大唐西域记》，是一部世界名著，其中卷2“印度总述”部分中有“文字”一条：

详其文字，梵天所制。原始垂则，四十七言。遇物合成，随事转用。流演枝派，其源浸广。因地随人，微有改变。语其大较，未异本源。而中印度特为详正，辞调和雅，与天同音。气韵清亮，为人轨则。邻境异国，习谬成训。竞趋浇俗，莫守淳风。〔1〕

比玄奘时间稍晚的僧人义净法师，同样是唐代一位很有名的求法僧，同时也是大翻译家，他传的是“四十九字”说。义净撰写有《南海寄归内法传》一书，书中卷4有“西方学法”一章，其中则讲：

一则创学《悉谈章》，亦云《悉地罗窣堵》。斯乃小学标章之称，但以成就吉祥为目，本有四十九字，共相乘转，成一十八章，总有一万余字，合三百余颂。凡言一颂，乃有四句，一句八字，总成三十二言。更有小颂大颂，不可具述。六岁童子学之，六月方了。斯乃相

〔1〕季羡林等：《大唐西域记校注》，中华书局，1985年，第182页。

传是大自在天之所说也。[1]

"本有四十九字",就是说有49个字母。"字"即是"言",义净的"字"和玄奘的"言",两个词是通用的。

玄奘的"四十七言",具体是指梵文的哪47个字母呢?乍看起来,问题很简单,因为现在通行的梵文教科书一开首大多都列有一张字母表,其中元音13或14个,辅音33个,再加1个鼻化音和1个送气音。如果元音按14个算,加上辅音,不计算鼻化音和送气音,总数正好47个。中华书局1985年出版的《大唐西域记校注》一书,我们参加编撰工作的几位,对这一段文字,当时都做的是这样的理解,因此在注中就简单地抄上了一个字母表。几年以后,主编季羡林先生在读书中有了新的不同的看法,于是他在1991年第1期《文史知识》上发表了一篇不是太长的文章,《玄奘〈大唐西域记〉中的"四十七言"问题》,说明他的意见。[2]具体地讲,季羡林先生根据日本平安时代的一位僧人安然所编撰的《悉昙藏》一书中的一段记载,认为,玄奘讲到的"四十七言"中,不包括4个流音 ṛ、ṝ、ḷ、ḹ,但应该包括1个鼻化音和1个送气音,同时在最末尾再加上"蓝"llaṃ和"乞叉"kṣa 2个字。[3]不过,安然其实并没有提出新的解释,他只是抄引了中国唐代山阴的一位僧人智广所撰写的《悉昙字记》中的一段文字。智广的说法,他自己说得很清楚,"四十七言"一句,来自《大唐西域记》,而具体的解释,则得自于从南印度来的僧人般若菩提。《悉昙字记》一书现存。因此,这种解释应该说是有来历的,而且来自印度。[4]

那么义净的"四十九字"又是哪49字呢?现在我们见到的《南海寄

---

〔1〕拙稿《南海寄归内法传校注》,中华书局,1995年,第189页。

〔2〕这篇文章,在1995年《大唐西域记校注》第三次重印时,附印在书的末尾。

〔3〕季羡林先生的文章中用拉丁字母列出了一个字母表,此处不再细列出这47个字母。

〔4〕智广自述,他在五台山遇见般若菩提,"因从受焉"。见《大正藏》第54卷,第1186页上。有人认为,这位般若菩提,就是《贞元新定释教目录》卷17讲到的印度僧人般若三藏。般若三藏北印度迦毕试国人,曾至南印度学持明藏,其后从海道来华,唐建中二年(781)至广州。贞元六年(790)又曾奉使北印度。贞元十年(794)三月,般若瞻礼五台山,住至秋天,次年四月始返长安。智广应该是在这时候与般若相遇的。《大正藏》第55卷,第891页下至第894页下。看来智广是根据从般若学来的理论来解释玄奘的说法的。

归内法传》“西方学法”章的这段文字，并没有详细的说明。但是，同样也是在安然的《悉昙藏》卷2“悉昙韵纽”一节里，有一段文字，对此做了详细的解释。这段文字是这样的：

然今依义净三藏《寄归传》，恶、痾、益、伊、屋、乌、颉里（小字注：是一字。）、里、离、馔、蔼、污、奥、庵、阿。右十六字，皆是声韵，向余字上配之，凡一一字，便有十六之别，犹若四声於一字上即有平、上、去、入四番之异。其《涅槃》云十四音者，不言末后二字，以与初字字形无别也。其颉、里、蹊、梨四字，成西方二字，更加里、离，始成四字。为此古人有鲁、流、卢、楼之失，深成译者之过。其《文字品》自非对校，终无解理。脚、佉、伽、嘘、俄、者、椫、社、縒、喏、吒、诧、茶、秺、拏、哆、他、柁、但、娜、跛、叵、婆、啖、摩，右五五二十五字，名便缮明。此之一名，目因多义：一未成文义，二成文义，三男女根义，四永韲酱义，五气味义等。然其大意，总是第三转声，能简别义。此二十五字，未将上韵来配时，但是半字，不堪呼召。野、啰、攞、婆、舍、洒、娑、诃、蓝、叉（小字注：末后二字不入其数。）。右脚等二十五字并下八字，总有三十三字，名初章，皆需上声读之，不可著其字而为平、去、入也。且如将十六韵声配三十三时，初一脚字，成十六之别。然当今时俗，始教童蒙，多不道颉里（小字注：一字。）、蹊梨（小字注：一字。）、里（小字注：一字。）、离（小字注：一字。）四字，所以但有十二之殊。若为十六者，亦成无过，以其四韵用处不多，是以人皆不存。十二声者，谓是脚、迦（小字注：上短下长。）、枳、鸡（小字注：姜移反。上短下长。）、矩、俱（小字注：上短下长。）、鸡、计（上长下短。）、孤、告（上长下短。）、甘、箇（小字注：两声俱短，用力出气。呼佉字等十二声，并宜效此。）此十二字，皆可两两相随唤之，仍须二字之中看子注而取长短也。余三十二字，皆可效斯。总有三十三箇十二，名第二章了。悉谈总有十八章，但学书得一章，识字略足，渐学余也（小字注：文。）。[1]

这一段文字，是否就完全是义净原书的原文，不是很肯定，但如果

〔1〕《大正藏》第84卷，第379页下至第380页上。

说基本内容出自义净的书，应该不会错。[1] 依此解释，义净的悉谈章的“四十九字”，“声韵”，即元音有16个，“便缮明”，即辅音有33个，二者加在一起，一共49个，即49字。与上面《悉昙字纪》中解释《大唐西域记》“四十七言”的那一段话的说法比较，元音中不仅包括鼻化音、送气音，而且把四个流音也都包括了进来，但最末的两个音，llaṃ 和 kṣa ，虽然提到了，但不计算在内。

安然书的卷5，有“字母翻音”一节，还列出了一个“翻音”的字母表，安然说，这也是出于义净的《南海寄归内法传》，虽然现在见到的《南海寄归内法传》中并没有这段文字。安然书中抄写的梵文字母是唐代流行的所谓的悉昙体，为了方便，我把悉昙字母改抄为拉丁字母：

义净《南海寄归内法传》：

a 恶　ā 痾　i 益　ī 伊　u 屋　ū 乌

ṛ 颉里（小字注：是一字）　ṝ 蹊梨（小字注：是一字）

ḷ 里　ḹ 离

e 翳　ai 蔼　o 污　au 奥

aṃ 菴　aḥ 阿

ka 脚　kha 佉　ga 伽　gha 嘘　ṅa 我

ca 者　cha 捙　ja 社　jha 缮　ña 喏

ṭ 吒　ṭha 诧　ḍa 茶　ḍha 祾　ṇa 拏

ta 哆　tha 他　da 拕　dha 但　na 娜

pa 跛　pha 叵　ba 婆　bha 捨　ma 么

ya 野　ra 啰　la 攞　va 婆

ś 舍　ṣa 洒　sa 娑　ha 诃

llaṃ 蓝　kṣa 叉（小字注：末后二字不入其数）

恶等十六，皆是声韵，向余字上配之。凡一一字，便有十六之别，犹若四声於一字上有平、上、去、入四番之异。脚等二十五字并下八字，总有三十三字，名初章。皆须上声读之，不可看其字而为

〔1〕参见拙稿《〈南海寄归内法传〉佚文辑考》，载《清华汉学研究》第1辑，清华大学出版社，1994年，第167-175页。

平、上、去也。

又云：十二声者，谓是 ka 脚、kā迦（小字注：上短下长。）、ki 枳、kī 鸡（小字注：姜移反，上短下长。）、ku 矩、kū俱（小字注：上短下长。）、ke 鸡、kai 计（小字注：上长下短。）、ko 孤、kau 告（小字注：上长下短。）、kaṃ 甘、kaḥ箇（小字注：两声俱短，箇字用力出气，呼佉等十二声并效此。）。此十二字，皆可两两相随呼之，仍须二字之中看字注而取其短长也。（小字注：抄。）[1]

这个字母表很清楚，49字，元音16个，辅音33个，内容与上面一致。

为了更清楚，我这里也照季羡林先生上引文中的办法，再列出义净所说的49字：

元音十六个	
a ā i ī u ū ṛ ṝ ḷ ḹ	e ai o au aṃ aḥ
辅音三十三个	
喉音	k kh g gh ṅ
颚音	c ch j jh ñ
舌（顶）音	ṭ ṭh ḍ ḍh ṇ
齿音	t th d dh n
唇音	p ph b bh m
遍口音（超声）	y r l v ś ṣ s h

把义净的字母表与现在一般通行的梵文教科书的字母表对比，就可以发现，两者正相同。通行的梵文教科书，没有“末后二字”，元音辅音包括鼻化音和送气音一共49个。[2]

如果再把义净的“四十九字”与玄奘的“四十七言”比较，不同之处除了鼻化音和送气音以及最末的“蓝”字和“叉”字外，最主要的差别，是如何安置四个流音，或者换句话说，是要不要把流音包括进来。梵音的字数，有种种不同说法，原因大多都在这儿。这一点，季先生的文章里，

〔1〕《大正藏》第84卷，第408页中。

〔2〕见 W. D. Whitney：*Sanskrit Grammar*, Reprint, Delhi, 1994, pp. 2-3 以及 M. Monier-Williams：*A Sanskrit-English Dictionary*, Reprint, Oxford, 1979 书前的梵文字母表。

已经做了说明。[1]四流音在佛教语言和文献史上的地位以及变化，是一个极复杂，同时也极有意思的问题。这里也不例外地涉及了。[2]需要指出的是，在各种各样的说法中，义净的“四十九字”说，排列的字音字母，现在看来，大概要算是最合乎规范的一种。

问题讨论到末了，也许有人会问：研究梵文的字母有“四十七言”还是“四十九字”，究竟有什么意义呢？我的回答是：当然有意义。中国古代，与印度有着近2000年的有文字记载的交往的历史。在汉文的文献——不管是佛教文献，还是非佛教文献——之中，保存了极其丰富的与印度有关的资料。其中一些资料，在印度方面看来，尤其宝贵，甚至可以说绝无仅有。从另一方面讲，中印之间，文化上相互交流，相互学习，都有很多值得研究的内容。梵文字音的数目问题，在古代曾经是所谓“悉昙学”讨论的内容的一部分。梵文的字母表和字母之间的拼合规则，也就是所谓的“悉昙章”，曾经对中国中古时期音韵学理论和方法都产生过相当大的影响。我们现在在敦煌写卷中见到的唐末五代时僧人守温列出的30字母，以及等韵学中的种种理论，都与此有关。[3]而更早的例子也有不少。[4]

---

〔1〕见季羡林先生：《玄奘〈大唐西域记〉中的“四十七言”问题》。更可以参见季先生的另外两篇文章：《梵语佛典及汉译佛典中四流音ṛ ṝ ḷ ḹ问题》和《所谓中天音旨》，两文俱收入《季羡林佛教学术论文集》，台北东初出版社，1995年。

〔2〕除上引季羡林先生的文章以外，还可参见饶宗颐先生《梵语Ṛ、Ṝ、Ḷ、Ḹ四流音及其对汉文学之影响》等文，前后收入饶宗颐《中印文化关系史论集》（语文篇），香港中文大学中国文化研究所、三联书店，1990年；以及《梵学集》，上海古籍出版社，1993年。也可参见拙稿《鸠摩罗什〈通韵〉考疑暨敦煌写本S. 1344号相关问题》，载《中国文化》，第7期，中华书局有限公司（香港），1992年，第71-75页。

〔3〕古代中国的学者，例如宋代的郑樵、清代的钱大昕等，对此都早有所认识，但他们的认识在一些细节上，尤其当这些细节涉及印度和西域语言知识本身时，不是很明了，常常还有一些误解。例子可见郑樵《通志》卷36《七音略》“序”及钱大昕《十驾斋养新录》卷5“字母”“西域四十七字”等条。《康熙字典》前载《字母切韵要法》，其中“切字样法”干脆就讲：“夫等韵者，梵语悉昙，此云字母，乃是一切文字之母，所谓迦、佉，乃至劣、爇是也。梵语毗佉啰，此云切韵，是一切文字之根本……”也就是把二者直接连在一起，虽然说这样的话其实有一些问题。

〔4〕最早的例子可能是刘宋时代的谢灵运。参见拙稿《谢灵运〈十四音训叙〉辑考》，载《国学研究》第3卷，北京大学出版社，1995年，第275-300页；修订稿载《二十世纪文史考据文录》（下），云南人民出版社，2001年，第1966-1980页。

至于“四十二”和“五十”这两种说法，本来也是应该谈到的，但牵涉到更多方面的问题，只能希望以后有机会时再做讨论。

（原载《周绍良先生欣开九秩庆寿论文集》，中华书局，1997年。）

20 北凉昙无谶依龟兹国文字说十四音事辩证

1990年,饶宗颐先生发表过《慧琳论北凉昙无谶用龟兹语说十四音》一文,讨论唐代慧琳批评北凉昙无谶依"龟兹国胡本文字翻译"《大般涅槃经》并以此解说"十四音"一事。饶先生的文章,举出慧琳在《一切经音义》中的说法,然后加以讨论,最后评论说:"慧琳以师承关系,排斥东天本,故以十四音取鲁流卢娄四助声者为谬。据其所言,最先依龟兹文定十四音而有取此四助声者,实始于北凉玄始四年之昙无谶。罗什生于龟兹,故其梵本亦用鲁流卢娄四字,与昙无谶同为东天本。惟后代龟兹文字母实不曾用鲁流卢娄,诚如慧琳所言,其元音字母只有ṛ一名而已。"[1] 在学术界,饶先生是最早注意到这个问题并对此进行研究的学者。饶先生前期的研究,对我们很有启发意义。

本文即在饶先生研究的基础上,对相关的问题做进一步的讨论。希望由此能够对《大般涅槃经》翻译时的情形,慧琳批评的缘由,慧琳的批评是否正确,"十四音"在中古中国文化背景下所涉及的诸多问题做更多的了解。

20.1 问题的来由

唐代慧琳编撰的《一切经音义》,是现存佛经"音义"类著作中篇幅最大,也是最重要的一种。其中卷25是《大般涅槃经》的"音义",有"次辩文字功德及出生次第"一节,"梵经"一词以下是很少见的一长段:

---

〔1〕饶宗颐先生此章最早收入《中印文化关系史论集》,三联书店(香港),1990年,后来又收入《梵学集》,上海古籍出版社,1992年。此处引文见《梵学集》,第202页。

梵经云阿察啰，唐云文字。《义释》云：无异流转。或云无尽，以名句文身，善能演说诸佛秘密，万法差别，义理无穷，故言无尽。或云常住，言常住者，梵字独得其称，诸国文字不同此例。何者？如东夷、南蛮、西戎、北狄，及诸胡国所有文字，并是小圣睿才，随方语言，演说文字。后遇劫尽，三灾起时，悉皆磨灭，不得常存。唯有此梵文，随梵天王上下，前劫后劫，皆用一梵天王所说。设经百劫，亦不差别，故云常住。总有五十字，从初有一十二字，是翻字声势。次有三十四字，名为字母。别有四字，名为助声。称呼梵字，亦五音伦次，喉、腭、龂、齿、唇、吻等声，则迦、左、縿、绊、跛。五声之下，又各有五音，即迦、佉、誐、伽、仰，乃至跛、颇、麽、沓、莽，皆从深向浅，亦如此国五音宫、商、角、征、羽。五音之内，又以五行相参。辩之以清浊，察之以轻重。以阴阳二气拣之，万类差别，悉能知矣。故《易》曰：观乎天文，以察时变。观乎人文，以化成天下，即其义也。

经言十四音者，是译经主昙无谶法师依龟兹国文字，取舍不同，用字差别也。若依中天竺国音旨，其实不尔。今乃演说列之如右，智者审详。〔1〕

慧琳的解释，针对的是北凉昙无谶翻译的《大般涅槃经》中《如来性品》一节。慧琳的意思，昙无谶翻译的《大般涅槃经》中“十四音”的说法，是昙无谶的创造，即“依龟兹国文字，取舍不同，用字差别”，而提出来的。对此慧琳列举出梵文所有的音字，并做进一步的解释：

裓（阿可反）

啊（阿个反，阿字去声兼引）

賢（伊以反，伊字上声）

缢（伊异反，伊字去声兼引）

坞（乌古反，或作邬，亦通）

污（坞固反，引声，牙关不开）

翳（婴计反）

〔1〕《大正藏》第54卷，第470页上。

𤚼(哀盖反,引声,正体爱字也)

污(袄固反,大开牙,引声。虽即重用污字,其中开合有异)

奥(阿告反,引声)

暗(庵绀反,庵音阿甘反)

恶(阿各反,正体恶字也)

已上一十二字是翻梵字之声势也。

于此十二音外,更添四字,用补巧声。添文处用,翻字之处辄不曾用。用亦不得,所谓乙,上声,微弹舌,乙难重用,取去声引。力,短声,力去声,长引,不转舌。此四字即经中古译鲁、留、卢、娄是也,后有三十四字,名为字母也。

迦(居佉反,又取上声)

佉(墟迦反,佉字取上声,墟音丘于反)

誐(鱼迦反,迦字准上音)

伽(渠贺反,伽字去声,重)

仰(虚鞅反,兼鼻音,鞅音央两反)

左(藏可反,上声)

瑳(仓可反,上声)

嵯(慈我反)

醝(嵯贺反,引声,重)

娘(女两反,兼鼻音)

绔(陟贾反)

姹(坼贾反)

絮(绀雅反)

檏(荼夏反,去声,引)

拏(儜雅反,兼鼻音)

亸(多可反)

佗(他可反,他字上声,正体他字也)

掿(那我反)

驮(陀贺反,重)

曩(乃朗反,鼻音)

跛(波可反)

颇(陂我反)

么(莫我反,无鼻音)

嚩(婆贺反,去声,重)

么(忙牓反,鼻音)

野(如本字音也)

啰(罗字上声,兼弹舌呼之)

砢(勒可反)

嚩(舞可反)

舍(尸也反)

洒(沙贾反)

縒(桑可反)

贺(何驮反)

乞洒(二合,两字合为一声。此一字不同众例也。)

已上三十四字,名为字母。野字、啰字已下九字,是归本之声,从外向内。如上所音梵字,并依中天音旨翻之。只为古译不分明,更加讹谬,疑误后学。此经是北凉小国玄始四年,岁次乙卯,当东晋义熙十一年,昙无谶法师于姑臧依龟兹国胡本文字翻译此经,遂与中天音旨不同,取舍差别,言十四音者,错之甚矣。误除暗、恶两声,错取鲁、留、卢、娄为数,所以言其十四,未审如何用此翻字?龟兹与中天相去隔远,又不承师训,未解用中天文字,所以乖违,故有斯错。哀哉!已经三百八十余年,竟无一人能正此失。

昔先贤道安法师,苻秦帝师,东晋国德,有言曰译经有五失三不易也。斯言审谛,诚如所论,智人远见明矣。以此观之,失亦过于此说。慧琳幼年,亦曾禀受安西学士,称诵书学。龟兹国悉谈文字,实亦不曾用鲁、留、卢、娄翻字,亦不除暗、恶二声。即今见有龟兹字母,梵夹仍存。亦只用十二音,取暗、恶为声,翻一切字。不知何人作此妄说,改易常规,谬言十四音。甚无义理。其实四字

乙(上)

乙(去声)

力力(去声)

未曾常用，时往一度，用补声引声之不足。高才博学，晓解声明，能用此四字。初学童蒙及人众凡庶，实不曾用也。其三十四字母，译经者呼为半字，足知不曾师授，胸臆谬说也。凡文句之中，有含余音，声不出口者，名为半字。非呼字母以为半字。今且略举三二，以明其义。假令云萨嚩，即含啰字，在娑、嚩二字中间，啰声即名为半字。若梵书，即寄啰字一半于嚩字头上。如言没驮，即母字之末，任运含其娜字。娜是半字，梵书即寄娜于驮字之上，故娜为半字。如言达么，两字中间含其啰音。梵文啰字一半寄书么字之上，啰即名为半字。以是三句例诸，他皆仿此，其义明矣。奈何根本字母一切文字之源能含众德之美妙，义说不尽而乃谤为半字。足知不解。若言合如此者，自身既是半字义，不圆满何能出生一切众字。以此观之，足知所译不明。展转相传，讹谬不可依据。有识梵文学士，请勘梵本，及问传学梵僧，方知所论，一一实尔。梵天所演字母，条例分明，今且略说相生次第。用前十二字为声势，举后字母一字，一字翻之，一字更生，十一字兼，本成十二字，如此遍翻三十四字，名为一番。又将野字遍加三十四字之下，一遍准前，一一翻之，又成一番。除去野字，即将啰字遍加三十四字之下，准前以十二字声势，翻之一字，生十二字。三十四字翻了，成四百八字，又是一番。次以攞字、嚩字、娑字、贺字、仰字、娘字、拏字、曩字、么字等十二字，回换转加，成十二番。用则足矣，亦须师授，方知次第。句义文翰，摄在十二番中，悉皆备足。若展转相加，虽无穷无尽，义理相涉，声字乖僻，人间罕用。只用前十二番字，又以八转声明论，参而用之。备尽世间一切声韵，种种差别名言，依字辩声，依声立义，字即回互相加，声义万差，条然有序，繁而不杂，广而易解。此乃梵天王圣智所传。五通神仙，高才术士，广解略解，凡数百家。各骋智力，广造声论、名论、数论等，终不能说尽其妙。是故前劫后劫，诸佛出现世间，转妙法轮，皆依此梵文演说，方尽其美也。是故《大毘卢遮那经》中有《字轮曼荼罗品》，持诵此五十余字，功德无量无边，能令众生三业清净，决定当成无上菩提。

这里就出现一个问题：依照过去一般的理解，昙无谶翻译的《大般涅槃经》，其中讲到的"十四音"的说法，只涉及梵文自身的一些问题，怎么会与龟兹文本有关呢？慧琳的说法从哪里来？他的说法是不是有根据呢？

以下就讨论这些问题。

20.2 《大般涅槃经》的原本

先要说明一下，慧琳所讲的《大般涅槃经》，属于大乘的《大般涅槃经》。做这样的区分，是因为小乘系统的佛教也有一类称作《大般涅槃经》的经典。二者在内容上有很大的差别。

关于大乘《大般涅槃经》，我在1991年发表过一篇文章，题目是《略论大乘〈大般涅槃经〉的传译》。[1]在那篇文章里，我对大乘《大般涅槃经》在中国翻译和流传的情况做了讨论。我的意见是，大乘《大般涅槃经》的原本，从印度来，用梵文写成，没有问题，也不存在争议。梵文的古抄本，虽然只有很少的片段，但是先后被发现，分藏于日本、英国和俄罗斯。我当时的统计，全世界共存残片42件。这种情形，到现在还是如此。

在我的文章里，我还选取了梵文的残本的部分章节，与法显和昙无谶的汉译本分别做了对比，同时讨论到汉译佛经中《大般涅槃经》的两个汉译本，即法显本和昙无谶本的来源。我引了《出三藏记集》卷8《六卷般泥洹记》的记载，说明法显本的情况：

摩揭提国巴连弗邑阿育王塔大王精舍优婆塞伽罗，先见晋土道人释法显远游此土，为求法故，深感其人，即为写此《大般泥洹经》如来秘藏，愿令此经流布晋土，一切众生悉成平等如来法

〔1〕王邦维：《略论大乘〈大般涅槃经〉的传译》，载《季羡林教授八十华诞纪念论文集》，江西出版社，1991年，第769-787页；又载《中华佛学学报》第6期，台北，1993年，第103-127页。

身。[1]

同样的记载，在《法显传》中也可以看到。法显赴印求法，是在东晋隆安三年(399)，返回中国在义熙八年(412)，因此，他得到这部梵本是在5世纪初。梵本带回不久，就被译成汉文：

义熙十三年十月一日，于谢司空寺所立道场寺，出此《方等大般泥洹经》，至十四年正月二日校定尽讫。禅师佛大跋陀手执胡本，宝云传译，于时坐有二百五十人。[2]

至于昙无谶的原本，据《出三藏记集》卷14的《昙无谶传》讲，昙无谶是中天竺人，少年出家，初学小乘及五明诸论，"后遇白头禅师"。白头禅师是大乘僧人，昙无谶与他辩论：

交争十旬，谶虽攻难锋起，而禅师终不肯屈。谶服其精理，乃谓禅师曰："颇有经典可得见否？"禅师即授以树皮《涅槃经》本。[3]

树皮抄本，在古代印度西北，尤其克什米尔一带最多，这说明昙无谶可能是在印度西北或中亚开始学习这部经典的。传记继续讲他由于得罪了国王，不得不逃亡：

乃赍《大涅槃经》本前分十二卷并《菩萨戒经》、《菩萨戒本》奔龟兹。龟兹国多小乘学，不信《涅槃》，遂至姑臧。[4]

姑臧即今武威。当时割据河西的是北凉沮渠蒙逊。昙无谶得蒙逊接待，"学语三年"，然后开始翻译，首先就翻译这《大般涅槃经》，先只译了前分：

谶以《涅槃经》本品数未足，还国寻求。值其母亡，遂留岁余。后余于阗更得经本，复还姑臧译之，续为三十六卷焉。[5]

依照慧皎《高僧传》卷2《昙无谶传》，在于阗取经本有两次：

后于于阗更得经本中分，复还姑臧译之。后又遣使于阗，寻得

〔1〕《大正藏》第55卷，第60页中。开始翻译的时间《出三藏记集》卷2记载稍异，作"晋义熙十三年十一月一日"。《大正藏》第55卷，第11页下。这可能是个小错误。

〔2〕《大正藏》第55卷，第60页中。

〔3〕《大正藏》第55卷，第102页下。

〔4〕《大正藏》第55卷，第103页上。

〔5〕《大正藏》第55卷，第103页中。

后分，于是续译为三十三(六)卷。[1]

译出的时间，慧皎讲是北凉玄始三年开始，玄始十年结束。前一个时间可能有些疑问，不过玄始十年，即421年一说各家记载一致。由此我们知道，昙无谶的译本，前半部分(前分)是他自己从印度和中亚带来，后半部分(中分和后分)则来自于阗。

几乎与昙无谶译经的同时，另一位中国求法僧智猛在印度也寻得一部原本。《出三藏记集》卷15《智猛传》讲智猛到了印度：

> 后至华氏城，是阿育王旧都。有大智婆罗门，名罗阅宗，举族弘法。王所钦重，造纯银塔，高三丈。沙门法显先于其家已得《六卷泥洹》。及见猛问云："秦地有大乘学不？"答曰："悉大乘学。"罗阅惊叹曰："稀有！稀有！将非菩萨往化耶？"猛就其家得《泥洹》胡本一部，又寻得《摩诃僧祇律》一部及余经胡本。誓愿流通，于是便反。以甲子岁发天竺，同行四僧于路无常，唯猛与昙纂俱还于凉州，译出《泥洹》本，得二十卷。[2]

甲子岁即宋文帝元嘉元年，即424年。照这一段记载，智猛所得，则与法显几乎完全一样。可惜智猛的译本早已不存。[3]

这些记载，都表明了一点，《大般涅槃经》的几种汉译本，是来自印度。即使是昙无谶从于阗寻得"中分"和"后分"，我们也有理由相信，最初也是来自印度。再有，有关"十四音"的一节，在昙无谶和法显的两个汉译本中，内容甚至语句，基本一样，也说明即使是在不同的梵文原本

---

[1]《大正藏》第50卷，第336页中。

[2]《大正藏》第55卷，第113页下。《出三藏记集》卷8所载"未详作者"的《大般涅槃经》说法有些不同：智猛在印度寻得胡本回国后，"暂憩高昌"。后昙无谶至凉州，沮渠蒙逊"遣使高昌，取此胡本，命谶译出"，昙无谶译时"知部党不足，访募余残，有胡道人应期送到此经"，《大正藏》第55卷，第60页上。但这一说法，自身的疑点很多，僧祐当时就有怀疑。又《隋书》卷35《经籍志》载一说法，略近于此，谓智猛在高昌译《泥洹》20卷，昙无谶至，沮渠蒙逊"遣使高昌取猛本，欲相参验，未还而蒙逊破灭。姚苌弘始十年，猛本始至长安，译为三十卷"。中华书局标点本，第4册，第1097-1098页。这一说法在时间上更混乱。智猛甲子岁从印度出发时，昙无谶已译完《大般涅槃经》。又隋灌顶《大涅槃经玄义》卷下的说法亦类似于此。见《大正藏》，第38卷，第14页上至中。

[3]僧祐编《出三藏记集》时，就未见到智猛所译《般泥洹经》，见僧祐书卷2，《大正藏》第55卷，第12页下。此外，智猛译文有20卷，法显等只有6卷，分量差别很大，使人有些不解。

中,这一节都是有的。但是,从东晋末年到唐代中叶,时间过去将近400年,此时的慧琳却提出另一种说法:

此经是北凉小国玄始四年,岁次乙卯,当东晋义熙十一年,昙无谶法师于姑臧,依龟兹国胡本文字翻译此经,遂与中天音旨不同,取舍差别,言十四音者,错之甚矣。误除暗、恶两声,错取鲁、留、卢、娄为数,所以言其十四,未审如何用此翻字?龟兹与中天相去隔远,又不承师训,未解用中天文字,所以乖违,故有斯错。哀哉!已经三百八十余年,竟无一人能正此失。

依照慧琳的这段文字去理解,似乎当时还有一种龟兹文的本子,昙无谶的翻译,就来自这个本子。这是很奇怪,也很可疑的一种说法。龟兹文(亦即所谓的吐火罗文B)的文献不是没有发现,现在所发现的龟兹文的文献中,有许多佛教或与佛教有关的经典,但就是没有大乘《大般涅槃经》。僧祐的《出三藏记集》已经讲了,昙无谶带着《大般涅槃经》,是到了龟兹,但"龟兹国多小乘学,不信《涅槃》,遂至姑臧",龟兹的僧众原本是不接受《大般涅槃经》的。这中间主要是因为宗派的成见。龟兹的佛教,小乘的势力最大。历史上有明确的记载,这不奇怪。奇怪的只是慧琳讲的"依龟兹国胡本文字翻译此经"。

如果我们相信昙无谶译经当时的记载,再综合各方面的理由,我们可以认为,慧琳这里的说法,是没有根据的。

但是,慧琳提出这样的说法,也不是一点没有原因。下面就要讨论到这个问题。

20.3 "十四音"的来源

关于"十四音",饶宗颐先生很早以前也发表过一篇文章:《唐以前十四音遗说考》。[1]在那篇文章里,饶先生对唐以前的十四音说做了总结性的叙述。与饶先生讨论的问题相关,10多年前,我也发表过一篇

[1] 也收入《中印文化关系史论集》,三联书店(香港),1990年;以及《梵学集》,上海古籍出版社,1992年。

文章，题目是《谢灵运〈十四音训叙〉辑考》。[1]我的那篇文章的内容，除了对早已经佚失的谢灵运的《十四音训叙》一书进行辑录和考证外，也谈到了“十四音”说法的来源问题。我在文章里讲：

十四音的最初的源，在印度。这没有问题。前面已经说明，谢灵运关于十四音的知识，首先得自《大般涅槃经》。由读《大般涅槃经》为起因，他又“咨（慧）叡以经中诸字并众音异旨”，进而写出《十四音训叙》一书，因此灵运这方面的知识又有一部分来自慧叡。所以我们可以从这两处来源来考虑问题。关于前者，到目前为止，我还是相信经录和僧传里的记载，认为《大般涅槃经》的原本主要是从中印度来的，当法显和昙无谶见到时，原文是梵文。而且，原文中讲的就是“十四音”，而不是其他。由于《大般涅槃经》在中国的地位和影响，虽然在灵运前后，传入中国的也有“十二音”、“十六音”等不同说法，但最广为人所接受的，是“十四音”说。关于后者，灵运对四流音的解释，《大般涅槃经》中本身没有，可以相信，大部分是从慧叡得来。慧叡在印度学习“音译诂训，殊方异义”，其中应该就有典型的讲“十四音”的梵文语法著作 *Kātantra*。再有，“十四音说”在传到汉地以前，早已先传到了中亚。至晚到公元四、五世纪时，*Kātantra* 已经在中亚，包括现在中国的新疆地区广泛流行。在此之前，大约三世纪时，还有当时有名的佛教说一切有部的僧人拘摩逻多（Kumāralāta）的梵文语法著作 *Kaumāralāta*。[2]十四音说通过其他僧人传到汉地，也有可能。这些，也都可以是灵运讲的“十四音说”的源。

---

〔1〕王邦维：《谢灵运〈十四音训叙〉辑考》，载《国学研究》第3卷，北京大学出版社，1995年，第275-300页；修订稿载《二十世纪文史考据文录》（下），云南人民出版社，2001年，第1966-1980页。

〔2〕见 E. Sieg: “Neue Bruchstucke der Sanskrit-Grammatik aus Chinesisch-Turkistan”, in *Sitzungsberichte der Königlich Preussischen Akademie der Wissenschaft*, 1908, pp. 182-206 以及 H. Lüders: “Kātantra und Kaumāralāta”, in *Philologica Indica*, Göttingen: Vandenhoeck und Ruprecht, 1940, pp. 659-720。Kātantra 所讲“十四音”见 *Kātantra* 1.1.2.: tatra caturdaśādau svarāḥ, 以及 Durgasiṃha 的注。此处根据的是 J. Eggeling 的校刊本 *The Kātantra with the Commentary of Durgasiṃha*, Culcutta, 1874-1878。参见 B. Liebich: *Zur Einführung in die indische einheimische Sprachwissenschaft*, I, Kātantra, Heidelberg, 1914, p.14。

关于“十四音”的来源，到现在为止，我还是持这样的看法。不过，我们可以看到的是，在新疆发现的梵文语法著作 *Kātantra* 出土的几个地点，其中最主要的一处，就是龟兹，即今天的库车。而且，可以设想，在中亚地区，包括龟兹，*Kātantra* 曾经广泛流行。这样的情形，还包括同一语法理论体系下由佛教说一切有部的僧人拘摩逻多(Kumāralāta)写成的梵文语法著作 *Kaumāralāta*。后者的残本也是发现在龟兹。简单的统计显示，这类文献，在龟兹发现的相对最多。从这个意义上讲，“十四音”不能说与龟兹无关。但是，昙无谶译本中讲到的“十四音”，原来就存在于印度的梵文原本之中的，而非来自慧琳所说的龟兹文的《大般涅槃经》。只是在龟兹曾经同样地流行过包括“十四音”说法的一种梵文语法理论，包括相关的著作。慧琳了解这个事实，他把二者混同起来，所以讲出昙无谶“依龟兹国胡本文字翻译此经”，又“取舍差别，言十四音者，错之甚矣。误除暗、恶两声，错取鲁、留、卢、娄为数”的话。但他实际上是知其一，而不知其二。他的说法因此是有问题的。

至于昙无谶翻译的《大般涅槃经》所涉及的“十四音”，到目前为止，各方面的证据显示，仍然还是来自印度梵文的原本。

20.4　龟兹语中的元音

慧琳说：

> 慧琳幼年，亦曾禀受安西学士，称诵书学龟兹国悉谈文字，实亦不曾用鲁、留、卢、娄翻字，亦不除暗、恶二声。即今见有龟兹字母，梵夹仍存。亦只用十二音，取暗、恶为声，翻一切字。不知何人作此妄说，改易常规，谬言十四音。甚无义理。

在这一点上，慧琳说得太对了。龟兹语(吐火罗语B)的元音系统里，除了ṛ以外，其他的3个流音，即 ṝ、ḷ、ḹ，确实是没有的，因此“不曾用鲁、留、卢、娄翻字”，同时保留有“暗、恶二声”。[1]

---

[1] 见饶先生《慧琳论北凉昙无谶用龟兹语说十四音》章后所附龟兹文字母表。也可参考季羡林先生《吐火罗语研究导论》，新文丰出版公司(台北)，1993年，第158页。

不过，在龟兹发现的梵文写本中，这四个流音是存在的。这当然也不奇怪。在龟兹已经发现的梵文写本，数量不少，其中就包括上面提到的以“十四音”为特点的那两种梵文语法著作。

关于龟兹语的语音系统，还可以参考有关的专业书。

20.5 所谓“中天音旨”

但是，慧琳为什么会提出这个问题，并且为此似乎显得怒气冲天。原因很简单，在慧琳看来，昙无谶翻译的《大般涅槃经》中讲到的“十四音”，无论是语法理论体系，还是译音字所代表的梵文字音，都不对，不属于“中天音旨”，“与中天音旨不同”，“若依中天竺国音旨，其实不尔”。

那么，什么是“中天音旨”呢？关于这个问题，北京大学的季羡林先生在1993年也写过一篇文章，题目正好就是《论“中天音旨”》。季先生的讨论，最早也是由慧琳的这一段文字引发出来。季先生对很多细节问题做了讨论，季先生的文章可以参考。[1]这里我只列出两种《大般涅槃经》汉译本中对梵文字音的译音字。先看昙无谶译本的译音字：

恶、阿、亿、伊、郁、优

咽、野、乌、炮

庵、阿

迦、佉、伽、咺、俄

遮、车、阇、膳、喏

咤、侘、荼、祖、拏

多、他、陀、弹、那

波、颇、婆、滼、摩

蛇、啰、罗、和

奢、沙、娑

呵、嗏

鲁、流、卢、楼

〔1〕收入《季羡林文集》第7卷，江西教育出版社，1998年。

再看法显译本的译音字：

短阿、长阿、短伊、长伊、短忧、长忧

忧、咽、乌、炮

安、阿

迦、呿、伽、重音伽、俄

遮、车、阇、重音阇、若

咤、侘、茶、重音茶、拏

多、他、陀、重音陀、那

波、颇、婆、重音婆、摩

耶、罗、轻音罗、和

赊、沙、娑

呵、罗（来雅反）

厘、厘、楼、楼

再看慧琳举列出的译音字：

䆛（阿可反）、啊（阿个反，阿字去声兼引）、賢（伊以反，伊字上声）、縊（伊异反，伊字去声兼引）、坞（乌古反，或作邬，亦通）、污（坞固反，引声，牙关不开）、翳（婴计反）、爱（哀盖反，引声，正体爱字也）、污（袄固反，大开牙，引声。虽即重用污字，其中开合有异）、奥（阿告反，引声）

暗（庵绀反，庵音阿甘反）、恶（阿各反，正体恶字也）

迦（居佉反，又取上声）、佉（墟迦反，佉字取上声，墟音丘于反）、誐（鱼迦反，迦字准上音）、伽（渠贺反，伽字去声，重）、仰（虚鞅反，兼鼻音，鞅音央两反）

左（藏可反，上声）、瑳（仓可反，上声）、嵯（慈我反）、醝（嵯贺反，引声，重）、娘（女两反，兼鼻音）

绔（陟贾反）、姹（坼贾反）、絮（绀雅反）、樣（茶夏反，去声，引）、拏（儜雅反，兼鼻音）

鐔（多可反）、佗（他可反，他字上声，正体他字也）、裓（那我反）、驮（陀贺反，重）、曩（乃朗反，鼻音）

跛(波可反)、颇(陂我反)、么(莫我反,无鼻音)、溚(婆贺反,去声,重)、么(忙牓反,鼻音)

野(如本字音也)、啰(罗字上声,兼弹舌呼之)、砢(勒可反)、嚩(舞可反)

舍(尸也反)、洒(沙贾反)、縒(桑可反)

贺(何駄反)、乞洒(二合,两字合为一声。此一字不同众例也)

昙无谶和法显所选用的音译字,反映的是否就不是"中天音",这个问题的确还可以讨论。我怀疑没这回事。昙无谶和法显看起来都不过是在尽其所能地把梵文的字音音译为他们认为最合适的汉字。昙无谶和法显的译本中的译音字,有些相同,有些不同,这在不同译者处理译文,选用译字时很正常。为什么会这样,原因有很多,但不一定就是因为原文或原文的发音不同。

但慧琳却有另外的看法,慧琳认为,昙无谶本的音译字是不合适的,法显本慧琳没有提到,大概因为更不在他眼中。慧琳选用的,是完全不同的一组音译字,他对此做的解释是:"如上所音梵字,并依中天音旨翻之。只为古译不分明,更加讹谬,疑误后学。"意思是昙无谶——当然也包括法显本——的译音字不能归入"中天音旨"。他要做的,就是纠正这种错误,重新用正确的音字来标示正确的发音。

关于慧琳音译字的来源,可以再做进一步的研究。

20.6 慧琳的误解与误解的原因

慧琳为什么会批评昙无谶,正如饶宗颐先生在《慧琳论北凉昙无谶用龟兹语说十四音》中指出的:"慧琳出不空之门,与金刚智正是同一系统,其反对他本,宜也。"

唐代中期以后,佛教的密宗盛行。密宗修行,念诵咒语是最重要的事之一。咒语的念诵,要求发音准确。咒语从印度来,准确的标准就是印度音。但中国的佛教僧众们在了解印度较多以后,发现印度人的发音也因地方的不同而有差异。这就出现了所谓区分"东天音""南天音""中天音"等问题，当然，在这中间，"中天音"或者说"中天音旨"是最标准，最应该仿效的。慧琳在为昙无谶翻译的《大般涅槃经》撰写"音义"时，就"发现"了"十四音"的问题。他又以他对梵文的了解，加上他在密咒方面的知识，对此大加批评，并标示出正确的范例。但可惜的是，限于慧琳认识的条件，他的批评错了。

最后，如果要做一个总结或者说结论，可以这样说，对于《大般涅槃经》中的"十四音"的问题，慧琳实际上是"只知其一，不知其二"。他对昙无谶的批评，没有做到"有的放矢"，因此他的说法是有问题的。但所有这些，也许可以用现在常有人讲的一句话来形容，那就是："事出有因，查无实据。"

（原载《华学》第9、10辑［二］，上海古籍出版社，2008年。）

21　鸠摩罗什《通韵》考疑暨敦煌写卷S.1344号相关问题

21.1　小引

伦敦收藏的敦煌写卷中,标号S.1344的是一份残卷。残卷正面是数通唐令,抄写颇为零乱,并有涂鸦。唐令标出了年代,可以辨识的有咸亨、垂拱、天授、证圣、长安、景龙、开元几种年号,但并未都依时间先后排列。残卷背面分别抄有两部分文字。第一部分文前缀句"鸠摩罗什通韵",但以下是否即抄录的所谓鸠摩罗什撰写的《通韵》一文,并不很清楚。第二部分文字则比较明确,首题"修多罗法门卷第一,纪王府掾太原郭铨奉敕撰",以下是抄录的内容。纪王是唐太宗第十子李慎,《旧唐书》《新唐书》中有传,初封申王,贞观十年封纪王。两部分文字为一人所抄,从正面所抄唐令的年代和纪王府掾郭铨的名号以及书写字体等推测,大致可以判断这份写卷是初唐或中唐时所抄,中唐时可能性更大一些。原卷未见,倘原卷正反面判别无误,依照惯例,正面的唐令抄写在前,而背面的文字抄写在后,则正反面文字抄写的时间相差不远。背面的文字,Giles目录依第二部分内容著录为《修多罗法门》,同时认为一部分文字也是郭铨所著,把它称作introduction on Indian phonology 。Giles说它与印度音韵学有关,确实不错,但说它是郭铨所著,却没有任何依据。20世纪50年代末、60年代初刘铭恕先生编《斯坦因劫经录》,全文抄录了前一部分文字,称为"论鸠摩罗什《通韵》"。从刘铭恕先生这一题名来看,似乎他并不认为这是鸠摩罗什原著,而只是后人有关于此的一段论述。香港饶宗颐先生,当今硕学鸿儒,于中国文史之学,著述宏富,自60年代中期起,即注意到这份写卷。饶先生根据残抄的第一句话，断定这就是久佚的鸠摩罗什所撰《通韵》一书，并由此发表了一系列有关的考论。我所见到的最直接的几种有：《梵语R̥、R̥̄、L̥、L̥̄四流音及其对汉文学的影响》；《〈文心雕龙·声律篇〉与鸠摩罗什〈通韵〉》；《鸠摩罗什〈通韵〉笺》。这几篇文章，连带其他一些相关的文章，最后都收入饶先生1990年在香港出版的《中印文化关系史论集·语文篇——悉昙学绪论》一书中。再后来还收入1993年上海古籍出版社出版的《梵学集》中。饶先生所论，颇多精义。我在这里所要讨论的，也是这份写卷中有关鸠摩罗什《通韵》的一些问题，但其中有些意见与饶先生不一致，不揣谫陋，提出来，希望得到饶先生和其他通人的指教。

21.2 所谓鸠摩罗什《通韵》的根据

先谈所谓鸠摩罗什《通韵》。

众所周知，鸠摩罗什是东晋十六国时期最有名的佛经翻译家。罗什译经，据僧祐《出三藏记集》卷14《罗什传》所讲，有300余卷。《出三藏记集》卷2实际著录35部，294卷。宝唱《名僧传》和慧皎《高僧传》所记大致相同。但罗什自己著作并不多。汤用彤先生《汉魏晋南北朝佛教史》一书，有一节专论“什公之著作”，考论颇详。至于《通韵》一书，历代经录及僧传中从未见记载。已考定的罗什著作中，也没有相近或相似的作品。我们现在知道鸠摩罗什著《通韵》一事，除了这份敦煌写卷以外，再就只有同样出于敦煌的写卷《佛说楞伽经禅门悉昙章》前僧人定惠的序，序文讲：

> 唐国中岳释沙门定惠法师翻注，并和秦音，鸠摩罗什《通韵》鲁流卢楼为首。

另一抄本作：

> 并和秦音，亦与鸠摩罗什法师《通韵》鲁留卢楼为首。[1]

这一段序文，说明唐代“翻注”《悉昙章》的定惠法师确曾见过一种鸠摩罗什著《通韵》，并且其中有“鲁流卢楼为首”的内容。只是定惠的

〔1〕写卷编号北京鸟字64号、P.2212。有关的残卷还有P.2204，P.3082，P.3099，S.4583号。

序，短短一两句话，未能给我们提供其他更多的信息。不过，可以肯定的是，《禅门悉昙章》序中讲到的鸠摩罗什的《通韵》，与S.1344号写卷上提到的《通韵》是一回事。序中的定惠是唐代人。从写卷上抄写的其他内容推断，两个写卷抄写的时间也是在唐代，都有助于证明这一点。因此，S.1344号写卷上的内容，以及定慧的序，便是我们今天了解唐代曾经存在过的所谓鸠摩罗什《通韵》一书的最主要的根据。我们要做考证，也只能由此出发。

21.3 鸠摩罗什撰写过《通韵》吗？

饶宗颐先生《鸠摩罗什〈通韵〉笺》一文，已抄录了S.1344号写卷上全部有关的文字，并做了详细的笺证。饶先生相信，鸠摩罗什著有《通韵》一书无疑，S.1344号写卷上抄录的即《通韵》原书。饶先生认为，定惠序言中讲到的鲁流卢楼四流音，S.1344号写卷上也讲到"鲁流成班"，这是罗什曾撰此书的证据之一。可是，我以为，这却正是此书非罗什所著的反证之一。我的看法是，四流音之说，最早是由北凉昙无谶翻译大乘《大般涅槃经》而传入汉地的。正是昙无谶在翻译时首先取"鲁留卢楼"为四流音的译字。所有后来论者，无论所论为"十四音""十二音""十六音"，以至无论涅槃师或后来专门治悉昙学的僧人，凡论及流音，俱由此开始，因而与《大般涅槃经》有关。鸠摩罗什来华译经，时间在昙无谶之前，虽然《高僧传》中有关于鸠摩罗什议论天竺汉地文体不同的记载，但却很难找到证据可以说明罗什在长安翻译经典时曾专门传授过悉昙之学，以至于撰成《通韵》这样的著作。因此，罗什撰《通韵》一事，极可怀疑。对此，除这一项外，还可举出几处疑点。下面再试做一些说明。

（1）在鸠摩罗什翻译的大量经典和他的著作中，绝未见四流音之说的一丝痕迹。各代论者，在谈到梵文字音，尤其是四流音时，所引数据，最早都只追溯或只能追溯到《大般涅槃经》，实际上即追溯到昙无谶所译，一般称为北本的《大般涅槃经》。这一点，五十音，包括四流音的译字可以证明。而所谓南本《大般涅槃经》，虽然常常被误解为南朝僧人慧观、慧严以及谢灵运所翻译，实际上则只是改治，改治的依据，一是无谶所谓40卷本《大般涅槃经》，一是法显所译6卷本《大般泥洹经》，二者中主要是前者。这一点，南本的经题就写得很清楚。倘再对照三种译文，便更为清楚。〔1〕法显译《大般泥洹经》，时间虽稍早于昙无谶翻译《大般涅槃经》，但译出的时间也在罗什去世之后。饶先生认为："慧观、慧严皆什公及门，此南本盖据法显于东晋末所得六卷本而增改者，法显于《文字品》中译ṛ ṝ ḷ ḹ 为厘厘楼楼四字，此则作鲁流卢楼，正承什公之学，事至明显。"结论是"可明《大般涅槃经·文字品》译鲁流卢楼四音乃出于什公《通韵》，故与法显所译不同"。〔2〕这一看法，似乎缺乏明证。实际的情况是，南本用鲁流卢楼作ṛ ṝ ḷ ḹ 的译字，既不是出于罗什所撰《通韵》，也不是慧观等人的首创，而只是从昙无谶的译本照抄而来。除非找到证据，证明昙无谶使用的译字也是从鸠摩罗什继承而来，否则就很难做出"鲁流卢楼"四译字出于罗什之学这样的结论。而事实上当时无谶译经，僻在北凉一隅，是一件独立的事，未曾听说与鸠摩罗什有何关系。再有，改治《大般涅槃经》，谢灵运参与其中。康乐又撰有《十四音训叙》，专论梵文的字音，可是我们今天所见到几段佚文，却丝毫未提罗什，而只举《大般涅槃经》为依据。与康乐一起改治《大般涅槃经》的慧观、慧严，康乐撰《十四音训叙》时所问从的慧睿，与康乐交游论学甚密的竺道生，都是罗什的弟子，亲炙罗什，并为一代义学名僧；康乐本人信佛，又博识能文，为一代文宗，情理上推论，倘罗什著有《通韵》或类似的著作，康乐不应不知，也不应不提及。在康乐之前或之后的注疏家，撰写有关《大般涅槃经》的疏解极多，其中论到四流音时，也都如此。

(2)S.1344号写卷中有"半字满字，乃是如来金口所宣"句。此处将半字满字与如来之说相联系，正是《大般涅槃经》中所宣传的主题之

〔1〕今《大正藏》本作："宋代沙门慧严等依《泥洹经》加之。"其他古本一作"三藏昙无谶译，梵沙门慧严、慧观同谢灵运再治"，或作"北凉沙门天竺三藏昙无谶译，梵宋沙门慧严、慧观同谢灵运再治"。

〔2〕饶宗颐：《鸠摩罗什〈通韵〉笺》，载《梵学集》，上海古籍出版社，1993年，第137页。

一。自昙无谶译出《大般涅槃经》后,遂广为流行,成为中国佛教判教理论中主要说法之一,此前未之闻也。这也是写卷中文字成于《大般涅槃经》译出之后的证据之一。

(3)写卷中有许多字句,与唐代所流传的一种《涅槃经悉谈章》极为相似。《涅槃经悉谈章》一书,今有民国初年罗振玉影刻日本旧写本。原本前有残缺,起始第一句为:"舌中音者,咤咤知知是双声,咤荼拏是叠韵。悉谈,鲁流卢楼为首生。"我们今天知道的所谓罗什所撰《通韵》中最重要的一句,与此完全相同。其他如"以头为尾""以尾为头""尾头俱尾""竖则双声""半阴半阳""耶(邪)正相加""单行独只""摘(擿)掇(缀)相连"等等用语,二者也完全相同。有意思的是,《涅槃经悉谈章》也题作"罗什三藏翻译",并且说明是日本僧人宗睿在唐咸通三年(862)在明州开元寺从一马姓僧人处抄写而来。但它其实只是托名之作。S.1344号写卷上的文字与《涅槃经悉谈章》十分相似,二者又都声称是鸠摩罗什所翻译或所撰,使人很怀疑有互相因袭的关系。而从文字和行文的结构以及本身的体裁内容来看,S.1344号写卷上的文字因袭《涅槃经悉昙章》的可能性更大,因为后者讲的是梵文字音的拼合,在这里是基础,而前者则是一种泛论,兼及梵汉,从情理上推断,应该是先有彼而后有此。《涅槃经悉昙章》既非罗什所译,《通韵》以及S.1344号写卷上的文字是否罗什所撰,也更成疑问。关于《涅槃经悉谈章》非罗什所译一节,下面将再谈到。

(4)写卷中又讲到"罗文":"罗文上下,一不生音","顺罗文从上角落,逆罗文从下末耶(邪)"。从上下文看,此罗文似指悉昙章中梵文字音互相拼合的一种图式。把梵文字音各种不同的拼合形式用图表纵横竖直地表示出来,是否在印度或中亚当时就如此,不得而知,但罗文一名,似乎只是中国的悉昙家以及其后的等韵学家们为这种图表所做的命名。这一命名,恐怕出现得比较晚,唐以前未见有记载。宋本《玉篇》后题名神珙所著的《四声五音九弄反纽图》末尾有"罗文反样",讲的是汉语的声韵拼合,有人解释:"神珙以二个十六字名罗文反,此则相对十六字,纵、横、角可读之,故云罗文也。"[1] 神珙的生卒年代不能确知,但序中提到"唐又有阳宁公、南阳释处忠,此二公者,又撰《元和韵谱》",定为唐宪宗元和(806—820)以后的人大致无误。罗文一名的出现,虽然应在此之前,但恐怕不会早至罗什译经的东晋年间。其他如"傍纽""正纽"一类的用语,虽然据《封氏闻见记》卷2,永明时周颙已经"切字皆有纽",但罗什时是否即已出现"傍纽""正纽"之语并为罗什所用,也极可怀疑。[2]

(5)饶先生《鸠摩罗什〈通韵〉笺》一文中有一节:"《通韵》年代上限与菩提流支之关系",其中讲:"《通韵》一文,与日本高野山三宝院藏宝历五年僧行愿翻刻本《涅槃经文字品》'悉昙罗文'中之序文,大致相同,其中有云:'本音梵语汉言,并是菩提流支翻注。'末亦题曰'罗什法师翻译'。"菩提流支来华,在北魏宣武帝时,永平元年到洛阳,晚于罗什100余年。行愿的刻本,饶先生说,罗振玉曾刊行过,但我未能觅得。不过,只是根据饶先生的叙述,就可以知道,当时还有一种题为鸠摩罗什翻译的解释《大般涅槃经》中的《文字品》的"悉昙罗文"。这几种书,所谓鸠摩罗什法师《通韵》,还有题为罗什翻译的《涅槃经悉昙章》,以及既题为罗什翻译,又说是菩提流支翻注的《涅槃经文字品》的"悉昙罗文",在内

[1] 饶宗颐先生《鸠摩罗什〈通韵〉笺》引此段解释,"其解说云",此处复引。我见到的两种清刻宋本《玉篇》,一种是曹寅扬州诗局刻本,一种是张氏泽存堂刻本,都没有这段解说。出处待查。张氏刻本篇末神珙《反纽图》后无"罗文反样"一名。另唐时来华求法的日本僧人圆仁也传一种《九弄十纽图》,其中载一文,与神珙《反纽图》自序所言略同,而说"梁朝沈约著九弄之文"。"九弄"的名目有"正纽、旁纽、叠韵、罗文、绮错、傍韵、正韵、双声、反音",再加"单韵"一项,则成"十纽"。这里也有"罗文"一名。圆仁文宗开成年间来华,时间与神珙相近,可能稍晚。圆仁原书未见,此转引自张世禄《中国音韵学史》第六章第一节。沈约是否创"九弄"之说,"九弄"名目是否如唐时所传,其中尚存疑问,俟后考。但即便相信沈约创此"九弄"名目,"罗文"一名亦只能追溯到齐梁。

[2] 卷2,"声韵"条。神珙《反纽图》"自序"亦云:"昔有梁朝沈约,创立纽字之图。"传沈约立诗律"八病","八病"中有"傍纽""正纽"二病。唐宋人所传及解释不一。见传魏文帝《诗格》、宋魏庆之《诗人玉屑》卷11等。日僧空海《文镜秘府论》西卷则列有"二十八病",立目更详。安然《悉昙藏》卷2列一梵字表,梵字傍标以"正纽""傍纽"以及"通韵""落韵"等名。安然称为"悉昙韵纽"。但这与解释诗律诗病又有不同,二者之间的关系,尚待细考。所有这些术语的使用,最早恐怕不能早于齐梁。我怀疑其中一些或者更晚至唐。

容和文字上都有很相似的地方，相互间究竟谁因袭谁，谁是作者，在出现的当时，似乎就已经不太清楚。这说明什么呢？我想，恐怕只能说明三种书都不是罗什的作品。

21.4 《大般涅槃经》与《通韵》

以上所论，都与《大般涅槃经》的译出有联系，因此，鸠摩罗什与《大般涅槃经》的关系，是一个值得考虑的问题，因为我们已经看到，不仅是《通韵》，还有几种类似的书都与此有关。罗什在后秦时来华，他的佛学造诣，为当时第一，这点毫无疑问。罗什在长安十余年，大力弘传中观之学。中观最重要的几部经典，至他始被完整地译出，但他在世时，《大般涅槃经》并未到达汉地。罗什去世后数年，慧睿到南方，与道生、谢灵运等讨论《法华经》《大般涅槃经》和《大品》诸经，撰《喻疑论》，就讲到罗什在世时《大般涅槃经》未到汉地。[1]慧睿是鸠摩罗什门下大弟子之一，自称"法言无日不闻，闻之无要不记"，所讲应该说是可靠的。与慧睿同时，以讲与《大般涅槃经》密切相关的"一阐提皆有佛性"，所倡一时如石破天惊的竺道生，虽曾就学于罗什，当时也"未闻《涅槃》大部"。只是大约百年之后，有人才将鸠摩罗什与《大般涅槃经》联系在一起。[2]隋章安灌顶《大般涅槃经玄义》卷下讲慧严、谢灵运等改治《大般涅槃经》，开足品数事时说：

> （宋）文帝尚斯典，敕道场寺慧观、乌衣寺慧严，此二高明，名盖净众，康乐县令谢灵运，抗世逸群，一人而已，更共治定。开《寿命》，足《序》、《纯陀》、《哀叹》，开《如来性品》，足《四相》、《四依》、《邪正》、《四谛》、《四例》、《文字》、《鸟喻》、《月喻》、《菩萨》，凡十二品，足前合二十五品，制三十六卷，则一万偈。谶云经义已足，其文未尽，余有三品，谓《付嘱》、《烧身》、《分舍利》，二万言未来秦地

〔1〕《出三藏记集》卷5载，其中讲："什公时虽未有《大般泥洹》文……"

〔2〕章安《涅槃经玄义文句》卷下："东晋大德沙门道生法师，即什公学徒上首，时属晋末(末)宋初，传化江左，未见《涅槃》大部。"

耳。小亮云是罗什足品。由来关中不闻《涅槃》,恐其言为谬。经录称谢灵运足品,相承信用。

小亮指灵味宝亮,齐梁时名僧。先是宋时有僧人名道亮,曾摈居广州,时人称其为大亮,或称广州大亮,而称宝亮为小亮。章安所记,说明齐梁时确已有人将慧严等改治《大般涅槃经》,开足品数事与罗什联系在一起。但这在众多的涅槃师中,算是一个例外。章安本人,也不以小亮的说法为然,他只相信经录的说法。当然,开足品数事,确实不是罗什所为。明了鸠摩罗什与《大般涅槃经》没有直接的关系,便可知道,唐代时流传的认为是罗什翻译的《涅槃经悉谈章》一类的书,都是托名之作。罗振玉仅仅依据书中后记所引《禅林录》这类晚出的数据以及日本僧人宗睿、圆载等入唐求法时依据寻获的经典所编成的目录,而断定"是书撰于晋世",实在是极大的一种误解。和《通韵》一样,《涅槃经悉谈章》也是"鲁流卢楼为首生"。同类的书,当时大约还流行有另外几种。日僧圆仁的《入唐新求圣教目录》在记载《悉谈章》1卷之后,又记载有一种《大般涅槃经如来性品十四音义》,"二本",又注明:"并是同本,然一卷着朱脉(墨)为别也,罗什译出。"然而鸠摩罗什时《大般涅槃经》文本既然未到中国,很难相信罗什会专门翻译或撰写其中一品的音义或类似的书。时代更晚,以专治悉昙学而著名的日本僧人安然也见过这部《大般涅槃经如来性品十四音》,他在他所编《诸阿阇梨真言密教部类总录》中提到这部书说:"罗什,仁、睿是二本,然一卷着朱脉(墨)为别也。"一种书有两种传本,可见其本身就比较混乱。我的看法,唐以前绝未见记载的《通韵》,在唐时流行,也是同样的一种情形。

21.5 "五十二字说"与《通韵》

我们再回到《通韵》本身的内容上来。S.1344号写卷在"鸠摩罗什法师《通韵》"一句后即讲:"本为五十二字。"关于梵文字音的数目,在中国后来说法不一,有四十二、四十六、四十七、四十九、五十、五十一、五十二诸说。安然《悉昙藏》卷5一一胪列,引书虽较欠条理,但颇详细。

至于每种说法从何处来，究竟哪一种说法正确，问题相当复杂，姑置毋论。各种说法中，传五十二字说者不多，今日可见，只有隋净影慧远。慧远之说，安然已引，但更详细的内容保存在慧远所著《大般涅槃经义记》中。饶宗颐先生因此撰《北方慧远之悉昙章》一文，与论《通韵》的数文一起收入《中印文化关系史论集·语文篇》一书中。依安然等的说法，慧远所传，是“牟尼三藏胡地之本，非梵地之章”。慧远自己也称作“胡章”：“胡章之中有十二章，其悉昙章以为第一。于中合有五十二字。悉昙两字是题章名，余是章体。”《通韵》不管是何人所撰，主张的是五十二字说，与慧远所传是一个系统，二者之间是否另有关系，目前缺乏更多的材料，只好存而不论。

不过，有一点似乎还可以指出来，题名鸠摩罗什撰的《通韵》虽然主张的是五十二字说，但罗什所译《大品》和《智度论》两部经典，提到的却是颇为特殊的四十二字说。我们不知道，罗什是否因此就一定主张这种四十二字说，但《大品》和《智度论》是罗什一生所译最重要的经典，卷帙最是浩大，罗什翻译时用心亦最多。这一点，或者可以为我们考虑这一问题做一参考。

21.6 僧睿传过“悉昙章”吗？

《悉昙藏》卷1在论及“梵文本源”时提到僧睿：

> 僧睿法师是什门人，什生龟兹，东天竺人，所传知是东天本也。

《悉昙三密抄》卷上之上在论到悉昙章的地域之分时亦同，但不过仍是抄安然之说。

这里给人一个印象，是僧睿曾传一种悉昙章。又因为僧睿是罗什的门人，所传应是罗什之学。其中的疑问还是，僧睿传悉昙章一事，除此之外不见任何其他文献中有记载，尤其是早期的文献。而僧睿传的什么，也不清楚。再有，罗什生龟兹，龟兹与东天竺相距万里，此事至为清楚，不知安然何以将二者联系在一起？安然汇抄群书，而稍作编排，这是否是一种抄误？我颇怀疑这里的僧睿为慧睿之误，因为僧睿与慧睿是一人还是两人，在齐梁时已经就有人弄不太清楚。一直到今天，也还如此。[1]

21.7 所谓《通韵》非鸠摩罗什所撰

讨论到这里，已经可以做一小结。把上面所论，归纳起来，我的意见是，唐代所传的题名鸠摩罗什法师所撰的《通韵》疑点很多。从S.1344号写卷以及也是敦煌写卷中所传的《佛说楞伽经禅门悉昙章》前僧人定惠的序文所转引的内容和各方面的证据来看，很难说它是罗什所著。它恐怕只是一部托名之作。这是一。同时还有一个问题需要加以考虑，就是，即使我们承认《通韵》是托名罗什之作，是否S.1344号写卷上所抄即为这部托名的《通韵》呢？回答还是不肯定的。因为写卷上最后讲"宫商角征，并皆罗什八处轮转"，仍然不大像是托名罗什本人的口气。从全文看，应该是对托名罗什所撰《通韵》一书的一种抄述。在敦煌写卷中，各类撮抄或抄述，林林总总，形形色色，内容各异，极为常见。这也是其中之一。就此而言，刘铭恕先生最早拟定的"论鸠摩罗什《通韵》"一名，倒似乎比较恰当一些，虽然所谓《通韵》未必真是罗什所撰。最后，要说明一下，做这样的结论，是不是意味着就否定了S.1344号写卷上所抄文字的价值呢？我想也不。因为它毕竟为我们保存了一种至少是在唐代就已经流传的关于悉昙学以及汉语等韵学的数据。从这一点来讲，其中也有许多有价值、值得我们注意的地方。有关的其他方面的问题，希望以后有机会再做讨论。

（原载《中国文化》第7期，中华书局有限公司[香港]，1992年。）

[1] 例如前引慧睿《喻疑论》，因为一题"长安睿法师"，有人以为是指僧睿而非慧睿。见任继愈主编《中国佛教史》第2卷第2章第9节，中国社会科学出版社，1985年。但这恐怕是误解。汤用彤先生以为睿法师指慧睿。他的看法是正确的。

22 从安然的著作看中国唐代的悉昙之学

22.1 引言

清末民初的章太炎，曾经为曼殊比丘编撰的《初步梵文典》写过一篇序，其中讲道：

> 唐人说悉昙者多至百余家，今皆晦蚀不可见。始湛然著《辅行传》，已多支离，及宋法云《翻译名义集》，讹舛尚众。[1]

太炎先生是革命家，也是大学者。太炎先生的学问，很重要的一部分，在“小学”，即今天所讲的语言文字学方面。中国古代的语言文字之学与悉昙有关。这一点，很早便引起了太炎先生的注意。[2]他为《初步梵文典》一书写序，发表他的看法，原因即在于此。太炎先生很想推动这方面的研究。他写这篇序时，是在日本，时间大约是1907年。[3]不过，太炎先生的话，只能说对了一半。唐人的悉昙之学，说“今皆晦蚀”，大致不错，但并非完全不可见。太炎先生写《初步梵文典序》时，受条件的限制，恐怕没有见到更多一些与唐代悉昙有关的材料，尤其未留心到日本僧人空海、安然等的著作，因此而有上面的说法。本文的目的，就是想通过日本僧人安然的著作，对太炎先生提到的“今皆晦蚀不可见”的唐代悉昙之学做初步的探讨。从一定意义上讲，也可以说是对太炎先生的说法做一些补充和修正。

[1]《章太炎全集》第4册，上海人民出版社，1985年，第488页。

[2] 当然，在这方面，章太炎不是第一人，更不是唯一一人。

[3] 我依据的是马以君编《苏曼殊年谱》，载马以君《燕子龛诗笺注》，四川人民出版社，1983年，第142页。

22.2　关于安然

首先讲安然。我没有仔细研究过安然的生平事迹。根据日本学者的佛教史著作，安然的情况大致如下。

安然，日本天台宗僧人，近江（滋贺县）人。相传与最澄同族。生于日本仁明天皇承和八年（841），卒于宇多天皇宽平年间（889—898）。这个时间，相当于中国唐代的武宗至昭宗时期，即唐代的中晚期。

安然幼时随比睿山圆仁出家，出家后勤研经论章疏。他19岁受菩萨大戒。圆仁去世后，他又师事元庆寺遍昭，受胎藏法，因此深通天台显密两方面的学说。安然立五时五教之说，宣扬山家教旨，同时又详阐一大圆教的教义，成为日本台密的集大成者。安然曾经计划到中国求法，但未能成功。他在比睿山的五大院从事过著述，因此被称作五大院大德或五大院阿阇梨。此外又被称作秘密大师、阿觉大师、福集金刚、真如金刚等。

安然一生，著作甚多。日本方面的记载，说是有100余部。不过，在中国容易见到的，主要是收入《大正藏》中的14种著作。其中与悉昙或者悉昙学有关的有3种，即《悉昙藏》《悉昙十二例》以及《诸阿阇梨真言密教部类总录》。

本文所要讨论的问题，涉及的也主要是安然的这3种著作。

22.3　安然有关悉昙的三部著作

安然的这3种著作，《诸阿阇梨真言密教部类总录》收入《大正藏》第55卷，《悉昙藏》与《悉昙十二例》则收入《大正藏》第84卷。与悉昙有关的，是后两种，但第一种书作为经录，其中关于悉昙著作的记载，对于了解悉昙当时如何流传，又如何传入日本，也提供了不少材料。

《诸阿阇梨真言密教部类总录》上下2卷，《大正藏》编号为2176。书的开首，有安然自己写的“叙”。安然的“叙”讲：

据八目录为十六录。八目录者：一、叡山澄和上录，二、高野海和上录，三、叡山仁和上录，四、灵岩行和上录，五、安祥运和上录，六、小栗晓和上录，七、叡山珍和上录，八、圆觉叡和上录。十六录者：一、灌顶法录，二、大日散录，三、金刚顶录，四、苏悉地录，五、诸如来录，六、诸佛顶录，七、诸佛母录，八、诸经法录，九、观世音录，十、诸菩萨录，十一、金刚手录，十二、普世天录，十三、护摩供录，十四、礼忏赞录，十五、梵字论录，十六、碑传具录。十六录中各分部类，类类之中列经法名。名名之下更注人名。但恐繁文，敢取一讳。览者恕之。

这一段“叙”写于元庆九年(885)正月二十八日。“八目录”记载的是唐代日本到中国求法8位最重要的佛教大师从中国带回去的经典内容。

其后再有一段“叙”，但似乎不是安然所撰。这段叙讲：

穷检诸阿阇梨目录，并于《贞元录》中，抽其新入经法，以为真言一家教门。诸旧译中陀罗尼法，皆不取之，遂使学者不了取由，欠博览焉。今据八家秘录，以为二十部类。类类之中，更分法类。类类之内，颇加旧翻。虽非神咒，亦引愿缘。又诸录中或据本录，唯存略题，或随意乐，各列广名，仍令后人难见迹跖实。今载本末之名目，亦示存略之异同。又诸录中诸阿阇梨秘不载者，若有见闻，并亦加矣。

八家秘录即第一段“叙”中讲的“八目录”。二十部类则是：(1)三灌顶部，(2)胎藏界部，(3)金刚界部，(4)苏悉地部，(5)诸如来部，(6)诸佛顶部，(7)诸佛母部，(8)诸经法部，(9)诸观音部，(10)诸菩萨部，(11)诸金刚部，(12)诸忿怒部，(13)诸世天部，(14)诸天供部，(15)诸护摩部，(16)诸礼忏部，(17)诸赞叹部，(18)诸悉昙部，(19)诸碑传部，(20)诸图像部。

这一段“叙”写于日本延喜二年(902)五月十一日。与我们这里讨论的题目最有关系的是“诸悉昙部”。

《悉昙藏》全书8卷，《大正藏》编号为2702。开首也有安然的一篇

长"叙",总述全书的内容:

> 总作八篇,别成八卷。言八篇者:梵文本源第一,悉昙韵纽第二,章藻具阙第三,编录正字第四,字母翻音第五,字义入门第六,字义解释第七,正录章段第八。则摭八篇以成八卷。各搜三义,同作三评。乃有三八二十四门。

在现存的有关唐代悉昙的著作中,安然的《悉昙藏》,应该说是一部代表之作,同时一定程度上也是集大成之作。

《悉昙十二例》1卷,《大正藏》编号为2703。这可以看作是安然补充《悉昙藏》的一部作品,因为安然自己讲:

> 录者私谓:纪者叙文及十八章所不载者,诸梵文中现行于世,因以出之。

十二例是:(1)半满二字离合例,(2)十六转韵有无例,(3)十二转韵短长例,(4)二字合成一音例,(5)下字连成上字音例,(6)大空涅槃连声例,(7)梵字汉字注异呼例,(8)梵音汉音出没例,(9)梵字形音不正例,(10)悉昙众本非真例,(11)伊翳难定例,(12)昂低难定例。

下面我们可以看到,如果将《悉昙藏》与《悉昙十二例》中引用到的书与《诸阿阇梨真言密教部类总录》中记载的书名做一对比,就能发现,安然讨论悉昙,主要的依据实际上就是这"入唐八家"到中国求法,从中国带回的经典。当然,这并不令人奇怪。也正因为如此,我们便可以通过安然的著作,对"今皆晦蚀不可见"的唐代悉昙之学的面貌做一些发掘。

22.4 关于悉昙与悉昙之学

什么是悉昙,什么是悉昙学,这似乎不应该成为问题,但我想最好还是先做一点界定,因为这牵涉到对悉昙及悉昙学可能会有的不同的理解。两年前,台湾出版过《梵字悉昙入门》一书,书前有我写的一篇序,其中讲了我的意见:

> 浅见所及,我以为,中国古代佛教僧人以及学者们讲的悉昙或悉昙学,其实应该作两方面的理解,或者说可以作两种解释。第一

种理解，所谓悉昙，只是指印度古代梵文或梵字的拼写以及有关的一套规则。唐代僧人义净写的《南海寄归内法传》卷四“西方学法”章一开首讲到当时印度人学习梵文的规矩：“创学《悉谈章》，亦云《悉地罗窣堵》。斯乃小学标章之称，但以成就吉祥为目，本有四十九字，共相乘转，成一十八章，总有一万余字，合三百余颂。凡言一颂，乃有四句，一句八字，总成三十二言。更有大颂小颂，不可具述。六岁童子学之，六月方了。斯乃相传是大自在天之所说也。”就是指的这种情形。在古代印度，这是五明论之一的声明论的一部分。就此意义上讲，研习悉昙或者《悉昙章》的人，并非只是佛教徒。在古印度，学习梵文的人当然很多，学习悉昙或《悉昙章》则是他们学习梵文的第一步。

但是悉昙还有第二层意义：由于佛教尤其是大乘佛教和密宗理论的发展，在许多情况下，梵字的念诵和书写具有了特别的神秘的意义，因此把这一类梵字称作悉昙字，把有关的一整套理论和实践称作悉昙或悉昙学。这种悉昙，滥觞于印度，后来的发展和发扬光大，却主要是在中国和日本。从这一意义上讲，对悉昙或悉昙学，古代中国，同时也包括古代日本的佛教僧人们做出的贡献最大。[1]

我的意思也就是，悉昙以及悉昙字虽然最初来源于印度，但把它发展成后来这样的规模，却主要是在中国和日本。我们理解和研究悉昙，更多地应该考虑到中国和日本佛教文化的背景。

22.5 从安然的著作看中国唐代的悉昙之学

安然的这3种书，撰成的时间相当于中国的唐代，准确地说是在晚唐时期。唐代中日之间的文化交往，最为密切。安然本人，从小亲近圆仁，从圆仁受学。上面讲到安然所编撰的《诸阿阇梨真言密教部类总录》，八家目录，包括圆仁的目录。圆仁所传的悉昙之学，自然是从中国学得。八家中其他七家，也都是唐代到过中国的求法高僧，所传学说和

〔1〕林光明：《梵字悉昙入门》，嘉丰出版社（台北），1999年，第5-6页。

使用的典籍，也都是直接从中国取得。因此，在中国自身有关悉昙的著作保留很少的情况下，通过日本僧人——这里是安然——的著作去了解当时悉昙与悉昙学的面貌，不仅可能，而且几乎是只能如此。

首先，我们看到，唐代究竟有多少有关悉昙的撰述，有哪些撰述，宋以后在中国方面并不很清楚，而在安然的《诸阿阇梨真言密教部类总录》中“诸悉昙部”一节则可以见到一些。这一节中以悉昙为题或与悉昙直接有关的书约有40多种，它们是：

《瑜伽金刚顶经释字母品》一卷（不空译。贞元新入目录。海、仁、圆、觉）

《文殊问字母品经》一卷（内云《文殊问经字母品第十四》，不空译。贞元新入目录。海、仁列内题。圆、觉）

《大涅槃经文字品悉昙章》二本（两本。应、珍）

《悉昙》异本二

《悉昙章》一本（婆罗门僧正门人佛哲本）

《悉昙章》一卷（仁。安国寺本。与前亦异）

《悉昙章》一卷（海。与前少异）

《悉昙章》一卷（仁。全雅手写。与前亦异）

《悉昙章》一卷（行。与前四本亦异）

《悉昙章》一卷（题云《悉昙梵字》，一卷。与前五本亦异。运）

《悉昙章》一卷（晓、与前六七亦大异。文有烂脱）

《悉昙章》一卷（珍初持晓本入唐，遇般若三藏归天竺以前，晓本随三藏说，更加多章。与前七本亦大异）

《大悉昙章》二卷（海和上作）

《大悉昙章》十八章（安然据《字记》，唯出诸转头上。大江君）

《南天竺般若菩提悉昙一十八章》（安然据《字记》方具出诸章字。在中院）

《罗什悉昙章》一卷（海录外）

《瞻波城悉昙章》一卷（海录外）

《天台山悉谈章》一卷（惠、明、珍）

《大涅槃经如来性品十四音义》二卷（罗什。仁、叡是两本，然一卷着朱脉为别也）

《十四音辨》一卷（如玄、仁）

《涅槃经十四音七昙章图》一卷（运又云《悉昙章图》一卷）

《文字》一卷（珍。是《涅槃经文字品》字母反音）

《七昙记》一卷（运）

《七昙字纪》一卷（海）

《悉昙释》一卷（海）

《梵唐文字》一卷（行）

《辨说梵文汉字功德及出生切文字根本次第》一卷（全真。行）

《诸梵字》十二卷（运。初有《大随求结护真言》）

《悉昙字母并义释》一卷（海和上撰）

《字源》一卷（荣律师集）

《悉昙藏》八卷（安然集）

《建立梵夹经记》一卷（珍）

《唯识三十本论梵夹》一卷（运）

《翻梵语》十卷（仁）

《梵唐语》十卷（义净集。珍）

《梵唐千字文》一卷（仁）

《梵语杂名》一卷（仁）

《随文梵语集》一卷（安然集）

这中间包括少数日本僧人的著作，如安然本人编撰的《悉昙藏》，但大部分书都是唐代从中国直接传入日本。这些书，后来在中国大多散佚而不可见。其中几种，现在还能比较完整地见到的，例如《梵唐文字》《梵唐千字文》《梵语杂名》以及《悉昙字纪》等，也是民国前后才从日本重新传回中国。其他更多的一些作品，仍然还只能从安然等人的书，尤其是安然的《悉昙藏》一书中见到一些片断。

《悉昙藏》8卷，引书甚多，大部分篇章实际上是安然根据当时他见到的与悉昙有关的各种文献编排而成。章太炎说，“唐人说悉昙者多至百余家”，百余家的名字，他没有能列举出来，但从安然的《悉昙藏》中，至少可以举出10多家。《悉昙藏》卷5在说明“字母翻音”时，为了举例，具体列出名字的就有空海、全真、义净、灌顶、法宝、慧远、吉藏、梁武帝、玄应、信行、惠圆、智广、全雅、宝月、难陀、宗睿诸家。在其他地方多次提到的，还有道暹、行满、惠均等。这其中有的人稍早于唐代，如梁武帝、隋慧远，但大部分都是唐代的僧人。《悉昙藏》其他卷里，也还提到更多的名字。[1]至于空海、圆仁，包括安然等，虽然是日本僧人，其实也可以归入其中。

从今天的眼光看，《悉昙藏》中所反映出来的中国唐代的悉昙之学，有许多有意思的地方。最突出的一点，我以为是把印度的说法与中国传统文化中的一些理论，即所谓事理名数结合起来，再放置在佛教的背景下做解释。这样的例子很多。例如“序”在总述全书结构时讲到“悉昙韵纽”，包括“三评”，第三评是“二方音”，即梵汉音，其中一段是：

> 真旦五行、五音，内发四声四音，外响六律六吕。亦述印度五轮五音，亦生四声四音，亦合六律六吕，能摄五十切韵，能收十一音条。亦述八声八音，六十四音，七例八转，九十六声。亦述四时声、四念诵、三密行、三平等。评为一味一切智声。

这在卷2的正文中更进一步敷衍出一大段：

> 如外教说，天地交合，各有五行。由五行故，乃有五音。五音之气，内发四声、四音之响，外生六律、六吕之曲。今者内教亦说法性缘起，生佛发生，以业力悲力，故情界器界，各有五行五音，亦生四韵四声，亦与四声四音合，亦与六律六吕合。……

中间还引用了出于中国人之手的几种“疑伪经”：

> 今检内教《须弥四域经》云：宝应祥菩萨为伏羲，日光菩萨名女娲也。（抄）《清净法行经》云：我遣三人渐教众生，迦叶菩萨彼名老子，儒童菩萨彼名孔子，光净菩萨彼名颜回。（抄）《提谓经》云：夫五戒者，是则天之五星，地之五岳，人之五常、五行、五藏、五方、五

[1] 例如卷1讲，解“十四音”有10家，即牟尼、真谛、义净、般若、智严、法宝、惠远、惠苑、裴家、谢家。

音。(抄)故知内外虽异,源流惟一。言五戒者,谓防杀、盗、淫、妄、酒也。言五音者,呼迦、左、咤、多、波也。言之反音,口处为证,今核梵音,口处为准。诸说虽多,今据宗叡,五五字者,如次喉、腭、断、齿、唇声也。后九字者,超次满口五处声也。今据现量,五五字者,喉、腭、舌、齿、唇五处,如次发起迦等五五。后九字者,野、罗、攞字先从喉、腭、舌发,然后遍口。嚩、舍、洒、娑、诃字,先从唇、齿、舌、腭、喉发,然后遍口。其乞叉字先从喉发,然后遍口。故《字纪》云:声之所发,则牙齿舌喉唇等,合于宫商,其文各五。遍口之声,文有十矣。(文)《次第记》云:称呼梵字,亦有五音伦次,喉、断、齿、唇、吻等声,皆从深向浅。亦如此国五音之内,又以五行相参,辨定者则以清浊,察之者则以轻重,以阴阳二气拣之,万类差别,悉能知矣。(文)又云:前劫后劫,诸佛出现世间转妙法轮者,皆依此梵文演说,方尽其美也,备尽世间一切声音也。横即双声,声者无一字不双声也;竖即叠韵,韵者无一字不叠韵也。初即以头为尾,后即以尾为头,或即尾头俱头,或即尾头俱尾。傍纽正纽,往返铿锵;横超竖超,有单有复。逆和顺和,半阴半阳,乍合乍离,兼梵言,兼汉语。中边左右,斜正交加。大秦小秦,梵汉双译。咽喉、牙齿、咀嚼、舌、腭等,是六国之音韵也。善察其声者,无字而不切。杳遵伏羲、苍颉鸟言,如本梵音实了。(文)

这一段议论真是洋洋大观。在中国,研习悉昙形成一种规模,是在唐代。悉昙如果说能称为"学",我的看法,应该就是在这个时候。安然的书,为我们提供了很多证据。

出于同样的原因,在这样的背景下,对悉昙的解释甚至出现一些原本在印度没有的东西,比如讲到梵文的复辅音,二合常见,三合也有,但讲四合五合六合,则完全是悉昙家们在这个时候的创造。[1]这样的创造,虽然使人觉得有些匪夷所思,但从做研究的角度讲,其实也颇有意思。

至于中国古代音韵学理论中的等韵学与悉昙的关系,早已经有不

〔1〕见《悉昙藏》卷1以及《悉昙十二例》的"悉昙众本非真例"。

少学者做过研究,发表过很多意见。可以这样说,没有悉昙及僧人,也包括学者对悉昙的研究,等韵学几乎不可能在中国产生和发展。而从悉昙之学到等韵之学,关键的转折变化正是在中晚唐时期。安然的著作里,可以发现一些很重要的线索。

这里不可能更详细地全面介绍《悉昙藏》。对于唐代中国的悉昙之学,上面也只是粗略地涉及最重要的几处地方。有一处重要的地方还没谈到,那就是悉昙与唐代佛教密宗的关系。这方面的题目很大,需要有较大的篇幅。希望以后有机会再做讨论。

总起来讲,《悉昙藏》书中的内容,虽然因为引书很多,编排上安然又有自己的做法,头绪显得比较纷繁,但各种材料确实十分丰富。要研究悉昙在中国和日本流传的历史,安然的书不可或缺。应该说,到目前为止,这方面可以做研究的题目还有许多。

22.6 结语

安然是传悉昙的大家。安然的著作,为我们今天了解悉昙之学在中国古代,尤其是唐代的发展变化提供了丰富的材料。这中间当然也包括日本的悉昙之学。为此我们应该感谢中国和日本古代的这些高僧大德。而深入研究他们在这方面的著作,也应该成为我们的任务。可惜至今有关的研究工作还做得并不太多。

当然,安然的书中也不是没有错误。安然没有能到中国,对有的事比较隔膜。例如他在《悉昙藏》卷1讲:“僧睿法师是(鸠摩罗)什门人。什生龟兹,东天竺人,所传知是东天竺本也。”在这里,安然似乎以为龟兹在东天竺。这当然是错误的。

再有,《悉昙藏》现在的传本,悉昙梵字,错讹不少。但这不一定就是安然的错误。安然的书,撰成于1000多年前,其后屡经传抄,鲁鱼亥豕,在所难免。

就唐代的悉昙之学以及本文中涉及最多的安然的三部著作而言,我以为目前还有几方面的研究工作可以做。

首先是收集整理与悉昙有关的文献。这方面的工作日本僧人和学者已经做了一些，有较好的基础，但还可以做更细更全面一些，除了从中国传到日本的文献、日本僧人撰写的文献，还应该包括这些年来在敦煌文书整理和研究中发掘出的一些相关文献。为此可以编出一种或数种书目。

其次是辑佚的工作。一些已经散佚的古书，应该通过辑佚，部分地恢复出来，供进一步的研究使用。[1]

再次就是对悉昙文献具体的整理和研究。例如对安然的《悉昙藏》，就可以做校勘、标点和注释。这样的工作，看似简单而其实不容易。

最后，在以上工作的基础上，选择专门的具体的题目，从佛教，从文化交流，以及从语言文学等多方面的角度讨论悉昙在宗教史和文化史上曾经发挥过的作用及意义。

就广义的佛教研究而言，以上几项工作，如果能有所结果，自有其价值和意义。

（原载《世界宗教研究》2001年增刊号。）

〔1〕如平田昌司《谢灵运十四音训叙の系谱》以及拙文《谢灵运十四音训叙辑考》。平田文载高田时雄编《中国语史の数据と方法》，京都大学人文科学研究所，1994年，第33-80页。拙文载《国学研究》第3卷，北京大学出版社，1995年，第275-300页，修改稿载《北京大学百年国学文粹》语言文献卷，北京大学出版社，1998年，第631-646页。

23 “锦绮之花”:佛经的语言、文本与翻译

佛经的翻译是一个在不同的场合下被讨论过,而且已经讨论得很多的问题。学者们从不同的角度,依据不同的材料,以宏观或微观的形式做过讨论。近一百年来,日本学者在这方面做的工作尤其多一些。

过去的讨论,在研究佛教历史和文献的学者中,更多的是从实证出发,具体涉及佛经翻译的途径,翻译方法,译语、译文的理解,很多时候也涉及文献的来源以及经录等问题。而在研究所谓的翻译学的学者中,则比较宏观,近年来更倾向于引进一些西方的翻译学或者比较文学,比较文化学的理论,试图来做更多,也往往被认为是更新的阐释。除此之外,近年来也有一些研究汉语史的学者,利用汉译的佛经作为语料,这中间常常也要涉及佛经翻译中的一些问题。

本文不准备讨论某一部具体的经典的翻译,或某一位译人的翻译活动,或某一种翻译理论应用的可适性,仅仅提出几个与这个古代佛经翻译相关的问题。提出这些问题的背景是,讨论佛经的翻译,是不是还可以从佛经的产生、佛经在2000多年间流传的历史以及文化交流和互动的角度来做一些思考。这一角度,似乎也接近与当今几个比较时髦的学科名称,如文本发生学、文本解读、阐释学、文化传播学等等所要讨论的题目。不过,在我看来,名称并不重要,重要的是我们应该怎么认识佛经翻译这一过去已经存在2000多年,同时现在仍然还在进行的现象和过程。从文化史、翻译史以及佛教史的角度而言,如果我们对此能够有一个比较精细而不是粗疏,具体而不是模糊的描述,一些长期以来争论不休的问题也许就比较容易得到解决。

我先提出几个问题,必要时举一个或几个例子,然后就这些问题谈一下我的意见。这几个问题分别是:(1)经典怎么形成:早期佛经的语

言和翻译问题;(2)经典怎么流传:佛经流传过程中的文本;(3)翻译还是文本转换:汉译佛经的特点;(4)"改治":文本转换的另一个例子;(5)一点余论:翻译是什么?

以下是我对这些问题的看法。当然,所有这些,都有待于同行们的指正和做进一步的讨论。

23.1 经典怎么形成:早期佛经的语言和翻译问题

依据一般的说法,释迦牟尼在公元前6世纪或是前5世纪创立佛教。佛教一经创立,就有了广泛意义上的佛经。佛教讲佛、法、僧"三宝",其中的法宝——有时用Buddhavacana,即"佛语"这个词来代表——一定意义上讲就是指佛经。这与佛教早期的历史有关。这样的说法,如果做宽泛的理解,基本上可以接受。

最早的佛经究竟是什么样,我们实际上并不清楚。我们现在见到的佛经,即使可以判断为最早或者可能是最早的文本,都大大晚于释迦牟尼的时代。不过,通过分析和研究,我们还是可以发现一些与最早的佛经——20世纪的一些学者往往称此为原始佛典(Urkanon)——相关的痕迹。从研究的结果看,这些最早的佛经,主要有这样一些特点:

(1)它们最早只是口头流传的释迦牟尼的一些教言,在释迦牟尼在世时或在释迦牟尼去世后,由弟子们编辑,而后通过所谓的"结集"(saṅgīti)才逐步成为经典。这个过程,与中国古代的《论语》成书的过程有些相似。但规模更大,过程更复杂。二者在时间的尺度与地域的广度上不可比拟。

(2)记载最早的佛经的语言不大可能是巴利语,更不可能是梵语,最大的可能是古代印度东部的某种或者某几种方言,德国学者Henrich Lüders的推断,是古印度的半摩揭陀语(Ardhamāgadhī)。[1] 当然,也有不同的意见,但所有的不同意见也说不上有更有力的根据。因此,我们

[1] Henrich Lüders: *Beobachtungen über die Sprache des buddhistischen Urkanons*, Berlin, 1954.

仍然可以设想，我们今天见到的巴利语的以及其他早期印度语言的佛经，例如犍陀罗语佛经，其核心部分，一定程度上都是从一种原始佛典语言（Ursprache）的佛经转换而来。〔1〕

（3）这样的转换，既包括文本形式的转换，也包括语言的转换。在我看来，这种转换的过程，整个来讲，其实就包含着各种形式的翻译，但这种意义上的翻译，其中包含的内容，远比一般理解的翻译要大得多，丰富得多。

因此，我们是否可以这样说，佛教经典在形成的过程中，很早就与翻译有关系。这种翻译，在一开始，只是在中世印度雅利安语（Middle Indo-Aryan）范围内两种或多种分支语言，包括巴利语、犍陀罗语、其他俗语、梵语等之间的翻译。在佛教传到印度以外的地区以后，情形又有所改变，佛经被翻译成非印度的语言，这中间发生的变化当然就更大了。

23.2　经典怎么流传：佛经流传过程中的文本

历史上的佛经怎么流传，可以讨论的问题有许多，这里只谈与文本有关的问题。最原始的佛经缺乏实例，不好做讨论，但早期的佛经流传下来的有很多，我举几个例子，首先举《法句经》。

不管在南传还是在北传的系统中，《法句经》都可以说是一部很重要的经典，尤其是南传。现存的《法句经》，最为人熟知的是巴利本的*Dhammapada*。在斯里兰卡和东南亚地区南传佛教的范围内，巴利本有名很自然。在南亚以及东南亚以外的地方，尤其是欧美地区，巴利本的《法句经》有名，主要是因为最早的西文译本所依据的是巴利本。巴利本二十六品，属于上座部的传承系统，这一点众所周知。

除了巴利语的《法句经》，保存在印度语言（Indic languages）中的还

〔1〕讨论最早佛经的语言问题，中文出版物中可以参考季羡林：《原始佛教的语言问题》，中国社会科学出版社，1985年。20世纪90年代以前讨论这一问题的大部分西文著作，季先生的书中都有引用。

有三种《法句经》。与巴利语《法句经》不同的是，这三种《法句经》，早些时候并没有人知道，它们被发现以及对它们的了解，不过是近几十年的事。它们也都不属于上座部的传承系统。

第一种是有名的犍陀罗语《法句经》（*Gāndhārī Dharmapada*）。这部《法句经》使用的语言是印度古代西北的方言，即现在一般所称的犍陀罗语。经卷写在桦树皮上，用佉卢文抄写，20世纪初在中国新疆的和田地区出土，后来被分别收藏在法国巴黎和俄国圣彼得堡。发现的当时，曾经在国际东方学界引起过很大的轰动。但直到20世纪的60年代，英国剑桥大学的教授John Brough经过长期的努力，才出版了他的一个完整的校刊本，校刊本同时包括他所做的研究。犍陀罗语《法句经》不是全本，是残本，Brough整理的校刊本存二十二品。〔1〕20世纪的90年代以来，从阿富汗陆续流出的文物中，也发现了一些写在桦树皮上的最古老的佛经，其中也有犍陀罗语的《法句经》，不过只是一些片段。〔2〕

第二种是梵语本，但名字不叫《法句经》，而是*Udānavarga*。这是德国学者F. Bernhard根据德国吐鲁番探险队在中国新疆地区发掘所获得写本残片，即所谓Turfanfunden的一部分，重新恢复出来的。梵本经文有三十三品。〔3〕此外，20世纪的80年代日本学者中谷英明、法国伯希和从库车苏巴什（Subashi）佛寺遗址掘得的梵语写本中，也整理出一部*Udānavarga*，内容有残缺，只能说大致完整。〔4〕

第三种《法句经》来自西藏。20世纪的30年代中期，印度学者Rah-

〔1〕J. Brough：*The Gāndhārī Dharmapada*，London：Oxford University Press，1962.

〔2〕Richard Salomon：*Ancient Buddhist Scrolls from Gandhāra：The British Library Kharoṣṭhī Fragments*，Seattle：University Washington Press，1999；Timothy Lenz：*A New Version of the Gāndhārī Dharmapada and a Collection of Previous-Birth Stories：British Library Kharoṣṭhī Fragments 16+25*，Gandhāran Buddhist Texts 3，Seattle，2003。我十多年前为前一本书写过一篇书评，见《敦煌吐鲁番研究》第5卷，北京大学出版社，2001年，第343-353页。

〔3〕*Udānavarga*，Sanskrittexte aus den Turfanfunden X，hrg. von F. Bernhard，Band I (Einleitung，Beschreibung der Handschriften，Textausgabe，Bibliographie)，II (Indices，Konkordanzen，Synoptische Tabellen)，III (Der tibetische Text)，Göttingen：Vandenhoeck & Ruprecht，1965，1968，1990.

〔4〕中谷英明（H. Nakatani）：*Udānavarga de Subaši*，Paris：Institut de Civilisation Indienne，Tome I，II，1987；《スバシ写本の研究》，人文书院（京都），1988年。

ula Sāṅkṛtyāyana四次进入中国西藏地区，寻找从印度以及尼泊尔流入西藏的梵文经典。这是他在西藏见到的梵文经典之一。Sāṅkṛtyāyana对一些经典拍了照片或者做了笔录。这些照片后来保存在今天印度比哈尔邦的首府巴特那的一个研究所。照片中包括这部《法句经》，因此这部《法句经》后来又被称作《巴特那法句经》(*Patna Dharmapada*)。时间已经过去了70多年，原件是否还在西藏，在西藏的什么地方，目前没有人知道。

这部《法句经》的校刊本有两种：一种是德国学者Gustav Roth的校刊本[1]，另一种是英国学者Margret Cone的校刊本[2]。

从语言上讲，这一部《法句经》只能勉强算是梵语本。说勉强，是因为这部《法句经》的俗语化程度很高，我们既可以说它是包含很多俗语成分的梵语本(Sanskrit version with much Prakrit elements)，但也可以说它是还没有完全梵语化的俗语本(Prakrit version not yet fully Sanskriticized)。

从这四种印度语言的《法句经》，我们就已经可以看到，即使是同名或不同名但内容基本相同的一种佛经，可以有不同的文本，还可以用不同的语言传写，而且这中间的情况非常复杂。它们之间，既有文本转换的问题，也有翻译的问题。

但更复杂的是汉译的《法句经》。

在汉文三藏中，现存的《法句经》或者说内容与《法句经》基本相同，但名称略异的经典至少有四种。

第一种是三国时的翻译，经名就是《法句经》，翻译的时间很早，属于中国历史上最早翻译的佛经之一了。全经三十九品，汉译两卷。[3]

---

〔1〕G. Roth: "Particular Features of the Languages of the Ārya-Mahāsaṃghika-Lokottaravādins and their Importance for Early Buddhist Tradition. 2. Text of the Patna Dharmapada", in *Die Sprache der ältesten buddhistischen Überlieferung*, (*Symposien zur Buddhistforschung*, II), Vandenhoeck & Ruprecht in Göttingen, 1980, pp. 97-135.

〔2〕M. Cone: "Patna Dharmapada, Part I: Text", in *Journal of the Pali Text Society*, Vol. 13, 1989, pp. 101-217.

〔3〕收入《大正藏》第4卷。

经前题名讲“尊者法救撰，吴天竺沙门维祇难等译”。与维祇难合作的有竺将炎，也许还有支谦。

《出三藏记集》卷7有《法句经序》，这是关于《法句经》的非常重要的一篇文献。其中讲到《法句经》如何产生和形成的过程：

> 《昙钵偈》者，众经之要义。昙之言法，钵者句也。而《法句经》别有数部，有九百偈，或七百偈及五百偈。偈者结语，犹诗颂也。是佛见事而作，非一时言，各有本末，布在众经。佛一切智。厥性大仁，愍伤天下。出兴于世，开现道义，所以解人，凡十二部经，总括其要，别有四部《阿鋡》。至去世后，阿难所传。卷无大小，皆称闻如是处佛所，究畅其说。是后五部沙门，各自钞采经中四句六句之偈，比次其义，条别为品。于十二部经，靡不斟酌，无所适名，故曰《法句》。夫诸经为法言，《法句》者，犹法言也。近世葛氏传七百偈，偈义致深。译人出之，颇使其浑漫。惟佛难值，其文难闻。又诸佛兴皆在天竺。天竺言语，与汉异音。云其书为天书，语为天语。名物不同，传实不易。唯昔蓝调安侯世高、都尉、弗调，译胡为汉，审得其体，斯以难继。后之传者，虽不能密，犹尚贵其实，粗得大趣。

然后讲到翻译《法句经》的经过，同时还讨论到翻译中的“质直”和“美言”问题：

> 始者，维祇难出自天竺，以黄武三年来适武昌。仆从受此五百偈本。请其同道竺将炎为译。将炎虽善天竺语，未备晓汉。其所传言，或得胡语，或以义出音，近于质直。仆初嫌其辞不雅。维祇难曰：佛言依其义，不用饰。取其法，不以严。其传经者，当令易晓，勿失厥义，是则为善。座中咸曰：老氏称“美言不信，信言不美”。仲尼亦云“书不尽言，言不尽意”。明圣人意，深邃无极。今传胡义，实宜经达。是以自竭受译人口，因循本旨，不加文饰。译所不解，则阙不传，故有脱失多不出者。然此虽辞朴而旨深，文约而义博。事钩众经。章有本故，句有义说。其在天竺始进业者，不学《法句》，谓之越叙。此乃始进者之鸿渐，深入者之奥藏也。可以启蒙辩惑，诱人自立。学之功微，而所苞者广，实可谓妙要者哉。

昔传此时有所不出。会将炎来，更从谘问，受此偈等。重得十三品，并挍往故，有所增定。第其品目，合为一部三十九篇，大凡偈七百五十二章，庶有补益，共广闻焉。[1]

翻译中以“质直”还是“美言”作为标准，提出这样的命题，在中国古代的翻译史上，这是首次。对这一问题的讨论，一直持续了几百年。经录中说这篇序言“未详作者”，很多学者推测作者是支谦，这有道理。说译经的合作者是支谦，根据的也是这个推测。

第二种是《法句譬喻经》，四十二品，汉译四卷，晋代沙门法炬共法立译。[2]

第三种是《出曜经》，三十四品，汉译三十卷，姚秦凉州沙门竺佛念译。[3] 经前有序，为僧叡所撰。[4] 僧叡的《序》讲的是三十三品，现存的《出曜经》实际分为三十四品。

第四种是《法集要颂经》，四卷，三十二品，尊者法救集。这是宋代来华的印度惹烂駄啰国密林寺僧人天息灾译[5]

不同文本，不同形式，甚至名字也不一样的《法句经》，已经有了这么多，由此而生出的一个问题是：它们之间是什么样的一个关系呢？从佛教发展历史的角度看，这个问题的一部分，可以用另一种问法来表达：这些不同文本的《法句经》，它们属于佛教的什么部派呢？巴利本的《法句经》不用说属于南传的上座部，但其他的《法句经》呢？

先讲巴利语之外的四种印度语言的《法句经》。

依照目前的研究，第一种，即犍陀罗语的《法句经》，属于法藏部的可能性最大。这个意见最早是校订和研究的 John Brough 提出的，但Brough很谨慎，他说，这只是可能性最大。不过我以为基本可以视作定论。[6]

---

[1]《出三藏记集》卷7《法句经序》。《大正藏》第55卷，第49页下至50页上。

[2] 收入《大正藏》第4卷。

[3] 收入《大正藏》第4卷。

[4]《大正藏》第4卷，第609页中至下。

[5] 收入《大正藏》第4卷。

[6] 王邦维：《论阿富汗新发现的佉卢文佛教经卷》，载《中华佛学学报》第13期（卷上），台北，2000年，第13-20页。

第二种《法句经》，即 *Udānavarga*，在整理这部文献的德国学者看来，属于说一切有部。这样说当然有根据。不过，最近二十多年的研究发现，在中亚发现的梵文文献中，过去认定为说一切有部的文献，其中也有一些属于根本说一切有部。虽然说一切有部在一些情况下确实可以与根本说一切有部视为一体，但二者还是有差别的。因此，这部《法句经》属于说一切有部还是属于根本说一切有部，需要做考虑。在我看来，推断为根本说一切有部，即说一切有部的一个分部，有更多的道理。

第三种印度语言的《法句经》，又称《巴特那法句经》的问题比较复杂。没有任何一种证据说明它属于哪一个部派，但它无论在语言上还是在结构、内容上显然与《法句经》所有其他的传本都不一样。Peter Skilling 十多年前提出一种意见，他推测属于正量部。Skilling 为此做了细致的分析，他的分析我以为言之有理。〔1〕可以补充的一点还有，从玄奘在《大唐西域记》中的记载看，7世纪时，正量部在印度实在是很有影响。依照《大慈恩寺三藏法师传》卷5所讲，著名的戒日王的妹妹所皈依的教团，就属于正量部。〔2〕正量部影响之大，以至于义净把他当时所见的所有的印度佛教部派总括为四个大的部派，其中一个就是正量部。〔3〕可惜正量部的文献我们现在知道的却少之又少。〔4〕

但是更难做出判断的也许是汉译的几种《法句经》。它们显然又有所不同。

---

〔1〕Peter Skilling: On the School-affiliation of the "Patna Dhammapada", in *Journal of the Pali Text Society*, Vol. 23 (1997), pp. 83-122.

〔2〕《大正藏》第50卷，第247页中。

〔3〕《南海寄归内法传校注》，中华书局，1995年，第10至11页。我在书的前言中对此有更多的讨论。

〔4〕正量部的经典在汉译佛教文献中目前可以确认的只有《三弥底论》和《律二十二明了论》。前者收入《大正藏》第32卷，后者收在《大正藏》第24卷。前者失译，后者由陈真谛翻译。真谛西印度优禅尼国人，经扶南而来华。真谛很有可能就是正量部僧人。依照义净的记载，公元六七世纪时，在西印度，正量部的影响很大，而且可能是最大的；在南海方面，正量部也颇有影响。参见 Bangwei WANG: "Buddhist Connection between China and Ancient Cambodia: Śramaṇa Mandra's Visit to Jiankang", in *The Benefit of Broad Horizons: Intellectual and Institutional Preconditions for a Global Social Science, International Comparative Social Studies*, Vol. 24, Leiden-Boston: E. J. Brill, 2010, pp. 280-291。

第一种,维祇难本。法光不久前提出一种说法,认为可能属于化地部。[1] Charles Willemen支持这个说法。[2] 这个意见值得注意。

第二种《法句譬喻经》,目前仍然不清楚。

第三种《出曜经》,如果我们接受传统的编者法救属于说一切有部的说法,这部《出曜经》也就应该属于说一切有部。前一个说法应该可以接受。

第四种《法集要颂经》,翻译的时间已经比较晚。从这一点看,属于根本说一切有部的可能性似乎大一些。

有关《法句经》,可以讨论的问题当然还有很多,但只是从《法句经》这些不同的传本,我们可以看得很清楚,佛教历史上的一些部派,都有过编撰自己部派的《法句经》或《法句经》一类经典的过程,最后的结果就是我们现在看到的这种状况。

第二个例子:《那先比丘经》。

在南传巴利经典里,《那先比丘经》的经名是《弥兰陀王问经》(*Milindapañha*)。这也是一部有名的经典,但它实际上比较晚出。[3] 因此,在斯里兰卡的巴利语三藏系统中,它属于藏外经典。不过在缅甸系统中,它已经被收入《小部》(*Khuddaka-Nikāya*)之中。

汉文的佛典里《那先比丘经》是什么时候翻译的,不是很清楚。经录的记载是"失译人名,附东晋录",也就是说最晚不晚于东晋。但有的学者从译文的文体和语言推断,应该更早,最早的推到了后汉。如果保守一点,应该是在后汉至东晋之间。因此汉译的年代不一定比巴利本形成的年代晚。[4]

---

〔1〕Bhikkhu Dharmajoti: "Fa Ju Jing, The Oldest Chinese Version of the Dharmapada: Some Remarks on the Language and Sect-affiliation of its Original", in *Chinese Translation of Buddhist Scriptures: New Discoveries and Perspectives*, Tokyo: ICPBS, 2006, pp. 41-73.

〔2〕Ch. Willemen(魏查理):《印度部派佛教"化地部"的新研究》,载《人文宗教研究》第1辑,宗教文化出版社,2011年,第130页。

〔3〕《那先比丘经》虽然也被算作是佛经,但显然不是"佛说",经文中对话的两位主角,那先比丘(Nāgasena)和弥兰陀王(Menandros)都是佛陀以后的人物,推测年代大约在公元1世纪至2世纪。

〔4〕汉译现存两种传本,一种分为2卷,一种分为3卷,收入《大正藏》第32卷。

《那先比丘经》或者说《弥兰陀王问经》在研究早期佛教教义方面的重要性不用多讲，这里主要考虑它的传承系统。巴利本与汉译本虽然有很大的不同，但二者显然曾经有一个共同的来源，这就是原始的《那先比丘经》或者说《弥兰陀王问经》。这个原始的《那先比丘经》是用什么语言写成的呢？有人说是俗语，有人说是梵语，也有人说是混合梵语。什么语言都有可能，但就不可能是巴利语。理由很简单，那就是经的内容所反映的历史背景。弥兰陀王是希腊的国王，那先比丘与弥兰陀王的对话发生在犍陀罗，故事发生在这里，作为一部经典，最早形成应该是在犍陀罗。如果考虑到从阿育王时代到弥兰陀王的时代，乃至更晚，犍陀罗地区使用的是古代印度的西北方言，即现在一般所称的犍陀罗语，最早传本的语言也应该是犍陀罗语。现在还有留存的当时的碑铭和在这一地区发现的最早的佛经写本的情况可以证明这一点。只是在其后的某个时候——当然这个时间也比较早——被改造成巴利本，进入南传上座部传承的系统。同时在中国的后汉至东晋之间的某个时候，传到汉地，译为汉语。汉译本代表的显然是另一个传承系统。虽然我们目前还不能准确指出这究竟是哪一个传承系统，但从时间和地域的条件上推断，后者保留的原始形态是不是会更多一些呢？〔1〕

上面选取佛经中两部很有名的佛经作为例子，是要想说明，佛经在流传的过程中，其文本会有多么复杂的情况。为什么会有这样的现象？原因很简单：第一，我们今天见到的佛经，没有一种是释迦牟尼当时的原本。第二，传承的系统，早期大致是依据部派而做区分，部派则与时代和地区有所联系，不同时代情况又往往有变化。第三，即使是在一个部派之内或者说一个传承系统之中，不同的时候，不同的地区，流行或使用的抄本先后也会有一些大小不等的变化，包括语言方面的转变。

因此，根据过去一百多年对佛教经典的研究所得到的结果，我们现在是否应该注意到一点或者是否可以这样说：佛教经典的来源，最早出

〔1〕Paul Demiéville（戴密微）："Les versions chinoises du Milindapañha", in *Bulletin de l'École française d'Extrême-Orient*, XXIV (1924), Hanoi, pp. 1-258.

自释迦的教言，但后来却是从一个系统发展为多个系统，一条线发展为多条线，由此而最终形成的一种结果？

这里我特别想强调的是传承的系统，这样的传承系统，在早期的阶段，大多数与部派有关，但往往也涉及其他的因素。这些传承系统性质不一，总结起来，大致可以包括几个方面：

（1）部派的系统（nikāya traditions），不一定是十八或是二十个部派，但主要的部派都曾经有自己的传承系统。

（2）地区的系统（regional traditions）。随着佛教在印度各个地区的传播，乃至传出印度，到达中亚或者东南亚，传承自然有所不同。

（3）教法的系统（doctrinal traditions），例如所谓大乘或小乘。

（4）学理的系统（philosophical traditions）。例如分别说部、经量部、毗婆沙师等等。

（5）语言的系统（language traditions）。例如原始佛教的语言、俗语、梵语等等。

当然，在很多情况下，这些系统互相之间会有所交叉或重叠。

如果我们把视野从印度本土延伸到中亚和中国汉地，更可以看到，大多数佛教的经典，它们最早或者其主要的一部分来自印度，后来有的可能来自中亚，或者是逐渐添加中亚的成分，然后到达中国，然后翻译成中文，翻译中又有增删、修改，甚至添加。然后传到朝鲜、日本和越南。任何一种经典，如果讲其中的element，就有多种element。我们的任务之一，就是找出这些element，并做分析和研究的功夫。

其实，如果我们把视野转回到中国，我们会发现，中国古代经典的传承，也曾经有过类似的历史，例如作为中国文化最基本经典的《尚书》和《诗经》，其早期的流传过程，与佛教经典产生和流传的情况其实很有些相似。

23.3 翻译还是文本转换：汉译佛经的特点

上面说了，一种佛经，往往有多种语言的多种文本，这些文本，如果是同一语言，我们可以看作是文本之间的转换或者互构，如果是不同语言，其间也就有一个翻译的过程，实际的情况往往是两种性质兼具。这在汉译佛经中表现得尤为明显。

以般若类经典为例。不管在梵文佛经还是汉文佛经中，般若经典都是一个大类。汉文的《般若经》不仅是最早翻译的佛教经典之一，而且数量非常多，这包括后汉支娄迦谶翻译的10卷本的《道行般若经》、三国吴支谦翻译的6卷本《大明度无极经》、西晋无罗叉与竺叔兰翻译的30卷本《放光般若经》、西晋竺法护翻译的30卷的《光赞般若经》、后秦鸠摩罗什翻译的27卷的《摩诃般若经》与10卷的《小品般若经》，以及唐玄奘翻译的篇幅浩大、集大成的600卷的《大般若经》，再还有许多零星的译本。[1] 所有这些译本，虽然都是《般若经》的某一部分，虽然往往称作同本异译，但其实源文本大多不一样，译者翻译时对原文文本的处理，往往大相径庭。这一点，只要做一个对比，就可以看得很清楚。翻译当然可以说是翻译，但翻译的方式和处理的手段各有不同。这中间其实也还是文本的一种转换。

同样的情形，在其他类别的经典，例如"宝积部""大集部"中间也能看到。

在翻译的同时，对文本进行更大程度的再加工，转换特征更为明显的例子也有不少。这类的例子在汉译佛经也很多，例如三国吴康僧会翻译的《六度集经》、不明译人的多种《杂譬喻经》、西晋安法钦翻译的《阿育王经》及萧梁僧伽婆罗翻译的《阿育王传》等等都是。严格地讲，

〔1〕这些早期翻译的般若类经典，《道行般若经》《大明度无极经》《小品般若经》一般又称为《小品般若》，相当于梵本的《八千般若》（*Aṣṭasāhasrikāprajñāpāramitā*）；《放光般若经》《光赞般若经》《摩诃般若经》一般又称为《大品般若》，相当于梵本的《二万五千般若》（*Pañcaviṃśatisāhasrikaprajñāpāramitā*）。玄奘的600卷本则几乎可以说是《般若经》翻译的集大成者，虽然除此之外还有一些零星的般若类经典存在。

这一类经典，不是一般的翻译，而是编译，或者说改写，这一类的翻译，很难或者说不可能找到所谓的原本(source text)，但可以在相近文献中找到相似的来源(parallel source)。最早的文本和原文献，经过翻译和大幅度的改编，不管是结构还是内容，都发生了更大程度的转换和改变。

因此，汉译佛经生成的过程，虽然可以说是一种语言的文本(source text)转变为另一种语言的文本(target text)的翻译，但很明显，这个过程有一个与一般理解的翻译不同的特征，那就是，它不仅仅是翻译，也包括文本的转换和再造。相关的很多细节需要我们做更多的考虑和研究。

23.4 "改治"：文本转换的另一个例子

"改治"是传统中国翻译佛经时使用的一个词语，它不是指翻译，而是指对已经翻译出文本进行再加工，往往被认为是改译，但实际上是对已有的译文进行改写。"改治"最著名的例子是刘宋时代完成的南本《大般涅槃经》。

《大般涅槃经》本来是印度大乘佛教的经典，原文是一种不太规范的梵文，汉译本现存三种：

(1)东晋法显与印度来华僧人佛大跋陀合译的6卷本。经题《大般泥洹经》。译出地点在建康(今南京)道场寺，时间是在东晋义熙十三至十四年(417—418)。

(2)北凉昙无谶译40卷本。译出地点在武威，时间是北凉玄始十年(421)。

(3)南本《大般涅槃经》，36卷。刘宋僧人慧严、慧观与谢灵运等根据前两种译本"改治"而成。经录里有时说成是翻译，其实"改治"与翻译是有区别的。这部经，旧题"宋代沙门慧严等依《泥洹经》加之"，其他古本或作"三藏昙无谶译，梵沙门慧严、慧观同谢灵运再治"，或作"北凉沙门天竺三藏昙无谶译，梵宋沙门慧严、慧观同谢灵运再治"，就说得很清楚。"改治"的地点也在建康，准确应该是在元嘉八年(431)新的"改治本”又称为“南本”，先前的昙无谶在北方译出的译本则称为“北本”。[1]

从内容上讲，“南本”与“北本”几乎没有差别，只是章节上重新做了划分，文字上则进行了新的润饰和改写，显得更为通顺和雅驯。详细的对照已经有人做过。从翻译的角度讲，虽然有较多的理由认为“北本”具有较大的权威性，但后代许多人更推重“南本”。

这样的工作，基本不涉及翻译，只是对译文的再造。这使汉译佛经的文本形式更为丰富。但是对于这样“改治”文本的事，有一点其实值得我们思考，那就是，为什么古人要费力去做“改治”的工作？这后面是不是有文化价值和取向上的某种考量？

这一问题，涉及的方面比较多，希望有机会再做细致的讨论。

23.5　一点余论：翻译是什么？

有关汉译佛经，可以讨论的问题还有许多，这里不能一一讨论。最后只是想到问一个问题，就是：究竟什么是翻译？要回答这个问题，实在很不容易。对“翻译”一词的定义，在我看来，不说是人言人殊，也是不同时代，不同的人，往往会有不同的理解。这中间最相关的，是语言和文化的背景。时下讨论得比较热烈，也比较时髦的翻译学和翻译学理论，以今论古，以外论中，往往没有充分考虑到时代、历史、语言、地域的差距，虽然议论风生，终究难中鹄的。

北宋时代的赞宁，撰写《宋高僧传》，其中的卷1至卷3为《译经篇》，专门记载唐代中期到北宋年间译经的外国和中国僧人的事迹，最末是赞宁写的一段总结性的“论曰”。赞宁讲：

> 翻也者，如翻锦绮，背面俱花，但其花有左右不同耳，由是翻译二名行焉。初则梵客华僧，听言揣意，方圆共凿，金石难和，椀配世间。摆名三昧，咫尺千里，觌面难通。次则彼晓汉谈，我知梵说。十得八九，时有差违。至若怒目看世尊、彼岸度无极矣。后则猛、

〔1〕参见拙文《略论大乘〈大般涅槃经〉的传译》，载《季羡林教授八十华诞纪念论文集》卷下，江西人民出版社，1991年，第769-787页。

显亲往，奘、空两通。器请师子之膏，鹅得水中之乳。内竖对文王之问，扬雄得绝代之文。印印皆同，声声不别，斯谓之大备矣。[1]

赞宁是一位学问僧，但他不懂梵语，也从未从事过佛经的翻译工作，他对“翻译”一词的解释，显然穿凿，不足为信，不过他说的“背面俱花，但其花有左右不同”，倒有些像佛经在翻译过程中所呈现出五光十色、各类形态杂陈的情形。什么是翻译，这个问题，不同的人当然可以有不同的理解和解释。但不管答案是什么，佛经在2000多年流传过程中所形成的多种语言文本，这其中既有印度的，也有非印度的，尤其是其中的汉译佛经，所有这些，都为我们思考这个问题提供了丰富的事例。

（原载《清华大学学报》[哲学社会科学版]2013年第2期，题《语言、文本与文本的转换：关于古代佛经的翻译》。）

〔1〕《宋高僧传》卷3，《大正藏》第50卷，第723页上至中。

24　郑樵《通志·七音略》中的“胡僧”及其他

鹤立蛇形势未休，五天文字鬼神愁。
支那弟子无言语，穿耳胡僧笑点头。

唐玄宗《题梵书》[1]

南宋郑樵的《通志》是一部有名的书，全书200卷，内容囊括古今，结构虽然为纪传体，但某种意义上也有些类似于今人编的历史百科全书。不过，书中最有“创新点”的，不在其中的纪传，而在其《二十略》部分。《四库全书总目》卷50《史部·别史类》对此做过评价：“（郑樵）平生之精力，全帙之精华，惟在《二十略》而已。”[2] 这一段评价，一般都认可，因此讲到《通志》一书时，常常被人引用。

《二十略》中的第三略，称作《七音略》。在中国音韵学史上，《七音略》一直被视为最重要的著作之一。说《七音略》重要，主要有两个原因：一是因为它写成的时间，正好处在音韵学理论发展的一个重要转折期，即晚唐到宋。中国古代音韵学中的等韵学理论，到这个时候，渐成气候，或者说就成形了。二是因为书中有一组根据等韵学理论绘制的标准化图式，即一般所称的韵图。现在能见到的收有最早的韵图的书，只有两种，一种是《韵镜》，一种即《通志》的《七音略》。两种书都是宋代的著作。前者在中国早已见不到，清末在日本发现，才重新传回中国。两部书因此受到研究汉语音韵学史，有时也包括研究汉语其他问题的学者们的重视。

〔1〕这首诗传为唐玄宗所作，历代流传，文字略有不同。此处所引出敦煌写卷P. 3986，王重民录文。见王重民辑录《补全唐诗》，收入陈尚君辑校《全唐诗补编》第1册，中华书局，1992年，第5页。

〔2〕《四库全书总目》上册，中华书局印本，1965年，第448页。

近代学者中，最早对《七音略》做过专门研究的，是罗常培先生。罗先生1935年在《中央研究院历史语言研究所集刊》第五本第四分上发表过《〈通志·七音略〉研究》一文，文中提出了一些相当重要的研究意见。〔1〕其后研究等韵学的著作，如赵荫棠的《等韵源流》、李新魁的《汉语等韵学》等，对《七音略》都做过一些论述。最晚的研究专著，有杨军的《七音略校注》。〔2〕不过，这些研究，大多都集中在讨论韵图与韵部以及韵部中各类字音的处理，对郑樵编撰《七音略》的历史背景和郑樵本人一些说法的来源则讨论得不多。

对汉语音韵学，我是外行，相关的知识很有限，不过我对郑樵书中讲到的内容有几处感兴趣的问题，问题所及，倒不仅限于音韵学的范围。知道自己是外行，但还是想发表一点意见，对还是不对，有没有价值，都希望能得到内行们的批评。

《七音略》包括两部分。前一部分是郑樵的“序”，后一部分是图，即韵图。我只谈“序”，韵图只在必要时稍有涉及。郑樵的“序”不长，不过1500多字，但写得颇为挥洒，其中的内容涉及多方面的问题，一些话却又说得含含糊糊，很有讨论的余地。篇幅所限，我这里只能先提出三个问题。

第一个问题是“序”中提到的“胡僧”。

郑樵讲到他撰写《七音略》以及制作《谐声图》与《内外转图》的缘由：

> 臣初得《七音韵鉴》，一唱而三叹，胡僧有此妙义，而儒者未之闻。及乎研究制字，考证谐声，然后知皇颉、史籀之书已具七音之作，先儒不得其传耳。今作《谐声图》，所以明古人制字通七音之妙。又述《内外转图》，所以明胡僧立韵得经纬之全。释氏以参禅为大悟，通音为小悟，虽七音一呼而聚，四声不召自来，此其粗浅者耳。至于纽摄杳冥，盘旋寥廓，非心乐洞融天籁，通乎造化者，不能造其阃。字书主于母，必母权子而行，然后能别形中之声。韵书主

〔1〕后收入《罗常培语言学论文集》，商务印书馆，2004年。

〔2〕上海辞书出版社，2003年。

于子，必子权母而行，然后能别声中之形。所以臣更作字书，以母为主，亦更作韵书，以子为主。今兹《内外转图》，用以别音声，而非所以主子母也。[1]

"胡僧"一语，当然是指外国僧人，但究竟是谁，郑樵并没有讲，也许他也讲不出来。再有，郑樵提到的"胡僧"，似乎就是《七音韵鉴》的作者，情况会是这样的吗？

对这个问题，我以为可以分两个层次来做分析，首先是《七音韵鉴》，其次是《七音韵鉴》的作者。

郑樵提到《七音韵鉴》，但以《七音韵鉴》为名的书，现在已经见不到。有的研究者认为，《七音韵鉴》一书，确实有过，只是后来佚失了。也有人认为，《七音韵鉴》就是现在还能见到的《韵镜》。

我的看法，郑樵撰写《七音略》，他自己说，所本的是《七音韵鉴》，这一点我们可以相信。尤其是《七音略》中的韵图，估计更是来自《七音韵鉴》。《七音略》中列出的韵图，与《韵镜》中的韵图，虽然大体相似，但也有好些不同之处，因此我以为《七音韵鉴》与《韵镜》不是一部书，而是两部书。[2]

《韵镜》的编撰年代比《七音略》早一些，估计跟《七音韵鉴》相差不远，也许还稍早。《韵镜》不是"胡僧"的著作，而《七音韵鉴》会是吗？我以为也不可能是。中国历史上的"胡僧"，从来没有编撰出类似著作的。以涉及的内容尤其是韵图而言，这样的著作，真正的"胡僧"恐怕也很难编撰出来。韵图讲的是汉语，而不是"胡语"，这里的"胡语"泛指汉语以外的外语，其实主要应该是指印度的梵语，"胡僧"或"胡僧"们列出或编撰出胡语的语音表或字母表，例如"悉昙章"一类的表格，那很自然，但要编制出汉语的韵图，不说是绝对不可能，可能性也几乎为零，何况郑樵说不出具体的名字。《七音韵鉴》的作者，应该是中国人，很可能

[1] 中华书局1987年印本，第513页。中华本据原商务印书馆《万有文库》本重印。

[2] 这里不涉及两种书中的两种韵图之间的相关性。对此学者的一种看法是，两种韵图有一个共同的来源，"来自同一唐时古韵图"。见潘文国：《韵图考》，华东师大出版社，1997年，第98-101页。

就是那些“以参禅为大悟，通音为小悟”的中国佛教僧人或者是与这些僧人有过密切交往的中国学人。〔1〕

郑樵说《七音韵鉴》“出自西域”，是“胡僧”的著作，这不可信。不过，他讲的“胡僧有此妙义，而儒者未之闻”，这样的“妙义”，如果说是指《七音韵鉴》书中所依据的新的音韵学理论，最早来自“胡僧”，倒不是没有来由。这个来由就是，形成于唐末宋初的等韵学理论，与最初从印度传入中国的梵语语言学知识——在中国往往以“悉昙”或者《悉昙章》作为代称——以致后来在中国发展出来的所谓悉昙学密切相关。〔2〕在这个过程中间，尤其是在其早期阶段，“胡僧”当然要发挥作用。古代音韵学中的反切和四声之说不论，这方面的例子其实很多，我这里只举出两个。

第一个是在敦煌写卷中发现的首句为“鸠摩罗什通韵”的一份残卷，写卷编号S. 1344号。尽管它并非一般认为的鸠摩罗什所撰，但作为唐代中期或稍晚撰成的文字则无疑。〔3〕这段文字中的很多词语，例如“十四音者，七字声短，七字声长。短者吸气而不高，长者平呼而不远”，“一切音声，六道殊胜，语言悉摄在中”，“竖则双声，横则牒韵。双声则无一字而不双，牒韵则无一字而不韵”，“半阴半阳，乍合乍离，兼胡兼汉。咽喉牙齿，咀嚼舌(腭)，唇端呼吸，半字满字”，与后来的等韵学通行的一些术语比较，就能清楚地看出一种模仿和演变的痕迹。

〔1〕《宋史·艺文志》载有“释元冲《五音韵鉴》”。李新魁认为，此即《七音韵鉴》。见李新魁《汉语等韵学》，中华书局，1983年，第63页。但我以为此说理由不充足。“七音”与“五音”，虽然只是一字之差，但很可能代表的是二者在认识上的差异。

〔2〕我说“所谓悉昙学”，意思是想说明，把悉昙作为一种专门的研究对象，以致最后被称为“悉昙学”，是佛教传入中国，再从中国延伸到日本以后才有的事。因为悉昙最早从印度传来，以为在印度就有一种学问，称为悉昙学，这在某种程度上是误解。印度历史上使用过很多种形态不一的字母，中国人所说的悉昙字，只是其中一种，一度在一个有限的区域内流行。用这种字母排列出的表，称作《悉昙章》，但仅此而已。印度传统的学科中，实际上没有悉昙学一说。悉昙而成为学，是在中国和日本发生的事，是佛教传入中国的过程中中印两种文化结合的结果。

〔3〕认为是鸠摩罗什所撰，是香港饶宗颐先生的看法。学者们一般也都这样讲。但我对此有不同的看法，我认为这份写卷包括上面的文字，写成的时间在唐代中期甚至更晚。参见拙文《鸠摩罗什〈通韵〉考疑暨敦煌写本S.1344号相关问题》，载《中国文化》第7期，中华书局有限公司(香港)，1992年，第71-75页。我对我的看法很自信。

第二个例子也是唐代的著作，名称是《涅槃经悉谈章》，原书在中国早已失传，民国初年由罗振玉在日本发现。现存本前有残缺，起始第一句为："舌中音者，咤咤知知是双声，吒咤荼拏是叠韵。悉谈，鲁流卢楼为首生。"这几句话，正与上面的"鸠摩罗什通韵"为首句的文字完全相同。其他相同的还有"以头为尾""以尾为头""尾头俱尾""竖则双声""半阴半阳""耶（邪）正相加""单行独只""摘（擿）掇（缀）相连"等等用语。这些都是《七音略》中的韵图中用到的术语。有意思的是，《涅槃经悉谈章》也题作"罗什三藏翻译"，并且说明是日本僧人宗睿在唐咸通三年（862）在明州开元寺从一马姓僧人处抄写而来。二者当然都是托名之作。不同的是，《涅槃经悉谈章》讨论梵文字音的拼合，S.1344号写卷上的文字则是一种泛论，兼及梵汉，二者如果要论先后，从情理上推断，应该是先有《涅槃经悉谈章》，而后有"鸠摩罗什通韵"。

两个例子说明什么呢？我以为至少可以说明三点：（1）这里讲到的有关音韵的一些说法，显然与后来的等韵学理论有关。（2）这些音韵方面的术语，包括概念，来自从印度传入中国的梵语语言学知识，也就是与中国所称的"悉昙"或者《悉昙章》相关的一些理论。（3）在唐代乃至于唐代以前，"胡僧"被认为是这些新的音韵学理论的创制者。这类性质的著作托名鸠摩罗什，本身就具有典型的意义。在历史上所有的"胡僧"中，鸠摩罗什正是一位最具代表性的人物。

郑樵讲"胡僧有此妙义"，背景大致就是如此。因此，我以为可以这样说，虽然《七音韵鉴》不是"胡僧"的著作，但从古代音韵学发展的历史看，郑樵的说法不是没有根据。"胡僧"与从印度传入的声明学知识以及后来的悉昙有关，在郑樵之前，早已经是广泛流传的说法。只是其中的细节，郑樵似乎并不是很清楚。但他在"序"中对此的一番议论却洋洋洒洒：

> 七音之韵，起自西域，流入诸夏。梵僧欲以其教传之天下，故为此书，虽重百译之远，一字不通之处，而音义可传。华僧从而定之，以三十六为之母，重轻清浊，不失其伦，天地万物之音，备于此矣。虽鹤唳风声，鸡鸣狗吠，雷霆惊天，蚊虻过耳，皆可译也，况于

人言乎。所以日月照处，甘传梵书者，为有七音之图，以通百译之义也。

这里的“梵僧”，意思与“胡僧”相同。郑樵议论至此，还问了一个很好的问题，那就是，为什么“瞿昙之书”能传到中国，“宣尼之书”却不能传到印度？郑樵的话是这样讲的：

今宣尼之书，自中国而东则朝鲜，西则凉夏，南则交阯，北则朔易，皆吾故封也，故封之外，其书不通。何瞿昙之书能入诸夏，而宣尼之书不能至跋提河？声音之道，有障阂耳，此后学之罪也。舟车可通，则文义可及。今舟车所通而文义所不及者，何哉？臣今取七音，编而为志，庶使学者尽传其学，然后能周宣宣尼之书以及人面之域，所谓用夏变夷，当自此始。

可见郑樵希望的是，他的“七音”之学，最后能够“用夏变夷”。可是这能办到吗？当然不能办到。不过在今天来看，800多年前的郑樵，有这样的抱负和口气，倒是让人不由得不生出几分佩服。今天的学者讨论的历史上中印之间的文化交流为什么大多显现为“单通道”（one traffic）而非“双通道”（two traffics）的问题，郑樵似乎早就关注到了。

第二个问题是郑樵讲到的“七音”。

《七音略》以“七音”作为标题，郑樵的“序”，用了一半以上的篇幅讨论“七音”。但是郑樵讲得对吗？我以为对一半不对一半。

七音指哪七音？郑樵“序”开首一段的议论，从耳与目，视与听，“皇颉制字，伶伦制律”谈起，谈及文字，再谈及字音，于是引出“七音”的问题：

天地之大，其用在坎离。人之为灵，其用在耳目。人与禽兽，视听一也，圣人制律，所以导耳之聪，制字，所以扩目之明，耳目根于心，聪明发于外，上智下愚，自此分矣。虽曰皇颉制字，伶伦制律，历代相承，未闻其书。汉人课籀隶，始为字书，以通文字之学。江左竞风骚，始为韵书，以通声音之学。然汉儒识文字而不识子母，则失制字之旨。江左之儒识四声而不识七音，则失立韵之源。独体为文，合体为字，汉儒知以《说文解字》，而不知文有子母。生字为母，从母为子，子母不分，所以失制字之旨。四声为经，七音为纬，江左之儒知纵有平、上、去、入为四声，而不知衡有宫、商、角、徵、羽、半徵、半商为七音。纵成经，衡成纬，经纬不交，所以失立韵之源。

也就是说，这里的“七音”，包括宫、商、角、徵、羽、半徵、半商。郑樵以下的一段议论则引隋代开皇二年诏定音乐的故事作为说明：

臣谨按：开皇二年，诏求知音之士，参定音乐。时有柱国沛公郑译独得其义，而为议曰：“考寻乐府钟石律吕，皆有宫、商、角、徵、羽、变宫、变徵之名，七声之内，三声乖应，每加询访，终莫能通。先是周武帝之时，有龟兹人曰苏祇婆，从突厥皇后入国，善胡琵琶。听其所奏，一均之中，间有七声。问之，则曰：‘父在西域，号为知音，世相传习，调有七种。’以其七调，校之七声，冥若合符。一曰娑陁力，华言平声，即宫声也。二曰鸡识，华言长声，即南吕声也。三曰沙识，华言质直声，即角声也。四曰沙侯加滥，华言应声，即变徵声也。五曰沙腊，华言应和声，即徵声也。六曰般赡，华言五声，即羽声也。七曰俟利箑，华言斛牛声，即变宫也。”译因习而弹之，始得七声之正。然其就此七调，又有五旦之名。旦作七调，以华译之，旦即均也。译遂因琵琶更立七均，合成十二，应十二律，律有七音，音立一调，故成七调，十二律合八十四调，旋转相交，尽皆和合。仍以其声考校太乐钟律，乖戾不可胜数。译为是著书二十余篇，太子洗马苏夔驳之，以五音所从来久矣，不言有变宫变徵，七调之作，实所未闻。译又引古以为据，周有七音之律，汉有七始之志。时何妥以旧学，牛弘以巨儒，不能精通，同加沮抑，遂使隋人之耳不闻七调之音。

这里的话，几乎就是《隋书》卷14《音乐志》中郑译的原话，这里的宫、商、角、徵、羽、变宫、变徵，指的是从西域的龟兹国传来的“龟兹七调”。只是其后郑樵又稍稍变化了一下词语，把“变宫、变徵”改称为“少宫、少徵”：

臣又按：唐杨收与安颇论琴，五弦之外，复益二弦，因言七声之义。西京诸儒惑圜钟函钟之说，故其郊庙乐惟用黄钟一均，章帝时太常丞鲍业始旋十二宫。夫旋宫以七声为均，均言韵也，古无韵字，犹言一韵声也。宫、商、角、徵、羽为五声，加少宫、少徵为七声，始得相旋为宫之意。琴者，乐之宗也，韵者，声之本也，皆主于七，名之曰韵者，盖取均声也。

但是这里就有了问题：在中国古代，称作“五音”的宫、商、角、徵、羽，原本是用来讲乐律，而不是用来推求字音。古代中国人对乐律的探求，远远早于对字音的探求。宫、商、角、徵、羽的称谓，很早就有了。把传统乐律的“五音”，增加为“七音”，名称不变，但用途改变，用来指称字音，就这一点而言，并非不可，但把原本是乐调的“龟兹七调”与此联系在一起，却很牵强，实际上可以说是一种误解。因为郑樵讲的“龟兹七调”或者说“七音”，原本是指乐音，而不是指字音。郑樵的举证其实是有一些问题的。

《隋书》的这段文字，是中国音乐史上很重要的资料。〔1〕北京大学已故的向达先生，八十多年前写过一篇长文，题目就是《龟兹苏祇婆琵琶七调考原》。向先生对此做了很好的讨论。〔2〕隋唐时代，龟兹的乐舞流行长安。隋唐的宫廷乐部中，有“龟兹部”，专门演奏龟兹传来的音乐。“知音之士”沛公郑译通晓龟兹乐人苏祇婆所传的“龟兹七调”，把“七调”改称为“七音”，这在当时还引起一些争议。

这些故事，郑樵当然知道，大概这也是郑樵用了一长段文字来解释“七音”的原因。但二者虽有一定的相似性，却并不是一回事，郑樵混淆在一起，理解显然不准确，用此前的“龟兹七调”来解释或者比附此后出现的作为等韵学术语的“七音”，多少显得有点非驴非马。

不过，郑樵对“七音”的解释，其中虽然有穿凿之处，但与他讲“胡僧”时的情形一样，他有这样的说法，也不是没有来由。来由就是从南北朝到宋，因为大量翻译佛经，在翻译的过程中，佛教的僧人加上一批

〔1〕郑樵所引故事，见《隋书》，中华书局标点本，第2册，第345-346页。

〔2〕向文最早发表在1926年6月出版的《学衡》第54期，后来收入向先生的论文集《唐代长安与西域文明》，三联书店，1957年，第252-274页。

学者，讨论梵文的字音，发音的原理以及相应的汉文译字，启发了中国人对汉语字音发音原理的探究。这方面也有许多例子。最早的是谢灵运撰写的《十四音训叙》。[1]再后来是萧梁时代，包括梁武帝等人都积极参加的对“十四音”的讨论。[2]再后来就有了《隋书》卷32《经籍志》中讲的“自后汉佛法行于中国，又得西域胡书，能以十四字贯一切音，文省而义广，谓之婆罗门书，与八体六文之义殊别”那一段话。[3]

与“十四音”相似，与佛经翻译有关的，其实还有“四十二音”“五十音”说法，再有衍生出来的“十六音”(与“十四音”相关)“四十音”(与“四十二音”相关)等等说法。[4]

郑樵的“七音”之说，后来的等韵学家也都程度不同地使用。后代的等韵图，大多按照“七音”分类进行制作，但术语大多不一样，而且有更多的解释。[5]

第三个问题是郑樵讲的“子母”。

郑樵的《七音略》，本来主题是讲字音和音韵，但前引开首一段话中的部分内容却超出于此：

> 汉儒识文字而不识子母，则失制字之旨。江左之儒识四声而不识七音，则失立韵之源。独体为文，合体为字，汉儒知以《说文》解字，而不知文有子母。生字为母，从母为子，子母不分，所以失制字之旨。

---

〔1〕参见拙文《谢灵运〈十四音训叙〉辑考》，载《国学研究》第3卷，北京大学出版社，1995年，第275-300页。

〔2〕见饶宗颐《唐以前十四音遗说考》，载《梵学集》，上海古籍出版社，1993年，第159-196页。

〔3〕《隋书》第4册，中华书局标点本，第947页。

〔4〕“十四音”“四十二音”“五十音”，乃至于“十六音”“四十音”等等，虽然都是在解释字音，但解释的背景其实有很大的差别。例如“十四音”和“五十音”与梵语的语音排列体系有直接关系，而“四十二音”和“四十音”则基本上不是在讲语音问题。但这一点，从古至今，弄清楚的人似乎不多。

〔5〕等韵图按照“七音”分类，“七音”的名称，大多以发音部位作为区别，即唇、舌、齿、牙、喉、半舌(来母)和半齿(日母)七种音。《韵镜》中的等韵图中所列就是这样。使用宫、商、角、徵、羽、少宫、少徵七个名称作为“七声”的，则不多见。即使是《七音略》书中所附的《谐声图》与《内外转图》，也见不到郑樵讲的这七个名称。

显然，这不只是在讲汉字的字音，而是讲汉字的字形和构造。郑樵对此还有更多的解释，这包括我们前面的引文里：

字书主于母，必母权子而行，然后能别形中之声。韵书主于子，必子权母而行，然后能别声中之形。所以臣更作字书，以母为主，亦更作韵书，以子为主。今兹《内外转图》，用以别音声，而非所以主子母也。

郑樵说的“子母”指什么呢？汉字的字形系统中能够做“子”和“母”的分类吗？

这个问题，涉及郑樵《二十略》中的第二略《六书略》，尤其是《六书略》中的“论子母”以及“论子母所自”两节，其中所讲正与《七音略》相表里，即“更作字书，以母为主”。郑樵的理论其实也可说很有些创意：

立类为母，从类为子。母主形，子主声。《说文》眼学，眼见之则成类，耳听之则不成类。《广韵》耳学，耳听之则成类，眼见之则不成类。故《说文》主母而役子。《广韵》主子而率母。《说文》形也，礼也；《广韵》声也，乐也。《说文》以母统子，《广韵》以子该母。[1]

郑樵讲，他还撰有一部著作《象类书》，书中把所有的汉字归纳为“三百三十母，为形之主；八百七十子，为声之主；合千二百文，而成无穷之字”。根据这样的原则，郑樵在《六书略》中列出了这“千二百文”。在郑樵看来，对于许慎《说文》中所讲的“六书”，即指事、象形、谐声、会意、转注、假借六种造字的方法和原则来说，这是一大进步。

把“六书”再做分类，细加区分，有所谓“形兼声”“形兼意”“字母同声”“母主声”“声兼意”等等之类，这些的确是郑樵的创新。但以文字迁就“六书”，从来就未必合适，也未见得能总括所有的汉字。元明时代研究汉字或者说“小学”的学者，虽然不少人依这条路往前走，但其实没有取得什么成就。

我的印象，在郑樵的头脑里，似乎有一个全新的想法，他把汉字的结构成分分解为“母”和“子”，进而提出“母主形，子主声”“《说文》眼学”“《广韵》耳学”一系列说法，他的目的，似乎是想把字形和字音用某

〔1〕《通志》，中华书局1987年印本，第509页。

种形式在一定程度上整合起来，只是他没有成功。对于研究汉字的学者而言，这样的想法，确有新意，甚至可以说是“破天荒”。这样的新意来自哪里？我以为就是因为郑樵，也包括其他的学者，到了这个时候，对于汉字的字音有了更多的认识和探索。郑樵自己，更往前走了一步，试图在字音和字形二者之间建立起一种联系。但汉字以象形作为基本出发点，经过1000多年的发展，方向基本不变，已经形成了自己的特点，而且已经固化，这样的尝试，过去没有成功，现在和将来恐怕也难以成功。所以《四库全书总目》对此讲了一句话：“《六书略》多穿凿。”这样的批评，放在这个地方，确实说得对。“穿凿”一词，带有贬义，但如果不谈贬义，这却正显出郑樵思想的某些特点：他对新异之事总好像很有兴趣，很追求“创新”。《七音略》如此，《六书略》也如此。

对于《通志》一书，《四库全书总目》还讲了一句话：“樵负其淹博，乃网罗旧籍，参以新意，撰为是编。”讲到《七音略》和《六书略》，更有一段特别的批评：“至于《六书》、《七音》，乃小学之支流，非史家之本义，矜奇炫博，泛滥及之，此於例为无所取矣。”不过，我的一个感觉是，撰写《四库全书总目》的馆臣们似乎低估了郑樵。其实在郑樵看来，他编撰《通志》，就是要突破过去的框架，要超出“史家之本义”。馆臣们认为这不对，但如何评价，可取还是不可取，可以见仁见智。

最后还讲一点，那就是郑樵编撰《通志》的时代背景和他个人的知识结构。这是我一时想到的问题。作为学者，郑樵的成就是突出的。《通志》是他最重要的著作，《通志》书中反映出的大百科式的知识结构，是不是也可以反映出宋代文化和学术的一些新的特点？宋代从各方面讲，都处在中古时期的一个转变过程中。宋代的社会风气，重视读书。印刷术得到广泛应用，书籍易于获得，也是在这个时候。这些是不是都为郑樵和他编撰《通志》这样大部头著作提供了比此前好得多的条件？作为学者，郑樵的学问和知识因此也显示出一些不同之处。

至于《七音略》一书，尤其是“序”这一段，其中反映出的郑樵的知识框架和学术路径，大概与他编撰《通志》其他部分时的情形一样，称得上淹博，专精则要差一些，有的问题，郑樵实际上是知其一，不知其二。

我这样说，并没有低估《通志》以及其中的《七音略》价值的意思。任何人都有自己时代的局限性，我们完全不必苛责古人。我的意思，不过是希望通过讨论，发现问题，增加我们对《通志》，尤其是其中的《七音略》的了解和理解。[1]同时我还想说的是，一个人的学术，离不开自己所处时代的风气。从郑樵的书，小而言之，可以看到郑樵个人学术的特点，大而言之，还可以看到宋代学术的风气和部分特点。这也就是《四库全书总目》对《通志》一书所做的一段总结：

> 盖宋人以义理相高，於考证之学，罕能留意。樵恃其该洽，睥睨一世，谅无人起而难之，故高视阔步，不复详检，遂不能一一精密，致后人多所讥弹也。特其采摭既已浩博，议论亦多警辟，虽纯驳互见，而瑕不掩瑜，究非游谈无根者可及，至今资为考镜，与杜佑、马端临书并称《三通》，亦有以焉。[2]

从以上讨论的结果看，这样的评语，应该说大致公允。不过，倘若从另一个角度来理解，所谓“义理相高”，我们是不是也可以看作是思想活跃的一种表现呢？这与清代的情形恰好相反。清代在严格的思想管制的大背景下，学术以考据见长。宋代不一样，思想相当自由，在义理之学上因此有许多新的成就。这一点，清代却不可以相比较。宋代的学人，显然更富有想象力，喜欢也能够做更多自由的发挥。我们从郑樵的身上，似乎也能感觉到这一点。

我们应该肯定郑樵的成就。因为，从任何一个方面讲，作为学者，我们都希望有更多的自由，尤其是思想。

（原载《四川大学学报》[哲学社会科学版]2013年第2期。）

---

〔1〕宋代对于汉语音韵真正有较好认识的学者中，应该提到沈括。沈括《梦溪笔谈》卷15《艺文二》中很长一段讲到“切韵之学”。在我看来，其中的见解和表达比郑樵高明。文长不具引。见胡道静《新校正梦溪笔谈》，中华书局，1957年，第158-159页。沈括的时代（1031—1095）还略早于郑樵（1104—1162）。

〔2〕《四库全书总目》上册，中华书局印本，1965年，第449页。

25 “洛州无影”与“天下之中”[1]

25.1 问题的由来

唐代僧人义净的《南海寄归内法传》，是一部有关古代印度、东南亚以及中国佛教史的名著，全书4卷，其中卷3有“旋右观时”一节，专门讲当时在印度以及南海地区一日之中怎样测定时辰：

> 又复时非时者，且如《时经》所说，自应别是会机。然四部律文，皆以午时为正，若影过线许，即曰非时。若欲护罪，取正方者，宜须夜揆北辰，直望南极，定其邪正，的辨隅中。又宜于要处安小土台，圆阔一尺，高五寸，中插细杖。或时石上竖丁，如竹箸许，可高四指，取其正午之影，画以为记，影过画处，便不合食。西方在处，多悉有之，名为薜攞斫羯攞(原注：弹舌道之)，译为时轮矣。揆影之法，看其杖影，极短之时即正中也。

佛教僧人依律而住，讲究“时”与“非时”，因此“观时”对持律的僧人们来说是一件很要紧的事。义净对此讲到不少。他讲到在“观时”一事上中国和印度以及南海方面的不同情形：

> 然赡部洲中，影多不定，随其方处，量有参差。即如洛州无影，与余不同。又如室利佛逝国，至八月中，以圭测影，不缩不盈，日中人立，并皆无影。春中亦尔。一年再度，日过头上。若日南行，则北畔影长二尺三尺。日向北边，南影同尔。神州则南溟北朔更复

[1] 本文根据笔者2004年11月提交由日本京都大学人文科学研究所、法国远东学院、意大利国立东方学研究所主办，在京都召开的“中国宗教文献国际学术研讨会”的论文《“洛州无影”：〈南海寄归内法传〉中一条记载的最新考察》修改而成。

不同，北户向日，是其恒矣。又海东日午，关西未中。准理既然，事难执一。是故律云遣取当处日中以为定矣。[1]

室利佛逝是南海中著名古国之一。义净在唐咸亨二年(671)十一月从广州附舶，经海路往印度求法，最先到达的，就是室利佛逝国。14年后，唐垂拱元年(685)冬天，义净离开印度回国，途中又在室利佛逝停留达4年之久。[2]义净因此对室利佛逝了解最多。室利佛逝旧地，在今印度尼西亚苏门答腊岛南部，极盛时势力甚至达到西爪哇、马来半岛及加里曼丹岛西部。室利佛逝的都城，一般认为即在今巨港(Palembang)，其地刚好在赤道附近。[3]“至八月中，以圭测影，不缩不盈，日中人立，并皆无影。春中亦尔，一年再度，日过头上。若日南行，则北畔影长二尺三尺。日向北边，南影同尔。”正是这一地理位置的最确切的写照。这很容易理解。[4]至于“神州则南溟北朔更复不同，北户向日，是其恒矣。又海东日午，关西未中”，则更是常识。但义净在这中间讲到的“洛州无影，与余不同”，却无论如何使人无法理解。洛州即今天河南的洛阳，地理位置在回归线以北，一年之中怎么可能有无影的时候呢？18年前，我整理和研究《南海寄归内法传》，工作进行到这里，第一个感

[1]《大正藏》第54卷，第225页中至下以及拙稿《南海寄归内法传校注》，中华书局，1995年，第167至168页。

[2]参考拙稿《大唐西域求法高僧传校注》附录二“义净生平编年”，中华书局，1988年，第253至267页。

[3]参考拙稿《大唐西域求法高僧传校注》附录二“义净生平编年”，中华书局，1988年，第46页。

[4]八月中即秋分，春中即春分，日中即正午。据此室利佛逝则正在赤道之上，即包括今苏门答腊岛大部。《新唐书》卷221《南蛮传》亦有“室利佛逝”条，其中讲：“室利佛逝，一曰尸利佛誓。过军徒弄山二千里，地东西千里，南北四千里而远。有城十四，以二国分总。西曰郎婆露斯。多金、汞、龙脑。夏至立八尺表，影在表南二尺五寸。”如果以此计算，这里讲到的立表位置，应在北纬6度许处，当在今马来半岛南部，当时属于室利佛逝的一部分。关于室利佛逝，国外已经有不少研究的专著。见拙稿《大唐西域求法高僧传校注》第46页所引。我自己已经有很长一段时间没有再留意有关室利佛逝的新的研究著作。但2004年9月，在瑞典Uppsala大学的一个有关佛教的学术会议上，剑桥大学的Janice Stargardt博士告诉我，关于室利佛逝，近年来在历史和考古方面又有一些新的发现和研究成果。Stargardt博士在她与Denis Twitchett合作写成的一篇文章《沉船遗宝：一艘十世纪沉船上的中国银锭》中就提到了这些发现和相关的资料。文章发表在北京大学出版社2004年出版的《唐研究》第10卷上。

觉,是困惑不解。

25.2 高楠顺次郎的解释

同样的问题在我之前其实已经有人遇到过。日本学者高楠顺次郎1896年在英国牛津大学出版的《南海寄归内法传》的英译本,是一部在学术界很有名的书。他翻译到此,在这一段英译文下加了一个注:

> The province of Lo is probably Central India. Lo was the capital of China and the centre of 'all under heaven' and I-tsing may have once for all used it as meaning Central India, though very strange.[1]

高楠的注,虽然也算是一种解释,但显然他自己也觉得把握不大,说"这非常奇怪"。

25.3 我十七年前的看法

但是,洛州就是洛州,怎么可以把洛州一下子就说成是中印度呢?高楠顺次郎的解释,没有根据,实在太牵强。我很难表示同意。但我自己也没有更好的解释。我只能认为,这可能是义净的一个错误。因此,我在义净书中这一段文字之下,写下了我当时的意见:

> 义净此处说误。依字面讲,洛州应指洛阳,但洛阳地处北纬三十四度至三十五度之间,一年中任何时候都不可能无影。这一错误或与以为洛阳为天下之中的看法有关。高楠此处把洛州解释为中印度,虽然可以调和义净说法中的矛盾,但从来没有人以洛州一名指中印度。[2]

〔1〕*A Record of the Buddhist Religion as Practised in India and the Malay Archipelago*, by I-Tsing, translated by J. Takakusu, Oxford: Clarendon Press, 1896, p.143.

〔2〕《南海寄归内法传校注》,中华书局,1995年,第167-168页。拙稿完成于1987年初并于当年6月在北京大学通过博士学位论文的答辩。

我的意见，批评了高楠顺次郎，但实际上也不对。

25.4 十二年前的一个发现

不过，当时的情况是，我虽然不同意高楠顺次郎的意见，实在也另外提不出更合适的解释，只好做出这样的判断。话虽然这样讲了，心里依然不是很踏实，我觉得比较奇怪的是，我整理这部书时所使用的9个底本，包括8个古代的抄本或刻本，其中有的刊刻得很早，在这句话上都没有差别，不大像是有抄误或刻误。我因此心中始终未能完全释然。

时间就这样过去了六七年。1993年9月，我去洛阳，参加在那里举行的纪念龙门石窟开凿1500周年的学术讨论会。会议结束后，我们被安排参观洛阳附近的一些历史古迹，其中一处是有名的登封市告成镇古观星台。古观星台院中，有一座“周公测景台”。台用石造，上立有表。就在这里，我惊奇地发现，这座测景台，被当地人称作“没影台”。测景台旁有一段说明文字：

> 夏至正午，表北之影长一尺五寸，正与石座北面上沿长度相等，所以看不出明暗差别，故俗称为“没影台”。

河南话的“没影”，就是无影。我还需要哪里去找“无影”，这不正是“洛州无影”吗？不是义净的书中有错，是我，当然还包括高楠顺次郎，不知道有这座“周公测景台”，所以没有弄清楚“洛州无影”这句话真正的意思。我心中关于“洛州无影”的困惑，居然不经意之间得到了解决。

25.5 新的不同意见

参观过“周公测景台”后，我以为我总算是找到了“洛州无影”的答案。但我一直杂务缠身，没有时间把我的这点小小的发现写成文章，报告给有兴趣的朋友。时间又过去了7年，2000年，我终于得到一个机会，以此为题，写成一篇不长的文章，发表在当年10月出版的《文史》的第3辑上，题目就是《关于"洛州无影"》[1]，我没想到，真还有感兴趣的朋友注意到了拙文。中国文物研究所的邓文宽先生，是研究中国古代天文历法，尤其是敦煌历书的专家。文宽先生跟我讲，他读过拙文后，有一些不同的意见。文宽先生把他的意见也写成了文章，发表在2003年8月出版的《文史》第3辑上，题目是《"洛州无影"补说》。文中最主要的是对究竟什么是"无影"，提出了他的解释。文宽先生认为，所谓"无影"，实际上是指"夏至之日，立八尺之表，其影适当与土圭等"，"日影与土圭一样长，土圭北侧端点以外没有日影，也即'无影'"。文宽先生同时还指出，拙文中有两处"误判"：一是我把这座"周公测景台"建造时间确定为在唐以前。再有就是我由此所说的"义净当年则一定到过这里，见过这座周公测景台"的推断。[2]

25.6 最新的考察：究竟什么是"无影"？[3]

文宽先生是我的学长，又是多年的挚友。他对拙文提出意见，我非常感激。但我的感觉，与"洛州无影"相关的，有一些问题似乎确实还没有说清楚。尤其重要的是，什么是"洛州无影"，我们都没有机会到过现场，做过实时实地的观察，因此终究显得还是缺乏充分的了解。我下决心要去看一看是不是真存在"无影"，"无影"究竟是怎么回事？

2004年6月21日，是农历的夏至，我与河南省文物局的两位先生，专程到河南登封市告成镇的古观星台，实地观察"无影"的情形。天公作美，是日万里晴空，阳光灿烂，正是观察"无影"的极好的机会。虽然气温高达37度，但丝毫没有降低我们的兴致。观星台文管所的工作人员讲，夏至有这样的好天气，过去4年，从没有过。过去几年，一直有

---

〔1〕《文史》2000年第3辑（总第52辑），中华书局，第308至309页。

〔2〕《文史》2003年第3辑（总第64辑），中华书局，第194至197页。

〔3〕借此机会，我这里要特别感谢支持这次实地观察活动的河南省文物局孙英民副局长和专程陪同我前去登封的省文物局文物处张斌远副处长以及接待我们的登封市文物局靳银东局长和古观星台文管所安延民和申颖超两位所长。观察所见即本节及下一节所讲到的部分内容曾以《再说"洛州无影"》为题发表在2004年出版的《唐研究》第10卷上。

人,包括电视台,打算来此地,观察或拍摄“无影”,但都未成功。我们因此是很有运气的了。

在此前的讨论中,我早讲过,从天文学的角度讲,洛州在北回归线以北,一年中的任何时候,都不可能无影。这是常识,不可改变,也无须讨论。但问题就出在这儿:即使是本来有影,但在唐代,在洛阳的当地,就是有“洛州无影”这样一个说法。义净不过是在他的《南海寄归内法传》书中讲到“观时”的经验时,记载了这个说法而已。

我们这天对测景台的观察,从北京时间的11点半开始,一直到13点15分结束。现在的测景台,台为覆斗形。与地平相对,台的四个立面并不垂直,而是呈现为不大的斜面。台顶立有石表。台附近有树,树身颇高。树荫不时可以遮挡住石台前后的阳光,但石台和石表的大部分,仍然在阳光照射之下,各个方向的日影都很清楚。我们原来以为,“无影”应该出现在北京时间的12点正。等至12点正,情况并非如此。在石台正北的地面上,有石台的日影,也有石表的日影,日影稍微偏西。这时我们才突然想到,从天文时的角度讲,北京时间的正午,未必就是当地的正午。当地时间显然比北京标准时间要晚。于是我们继续等候。日影逐渐缩小,到13点零8分,不仅在石台正北的地面上见不到石表的日影,石台自身的日影也完全消失。不仅北面如此,其他三方的地面上也是如此。石台旁边的树荫,此时亦全部退开。以当地的天文位置为准,应该说此时就是太阳运行一年中的最高点,也就是夏至点。这时仔细观察,阳光虽不是绝对垂直地射下,但射下的角度,刚好与石台正北立面的倾斜度相同,因此石台的日影被掩藏了起来。不仅如此,石台上石表的日影,这时也收缩至最短,长度刚好到石台北面上沿,与上沿齐平,因此原来映射在地面上的石表的日影也完全见不到了。“无影台”为什么称作“无影”,此时终于得到验证。其中的道理,说简单也简单,但说它是一种巧思妙想,也毫不过分。测景台北面镌刻的联句:

“道通天地有形外，石蕴阴阳无影中”，描写的正是这种情形。[1]

“无影”持续时间很短，前后仅一两分钟。到13点10分，日影重新出现，不过这时转至石台正东的地面上。石台和石表，都是如此。“无影”的整个过程，我们都拍了照。现在稍觉可惜的是，当时不该只是照相，同时应该录像。

以上是我们观察的全部过程。以我直截了当的想法——我相信一般人也会这样理解——这里讲的“无影”，就是指在这样一种场合下地上太阳光影完全消失的情形。如果没有“周公测景台”特殊的设计，这是不可能的。“纸上得来终觉浅”，如果仅仅从书本上去体会，不亲眼见到，相信对此不会有很深的感受。义净讲：“洛州无影，与余不同。”这种情景，对于当年的古人，大概也会留下同样深的印象。

至于文宽先生因为“以夏至之日，立八尺之表，其影适当与土圭等”，认为“日影与土圭一样长，土圭北侧端点以外没有日影，也即‘无影’”，这样的解释，我以为与这种情形恐怕并不相合。《周礼·地官·大司徒》有关一段讲：“以土圭之法，测土深，正日景，以求地中。日南则景短，多暑；日北则景长，多寒；日东则景夕，多风；日西则景朝，多荫。日至之影，尺有五寸，谓之地中。”郑玄注则引郑司农即郑众的话做进一步的说明：“土圭之长，尺有五寸。以夏至之日，立八尺之表，其影适当与土圭等，谓之地中。今颍川阳城地为然。”[2]这两段话，在各种书里被人反复引到。[3]但无论是《周礼》，还是郑玄的注或者说是郑众的话，都说得明明白白，不是无影，而是有影，只有影长或影短的不同，夏至之日影长1.5尺。这其中哪里提到“无影”，或者有“无影”仅仅是指1.5尺之外

〔1〕这副对联不知道撰成于何时，但至少不会是当代人的作品。在河南当地，知道“没影台”的人不少，但知道义净书中讲到过“洛州无影”的人似乎不多。我问过一些河南文物考古界的朋友，他们都不知道义净的书提到这件事。

〔2〕《周礼注疏》卷10，《十三经注疏》上册，中华书局影印阮元刻本，第704页。

〔3〕例如各种正史中的《天文书》或《天文志》。与阳城观影最密切相关的，是《旧唐书》卷35《天文志》中“日晷”一段和《新唐书》卷21《天文》中“中晷之法”一段。中华书局标点本，《旧唐书》第4册，第1303至1308页和《新唐书》第3册，第812至816页。唐初人对阳城为“地中”的看法，亦可参考《晋书》卷11《天文志》，中华标点本，第2册，第287页。《晋书》所记虽限于晋代史事，但撰写者房玄龄等俱为唐初时人。

无影的意思呢？此时日影既然只有1.5尺，1.5尺之外当然无影，何需多说？又何须另做曲折的解释？

中国自古以来以豫州即洛阳一带为天下之中，如果从建表观天而言，阳城则更被认为是中心的中心。正因为古人以阳城为"地中"，阳城的日影1.5尺，土圭于是也就设计为同样的尺度。但让测景台在夏至正午整体看起来"无影"，却一定是要另费一番心思的。

我对天文史所知甚少，以我有限的见闻，这样的情形，在其他地方、其他国家似乎还没有听说过。

25.7 测景台建于何时？

现在讨论相关的另一个问题：在义净的时代，也就是在唐初甚至在唐以前，在现在告成镇的古观星台这个地方，是不是就有这座"周公测景台"？文宽先生的看法，这座"周公测景台"，建造的时间是在唐开元十一年(723)，也就是说，是在义净去世之后，义净当然也就不可能见过这座测景台。

对这个问题，文宽先生很细心，他的批评也不能说完全没有根据，不过我以为他的考虑实际上仍然不是很周全。告成镇即古代的阳城。文宽先生引到《新唐书》卷38《地理志》"河南府河南郡阳城"条下的记载："有测景台。开元十一年，诏太史监南宫说刻石表焉。"[1]这说明我们现在见到的石表，的确建立于开元十一年。这也是大家目前都接受的看法。但是，对这段文字，我与文宽先生在理解上却有些不同，或者说刚好相反。我以为，这段记载实际的意思是，在阳城这个地方，在开元十一年以前，不是没有测景台，而是早已建有一座测景台，南宫说所做的事，就是奉诏在这里刻立一个新的石表。当然，我们今天见到的这个"周公测景台"，如果把石表看成是南宫说刻立的原物，石台因此也有可能由南宫说同时建造。但无论如何，此前这里一定是有一座测景台的。这一点，《新唐书》已经讲了。同时，也许更重要的是，这座测景台

[1] 中华书局标点本，第4册，第983页。

一定还要与现在的“没影台”一样，能够表现出“无影”的效果，并且广为人知。否则，义净不会讲到“洛州无影”。“洛州无影”的说法，绝对不可能是义净自己个人的发明。

对此其实还有其他的证据。《通典》卷26《职官》记载：“仪凤四年五月，太常博士、检校太史姚玄辩奏於阳城测影台，依古法立八尺表，夏至日中，测影有尺五寸，正与古法同。”[1] 这说明，不仅在南宫说刻立石表之前，而是在唐仪凤四年(679)之前，阳城即建有测影台。至于这座测影台是不是早到周公的时代，是周公的原物，可以讨论，也可以怀疑。但如果说，姚玄辩提到的阳城测影台，是南宫说“刻石表”的基础，也就是今天我们见到的“周公测景台”的前身，我想应该可信。

支持这一点的，还有一个证据。《周礼注疏》的作者贾公彦对上引《周礼·地官·大司徒》测影以定“地中”的一段话以及郑玄的注又有一段疏解：“郑司农云：颍川阳城地为然者，颍川郡阳城县是。周公度景之处，古迹犹存。”[2] 这个古迹，无疑是指姚玄辩提到的阳城测影台。

贾公彦撰《周礼注疏》，约在唐高宗永徽年间(650—655)，时间比姚玄辩阳城测影还稍早一点。贾公彦和姚玄辩的时代，都比南宫说早，正与义净同时。

对于测景台的历史，今观星台院内有牌，上有说明，其中一段我认为讲得合情合理：

> 周公测景台，又叫“测影台”，学名“八尺表”，俗称“无影台”，是我国古代立八尺表土圭测影的遗制，是测量日影、验证时令季节的仪器。周文王四子(周公姬旦)为营建洛阳曾在此测验日影。唐开元十一年(公元723年)，太史监南宫说等人仿以周公土圭之制换以石圭石表。

意思是当年周公测影，是在这个地方，在南宫说“刻石表”之前，这个地方曾立有日表。这样的推断，我以为可以接受。因为我相信，南宫说建石表和石台时，没有特殊的理由，不可能另选新址，最大的可能是

〔1〕中华书局本，1988年，第739页。邓文宽文中已引。

〔2〕同前引《周礼注疏》注。

在传说的或者说已经标定的周公测影的地方，仿周公测影的规制，刻立一个新的石表。现成的地方就是贾公彦和姚玄辩提到的阳城测影台。这里"北依嵩山，南望箕山。处颍河之滨"，对于古人做天文观测，是一个优越的位置。选择在这里建测景台，无论最早是不是周公，在当年都不是随意所为，而且这在历史上自然还会有一个前后继承的关系。在这个地方测过日影的，我们知道的，唐代至少有姚玄辩、南宫说和一行，元代有郭守敬。既然阳城自古以来就是测影的重要地点，同时唐初就有明确记载，在这里已经建有测影台，我们又没有其他的理由，为什么不可以相信，在唐以前，阳城的测影台也是建在现在观星台的这个位置的呢？

不过，现在看南宫说刻立的这个石表，恐怕是纪念性的意义大于用于实际观测的目的，因为在石表所在的现在这个形状的石台上，很难设置水平。而且，如果再要在冬至测冬至点，就更不方便。它最大的功用，除了纪念"周公营洛，建表测景"这一传说中的历史，估计就是在夏至之时，以"无影"的方式显示这里就是"地中"。

因此，总结起来说，我以为在南宫说以前，在今天"周公测景台"这个地方，有一座测景台，而且也是"无影台"。从这一点考虑，说唐初义净来过这里，在这里见过一座测影台，不能算是无端的推论。[1]

25.8 "洛州无影"与"天下之中"

从我上面的介绍中，我们看到，夏至之日，在登封的"周公测景台"，由于特殊的设计，在这样一个特殊的场合，"洛州无影"确实是"可能"的。我们的实地观察对此已经做了证实。但随之而来还有一系列问题，就是：对于古人，这究竟是一种偶然的巧合，还是有意的所为？如果说是有意所为，古人为什么要这样做？这其中是否有某种象征性的

〔1〕由"周公测景台"，我想到最近受到很大关注的周原"周公庙"遗址考古的新发现。对于古代历史中有的传说，看来我们需要做重新考虑。"疑古"也需要有一定的限度。古代的一些历史传说，既不可完全接受，但也不能轻易否定。

意义?

对这三个问题,我也考虑了很久。我对第一个问题的看法是:从各方面来看,这不大可能是一种偶然的巧合。测景台由人工建造,建造这样的建筑,在任何时候都不是一件随随便便的事。测景台建造时一定要经过认真设计。不管是谁,也不管在什么时候,在这里建造测景台,设计建造的人一定是当时一流的天文学家。测景台的形制、规格、尺寸,尤其是与测量日影直接有关的石表与石台的相关比例,石台的方位以及侧面的倾斜度,绝对是设计和建造者首要考虑的问题。一定程度上甚至可以这样说,古代天文观测和天文仪器的制造水平,就正体现在这些方面上。从这些因素考虑,我们不能不得出这样的结论:测景台能够出现"无影",是设计者的有意所为。

对第二个问题,我想没有别的解释,仍然只有从义净的记载中去考虑。首先,我相信,"洛州无影"不是义净个人随意的想当然的讲法,更不可能是义净自己的发明,而是当时当地的一个被普遍接受的说法。义净的书中讲:"赡部洲中,影多不定,随其方处,量有参差。即如洛州无影,与余不同。"这一段话,其中的关键,是"与余不同"。测景台为什么要建造成可以出现"无影"的效果,就是为了要"与余不同"。为什么要"与余不同"?对此也没有别的解释,只能说因为在测景台的建造者或者说当时的人看来,这不是一般的地方,是"地中",也就是"天下之中"。只是我们现在不是很清楚,义净本人在讲到此事时,对这一问题的认识,究竟有怎样的深度。也就是说,义净是真的相信洛州"与余不同",可以"无影"呢,还是他心里也明白这仅仅是一种通过人工设计,刻意造成的景象?

于是这就涉及最后一个问题:制造这种"与余不同"的景象,有什么象征性的意义?现在看来,一个比较合理的解释是,这与古代中国人以豫州或者说洛阳为"天下之中"的观念有关。这一点,我在前面已经简单地提到。高楠顺次郎对"洛州无影"的解释,虽然不对,但其中也表现出这样的一种直觉。

把中原地区看作是"天下之中",这样的观念,在先秦时已经出现。

“地中”的说法，见于《周礼》，其中已经隐含有“天下之中”的意思。[1]这种观念，在汉以后逐步定型。到了隋唐时代，成为普遍接受的说法。唐初洛阳更一度是国家政治的中心，大唐盛世，天下一统，更会加强这种观念。[2]

无独有偶的是，在印度，也有一个称作“中国”的地方。古代印度，大分为五个部分，称为“五印度”，或者称为“五天竺国”。其中央的一部分，称作 Madhyadeśa，译成汉文，也是“中国”。[3]但这是印度之“中国”，而非中国之“中国”。而且，我的印象，印度人，尤其是古代的印度人，他们讲到的“中国”或“中心”，似乎更多的是从地理方位的角度考虑，政治文化方面的含义则比较淡薄。这与中国的情形有些不一样，其

---

〔1〕“地中”亦即“天下之中”，这样的理解，应该没有问题。孙诒让《周礼正义》相关的解释是：“地中者，为四方九服之中也。《荀子·大略篇》云：欲近四旁，莫如中央。故王者必居天下之中，礼也。”中华书局重印本，第3册，1987年，第721页。孙诒让的话，略带一点清儒的学究气，但讲得大致不错。

〔2〕古代中国人以自己居住之地为天下的中心，其心理态势完全可以理解。在今天中国的地理范围内，古代曾经存在有不同的族群，因此也有不同的“天下之中”。可以是“陶为天下之中”，也可以“韩、魏中国之处，而天下之枢也”。在古代巴蜀，“都广之野”，即今天的成都一带，也曾经被认为是“天下之中”。参见蒙文通：《略论〈山海经〉的写作时代及其产生地域》，载《古学甄微》，巴蜀书社，1987年，第35至66页。蒙先生以《山海经》的研究为题，讨论及此，有极精到的意见。与“天下之中”有关的，见该文第二节，第44至54页。即便是在唐代，对究竟何处才是天下之中，人们的意见似乎仍然不完全一致。文献中有关于“洛中”的记载，也有人认为天下之中虽在豫州，但豫州之中不在阳城，而在汝南。去古观星台之前，我们顺便参观了嵩阳书院。在嵩阳书院，我见到一幅“嵩山会善寺颜真卿碑”的拓片，上书三个大字：“天中山”。大字下则书题记：“周公营洛，建表测景，豫州为天下之中，汝南又豫州之中。颜真卿书。”碑为颜字无疑，但为后代摹刻。碑上有说明：“此碑向在汝阳道中。壬寅冬摹刻於此。蜀西何其祥立石。”汝南即今河南驻马店市汝南县。我没有去过汝南，但听说汝南有“天中山”。当地传说，“天中山”为周武王所筑，上置土圭，以测日影，并以此为正。此山虽小，却十分有名。传为刘禹锡撰《陋室铭》中“山不在高，有仙则名；水不在深，有龙则灵”一句中不高的“山”，据说即指此山。古代人尤其是古代中国人在不同时代、不同场合所具有的天下观与中心观，其实是一个很有意思的题目。参见罗志田：《先秦的五服制与古代的天下中国观》，载《学人》第10辑，江苏文艺出版社，1996年，第367至400页；邢义田：《天下一家——传统中国天下观的形成》，载其《秦汉史论稿》，东大图书公司（台北），1987年，第3至41页。相关的讨论还可以扩展。

〔3〕B.C. Law. *Historical Geography of Ancient India*, Delhi: Ess Ess Publications, 1976, pp. 11–15.

中是否体现出中印两国文化传统和心态的某些不同？[1]

佛教传入中国后，翻译出大量的佛经，佛经以及中国求法僧的著作中，不时提到这个"中国"，而把中国人的中国反而称作"边地"。这往往引起一部分中国人，尤其是不了解这里"中国"一词的来源或者是不信仰佛教的中国人的反感和反驳。典型的一个例子是，清代四库馆臣对东晋僧人法显的《法显传》书中有关印度的"中国"一段的批评。[2] 其实，不管是在中国还是在印度，所谓的"中国"或"天下之中"，其实都不过是以自己为中心而形成的一种观念。天下原本是没有中心的。

古代的中国人把自己所处的地方看作是天下的中心，这并不奇怪，我们惊奇的只是，怎么可以想出这样一种办法来把这种理念象征性地表达出来？为了证明是"天下之中"，对做太阳观测用的测影台和测影表做出这样特殊的设计，由此造出"无影"的奇观。这种情形，以我有限的见识，我以为，大概古今中外是绝无仅有。

25.9 附言与结语

在结束本文之前，应该附带讲一下我们在现场的一个可能也算有意思的发现。在"周公测景台"的北面，是元代郭守敬在至元十三年(1276)建造的观星台。这是中国古代最伟大的天文建筑之一，古观星台因此成为国家重点保护的文物遗址。我们在观察"无影"的同时，还发现一个现象，在正午时分，阳光照射下的这座观星台的主体建筑，也是"无影"。原因也很简单，观星台北面墙体的建筑收分，刚好与阳光的斜度一致。这是建筑设计时郭守敬的有意而为，还是一种巧合，我说不清楚。讲出来，供有兴趣的人参考。

---

〔1〕从政治文化的角度讲，古代印度人似乎不太计较哪里是"中心"和谁在"中心"。有趣的是，中国人即使讲到印度的事，却往往也试图确定一个中心。这方面可以举一个例子，如"梵音"梵文的发音应该以哪里的"梵音"为标准的问题。参见季羡林：《所谓"中天音旨"》，载《季羡林佛教学术论文集》，东初出版社（台北），1995年，第393-428页。这其中中国人的心态是否值得玩味？

〔2〕《四库全书总目》卷71，"史部地理类四外纪"："其书以天竺为中国，以中国为边地，盖释氏自尊其教，其诞谬不足与争。"中华书局影印本，1981年，第630页。

最后，再多说一句话。义净的《南海寄归内法传》一书，内容十分丰富，其意义其实不仅限于佛教。这里讲"观时"的几段记载，即是研究古代科技史的好材料。其他方面的学者如果用心，也能从书中发现许多有用的东西。

补记：拙文撰成后，曾送请中国科学院自然科学史研究所韩琦先生指教。韩琦先生告诉我，1939年，中央研究院曾出版过董作宾、刘敦桢、高子平等编著的《周公测景台调查报告》。其后韩先生并复印此书送我。董书资料非常详备，讨论亦极具水平，尤其是书中附有20世纪30年代测景台和古观星台的照片和测量数据。了解测景台的历史，董书不可或缺。董书中也提到了周公测景台在夏至会出现"无影"的现象。拙文所讲，或可对董书做一些补充。在此谨对韩琦先生的厚意表示感谢。

（原载《四川大学学报》[哲学社会科学版]2005年第4期。）

26 “都广之野”“建木”与“日中无影”

26.1 “周公测影”与“地中”

5年以前,2004年10月,在四川大学历史文化学院主办的“蒙文通先生诞辰110周年纪念会及学术思想讨论会”,我曾经发表过一篇文章,题目是《“洛州无影”与“天下之中”》。这篇文章后来刊载在2005年第4期《四川大学学报》(哲学社会科学版)上。

对于这次会议要讨论的题目,我实在是外行,但四川省社会科学院的王炎先生提示我,拙文中有一处地方,提到《山海经》讲到的“都广之野”。在《山海经》中,都广之野也被认为是“天下之中”,而且也是“日中无影”。古代的“蚕丛”“瞿上”,加上“都广之野”,实际上都在一个地方,也就是在今天成都平原的范围内,几个地名之间互相关联。会议的组织者之一,王炎先生希望我就此做更多一些讨论。以下的意见,也就从这一点展开。

在那篇文章里,我的问题,由唐初到印度求法的一位高僧义净的书中的一句话引发而起。义净在他的《南海寄归内法传》一书中,讲到夏至之时,在南海(今东南亚地区)和印度以及中国不同的地方,日影长短不同,但在中国的洛州,却与其他地方不一样,没有日影,称作“洛州无影”。从天文学角度讲,这是无法解释的一件事。义净为什么会这样说,曾经让国内外所有的研究者困惑不解。我最初也不知道应该怎么解释,但后来因为偶然的一次机会,我发现在河南登封的古观星台的院内,在唐代或者更早,建有一座“周公测景台”(测景即测影,“景”“影”是一个字),当地人称这座台为“没影台”,上面的石表,在夏至之时,就会出现“无影”的现象。登封古代在洛州境内，今天也仍然属于洛阳市的一部分。我以为这正是义净所说的“洛州无影”。而且，我还认为，现在看见的这座建于唐初的“周公测景台”，因为特殊的设计，夏至之时可以“无影”，是因为古代中国有人把这里视为“地中”，也就是“天下之中”，虽然实际上日下有影，但却希望通过以人工造成的“无影”来表达一种特殊的具有政治文化意义的理念。

这个问题，牵涉到古代中国人讲的“地中”的概念和怎么测量日影。《周礼·地官·大司徒》讲：

> 以土圭之法，测土深，正日景，以求地中。日南则景短，多暑；日北则景长，多寒；日东则景夕，多风；日西则景朝，多荫。日至之影，尺有五寸，谓之地中。

“地中”具体在什么地方，《周礼》没有讲，但汉代郑玄对此有所解释，郑玄引郑司农即郑众的话讲：

> 土圭之长，尺有五寸。以夏至之日，立八尺之表，其影适当与土圭等，谓之地中。今颍川阳城地为然。

唐初的贾公彦对上引《周礼》测影以定“地中”的一段话以及郑玄的注又有一段疏解：

> 郑司农云：颍川阳城地为然者，颍川郡阳城县是。周公度景之处，古迹犹存。[1]

阳城即今登封市的告城镇，古代在洛邑的地域之内，唐代属于洛州。在中国古代的历史上，尤其是早期，洛邑以及后来的洛州或者洛阳是最具有标志性意义的城市。“周公营洛”是著名的故事。这个故事，与“测影”一事联系在一起，应该有一定的历史根据。“周公度景”，地点是不是就在今天的告城镇可以讨论。但这样的举动，在定居的古代文明中，大概都会有。从“地中”而推衍为“天下之中”，后代因此而逐渐演绎发展出丰富的政治及文化意义。“无影”的想象和设计，也是由此而起。

但“地中”和“天下之中”的观念，其实不仅限于中国古代中原地区，

〔1〕引文俱见《周礼注疏》卷10，《十三经注疏》上册，中华书局影印阮元刻本，1980年，第704页。

甚至不限于中国。

26.2 “都广之野”与“建木”

古代中国中原地区的先民以自己居住之地为天下的中心，其心理态势完全可以理解。在今天中国的地理范围内，古代曾经存在有不同的族群，因此也有不同的“天下之中”。有意思的是，与洛邑相对，在古代有“都广之野”，即今天的成都一带，也曾经被认为是“天下之中”。

“都广之野”一名，最早见于《山海经》。有关《山海经》的文章或书已经有许多，大多都自称是研究著作，也大多富于想象而难以求证。这一点，倒与过去讲的《山海经》“恢怪不经”的特点十分相似。古人“恢怪”可以理解，今人仍然“恢怪”，则是一件有趣的事。但不管怎么说，《山海经》“恢怪不经”，确实给人留下无限的解释空间和发挥的余地。这当然也很有趣。

四川大学已故的蒙文通教授，对《山海经》中涉及“天下之中”，即《山海经》所涉及的地域和地理位置有过很好的分析。他认为，整个山海经中，有三个部分与此有关，即《五藏山经》之一的《中山经》，四篇《海内经》，《山海经》最末，《大荒经》后的《海内经》。

蒙文通先生对比分析各篇所叙述的地区的地理位置，认为：

> 《山海经》全书三个部分所说的“天下之中”，都与中原文化所说的“天下之中”迥不相同。它所指的是巴、蜀、荆楚地区或者只是巴、蜀地区。[1]

蒙先生更倾向于指巴、蜀地区。尤其是“都广之野”，与“天下之中”相联系，蒙先生更说明，《山海经》属于“西南文化系统”。对《山海经》内容的解释，有无数不同的意见，迄今为止，我以为还是蒙先生的研究最为简明，最为平实，也最为透彻。

除了“天下之中”，我对《山海经》书中的内容，感兴趣的还有“建

〔1〕蒙文通：《略论〈山海经〉的写作时代及其产生地域》，载《古学甄微》，巴蜀书社，1987年，第35至66页，与“天下之中”有关的，见该文第二节，第44至54页。

木”,因为与建木相关的,不仅有“天下之中”,还有“日中无影”。《山海经》讲到“建木”,共有三处地方。第一处是《山海经·海内南经》:

有木,其状如牛,引之有皮,若缨、黄蛇。其叶如罗,其实如欒,其木若蓲,其名曰建木。〔1〕

第二处是《山海经·海内南经》:

氐人国在建木西,其为人人面而鱼身,无足。〔2〕

接下来就是有名的“巴蛇食象”一条。第三处是《山海经·海内经》:

西南海黑水之间,有都广之野,后稷葬焉。有膏菽、膏稻、膏稷,百谷自生,冬夏播琴,鸾鸟自歌,凤鸟自舞,灵寿实华,草木所聚,爰处有百兽相群爰。此草也,冬夏不死。南海之内,黑水、青水之间,有木名曰若木,若水焉。…… 有九丘,以水绕之。名曰陶唐之丘,有叔得之丘,孟盈之丘,昆吾之丘,黑白之丘,赤望之丘,参卫之丘,武夫之丘,神即之丘。有木,青叶紫茎,玄华黄实,名曰建木,百仞无枝,上有九欘,下有九枸,其实如麻,其叶如芒,大皞爰过,黄帝所为。〔3〕

晋代的郭璞对“都广之野”的解释是:“其城(域?)方三百里,盖天下之中,素女之所出也。”郝懿行《山海经笺疏》引王逸《楚辞章句》,则以为“其城方三百里,盖天下之中”为《山海经》原文,而“天下之中”应作“天地之中”。〔4〕

无论如何,《山海经》中的建木看来似乎是一种神树。先秦的情况我们不清楚,但至晚到秦汉之际,建木就与“日中无影”联系在了一起。《吕氏春秋·有始》讲:

白民之南,建木之下,日中无影,呼而无响,盖天地之中也。〔5〕

《淮南子·墬形训》则讲:

建木在都广,众帝所自上下。日中无景,呼而无响,盖天地之

〔1〕袁珂:《山海经校注》,上海古籍出版社,1980年,第279页。

〔2〕袁珂:《山海经校注》,第280页。

〔3〕袁珂:《山海经校注》,第445–448页。

〔4〕依袁珂《山海经校注》第445页转引。

〔5〕《诸子集成》本,上海书店影印本,1986年,第6册,第126页。

中也。[1]

郭璞的注,根据的大概就是此前的解释:"建木,青叶,紫茎,黑华,黄实,其下声无响,立无影也。"

但建木到底是什么东西呢?有人说与上古时代"建中"的举动有关,古代的首领在居处之地,立木杆旗帜以号众,这种木杆旗帜在甲骨文中被称为"中"。这是一种解释,有一些道理。不管怎么说,"众帝所自上下",建木无疑是很神圣的一种东西。

参加这次会议之前,在会议提供的参考资料中,我正好读到四川大学林向教授的文章《"南方丝绸之路"上发现的"立杆测影"文物》。林向教授讨论到古代中国的南方地区测量日影的各种方式,他认为,三星堆出土的青铜神树,代表的就是传说中的建木,建木"是古蜀人心目中'天下之中'的社树,是古蜀人心目中沟通天地的'天梯',现在看来是正确的,但是还不够。'建木'的来历与神圣性还因为它是蜀王'敬授民时'的'立杆测影'的'杆',所以要把它作为祀典中最中心的仪仗之一"。因此,在林向教授看来,建木的功能之一,是测日影。

为什么"日中无影"就意味是"天下之中"呢?这个问题,我还没完全想清楚,我觉得,这事值得做更多的思考。

26.3 "天下之中"与"日中无影":观念从何而来?

在这个问题上,我们其实不妨把眼光再放宽一点来做思考。古代的先民,注意或者说在意自己所处地方位于世界上的什么位置,是很自然的事。把自己所处的位置看作是"天下之中",这样的情况,在中国有,在外国也有。

去年在我的课上,我曾经跟上课的几位研究生讨论过"洛州无影"的问题。有趣的是,我们发现,中国之外,也并非没有类似的例子。一个例子来自巴勒斯坦。巴勒斯坦历史上也曾经是人类古文明的中心之一。在巴勒斯坦,传说中的雅各之泉(Fountain of Jacob)在夏至之时也

〔1〕《诸子集成》本,上海书店影印本,1986年,第7册,第57页。

是“日中无影”：

Mount Gerizim, in the center of Palestine, was undoubtedly invested with the prestige of the Center, for it is called “navel of the earth”. A tradition preserved by Peter Comestor relates that at the summer solstice the sun casts no shadow on the “Fountain of Jacob” (near Gerizim). And indeed, Peter continues, “sunt qui dicunt locum illum esse umbilicum terrae nostrae habitabilis.”[1]

这段话可以翻译为：

在巴勒斯坦的中心，格里兹姆山（Gerizim）无疑被赋予中心的声望，因为它被称作“大地的肚脐”。Peter Comestor书中所保留的一个传说讲，在夏至之时，在雅各之泉，阳光照射之下是没有影子的。的确，Peter继续讲道，就是他们，把这个地方称作我们所居住的大地的中心。

这最后的一句话，原文是拉丁文，英文的翻译则是：They are who call that place to be the center of our habitable land。

在耶路撒冷，还有所谓的“复活柱”，夏至之时也是“无影”的：

We must speak briefly about a very lofty column, standing in the middle of the city, which meets one coming from the sacred places northwards. This column is set up on that spot where a dead young man came to life again when the Cross of the Lord was placed on him, and marvellously in the summer solstice at mid-day, when the sun comes to the centre of the heaven, it casts no shadow; for when the solstice is passed, which is the 24th of June, after three days, as the day gradually lessens, it first casts a short shadow, then a longer one as the days pass. Thus this column, which the brightness of the sun in the summer solstice at mid-day, as it stands in the centre of the heaven, shining straight down from above, shines up-

〔1〕Mircea Eliade: *The Myth of The Eternal Return or Cosmos and History*, Chapter One, The Symbolism of the Center.

on all round from every quarter, proves that the city of Jerusalem is situated in the middle of the earth. Whence also the Psalmist, prophesying on account of the sacred sites of the Passion and the Resurrection which are contained within that Aelia, sings: But God, our King, before the ages has wrought salvation in the midst of the earth, that is, in Jerusalem, which, being in the middle, is also called the navel of the earth.[1]

这段话翻译成中文是:

我们必须简单地讲一下在这座城市中心的很高的一根柱子,这根柱子面对从北方的圣地而来的某人。柱子竖立的那个地方,曾经有一位已经死去的青年,当主的十字架放置在他身上时,他就复活了。神奇的还有,在夏至日的中午,当太阳升至天穹的中央,阳光下没有影子。夏至过去,也就是6月24日,三天以后,白天渐渐变短,出现短短的日影,然后随着时间一天天过去,日影变得更长。因此,在夏至日的中午,当太阳位于天穹的中央,光辉从上方直射下来,照到每一处角落,这根柱子证明,耶路撒冷城位于大地的中心。因为这是位于爱利亚(Aelia)城[2]内耶稣受难和复活的圣址,一位赞美诗人由此也就预言而且吟唱到:主啊,我们的王,当岁月在大地之中成就拯救以前,也就是在耶路撒冷,这座位于中心的城市也被称作大地的肚脐。

巴勒斯坦的地理位置,约在北纬31至于40度之间,耶路撒冷约在北纬32度,在北回归线以北。这样的说法怎么产生的,尚不清楚。我这里引用的只是学者的论述,原始材料出自哪里,我目前没有条件去查考,当然更没有可能做实地的考察。[3]

不过,这里很有趣的是,我们可以看到,中国与外国,中国中原地区

[1] James Rose Macpherson (trans.): *The Pilgrimage of Arculfus in the Holy Land*, XIII of the Book I。

[2] 爱利亚(Aelia)是罗马人把耶路撒冷城摧毁后在原址新建的城市的名称。

[3] 这两段材料是今年上我课的北京大学南亚系的研究生吴赟培找到的。

的先民与巴蜀地区的先民，都把“天下之中”与“日下无影”两件事结合在一起做考虑。这其中有必然性吗？似乎是有的。因为可以想象，对于上古时代的先民，太阳对于判定方向、方位和时间，是最重要的条件，有决定性甚至神圣的意义（指南针要晚得多）。立杆测影，既可以知道一天的时间，还知道一年的节候，还可以判断方位。从情理上推断，立杆测影，对于所有古代的先民，是都会有的事。在先秦时代测量日影的圭表出现之前，更原始的天文测影根据，只会是木杆。唐初义净在南海和印度旅行，见到的也还是木杆。

当然，这里还有一个问题是：“日下无影”，本来是一个在地球的回归线范围内每年都可以一见的普通的现象，古代的先民，如果是居住在北回归线以北，理论上讲，是见不到这种现象的，但他们中的一些族群，为什么会注意到这一现象，并赋予其某种神圣的意义呢？

26.4 结语

在这次会议中，王炎先生发言时讲道：三星堆的那根“金杖”，也许就是“立杆测影”用的神圣的“法器”，而不是一些人理解的西亚北非式的“权杖”。

这倒是一种新的说法。我的确以为，这不像是“权杖”，应该是一种具有神圣象征的物品，但是不是“立杆测影”，我也没有把握。如果证据更多，也许可以知道得多一些。

三星堆是目前我们所知上古时代成都平原最发达的文明遗存。上古时代传说中的“都广之野”，无疑也与三星堆有一定的联系。“蚕丛”“瞿上”这些地名，也都位于“都广之野”。成都平原上古时代的先民，曾经也有过“天下之中”的观念。这种理念，以何种形式表现出来，在古代的不同地区，固然不一样，后来的人，也会有不同的解释，但世界上各个文明发展的路径，如果仔细考究，其实常常有不少相同之处。

过去讲中华民族，讲中华文明的发源地，一般想到的都主要是关中和河洛一带，但实际的情况其实复杂得多，中华文明的来源多元，现在已经是共识。"都广之野"当然也是中华文明的来源之一。这里所说的来源，不仅包括物质方面的内容，也包括精神方面的内容。"建木"和"日中无影"就是证据之一。目前放在我们面前的问题是，怎么对这些问题加以说明或者解释？怎么能有更多的材料，或者有新的发现，或者对传统文献做出新的理解。中原以外地区新的层出不穷的考古发现，最值得注意。以上的讨论，希望有助于这方面问题的思考和解决。

（原载《中华文化论坛》2009年11月增刊，四川省社会科学院。）

27　佛教的“中心观”与古代中国的文化优越感

华夏民族是世界上最古老的民族之一，自古以来居住在东亚大陆。历史上，华夏民族的核心，在三四千年以前就已经形成。两千多年前的春秋战国时期，华夏族已经开始把自己所居住的最中心的一片区域称作中国，因为我们的祖先相信，他们所在的位置，地理上处在世界的中心。先民们有这样的想法和观念，本不奇怪。古代其他的一些民族也都曾经有过类似的情形。〔1〕

但是，当华夏族或者说中国人在与外部世界逐渐的接触中，这样的观念受到了挑战。这其中，佛教的传入中国以及随佛教传入的有关外国，尤其是印度的知识逐渐被中国人所了解，起了很大的作用。世界的“中心”在哪里，中国处在世界的什么位置上，这些原本不是问题的问题，在印度的佛教传入中国以后，被提了出来。中国人发现，自己的国家不一定就是世界的中心。这中间很明确的一点是，依照印度的佛教僧人或者说印度人的观点，世界的中心不在中国。印度另有一种“中心观”。魏晋时期，在佛教徒方面，已经把印度称作“中国”，而不以为中国为“中国”。有关的讨论至晚在南北朝时期就已经开始。到了唐代，玄奘法师从印度求法归来，写成他的著作《大唐西域记》，大大地增加了中国人对“西域”“西方”的知识以后，这样的观点更有了影响。

唐代的道宣，是一位著名的佛教学者。道宣一生，著作很多，其中有一部《释迦方志》。《释迦方志》全书2卷，分为8篇。其中的第3篇称

〔1〕不过，也需要注意的是，上古时代生活在今天中国领土内的各个族群，并不都以中原地区为中心，有的族群以其他地区作为中心。例如《山海经》中讲到的几处“天下之中”，与中原文化所说的“天下之中”就不相同，前者指的是巴、蜀、荆楚地区或者只是巴、蜀地区。见蒙文通：《略论〈山海经〉的写作时代及其产生地域》，载《古学甄微》，巴蜀书社，1987年，第44-54页。

作《中边篇》。所谓“中”，指“中国”“中心”。所谓“边”，则指“边地”“边缘”。在这篇文字中，道宣集中讨论了在他看来的世界的“中心”和“边缘”，中心在哪里，中国处在世界的什么位置上等一系列问题。道宣的意见，很有代表性，它完整地反映了当时接受印度佛教“中心观”的一部分中国人对问题的理解。[1]

下面先介绍道宣的说法。道宣《释迦方志》卷上《中边篇》开首讲：

惟夫法王所部，则大千之内摄焉。若据成都，则此洲常为所住。故此一洲，则在苏迷山南之海中也。水陆所经，东西二十四万里，南北二十八万里。又依《论》说，三边等量二千由旬，南边三由旬半。是则北阔而南狭，人面象之。又依凡记，人物所居，则东西一十一万六千里。南北远近，略亦同之。所都定所，则以佛所生国迦毘罗城应是其中，谓居四重铁围之内。故《经》云：“三千日月万二千，天地之中央也。佛之威神，不生边地，地为倾斜，故中天竺国如来成道树下，有金刚座，用承佛焉。”据此为论，约余天下，以定其中。若当此洲，义约五事，以明中也，所谓名、里、时、水、人为五矣。[2]

所谓“此洲”，是指南赡部洲。印度或印度佛教的说法，天下有四大洲。这颇类似于中国邹衍“大小九州岛”的说法。道宣所引的《论》，指《阿毗达磨俱舍论》，一般简称《俱舍论》。具体的说法见《俱舍论》卷11《分别世品》第三之四。[3]《俱舍论》的译者是唐代的高僧玄奘。玄奘是佛教徒，而且留学印度。玄奘最著名的著作《大唐西域记》卷1的“序”，一开始就讲：

然则索诃世界，三千大千国土，为一佛之化摄也。今一日月所照临四天下者，据三千大千世界之中，诸佛世尊，皆此垂化。现生现灭，导圣导凡。苏迷卢山，四宝合成，在大海中，据金轮上。日月

[1] 以下有关道宣的部分内容，2006年11月曾在北京大学的一次学术研讨会上做过陈述。

[2]《大正藏》第51卷，第948页下至949页上及以下950页。中华书局1983年出版有范祥雍点校本《释迦方志》。

[3]《大正藏》第29卷，第57页上至第61页下。四大洲的梵名分别是：东毘提诃洲（Videhadvīpa），南赡部洲（Jambudvīpa），西瞿陀尼洲（Godāniyadvīpa），北拘卢洲（Kurudvīpa）。

之所照回，诸天之所游舍。七山七海，环峙环列。山间海水，具八功德。七金山外乃咸海也。海中可居者，大略有四洲焉。东毘提诃洲，南赡部洲，西瞿陀尼洲，北拘卢洲。〔1〕

玄奘的说法，基本上也是来自《俱舍论》。道宣知识渊博，又参加过玄奘的译场，当然也会接受这样的说法。但是道宣并不是一味依照印度的理论来做解释。有了这个基础，道宣依次从五个方面进行说明。这其中很多就是他自己的发挥和发明，这也使整个理论体系在细节上更合乎于实际。首先是"名"，道宣以名辨实：

所言名者，咸谓西域以为中国，又亦名为中天竺国。此土名贤谈邦之次，复指西宇而为中国。若非中者，凡圣两说，不应名中。昔宋朝东海何承天者，博物著名，群英之最，问沙门慧严曰："佛国用何历术，而号中乎？"严云："天竺之国，夏至之日，方中无影，所谓天地之中平也。此国中原，景圭测之，故有余分。致历有三代，大小二余，增损积算，时辄差候，明非中也。"承天无以抗言。文帝闻之乃勅任豫受焉。夫以八难所标，边地非摄。出凡入圣，必先中国。故大夏亲奉音形，东华晚开教迹，理数然矣。〔2〕

道宣所说何承天与慧严讨论一事，见《高僧传》卷7《慧严传》，全文是：

东海何承天以博物著名，乃问严："佛国将用何历？"严云："天竺夏至之日，方中无影，所谓天中。于五行土德，色尚黄。数尚五，八寸为一尺。十两当此土十二两。建辰之月为岁首。及讨核分至，推校薄蚀，顾步光影，其法甚详。宿度年纪，咸有条例。"承天无所厝难。后婆利国人来，果同严说。帝勅任豫受焉。〔3〕

慧严对何承天的答复，虽然在讲到印度夏至"方中无影"是对的，但

〔1〕季羡林等：《大唐西域记校注》，中华书局，2000年，第34-35页。

〔2〕此处的"中国"，梵文的原文是Madhyadeśa，汉译佛经中非常确切地把这个词译为"中国"。古代印度，大分为五个部分，称为"五印度"，或者称为"五天竺国"。其中央的一部分，称为"中国"。但佛经中讲的"中国"，从来指中天竺、中印度，而非中国之中国。见B.C. Law: *Historical Geography of Ancient India*, Delhi: Ess Ess Publications, 1976, pp. 11-15。

〔3〕《大正藏》第50卷，第368页上。

“五行土德，色尚黄。数尚五”这类的话则完全是想当然的说法。至于当时为什么会认为夏至“方中无影”就是“天下之中”，却的确是一个很有趣的问题。[1]

道宣接着讲地理的距离：

> 二言里者，夫此一洲，大分三量。二分以北，土旷人希。獯狁所居，无任道务。一分以南，尽于三海。人多精爽，堪受圣化。故约道胜，大圣都焉。故《成光子》云：“中天竺国东至振旦国五万八千里（振旦即神州之号也，彼人目之。），南至金地国五万八千里，西至阿拘遮国（?）五万八千里，北至小香山阿耨达池五万八千里。”观此通摄，取其遐迩齐致，以定厥中，其理易显。[2]

从地理距离来讨论问题，以“四至”来凸现中心，本是中国的做法。《成光子》是中国的著作，因此以华里来做计算。

第三则是以时令节候为根据：

> 三言时者，谓雪山以南名为中国。坦然平正，冬夏和调。卉木常荣，流霜不降。自余边鄙，安足语哉？

这只能勉强算是一个理由。然后第四，讲到的是“水”。

> 四言水者，此洲中心有一大池，名阿那陀答多，唐言无热恼也，即经所谓阿耨达池。在香山南，大雪山北。居山顶上，非凡所至。池周八百里，四岸宝饰。正南当于平地，地狱所居。故金刚座东僻至五千里。又池正南，当洲尖处。其北当谜罗川。即北又当葱岭北千泉也。上空定约当北辰星，今望第五，似如西攲。且天上一寸，地下一千。千泉去京八千余里焉，约天无一尺矣。其池北去钵露罗国减千里，东南屈露多国，西南罽宾国，各千余里。然四海为壑，水趣所极，故此一池分出四河。各随地势，而注一海。故葱岭以东，水注东海。达儭以南，水注南海。雪山以西，水注西海。大

〔1〕有关部分问题的讨论见郑诚、江晓原：《何承天佛国历术故事的源流及影响》，载《中国文化》2007年第3期，中国艺术研究院，第61-71页。

〔2〕古代印度人称中国为“振旦”，即梵文Cīnasthāna的音译，有时也译为“震旦”。“金地”为梵文Suvarṇabhūmī的意译，历史上先是指与印度相邻的缅甸一带，后来扩大为指今东南亚。阿耨达池为梵文Anavatapta的音译，是佛教传说中南赡部洲高处的大池。

秦以北，水注北海。故地高水本注下，是其中。此居海滨，边名难夺。又佛经宏大，通举事周。博见圣贤，义非妄委。于上所列，咸符地图。然此神州所著书史，寓言臆度，浮滥极多。时约佛经，更广其类，都皆芜秽。试为举之。《水经》云："无热丘者，即昆仑山。"又《扶南传》云："阿耨达山即昆仑山。"又《山海经》云："南流沙滨，赤水后，黑水前，有大山名昆仑丘。"又云："钟山西六百里，有昆仑山，出五水。"案《穆天子传》云："舂山（音钟）。"又云："海内昆仑丘，在西北帝之下，方八百，高万仞。"又《十州记》云："昆仑陵即昆山也，在北海亥地，去岸十三万里。此约指佛经苏迷山也。"[1]

道宣在这里提到的地名，除"无热恼池"大体是存在于佛教传说中的一个地名之外，其他的都能够逐一指实。有了这些说明后，道宣觉得似乎还不够，他因此又引了儒家和道教的典籍，把佛教的经典与儒和道的说法结合起来，同时又指出儒家和道教的知识没有越过昆仑山：

又东海中山名方丈。亦名昆仑。又云："西王母告周穆云：山去咸阳三十六万里。高平地三万六千里。"

又《周穆传》述西王母云："去宗周瀍涧一万一千一百里。"《神异经》："昆仑山有铜柱，其高入天，围三千里。"荣氏注云："柱洲，昆仑山东南万二千里，有无外山。"《史记》云："昆仑山，去嵩，高五万里，高万一千里。"郭璞云："高二千五百余里。"《淮南》云："高万一千一百里十四步二尺六寸。"道经《造立天地记》云："昆仑山，高四千八百里。"又《转形济苦经》云："高万九千里。"又云："此山飞浮。"又云："昆山南三十里，次第有千昆山，名小千世界。"《化胡经》云："昆山高九重。相去各九千里。"又云："高万万五千里。"

然后道宣说明在昆仑之外的情形：

已前儒道两说，虽形量差异，莫越昆仑。寻昆仑近山，则西凉酒泉之地，穆后见西王母之所，具彼图经。若昆仑远山，则香山雪

〔1〕谜罗川今称帕米尔（Pamir），古代中国又称"葱岭"。千泉约在今乌兹别克境内。钵露罗国约在今克什米尔境内，屈露多国约在今北印度境内。罽宾国在魏晋时代约相当于今克什米尔，后似亦包括阿富汗的一部分。达儭指南印度，原文为Dakṣina。

山之中也，河源出焉。故《尔雅》云："河出昆仑墟。"郭璞《图赞》云："昆仑三层，号曰天柱，实惟河源，水之灵府。"案《禹贡》云"导河自积石"者，但据伏流所出处而名之。若讨本源，诚有由矣。故佛经云："此无热池东，有银牛口，出殑伽河，即古所谓恒河也。右绕池匝，流入东南海。南有金象口，出信度河，即古辛头河也，右绕池匝，流入西南海。西有瑠璃马口，出缚刍河，即古博叉河也，如上绕池，入西北海。北有颇胝师子口，出徙多河，即古私陀河也，如上绕池，入东北海。"案《河图》云："昆仑山东方五千里，名曰神州，亦名赤县。"又依《书》云："河源东北流，出葱岭岐沙谷，分为两水。东北支流经于阗南山，于国西北出。又东流大河，经朅盘陀城东南。又经疏勒国西，又东北至城下。又回流国南五百余里，至乌铩国南。又东北至疏勒国北，六百一十里至乌孙界赤谷城。又东二百七十里，经姑墨国南。又东六百七十里，经龟兹国南。又东三百五十里经乌垒国南，此即汉时都护所治也。西南去疏勒二千一百一十里，东南去鄯善国千七百八十五里，东北去乌耆国四百里。河又东南，三百四十里经渠梨国南。又东二百四十里经黑山国南。此东去玉门关二千六百六十里。河又东经连城，注宾城南且末国北合支水。河又东经娄兰地，又东经鄯善国城南。过东北数百里，入蒲昌海。其海东面少北，去玉门一千三百里。又东北去阳关三百里。此河于蒲昌伏流南而少西数千里，入积石山在羌烧甍(党?)中。"《书》云："积石去昆仑丘千七百四十里。"或云伏流万三千里。斯诸臆说，难以究详。河出积石，西南流九屈。东北合流，经析支地，是为河曲。又东北入塞，过炖煌张掖南，是为河源矣。案此实录，以寻河源。穷至无热恼池所，方为讨极。然此池神居，非人所及。又是北天雪山之域，南接中土，佛生之地，以处高胜，故非边矣。〔1〕

水指"河水"，这牵涉到河源。河出何处在中国古代曾经有过很多

〔1〕"殑伽"为梵文 Gaṅgā音译，殑伽河即恒河。"信度"为梵文 Sindhu 音译，信度河今译印度河。缚刍河今称 Amu-Daria，即阿姆河。"徙多"为梵文Śita 音译，徙多河或可指为今新疆境内的叶尔羌河。其他古国或古地名都在今中国新疆境内，中国史书的《西域传》中多有记载。

的讨论。最早也最有影响的是“河出昆仑”的说法，虽然其中有很多在现在看来是误解和似是而非的推测，但在古代，一个时期内却代表了中国人对中国西部一带地理状况的认识水平。道宣引用的《河图》和《书》，就是这样一些内容。道宣所做的，是把中国传统的认识与新获得的对西域地理的知识结合起来，以说明世界中心不在中国。当然，道宣是在纸上谈兵，这从他讲“（蒲昌海）东面少北，去玉门一千三百里。又东北去阳关三百里”可以看得很清楚。另外，他讲“佛生之地，以处高胜，故非边矣”。佛生之地的海拔其实并不高，只是我们不能指望当时的人，其中当然包括道宣，会有我们今天所理解的“海拔”的知识。

道宣最后讲到“人”。这牵涉到一种可以说是政治哲学的理论。如果从文化心理的角度考虑，这也许是更重要的一个问题。

> 五谓人者，不出凡圣。凡人极位，名曰轮王。圣人极位，名曰法王。盖此二王，不生则已，生必居中。又山川国邑，人之依报，人胜则依胜，故此二王居焉。又轮王有四王，约统四洲。金轮王者则通四有。银轮三方，除北一洲。铜轮二方，除西北方。铁轮在南，除于三方。言赡部者，中梵天音，唐言译为轮王居处。言四轮王，通局乃殊，住必南方也。古翻此洲，云好金地，谓阎浮檀金。在洲北岸海中，金光浮出海上。其傍有阎浮树林，其果极大。得神通者，方至于彼。今言此洲轮王得名，两设其致耳。

“轮王”的说法来自印度，作为一种政治理念，传到中国，也被中国的一些帝王所接受。最典型的例子是武则天。武则天先后三次宣布自己是“金轮圣神皇帝”（长寿二年）、“越古金轮圣神皇帝”（延载元年）以及“天册金轮大圣皇帝”（天册万岁元年）。每一个头衔，都包括了“金轮”两字。为此武则天两次改元，一次改为“延载”，一次改为“天册万岁”，而且还“作金轮等七宝，每朝会，陈之殿庭”。种种政治操作，动静不可谓不大。[1] 在中国历史上，武则天大概是最善于利用宗教为政治服务的一位帝王。她“洋为中用”，把“金轮”应用于中国的政治中，成为一种新的政治符号，目的是说明她就是“轮王”出世，神圣无比。

〔1〕见《资治通鉴》卷250，中华书局本，第14册，第6492、6494、6503页。

道宣然后讲到“四人主”，内容基本上还是根据《大唐西域记》。与玄奘稍有不同的是，道宣把“马主”指实为突厥。

又此一洲，四主所统。雪山已南，至于南海，名象主也。地惟暑湿，偏宜象住，故王以象兵而安其国。风俗躁烈，笃学异术，是为印度国。然印度之名，或云贤豆，或云天竺，或云身毒、天笃等，皆传之讹僻耳。然以印度为正，唐无以翻。雪山之西，至于西海，名宝主也。地接西海，偏饶异珍，而轻礼重货，是为胡国。雪山以北，至于北海，地寒宜马，名马主也。其俗凶暴，忍杀衣毛，是突厥国。雪山以东，至于东海，名人主也，地惟和畅，俗行仁义，安土重迁，是至那国，即古所谓振旦国也。

“四主”之人，在文化上各有自己的特点。这些特点，与四方之人各自所处的地理与自然环境以及生活方式都有关系，并非完全凭空虚拟。[1] 在道宣的时代，讨论到这样的问题，实在很有意思。道宣的意见还有：

上列四主，且据一洲，分界而王，以洲定中。轮王为正，居中王边，古今不改。此土诸儒，滞于孔教，以此为中，余为边摄，别指雒阳以为中国，乃约轩辕五岳以言，未是通方之巨观也。又指西蕃，例为胡国。然佛生游履，雪山以南，名婆罗门国。与胡隔绝，书语不同，故五天竺诸婆罗门书为天书，语为天语。谓劫初成，梵天来下，因味地肥，便有人焉。从本语书，天法不断，故彼风俗，事天者多，以生有所因故也。胡本西戎，无闻道术。书语国别，传译方通。神州书语，所出无本。且论书契，可以事求。伏羲八卦，文王重爻。苍颉鸟迹，其文不行。汉时许慎方出《说文》。字止九千，以类而序。今渐被世，文言三万。此则随人随代，会意出生。不比五天书语一定。

道宣的意思是，确定世界的中心，应该从更大的范围来考虑，“以洲定中”，即以南赡部洲而论，而不仅仅只限于中国这一部分地域，中国因

[1] 法国学者伯希和也讨论过这个问题，见其《四天子说》一文，载冯承钧汉译《西域南海史地考证译丛三编》，商务印书馆，1962年，第84-103页。

此也就不再是中心。道宣批评了“此土诸儒，滞于孔教，以此为中”的说法，指出这不是“通方之巨观”。这在当时在观念上或许可以说是一个进步。他由此还讨论到“西方”与中国文化上的差异，其中重要一点，是语言与文字的关系。

道宣还撰有一部书，名叫《释迦氏谱》，其中一节讲到同样的内容。

以印度为中心或主张印度是世界的中心，魏晋以来，当然不只是道宣，道宣不过是对这种说法进行了总结，使它显得更为系统化和具备一种理论的基础。但关于世界中心的问题，道宣所讨论到的，只是一个方面。在佛教之外，不用说正统的中国学者不会同意。在佛教内部，即便是承认印度的中心地位，但对中国在世界上的地位，仍然要表达出另一种的声音，那就是中国文化的优越和特殊之处。这方面可以举出一些例子。

一个例子是义净。义净比道宣时间稍晚一点，他是唐初继玄奘之后去印度求法的另一位高僧，所取得成就几乎与玄奘相等。义净的书，最有名的是《南海寄归内法传》和《大唐西域求法高僧传》。两部书，尤其是其中的前一部，对当时印度佛教以及其他一些情况做了非常详细和重要的叙述。义净在介绍印度的情况时，常常要以中国作为对比，这其中表现出他对两国文化的某些态度。在《南海寄归内法传》开首的一节里，义净十分称赞印度，但同时也称赞中国：

> 至如神州之地，礼教盛行。敬事君亲，尊让耆长。廉素谦顺，义而后取。孝子忠臣，谨身节用。皇上则恩育兆庶，纳隍轸虑于明发；群臣则莫不拱手，履薄呈志于通宵。或时大启三乘，广开百座。布制底于八泽，有识者咸悉归心；散伽蓝于九宇，迷途者并皆回向。皇皇焉农歌畎亩之中，济济焉商咏舟车之上。遂使鸡贵象尊之国，顿颡丹墀；金邻玉岭之乡，投诚碧砌。为无为，事无事，斯固无以加也（鸡贵者，西方名高丽国。为俱俱咤医说罗。俱俱咤是鸡，医说罗是贵。西方传云，彼国敬鸡神而取尊，故戴翎羽而表饰矣。言象尊者，西国君王以象为最，五天并悉同然）。其出家法侣，讲说轨仪，徒众俨然。钦诫极旨。自有屏居幽谷，脱屣樊笼。漱岩

流以遐想，坐林薄而栖志。六时行道，能报净信之恩；两期入定，合受人天之重。〔1〕

再如义净在《南海寄归内法传》卷3讨论"进药方法"时写下的一段：

且如神州药石根茎之类，数乃四百有余。多并色味精奇，香气芬郁，可以蠲疾，可以王神。针灸之医，诊脉之术，赡部洲中无以加也。长年之药，唯东夏焉。良以连冈雪巘，接岭香山。异物奇珍，咸萃于此。故体人像物，号曰神州。五天之内，谁不加尚？四海之中，孰不钦奉？云文殊师利现居其国。所到之处，若闻是提婆弗呾攞僧，莫不大生礼敬。提婆是天，弗呾攞是子，云是支那天子所居处来也。〔2〕

在与"中心"问题相关的"日影"问题上，义净也提到一个特殊的说法。《南海寄归内法传》卷3"旋右观时"一节，专门讲当时在印度以及南海地区一日之中怎样测定时辰，主要的根据是测量日影，同一时候，日影在不同地方各有不同：

然赡部洲中，影多不定，随其方处，量有参差。即如洛州无影，与余不同。又如室利佛逝国，至八月中，以圭测影，不缩不盈，日中人立，并皆无影。春中亦尔。一年再度，日过头上。若日南行，则北畔影长二尺三尺。日向北边，南影同尔。神州则南溟北朔更复不同，北户向日，是其恒矣。又海东日午，关西未中。〔3〕

室利佛逝国"八月中"和"春中"无影，很好理解，但义净讲"洛州无影，与余不同"，则是一件很奇特的事。洛州即今天河南的洛阳，地理位置在回归线以北，一年之中怎么可能有无影的时候呢？这其中既牵涉到"日影"，即道宣在上面提到的慧严（也有可能是"智严"）所讲"天竺之国，夏至之日，方中无影，所谓天地之中平也"，也牵涉到"地中"的问

〔1〕王邦维：《南海寄归内法传校注》，中华书局，1995年，第22-24页。这里有趣的是义净提到的高丽国的梵名"俱俱吒医说罗"，还原为梵文是Kukkuṭeśvara。高丽印度相距遥远，高丽居然会有这样一个梵名。只是这个词的词源至今还不清楚。

〔2〕王邦维：《南海寄归内法传校注》，中华书局，第161至162页。

〔3〕王邦维：《南海寄归内法传校注》，中华书局，第167至168页。

题。"洛州无影,与余不同"背后要表达的意思是,中国很特殊,中国仍然可能是处在天下之中。对这个问题详细的讨论见拙文《"洛州无影"与"天下之中"》。[1]

我的印象,在"中国"与"边地"问题上,道宣似乎更强调二者的差别,道宣一生,虽然没出过国,但他大概属于比较坚定的"西方派"或"印度派"。仔细对比道宣和慧立在叙述玄奘印度求法经历时所用的文字,可以发现一些差异。

道宣《续高僧传》卷4《玄奘传》讲到玄奘在菩提伽耶见到菩提树时的叙述是:

> 奘初到此,不觉闷绝。良久苏醒,历覩灵相。昔闻经说,今宛目前。恨居边鄙,生在末世。不见真容,倍复闷绝。旁有梵僧,就地接抚,相与悲慰。虽备礼谒,恨无光瑞。停止安居,迄于解坐。[2]

但慧立《大慈恩寺三藏法师传》卷3的叙述则是:

> 法师至礼菩提树及慈氏菩萨所作成道时像,至诚瞻仰讫,五体投地。悲哀懊恼,自伤叹言:"佛成道时,不知漂沦何趣。今于像季,方乃至斯。缅惟业障,一何深重!"悲泪盈目。时逢众僧解夏,远近辐凑数千人,观者无不呜噎。[3]

虽然讲到的情形大体相同,但这里没有"恨居边鄙"一类字样。同样的情形,在讲到玄奘曲女城大会论辩获胜一事时,道宣的叙述是:

> 仍令大臣执奘袈裟,巡众唱言:"支那法师论胜,十八日来无敢问者,并宜知之。"于时僧众大悦,曰:"佛法重兴,乃令边人权智若此。"[4]

依照道宣的讲述,印度的僧众,虽然称赞玄奘,但"乃令边人权智若

---

〔1〕载《四川大学学报》(哲学社会科学版)2005年第4期,第94-100页;以及拙文《"洛州无影"——『南海寄归内法传』中の一文に关する新考察》,载《中国宗教文献研究》,京都大学人文科学研究所编,临川书店(京都),2007年2月,第43-58页。

〔2〕《大正藏》第50卷,第451页上。

〔3〕《大正藏》第50卷,第236页中至下。

〔4〕《大正藏》第50卷,第453页下。

此”一句话，隐隐表现出的，仍然还是有点看不起包括中国人在内的“边人”。但慧立却丝毫没提到“边人”一类的话：

> 乃将法师袈裟遍唱曰：“支那国法师立大乘义，破诸异见。自十八日来，无敢论者。普宜知之。”诸众欢喜，为法师竞立美名。大乘众号曰“摩诃耶那提婆”，此云“大乘天”。小乘众号曰“木叉提婆”，此云“解脱天”。烧香散花礼敬而去，自是德音弥远矣。〔1〕

慧立的用语显然具有倾向性。对于中国人或者更主要的是中国僧人来说，这里牵涉到在保持佛教的立场的同时又合理合适地对中国和印度文化做出评价。就文化的发展程度而言，古代的中国和印度实际上不相伯仲。对于中国僧人来说，一方面承认佛教来自印度，出于宗教的虔诚，一定程度上也承认印度的中心地位，部分人会接受印度为世界的中心的说法；但另一方面，作为中国人，也不能没有自己文化的认同感甚至优越感。玄奘在《大唐西域记》里讲到四大部洲，同时讲到上面已经讨论到的“四主”的说法。玄奘的叙述就表现出一定的价值判断：

> 时无轮王应运，赡部洲地有四主焉：南象主则暑湿宜象，西宝主乃临海盈宝，北马主寒劲宜马，东人主和畅多人。故象主之国躁烈笃学，特闲异术。服则横巾右袒，首则中髻四垂。族类邑居，室宇重阁。宝主之乡无礼义，重财贿。短制左衽，断发长髭。有城郭之居，务殖货之利。马主之俗天资犷暴，情忍杀戮。毳帐穹庐，鸟居逐牧。人主之地风俗机惠，仁义照明。冠带右衽，车服有序。安土重迁，务资有类。三主之俗，东方为上，其居室则东辟其户，旦日则东向以拜。人主之地，南面为尊。方俗殊风，斯其大概。至于君臣上下之礼，宪章文轨之仪，人主之地无以加也。清心释累之训，出离生死之教，象主之国其理优矣。〔2〕

“清心释累之训，出离生死之教”或者可以说是佛教或印度的“长项”，但“人主之地无以加也”一句话则是对中国和中国文化的最高称

〔1〕《大慈恩寺三藏法师传》卷5，《大正藏》第50卷，第248页上。“摩诃耶那提婆”或“大乘天”的梵文是Mahāyānadeva。“木叉提婆”或“解脱天”的梵文是Mokṣadeva。

〔2〕季羡林等：《大唐西域记校注》，中华书局，2000年，第42至43页。

赞。即便是印度有印度的优长之处,中国也不是没有值得骄傲的地方。而且,“三主之俗,东方为上,其居室则东辟其户,旦日则东向以拜”,把四个大的地区进行比较,其实是东方为上。像玄奘这样说话的风格,在1000多年的今天,在中国人讨论中西文化优劣之时,似乎都还能见到。

当然,在文化的体认和评价上,不同的人会有不同的看法。因此,我们可以看到,虽然宗教信仰一样,求法的中国僧人们,在到达印度以后,在去留问题上态度也是不一样的。例如与法显一起西行的道整,到达印度后,就不愿意回国。“道整既到中国,见沙门法则,众僧威仪,触事可观,乃追叹秦土边地,众僧戒律残缺。誓言:自今已去至得佛,愿不生边地。故遂停不归。”[1] 但法显的想法却显然不一样。至于玄奘,在他决定归国时则有一段颇为感人的故事,玄奘与印度友人所做的对话正好讨论到“边地”以及中国与印度孰优孰劣等等问题。《大慈恩寺三藏法师传》卷5:

> 法师即作还意,庄严经像。诸德闻之,咸来劝住,曰:“印度者,佛生之处。大圣虽迁,遗踪具在,巡游礼赞,足豫平生,何为至斯而更舍也?又支那国者,蔑戾车地,轻人贱法,诸佛所以不生,志狭垢深,圣贤由兹弗往。气寒土崄,亦焉足念哉!”法师报曰:“法王立教,义尚流通,岂有自得沾心而遗未悟。且彼国衣冠济济,法度可遵,君圣臣忠,父慈子孝,贵仁贵义,尚齿尚贤。加以识洞幽微,智与神契。体天作则,七耀无以隐其文;设器分时,六律不能韬其管。故能驱役飞走,感致鬼神,消息阴阳,利安万物。自佛遗法东被,咸重大乘,定水澄明,戒香芬馥。发心造行,愿与十地齐功;敛掌熏修,以至三身为极。向蒙大圣降灵,亲麾法化,耳承妙说,目击金容,并辔长途,未可知也,岂得称佛不往,遂可轻哉!”彼曰:“经言诸天随其福德,共食有异。今与法师同居赡部,而佛生于此,不往于彼,以是将为边地恶也。地既无福,所以不劝仁归。”法师报曰:“无垢称言:夫日何故行赡部洲?答曰:为之除冥。今所思归,意遵

[1] 章巽:《法显传校注》,上海古籍出版社,1985年,第141页。

此耳。”

最后，大家一起来到玄奘的老师，那烂陀寺的主持戒贤法师的面前，希望戒贤能够说服玄奘：

诸德既见不从，乃相呼往戒贤法师所具陈其意。戒贤谓法师曰：“仁意定何如？”报曰：“此国是佛生处，非不爱乐。但玄奘来意者，为求大法，广利群生。自到已来，蒙师为说《瑜伽师地论》，决诸疑网，礼见圣迹，及闻诸部甚深之旨，私心慰庆，诚不虚行。愿以所闻，归还翻译，使有缘之徒同得闻见，用报师恩，由是不愿停住。”戒贤喜曰：“此菩萨意也。吾心望尔，尔亦如是。任为装束，诸人不须苦留。”[1]

玄奘之后的义净，在他的《大唐西域求法高僧传》一书中，详略不等地记载了唐初到印度求法的50多位中国僧人的经历，每个人的情形和结果各不相同，有的希望永久留在印度，更多的却仍然愿意回到中国。

法显、玄奘、义净三位，都是中国历史上真正亲履过外国之地的高僧，品行高尚，学问渊博，其见识足以受到我们重视和钦佩。

关于“中国”和“边地”的讨论以及所牵涉到的文化优越性的考虑，一直延续到晚唐五代，但宋代以后就不大再被提起。究其原因，其实并不复杂。唐代以后，佛教在中国已经完全中国化，在中国的佛教徒看来，作为思想资源的来源地，印度已经远不如过去重要。印度是否是“中心”，不再是关心的主题。与印度相比，中国文化是否优越，也没有必要再做更多的讨论。佛教在中国已经完全自立。这个时候中国的几个有影响的佛教宗派的形成和理论的成熟，就是这方面最大的标志。中国人在文化上重新充分地具备了一种文化上的优越感和自信。这样的感觉，只有再过八九百年，到了清代的晚期，当一个更广大、更复杂的世界展现在中国人的面前时，才又重新受到更大的冲击和怀疑，至今余

[1]《大正藏》第50卷，第246页上至中。

波未息。[1]

从研究文化思想史的角度讲，今天重新审视这一段过程和其中的心态似乎仍然不无意义。

（原载《国学研究》第25卷，北京大学出版社，2010年。发表题目为《佛教的“中心观”对中国文化优越感的挑战》。）

〔1〕这里的一个问题是：为什么我们到现在还在努力地批评或者反对“欧洲中心”或者“欧美中心”一类的话语？这一点值得我们深思。不正是因为我们至今还没有取得与欧洲或欧美完全平等的话语权吗？什么时候不需要我们做这种批评或反对了，那就意味我们取得了同等的话语权。我们希望这个世界“多中心”，现实却并非完全如此，所以我们目前还处在“希望”或者说“争取”的阶段。

28　佛教观念中的“众生”与“民族”

28.1　“民族”与“众生”

现代学术意义上理解的“民族”，是一个非常复杂的概念。从不同的角度出发，可以有不同的理解。有人种意义上的民族，也可以有地域意义上的民族，也可以有文化意义上的民族，也可以有宗教意义上的民族，其他方式，其他内涵意义上的理解还有不少。

但这里讲的民族没有这么复杂。我们对“民族”一词，如果做一般的理解，大致是指一定地域范围内，由历史形成，人种、语言和文化各类特征相结合的族群，例如印度人、中国人等等。

这是首先需要说明的一点。

现代政治和文化意义上的民族以及国家，在近代才形成。现代的民族和国家与古代的民族和国家当然有联系，但也有区别。我们的讨论，既涉及历史，也不能不与现实有关。

这是需要说明的第二点。

至于“众生”一词，我们的理解则相对简单。一切有情即是一切众生。“众生”一词，虽然不能说是佛教的发明，但在佛教的理念中，众生被前所未有地放在重要的位置上进行考虑，则可以说是佛教理论中非常了不起的一部分。在历史上其他的宗教中，我们很少能够发现同样的情况。

28.2 “众生”与“众生平等”

“众生平等”是佛教最伟大、最重要、最有创造性的理论之一，也是佛教最基本的一种价值判断。佛祖释迦牟尼在创立佛教之初，就确定了这个原则。佛经中讲到“众生”和“众生平等”的地方很多。我们可以从常见的经典中随便举出几例。例如《出曜经》卷22：

昔有比丘，往至佛所，前白佛言：唯然世尊大慈垂愍，开悟未及，愿为说法，应适人意。我闻法已，心意开悟，得蒙度脱。尔时世尊略说其义，告比丘曰：非汝则舍。比丘白佛：我以知矣。佛告比丘：我义云何？汝以知乎。比丘白佛：色非我有，我以舍矣。佛言：善哉！如汝所说。是故说曰：一句义成就智者所修学也。愚者好远离真佛之所说。圣人处世，教诫众生平等大道。[1]

再如《法华经》卷5：

文殊师利菩萨摩诃萨！于后末世法欲灭时，受持、读诵斯经典者，无怀嫉妒谄诳之心，亦勿轻骂学佛道者，求其长短。若比丘、比丘尼、优婆塞、优婆夷，求声闻者、求辟支佛者、求菩萨道者，无得恼之，令其疑悔，语其人言：汝等去道甚远，终不能得一切种智。所以者何？汝是放逸之人，于道懈怠故。又亦不应戏论诸法，有所诤竞。当于一切众生，起大悲想，于诸如来，起慈父想，于诸菩萨，起大师想，于十方诸大菩萨，常应深心恭敬礼拜。于一切众生平等说法。以顺法故，不多不少，乃至深爱法者，亦不为多说。[2]

再如《华严经》卷19：

菩萨摩诃萨修菩萨行时，成就如是无量无边清净功德，说不可尽，况成无上菩提，得最正觉。所谓一切佛刹清净平等，一切众生清净平等，一切身清净平等，一切根清净平等，一切业报清净平等，一切眷属清净平等，满足诸行清净平等，方便入一切法清净平等，

〔1〕《大正藏》第4卷，第729页中。

〔2〕《大正藏》第9卷，第38页中。

满足一切如来诸愿回向清净平等，示现一切诸佛境界自在清净平等。[1]

佛经中类似的段落很多，例子不需要多举。在印度的历史上，佛教大概是最早提出众生平等观念的宗教。印度很早就存在种姓制度，释迦牟尼在创立佛教之初，就反对种姓制度。佛教反对种姓制度的观念基础，就是众生平等。大乘佛教出现以后，更加强调这一理念。2000多年来，众生平等理论的意义愈益彰显，到今天已经成为一种普世的价值观。接受众生平等观念的，已经不仅仅是佛教或者佛教徒。

28.3 "中国"与"弥梨车"：古代印度的理解和偏见

但是人类文化发展的历史上还有其他的问题，印度的问题也不仅仅在于种姓制度。佛教诞生于印度，从最初的意义上讲，佛教在印度文化的背景下出现，是印度文化的一部分。印度很早就有了高度发展的文明。印度人有自己的文化区域包括中心区域，相对于中心区域以外的地区，印度人往往有自己的文化优越感。出现这样的情形并不奇怪。古代世界其他较早发展起来的文化与文明也常常有同样的例子。

在古代印度的地理概念中，印度分为东、西、南、北、中五个部分，称为五印度，其中的中印度也往往称为Madhyadeśa，中国古代翻译为"中国"，但这个"中国"，是印度的"中国"，而不是中国人的中国。印度的"中国"，古代曾经是印度文化的中心区域，很大程度上代表了印度文化。东晋时代的法显是历史上有明确记载最早到达这一地区的中国人，《法显传》里讲法显到达"摩头罗国"（今译马吐腊）以后的行程：

国名摩头罗。又经蒱那河。河边左右，有二十僧伽蓝，可有三千僧，佛法转盛。凡沙河已西天竺诸国，国王皆笃信佛法，供养众僧时，则脱天冠。共诸宗亲群臣手自行食。行食已，铺毡于地。对上座前，坐于众僧前，不敢坐床。佛在世时诸王供养法式相传至

[1]《大正藏》第9卷，第523页中。

今。从是以南，名为中国。中国寒暑调和，无霜雪。[1]

佛教就诞生于印度的“中国”。与“中国”一名相对，与印度相邻或印度以外的地区，印度人称作“边地”，“边地”之人，称为Mleccha，音译为“弥梨车”或“篾戾车”。在一般印度人看来，“边地”野蛮，尚未开化，“弥梨车”即野蛮未开化之民。这样的看法，在佛经中也有所体现。而且印度的佛教徒认为，边地没有佛教，因此不是好的转生之处。《增壹阿含经》卷16讲：

我今字某，离此八事，奉持八关斋法，不堕三恶趣。持是功德，不入地狱、饿鬼、畜生八难之中。恒得善知识，莫与恶知识从事。恒得好父母家生，莫生边地无佛法处。[2]

边地的众生因为没有佛教，所以还会遭遇灾难，所谓“八难”。也是《增壹阿含经》卷36：

如来出现世时，广演法教。然此众生，在边地生，诽谤贤圣，造诸邪业。是谓第五之难。[3]

如果信仰邪见，只能转生到边地。《增壹阿含经》卷44：

若有众生行邪见者，种三恶道。若生人中，乃在边地，不生中国，不覩三尊道法之义。或复聋盲瘖痖，身形不正。不解善法恶法之趣。所以然者，皆由前世无信根故。亦不信沙门、婆罗门、父母、兄弟。[4]

佛生“中国”，而非“边地”。《出曜经》卷第20：

佛兴出世，要在阎浮利地。生于中国，不在边地。所以生此阎浮利地者，东西南北亿千阎浮利地，此间阎浮利地，最在其中土界。神力胜余方，余方刹土转不如此。[5]

而且菩萨也是如此。《般若波罗蜜多经》卷第520：

复次，善现！若菩萨摩诃萨如是学时，决定不堕地狱、傍生、剡

[1]《大正藏》第50卷，第859上至中。

[2]《大正藏》第2卷，第625页下。

[3]《大正藏》第2卷，第747页上。

[4]《大正藏》第2卷，第786页上。

[5]《大正藏》第4卷，第717页中。

魔王界，决定不生边地、达絮、蔑戾车中，决定不生旃荼罗家、补羯娑家，及余种种贫穷、下贱、不律仪家，终不盲聋瘖痖、挛躄、根支残缺、背偻、癫痫、痈疽、疥癞、痔病、恶疮，不长，不短，亦不黧黑，及无种种秽恶疮病。[1]

强调“中国”——注意这是印度的“中国”，而不是中国的“中国”——文化的优越，认为“边地”和“弥梨车”不足道，显然是印度传统中的一种偏见。不过，在古代有这样的偏见，上面讲了，可以理解。在印度，即使是佛教徒，受到传统的影响，因而有这样的看法，也不奇怪。而且，这样的情形在古代其实不限于印度。

28.4 “佛以一音演说法，众生随类各得解”：佛教的传播与民族

但是，从佛教的角度讲，这样的偏见应该而且能够得到弥补或者纠正。天下众生，出生在不同的地方，应该平等，尤其是在闻佛学佛的机缘上，应该有同样的机会。佛经中“佛为四天王说法”的故事，反映的就是这样的观念。故事讲的是来自不同国家或者说不同地方的四位天王，向佛请教，佛为他们说法。故事见于好几种佛经，细节稍有差异。《十诵律》卷26：

实时四大天王与无数百千眷属，后夜来见佛，头面礼佛足，一面立。佛以圣语说四谛法：苦集尽道。二天王解得道，二天王不解。佛更为二天王以驮婆罗语说法。咿宁（苦谛）、弥宁（习谛）、多咃陀譬（尽谛）、陀罗辟支（道谛），佛阇陀（知也）萨婆休（一切）蠰舍摩遮（灭求）萨婆多罗（一切离）、毘楼利多咃欲（远离）、萨婆休（一切），鞞罗地（不作）波跋（恶也）头吃想妬（苦边尽也） 涅楼遮谛（如是说也）。是二天王一解一不解。佛复作弥梨车语。摩舍兜舍那舍婆萨婆多罗毘比谛伊数安兜头却婆阿地婆地。四天王尽解。示教利喜已，礼佛足而去。[2]

[1]《大正藏》第7卷，第663页中。

[2]《大正藏》第23卷，第192页中。

这个故事又见于《出曜经》卷23：

昔佛世尊与四天王说法。二人解中国之语，二人不解。二人不解者，与说昙密罗国语，宣畅四谛。虽说昙密罗国语，一人解，一人不解。所不解者，复与说弥梨车语，摩屑姤屑一切毘利罗。时四天王皆达四谛。〔1〕

同样的故事，加上一些很有意思的解释，又出现在《鞞婆沙论》卷9：

说者谓佛为四天王故，圣语说四谛，二知二不知。谓不知者为昙罗国语说。禋佞（苦也）、弥佞（习也）、陀破（尽也）、陀罗破（道也）。此说苦边，一知一不知。谓不知者为弥离车国说语。摩含兜含　僧含摩　萨婆多　鞞梨罗。此说苦边尽知。问曰：世尊为四天王说四谛圣语，为有力耶，无力耶？若有力者，何以故为二圣语说？一昙罗国，一弥离车国语说？若无力者，本师偈云何通？

一音声说法，悉遍成音义。

彼各作是念，最胜为我说。

一音声说法者，是梵音也，悉遍音者。若有真旦人，彼作是念：谓佛作真旦语说法。如是陀勒、摩勒、波勒、佉沙、婆（娑？）佉梨。谓彼处若有兜佉勒人，彼作是念：谓佛作兜佉勒语说法。现义者着欲者作是念，世尊说不净。恚者作是念，世尊说慈。痴者作是念，世尊说缘起。彼各作是念：最胜为我说者。众中作是念：世尊为我故说法。〔2〕

异译本《阿毗昙毗婆沙论》卷41：

佛以圣语为四天王说四谛，二解二不解。佛欲饶益怜愍故，复作陀毘罗语说四谛，谓伊弥弥祢踰被陀踏被。二不解者，一解一不解。世尊欲饶益怜愍故，作弥梨车语说四谛，谓摩奢兜奢僧奢摩萨婆多毘罗致。是名苦边，四皆得解。问曰：佛能以圣语为四天王说四谛，令其解不？若能者，何故不使他解？不能者，偈所说云何通？如偈说：

〔1〕《大正藏》第4卷，第734页中。

〔2〕《大正藏》第28卷，第482页下。

佛以一音演说法，而现种种若干义。

众生皆谓独为我，解说诸法不为他。

一音者谓梵音。现种种义者，若会中有真丹人者，谓佛以真丹语为我说法。如有释迦人、夜摩那人、陀罗陀人、摩罗娑人、佉沙人、兜佉罗人，如是等人在会中者，彼各各作是念：佛以我等语，独为我说法。若贪欲多者，佛为我说不净。瞋恚多者，佛为我说慈心。愚痴多者，佛为我说缘起。众生皆谓为我解说，诸法不为他者。时会各谓佛为说法，不为他。答曰：应作是说，佛能。

问曰：若然者，何故不令他解？

答曰：为满足诸天王心所念故。二天王作是念：若佛为我作圣语说四谛者，我则能解。一天王作是念：若佛以毘罗语说四谛者，我则能解。一天王作是念：若佛以弥梨车语说四谛者，我则能解。如其念而为说之。〔1〕

《鞞婆沙论》后来有唐玄奘的新译，即《大毗婆沙》。这一段故事在《大毗婆沙》卷79，有更多的细节：

昆奈耶说：世尊有时，为四天王，先以圣语说四圣谛。四天王中二能领解，二不领解。世尊怜愍，饶益彼故，以南印度边国俗语说四圣谛，谓瑿泥迷泥蹋部达𩦄部。二天王中一能领解，一不领解。世尊怜愍，饶益彼故，复以一种篾戾车语，说四圣谛，谓摩奢覩奢僧攝摩萨缚怛罗毘刺迟。时四天王皆得领解。

问：佛以圣语说四圣谛，能令所化皆得解不？设尔何失，二俱有过，所以者何？若言能者，后二天王闻圣语说，何故不解？若不能者，伽他所说，当云何通？如有颂言：

佛以一音演说法，众生随类各得解。

皆谓世尊同其语，独为我说种种义。

一音者谓梵音。若至那人来在会坐，谓佛为说至那音义。如是砾迦、叶筏那、达刺陀、末𩦄婆、佉沙、覩货罗、博喝罗等人来在会坐，各各谓佛独为我说自国音义。闻已随类，各得领解。又贪行者

〔1〕《大正藏》第28卷，第306页下。

来在会坐,闻佛为说不净观义。若瞋行者来在会坐,闻佛为说慈悲观义。若痴行者来在会坐,闻佛为说缘起观义。憍慢行等,类此应知。此伽他中既作是说,如何可说佛以圣语说四圣谛,不令一切所化有情皆得领解?有作是说,佛以圣语说四圣谛,能令一切所化有情皆得领解。

问:若尔,何故后二天王闻圣语说而不能解?

答:彼四天王意乐有异,为满彼意,故佛异说。谓二天王作如是念:若佛为我以圣语说四圣谛者,我能受行。第三天王作如是念:若佛为我以南印度边国俗语说四谛者,我能受行。第四天王作如是念:若佛为我随以一种篾戾车语说四谛者,我能受行。是故世尊随彼意说。[1]

佛教常讲的"佛以一音演说法,众生随类各得解",来源就在这里。故事当然只是故事,重要的是故事要传达的理念,那就是:佛关怀众生,要把佛法平等地转达给一切众生。佛教的道理只有一个,众生虽有不同,但不管是谁,都有能力理解佛的教言,从佛的教言中获得觉悟。

但这只是其中一点。这个故事中我感兴趣的还有这里的四天王,他们其实代表的是不同地域的人民,也就是不同的民族。故事中提到的古代的民族,几乎都可以指认出来,其中包括中国人。[2]

这样的故事说明的是,历史上的佛教在不同地域、不同民族中以"众生平等"的理念传达自己的教义。考虑到印度的语言和文化历史的背景,这是了不起的一种观念和实践。从这个意义上讲,就超越了前面讲到在"中国"与"边地""弥梨车"区分的界限。佛教不仅是"中国"的宗教,也是"边地"的宗教。佛教不分民族,是众生的信仰。

---

〔1〕《大正藏》第27卷,第410页上。

〔2〕"真丹"和"至那"即中国,"真丹人"和"至那人"即中国人。"夜摩那"和"叶筏那"是希腊人。"覩货罗"和"博喝罗"在今天的阿富汗境内。"释迦人"和"砾迦"指中亚的塞迦人。"达剌陀"在今天的巴基斯坦境内。"佉沙"在今天中国新疆境内。

28.5 民族和民族心态的调适

民族问题在古代是大问题，到今天还是大问题。我们看今天的世界，许多问题，往往都与民族问题有关。各个民族之间，最重要的一点，就是平等。平等看待，平等相处，平等交往。既然众生平等，民族怎么能不平等呢？如果接受佛教众生平等的理念，就必须承认所有民族平等。

但现实的问题当然没有这样简单。娑诃世界，芸芸众生，境遇不同，因缘各异。历史的原因，往往使一些人产生错误的认识。"中国"与"边地"，在印度最初只是地理观念上的词语，但在一定的背景下，却表达出一种差异性的文化优越感。类似的情形，在中国也曾经有过。在佛教从印度向外传播的过程中，文化的差异，也曾经引起种种争议，但佛教最后总能以和平的方式超越民族和文化的界限，得到信众的认同。

世界上存在不同的民族。民族与民族之间，有种种差异。这种差异，在精神文化的层面，就是所谓的民族性。民族性与天下所有的事物一样，既有正面的内容，也有负面的内容。很多时候民族性需要改造和进步。历史上印度以"中国"为优越，以"边地"为低劣，表现出的是一种心态的偏见。心态的后面是民族性。佛教众生平等的理念可以纠正这样的偏见，消除这样的妄执，调适这样的心态。但人们在类似问题认识中表现出的偏见或者说妄执，往往不仅止于此，也不仅仅只是在印度，各种偏见或者说妄执直至今天，也并未完全消除。当今世界，民族之间，不同的族群之间，常常出现各种问题，有些是很严重的问题，甚至是冲突和战争。认识到众生平等、民族平等，有利于民族之间互相尊重、互相理解，也有利于解决民族之间的矛盾和争执。在释迦牟尼之后的两千多年，佛教众生平等的理念，不仅有普世的价值，更有现实的意义。所谓"有佛法就有办法"，这就是办法之一。

28.6 佛教众生平等的理想与世界大同

人类的文明,以一般的标准来判断,大约已经有五六千年的历史。在世界的范围内,完整形态的宗教出现,也已经有两千多年。佛教是最古老的宗教之一。佛教虽然产生于印度,但在它两千多年的发展过程中,早已传出印度,成为亚洲,而今也成为世界性的一个宗教。从古代到近代,在世界所有的宗教中,佛教是为数不多的完全不依靠暴力,不倚仗权势而获得民众信仰的宗教之一。两千多年来,从印度到亚洲各国,佛教既坚持了自己最基本的信仰和理念,同时又与不同地区、不同民族的文化磨合乃至融合,有了更多更新的发展。今天的佛教,可以说即是世界的宗教,又是民族的宗教。佛教两千年和平传播和发展的过程中,不讲种族歧视,不讲等级差别,不以文化高低作为取向,如果我们做一个回顾,应该说其中众生平等的观念发挥了重要的作用。

释迦牟尼创立佛教,已经有两千四五百年。两千多年之间,世界发生了巨大的变化。今天的世界,人民与人民之间,民族与民族之间,国家与国家之间,地区与地区之间,相互的联系从来没有像现在这样紧密。各种文化、各种意识形态、各种理念、各种宗教,互相交流,这个过程中虽然有不同观念的冲撞,但更多的应该是和平相处,是了解和理解,是互相学习和融合。这是历史发展的主流。佛教在其中完全可以发挥更大的作用。从现代的眼光看,佛教的许多理念,体现的是人类文化的一些重要的价值判断和价值观。这些理念和观念,两千多年之后,依然历久弥新,不是没有原因。在我看来,众生平等就是这些最具价值的理念中重要的一部分。从古到今,世界大同都是人类的一大理想,虽然坦白地说,这至今还是一个遥远的目标,但如果将来的人类真正能够做到众生平等,世界上各个民族和谐相处,文化上逐步融合,到那个时候,也许就真离大同世界不远了。

(原载《法音》2009年第9期。)

附　录

1　书评：*Studien zur Indologie und Buddhismuskunde*

Studien zur Indologie und Buddhismuskunde: *Festgabe des Seminar für Indologie und Buddhismuskunde für Professor Dr. Heinz Bechert*, *Indica et Tibetica*, Band 22, herausgegeben von Reinhold Grünendahl, Jens-Uwe Hartmann, Petra Kieffer-Pulz, Bonn: Indica et Tibetica Verlag, 1993, VII, 326 pp. ISBN 3-923776-22-5

本书是德国哥廷根大学印度学和佛教学研究所为纪念该所所长Heinz Bechert教授60岁生日（1992年6月26日）而出版的一本论文集。Bechert自20世纪60年代起，接替著名的印度学家E. Waldschmidt教授，担任这个研究所的所长和教授，一直到现在。哥廷根大学自20世纪起，就是德国以至欧洲研究印度学的重镇。从H. Oldenberg（1854—1920）开始，研究的范围很大一部分又包括进佛教的内容。从Waldschmidt（1897—1985）开始，则把研究的重心更多地转移到了印度和中亚的佛教语言和新出土的佛教文献，尤其是所谓的"吐鲁番发现品"上，由此成为目前世界上从事这方面研究的最重要的中心。大半个世纪以来，作为传统，在哥廷根，以Waldschmidt教授为首的一批学者，其中包括曾经师从Waldschmidt，并在此获得博士学位的中国的季羡林教授，先后都在这一领域里取得了一系列重要的成果。这是该书得以在哥廷根编成并出版的学术背景。

全书共包括14篇文章,作者都是哥廷根大学印度学佛教学研究所的成员或者是与研究所有密切关系的学者。从内容上讲,除一篇文章以外,都与佛教,尤其与佛教语言和文献的研究有关。当然,这也是由于在哥廷根早就有上面讲到的一个大的学术背景和学术传统。下面就具体文章分别做一简要的介绍。考虑到国内的研究状况,与中国,尤其是与敦煌吐鲁番研究有关的论文,介绍稍多一些,其他的则简单一些。

文章的次序依作者姓名的字母排列。第一篇文章是Heinz Braun的《欧洲和美国所藏缅甸写本的试调查》。Braun文中所说的缅甸写本,指的是在缅甸抄写的与佛教有关的巴利文写本,其中主要是巴利三藏。Braun报告了有关地区有关写本的收藏状况。

第二篇文章是Anjana R. Das的《孟加拉地区的少数派宗教——上座部佛教》。Das小姐研究的孟加拉地区的上座部佛教,是印度所谓的"新佛教"的一部分。这方面的题目,研究的人不多,但仍然有一定的意义。Das的家庭来自孟加拉,这大概是她选择这个题目的原因之一。

第三篇是Siglinde Dietz的《吐鲁番和吉尔吉特梵文佛教经典的语言》。Dietz长期以来在哥廷根参加编撰《吐鲁番佛教梵文词典》的工作,因此她对处理吐鲁番和吉尔吉特两类写本都很有经验。她在这篇文章里选取了吐鲁番梵本和吉尔吉特梵本中六节可以对照的段落,分别做了比较和分析,得到的结论是,在两类写本中都掺杂有中世印度语(Middle Indic)的词汇和语法现象,而在吉尔吉特写本中则略略表现出一种从原本逐渐扩大的倾向。吉尔吉特即中国唐代典籍中所称的"小勃律",也是汉代以来常提到的"罽宾",唐代称作的"迦湿弥罗"的一部分。中国早期的佛教与这一带的佛教曾经有过相当密切的联系。因此对有关的问题,我们应该予以注意。至于吐鲁番梵本与吉尔吉特梵本在语言上的差别,它们之间的关系,国外已经有学者在这方面做过一些研究。Dietz的研究,是对这一研究题目的新的补充。西方的学者注意这方面的问题,着眼点大多是想就佛教语言和文献自身的变化发展的历史做更细的探讨。中国的学者实际上也应该留意这方面的问题，因为我们如果要想真正深入了解新疆地区古代佛教传播的历史和在这一地区出土的佛教文献的来源，却不了解这方面的情况，眼界显然会有局限。这里还应该说明一点的是，德国学者所谓的"吐鲁番发现品"，来源其实并不只限于吐鲁番，也包括20世纪初德国的"探险家"们在新疆其他地区，例如库车的收集品。

第四篇文章是Reinhold Grünendahl的《论〈摩诃婆罗多〉写本的分类》。作者对H. Lüders曾经做过的工作及其影响重新做了检讨。通过对比一些重要的写本，作者试图说明，过去Lüders根据写本字体的不同而对写本进行分类的方法是有问题的，对写本的分类和整理，应该首先考虑到地区的原则。

第五篇是Jens-Uwe Hartmann的《佛陀谈四种苦行：论〈大般涅槃经〉的文本》。现在见到的梵文的《大般涅槃经》，是Waldschmidt在整理吐鲁番梵本中所发现的。Waldschmidt在50年代初出版的经他整理校订的梵文《大般涅槃经》，是一部研究佛教语言和文献的极有用的著作。现在Hartmann则在德裔英国学者Hoernle的收藏品中发现了有关的一页残片。Hoernle的收藏品，也来自中国新疆。文章中包括Hartmann对这页残片所做的转写。同时Hartmann在文章中还提到汉文的《长阿含经》的一个回鹘文译本以及在藏译的寂天的《俱舍论》注中所引根本说一切有部所传的这个故事。后者他也在文字上做了校订。他还根据梵文本和藏文本把有关一段翻译成德文。Hartmann原在哥廷根，长期以来也参与编撰《吐鲁番佛教梵文词典》等多项工作，去年转到了柏林的洪堡大学，是一位年纪既比较轻，学术根柢又很强，很有前途的学者。

第六篇是Ute Hüsken的《上座部律藏中比丘尼众成立的传说》。作者通过分析巴利文律藏中《小品》第十章第一节以及所讲的八种"重法"(garudhamma)，尝试说明比丘尼众成立的过程。

第七篇是Petra Kieffer-Pulz的《〈善见律毗婆沙〉中所引〈安陀迦疏〉》。Kieffer-Pulz研究了《善见律毗婆沙》中十八段出自《安陀迦疏》的引文，认为《安陀迦疏》写成于公元前1世纪至公元489年之间，本来就是用巴利文写成。写成的地点可能是在南印度，或许就是在Andhadesa。从内容上看，它代表的是与大寺派不同的一种律的传承系统。Kieffer-Pulz的结论，最后一点最值得注意。因为它说明，现存的巴利文佛教文献，其中的内容并不像很长一段时间认为的那样，来自一个部派或一个派别。尤其是当问题涉及《善见律毗婆沙》，而在汉译佛典中也有一部完全同名并且内容也基本相同的经典，这方面的研究就显得更有意义。虽然Kieffer-Pulz的文章没有涉及这样宽的范围，但这些问题显然应该考虑到，并且可以做一些探讨。

第八篇是Pāsādika比丘的《论〈迦叶品〉的两种译本》。《迦叶品》是《大宝积经》中的一品。20年代中期，当时在北京大学任教的俄国学者钢和泰（A . von Staël-Holstein）曾经编成一部《大宝积经迦叶品梵藏汉六种合刊》，由商务印书馆出版。钢和泰使用的梵本，原件出自中国新疆的和田地区，清末被俄国人掠走，至今收藏在俄国。钢和泰转写校订以后，把它与一种藏译、四种汉泽合刊在一起。这部书的出版，在中国当时本应引起更多一些的注意，因为这是近代中国出版的第一部这种类型的研究佛教的著作，为此梁启超专门在书前写了一篇序。梁启超在“序”中说，希望它能“影响到我们学界”。只是后来实际上的影响和反应，在国外学术界似乎倒比在国内学术界大一些。德国学者F. Weller（1889—1980）后来发表了一系列有关《迦叶品》的论文和著作，其中包括他在1965年出版了《迦叶品》的德文译本。1977至1979年间，Pāsādika比丘又发表英文的翻译。收入该书的这篇文章，便是Pāsādika比丘就Weller的德译和他自己的英译中的一些问题所做的讨论。Weller是德国著名的东方学家，精通梵、巴利、藏、汉等语言，20年代曾经在北京住过，发表过大量专著和论文。Pāsādika比丘也是德国人，原名Eckhard Bangert，70年代在印度旁遮普大学以一篇研究《维摩诘经》的论文获得博士学位，后来在法国出家，但出家之后，并没有停止过学术方面的研究。近年来除参加编一种在伦敦出版的佛教研究方面的期刊以外，一直在哥廷根做教学和参加编撰上面提到的《吐鲁番梵文佛教词典》的一部分工作，自己也不断有专著和论文发表。他和 Weller，因此都称得上是研究和翻译佛教文献的专家。在这篇文章里，Pāsādika比丘所谈到的，不只是一般的语言翻译技巧和方法，有些涉及佛教文献研究中一些牵涉面颇广的问题。例如对《迦叶品》梵本经文的第一句 evaṃ mayā śrutam ekasmiṃ samaya... Weller 的德译是：So habe ich gehört：Einmal... Pāsādika比丘的英译译法相同。这本是传统的译法，但 E. Conze 提出过不同的意见，认为，依照 J. Brough 的研究，应该译为：Thus have I heard at some time。这一问题，已经有不少学者做过讨论，两方面的意见都有。Pāsādika比丘在这篇文章里又提到这个问题，但仍然坚持他的理解和译法。实际上，一千多年来，在所有的汉译佛典中，都是照第一种理解来翻译的。《迦叶品》的三种中文译本（一种译本没有这一句）都是如此。相反，如果把下一句的“一时”二字截断，补入上句，完全不合适。Brough 等人似乎无法从语感上体会到，在汉语里这样是不通的。虽然有人也可以找到理由（如在藏文的翻译中），以证明可以做第二种理解，但不能由此而认为，一两千年来，外国来中国的，以及中国自己的成百上千的译经僧，他们全在佛经开篇的这第一句上，都理解错了。因此，我的看法，Weller 和 Pāsādika 比丘的这一句翻译讲得通，没有改动的必要。

第九篇是 Anne Petters 的《巴利文方体字补论》，讨论的是巴利文的一种比较特殊的字体（schrift）。

第十篇是 Gustav Roth 的《圣大众-说出世部比丘尼律转写本补遗》。Roth 是哥廷根的一位老学者，曾经是 F. Weller 的学生，现已退休。他在 1970 年出版了 *Bhikṣuṇī-Vinaya* 一书，对现存唯一的一部圣大众-说出世部比丘尼律做了转写。Roth 的转写，利用的是 R. Sankṛtyāyana 30 年代在中国西藏调查贝叶经时拍制的胶片，其中的第 71 页的背面当时漏拍，因此他的书中的转写就缺了这一页。原件曾经收藏在北京的民族图书馆，Roth 后来得到了这一页的影印件。本文就是他对这一页所做的转写，因此称作“补遗”。

第十一篇是 Michiel Schmidt 的《比丘尼羯磨：牛津 Bodleian 图书馆所藏梵文写本 c. 25（R）号》。这件《比丘尼羯磨》的梵本收藏于牛津，原件是残片，1920年C. M. Ridding和L. de La Vallée Poussin曾经刊布过（*BSOS*，I，3，1920，pp. 123-143）。这次Schmidt重新做了转写和校订。转写的末尾，还有他编制的一个很完备的词汇索引。这对今后有关的研究十分有用。在哥廷根，Schmidt是目前参与编撰《吐鲁番佛教梵文词典》的最主要的人员之一。

第十二篇是Claus Vogel的《Veṇīdatta著作中提到和H. Roth解释的佛名》。Vogel根据17世纪中期一位在印度的德国的传教士收集的印度作家的作品上的材料，说明当时在印度的阿格拉，人们已经完全不知道佛教为何物。他们把佛只看作是耆那教白衣派圣者中的一位。

第十三篇是Klaus Wille的《伯希和收集品中有关亿耳故事的残片》。Wille也是处理吐鲁番和吉尔吉特这一类写本很有经验的一位学者。他转写和校订的四页梵文残片，出自中国新疆的库车，属于所谓"伯希和收集品"。残片上的梵文，讲的是佛经中有名的亿耳比丘的故事。早在50年代，Waldtschmidt在德国的"吐鲁番发现品"中就发现了有关这个故事的梵文残片。1952年，他在哥廷根科学院的学报上发表了"Zur Śroṇakoṭikarṇa-Legende"一文。现在Wille又在"伯希和收集品"中发现了内容相同的梵本。二者都属于说一切有部的经典。汉译佛典中，来自说一切有部或与说一切有部有关的经典数量不少，因此，我们对说一切有部的梵文文献，尤其是出自新疆的这一部分，应该给予特别的注意。

最后一篇文章是Champa Thupten Zongtse的《多罗那他所著〈觉护传〉：特别是其中有关斯里兰卡的一节》。Zongtse用德文对多罗那他的《觉护传》做了简要的介绍，然后对《觉护传》做了一个藏文的缩写本。Zongtse曾经是一位中国西藏的僧人。

与编辑纪念文集的一般的惯例一致，在书的最前面，是Bechert教授的著作目录。目录分两部分：第一部分包括Bechert教授自1952年以来，到1992年为止，所发表和出版的专著、论文以及由他主编的书，共有305种（部或篇），其中不少与德国所谓的"吐鲁番发现品"有关。第二部分是Bechert所写的书评与报告，共有108篇。

书的最末，还附有一个全书的“专用语索引”。对于阅读或使用这本书的学者们来说，有这样一个索引，无疑非常有用。

我的看法，该书的出版，一方面是对Bechert教授60岁生日的纪念，另一方面也比较恰当地反映了哥廷根研究佛教和印度学的学者们目前研究工作中近期的一部分成果。一个多世纪以前在哥廷根所开始的研究印度学、佛教学和中亚学的传统，不仅被继承了下来，而且有所发展。这方面的情况，我们中国做相关研究的学者不可不留心。

（原载《敦煌吐鲁番研究》第2卷，北京大学出版社，1997年。）

2 书评：*Sanskrit-Texte aus dem buddhistischen Kanon: Neuentdeckungen und Neueditionen*

Sanskrit-Texte aus dem buddhistischen Kanon: Neuentdeckungen und Neueditionen, Zweite Folge, *Sanskrit-Wörterbuch der buddhistischen Texte aus den Turfan-Funden*, Beiheft 4, Bearbeitet von Jens-Uwe Hartmann, Klaus Wille, Claus Vogel, Gunter Grönbold, Vandenhoeck & Ruprecht in Göttingen, 1992, 161 pp. DM 68, ISBN 3-525-26153-5

该书是《梵文佛教经典:新的发现和新的校刊本》的第二辑,该书的第一辑的出版,是在1989年。德国哥廷根大学的印度学佛教学研究所,自1973年开始,分册陆续出版由该所组织学者编纂的《吐鲁番佛教梵文词典》。这部词典,可以说是研究"吐鲁番"梵文文献最基本的工具书之一。创议编纂这部词典并主持前期一部分工作的,是这个研究所的E. Waldschmidt教授。这一工作因此也成为该研究所近30年来最重要的研究项目之一。从1989年开始,该研究所在编纂这套《吐鲁番佛教梵文词典》的同时,又出版一套"增刊"(Beiheft),专门发表与研究吐鲁番佛教文献有关的最新的研究成果。这套增刊,1989年出了两册。《梵文佛教经典:新的发现和新的校刊本》的第一辑被编为第二册,该书现在作为第二辑,则被编为增刊的第四册。"增刊"到1994年为止,出到了第五册。

该书包括三篇专文。第一篇是Jens-Uwe Hartmann与Klaus Wille合作的《霍恩雷收集品(Sammlung Hoernle)中北道婆罗谜字体梵文写本目录》。该文还有一个副标题是《佛教梵文写本发现品之二》,因为在此之前，哥廷根科学院1979年出版的学报（*Nachschriften der Akademie der Wissenschaften in Göttingen*，Philologisch-historische Klasse）上，已经发表过O. von Hinüber的《吉尔吉特写本的研究》一文，当时是作为《佛教梵文写本发现品》的之一，因此现在这篇目录就作为之二。

首先可能需要对题目做两点解释。

第一，关于“霍恩雷收集品”。在研究在中亚发现的印度写本方面，霍恩雷其实也应该被看作是一位曾经做出过重要贡献的人物。霍恩雷，生于1841年，去世于1918年，德裔英国梵文学者。他是19世纪末西方学者中最早见到并对当时在中国新疆发现的梵文写本，即著名的“鲍威尔写本”（Bower Manuscript）做研究的第一人。鲍威尔写本的发现，在当时欧洲的学术界引起极大的轰动，大大地刺激了西方的学者和“探险家”们对在中国新疆地区寻找各类文物，尤其是写本的兴趣。克莱门茨、斯坦因、格伦威德尔、勒·柯克、伯希和等等，都由此接踵而来到中国的新疆，以至甘肃地区，而且最后都各有大小不等的“收获”。霍恩雷本人从未到过新疆，他当时在印度任职，但却因得到英印政府的支持，从当时英国政府派驻中国新疆喀什喀尔的外交代表，其中最主要的是领事马继业（G. Macartney）的手里，获得了一批数量上也很可观的写本。这批写本，后来大部分归了英国的印度事务部的图书馆，也有个别的被其他地方所收藏。如“鲍威尔写本”，就归了牛津的Bodleian图书馆。印度事务部的图书馆，在印度事务部撤销后，归并成为经过调整后的大英图书馆所辖印度事务部图书及档案馆。这批写本，就被称作“霍恩雷收集品”（Hoernle Collection）。霍恩雷的著作中，有一部书*Manuscript Remains of Buddhist Literature found in Eastern Turkestan*（Oxford，1916），其中收入了他与当时欧洲研究印度及中亚语言和文献的最好的几位学者的论文，是研究中亚非汉文文献写本早期最重要的著作之一。

第二，关于题目中的“北道婆罗谜字体梵文写本”一名，德文的原文是nordturkistanischen Sanskrit-Handschriften。在我国新疆地区发现的古代的梵文写本，大多是用一种印度传来，但又略有变化的婆罗谜字体写成。这些写本上的婆罗谜字体,从写法的特点上区别,又可以大分为两种。一种主要流行在塔里木盆地的北缘,即古代称作"北道"沿路的一些国家和地区。另一种则流行于"南道"的地区和国家。"北道"的这种字体,最早被霍恩雷称作"斜体笈多","南道"的则被称作"直体笈多"。60年代以后,哥廷根的德国学者 L. Sander 主要依据 Waldschmidt 的意见,使用 nordturkistanische Brahmi 的名字代替了"斜体笈多"一名。该文题目中的 nordturkistanisch,指的就是这种婆罗谜字体。为了简单清楚起见,这里就直接地翻作"北道婆罗谜字体"。

Hartmann 与 Wille 两人合作编成的这份写本目录,内容上又细分为5个部分:

(1)引言。引言中对"霍恩雷收集品"的来由、历史和现在的状况,做了简要的介绍。作者尤其着重说明了这批藏品与德国柏林的"吐鲁番发现品"、法国巴黎的"伯希和收集品"、俄罗斯圣彼得堡的"收藏品"之间的联系以及编制出可以对照的目录对于研究中亚写本的重要性。从"鲍威尔写本"的发现(1890)到今天,时间已经过去了足足一个世纪还稍多一点,整理和研究在中国新疆发现的梵文以及其他西域语言的写本,包括编制目录,从整体上讲,成绩最大的,至今仍然首推德国学者。作者在文中说了,这次发表的这份目录,就是这项整体工作的一部分。作者在回顾了欧洲有关的主要的几处收藏品的研究情况以后说:"这批文献最后是怎么一个状况,只有在充分地了解了各处的收藏品中互相相关的部分后才可能知道。"(第17页)实际上这就是哥廷根的德国学者关心和编制这种形式的又并非德国所藏的梵文写本目录的原因。对中国学者来说,这些目录,当然也包括更具体的一些研究著作,为我们了解古代印度、中亚,包括今天的新疆地区佛教传播和发展的历史提供了一些很重要的信息。有关的研究题目,我们国内虽然不时有人在做,可惜研究者们对这方面的情况却知道得不多。这不能不说是一种遗憾。了解这方面的情况,对我们做有关研究的重要性,可以举一个例子来说明:在古代的新疆地区,南道和北道的佛教,从大处讲,除了有大小乘的区别外,是否还应该考虑到部派的问题?了解这些古代佛教写本的情况，判别出它们属于哪些部派、分类，再根据出土地点来说明某一类经典在某时某地流行和使用的情形，无疑会对解决这些问题有相当的帮助。而且，现在看来，西域佛教牵涉到的大小乘和部派问题，远远要比过去设想的情况更为复杂。因此，"取地下之实物与纸上之遗文互相释证"，"取异族之故书与吾国之旧籍互相补正"，"取外来之观念，与固有之材料互相参证"(陈寅恪《王静安先生遗书序》)，同样应该是我们做此类研究时可以而且必须使用的方法。该文作者对"霍恩雷收集品"中"北道"的梵文佛教经典，就已经判明性质的一部分，做了一个统计，并列出了一个数量上的百分比表(第23页)，就对这方面的研究很有参考的价值。

(2)根据微缩胶片所编残片目录。作者编目，主要依靠的是一套"霍恩雷收集品"的微缩胶片。这是目录的第一部分，也是内容最多的一部分，从第24页到第49页。

(3)其他残片目录。据作者介绍，所谓"其他"，是指原件没有拍成微缩胶片的一批残片。它们被放置在四个箱子里。其中一个箱子标记为"霍恩雷梵本(未拍胶片)"，另外三个标记为"龟兹语写本残片"。后者大部分是龟兹语和梵语的双语文书，但也有纯是梵文的。当然，可以肯定，这些残片来自新疆库车。这一部分目录从第49页到第55页。

以上两部分是目录的主体。

(4)残片编号索引。

(5)残片所属经典索引。

第二篇文章是Claus Vogel与Klaus Wille合作的《吉尔吉特附近出土〈律事〉写本中〈出家事〉一节的一些残片》。文章包括"引言""转写"和"翻译"三部分。1984年，同样的这两位作者在哥廷根科学院的学报上发表过他们对30年代初在印度克什米尔的吉尔吉特附近出土的梵文写本中的根本说一切有部律的《出家事》部分所做的转写。但他们当时只转写了原贝叶写本的第7至12叶。这次跟上次一样，由Wille对同一写本的第2至6叶做了转写，又由Vogel把藏文的《出家事》翻译成英文。因为后者一方面可以帮助恢复梵文残本本来的次序，另一方面在内容上还可以与梵本进行对比。Wille的转写，在仔细的程度和可靠性上，与印度学者 N. Dutt在1950年出版的 *Mūlasarvāstivādavinaya* 的第四册中所做的转写相比，可以说有很大的提高。Vogel翻译的《出家事》，根据的是H. Eimer在1983年出版的一个藏文的校订本。Vogel在译文下的注中，标出了梵文残本中相应的段落，同时还指出了两者的一些不同的地方。

总起来讲，Vogel和Wille的工作是做得不错的。不过，印度佛教根本说一切有部的律中的《出家事》一节，现存的除了在吉尔吉特发现的梵文残本，以及藏文的译本，还有中国唐代僧人义净翻译的一个汉文本。义净的译本，题目就叫《根本说一切有部毗奈耶出家事》。Vogel与 Wille在做这一题目的研究时，实际上还应该把义净的汉译本考虑进来。义净的译本，翻译于7世纪末至8世纪初。他翻译时使用的底本，是他自己从印度那烂陀寺带回中国的。吉尔吉特的梵本，一般认为是六七世纪时的写本，这与义净做翻译的时间很接近，而藏译的时间则较晚一些。因此，从梵、汉、藏三方面做对比，不仅可能，而且完全有必要。我们把汉译本与梵本、藏译本做对比，就会发现，汉译本确有一些不同的地方。这些不同之处，有可能说明一些问题。例如，依照义净的记载，在公元7世纪，根本说一切有部在印度是势力最大的四个部派之一。我1991年在哥廷根，曾经提出一个看法或者说是设想，义净求法时所在的当时印度最大的佛教寺庙那烂陀寺，也有可能是这一部派的中心之一。那么，印度西北的克什米尔一带的根本说一切有部，与中印度一带的根本说一切有部之间，各自所使用的律的传本，是否可能多少有一些差别呢？当然，由于材料的缺乏，有些问题目前还难以完全解决。关于这一时期佛教部派的一些问题，可以参见拙文“Buddhist Nikāyas through Ancient Chinese Eyes”, in *Untersuchungen zur buddhistischen Literatur*, Vandenhoeck & Ruprecht in Göttingen, 1994, pp.155-203。

第三篇文章是Gunter Grönbold的《两种有关本初佛的经典》。Gronbold对两种藏文的密教经典做了校订，同时还把它们翻译成了德文。两种经典一种是《文殊室利智慧萨本初佛成就经》(梵文:*Jñānasattva-mañjusry-ādibuddha-nāma-sādhana*,藏文:*'Jam-dpal yeśes-sems-dpa' dan-po' i saṅs-rgyas źes bya-ba' i sgrub-thabs*)。另一种是《不二瑜伽本初佛成就经》(梵文:*Avadhūtayoga-nāma-ādibuddha-sādhana*,藏文:*gNis-su-med-pa' i rnal-' byorzes bya ba daṅ-po' i saṅs-rgyas-kyi bsgrub-pa*)。在"引言"部分中,Grönbold 讨论了本初佛这一说法在文献中的来源、含义和发展,他认为不应该把本初佛看作是创造神。这一看法,应该说是对的。

Grönbold 的文章的"引言"第七节的题目是"造型艺术中的本初佛?",其中有的意见可能值得我们中国的学者注意。因为国内对密教神像的造型过去虽然已经做过些研究,但从文献,尤其是藏文的密教文献,再结合印度方面的情况来进行比较的,似乎很少。不过,Grönbold 对中国方面的情况似乎也不大熟悉。他提到汉译的《华严经》以及古代和阗的毗卢遮那佛,他讲到的这些,都没有什么问题。但他在讲到《长阿含经》时,在正文下面的注中说,《长阿含经》从巴利文翻译而来(第 135 页)。这显然是一个错误。

哥廷根大学的印度学佛教学研究所是欧洲现今研究印度和中亚佛教语言和文献最重要的中心之一。研究所工作的重心,很大一部分在整理和研究佛教文献。该书即体现了他们近年来这方面研究的进展情况和取得的部分成绩。

(原载《敦煌吐鲁番研究》第 2 卷,北京大学出版社,1997 年。)

3 书评:*Xuanzangs Leben und Werk*

Xuanzangs Leben und Werk, hrsg. von Alexander Leonhard Mayer und Klaus Röhrborn, Wiesbaden: Harrassowitz; Teil 1, *Xuangzang*, *Ubersetzer und Heiliger*, von Alexander Leonhard Mayer, 1992, DM128; Teil 2, *Cien-Biographie VII*, übersetzt und kommentiert von Alexander Leonard Mayer, 1991, DM 78; Teil 4, *Cien-Biographie VIII*, übersetzt und kommentiert von Uwe Frankenhauser, 1995, DM 64

上列三种书,分别是总题名为《玄奘生平与著作》的一套书中的第一、第二和第四册。第一册是研究性的专著。第二册是《大慈恩寺三藏法师传》(以下简称《慈恩传》)卷7的德文翻译。第四册是《慈恩传》卷8的翻译。到目前为止,这套书已经出版五册。其中第三册是回鹘文本的《慈恩传》卷7(*Die altturkische Xuangzang-Biographie VII*)的新转写校勘本并包括德文的翻译,第五册是回鹘文本的《慈恩传》卷8(*Die altturkische Xuangzang-BiographieVIII*),也包括德文的翻译。五册书出版的时间不一。其中第二和第三册最先出版(1991),然后是第一册(1992),而后是第四册(1995)以及第五(1996)。整套书则又作为《乌拉尔—阿尔泰学会丛书》(*Veröffentlichungen der Societas Uralo-Altaica*)的第三十四种出版物。

对研究唐代佛教史以及中西交通史的学者来说,关于玄奘以及详细记载玄奘一生事迹的《慈恩传》一书,几乎不用再做介绍。这里只需要说明的两点是:第一,在学术界,尤其是欧洲和日本的学术界,过去对玄奘的名著《大唐西域记》的研究和翻译，一直有相当的重视。近一百多年来先后用西文和日文出版的多种研究著作以及翻译便是证明。但是，对《慈恩传》的研究和翻译，尤其是《慈恩传》的后半部分，则相对薄弱。这正是全书的编者在“编者前言”中所讲，“《慈恩传》可以作为第一流的文化史史料，因为它提供了一个宽阔的视野，其中的资料不仅有关于玄奘，而且整个也有关于玄奘的时代。《慈恩传》已经有两个日文的译本，而在西方却一直还没有一个可靠的全文译本。这一缺陷应该通过对汉文原本及其回鹘文译本的研究来进行弥补”。这是德国学者编译这套书的最基本的目的。

第二，这套书产生的直接动因，是来自德国学术研究会（DFG）所支持的从1986年开始的一项研究计划：“回鹘文《慈恩传》研究”。自从20世纪在中国新疆发现了回鹘文本的《慈恩传》以后，回鹘文本《慈恩传》在欧洲一直很受研究突厥语和古回鹘文献的学者们的注意，而且已经有一些研究成果发表。但像现在这样，研究古回鹘文献的学者和古汉语文献的学者，互相配合，同时从两个方面对《慈恩传》及其相关的问题进行研究和翻译，则是第一次。汉文原本的重要性不言而喻，而这样的合作无疑会互相促进，使两方面的研究工作都能够更加深入。已经出版的这五册书，就是这一研究计划的阶段性的成果。

手边没有原书，只有去年在德国时做样板复印的三册书的开首的几页。下面只能就这几页中某几处地方和当时匆匆翻阅原书时获得的印象提一点意见。必须说明，书中的大部分章节，尤其是翻译部分，我见到书时没有时间细读，因此所提的意见极不全面，只是希望完全没有见到原书的朋友由此多了解一些有关玄奘和《慈恩传》研究在欧洲最新的情况。

首先介绍三册书的大致内容。第一册的书名是《玄奘：翻译家与高僧》。这是对玄奘的综合性研究著作。大的章节包括：

（1）导论；（2）文献历史；（3）历史背景；（4）玄奘；（5）附录。

每一章又分成若干小章和小节。第一章介绍和分析了作为传记的《慈恩传》在中国历史文献和佛教文献中的地位，玄奘所处的历史背景，玄奘以前以及玄奘时代的中国佛教的状况，玄奘所传的瑜伽行派，以及《慈恩传》中所谈到的“末法”和未来佛弥勒问题。第二章是对有关玄奘生平的各种传记性文献以及它们之间的关系、数据源、撰写过程的分析。第三章通过分析唐初的政治历史，重点是唐太宗对佛教的态度来说明太宗与玄奘的关系，也谈到与慈恩寺和大雁塔有关的一些史实和相关的分析。第四章则直接讨论玄奘的生平。第五章称为“附录”，包括举列出现存的《慈恩传》的各种版本、玄奘所译佛经目录、玄奘翻译年表、玄奘生平年表的材料等一些数据性的内容。最后还有文献目录以及索引。对于全书，我的粗浅印象是，虽然没有特别新的论点，但讨论涉及的问题比较全面，立论一般有据，而且比较平实。

值得一提的还有这一册书中的注，一共有1103条。当然，注的数量不一定就代表书的质量。但注多而细，每一处引文都注明具体出处，体现了研究者在做研究时所具备的认真态度。而且，很多研究心得也体现在注释中。这正是德国学术传统中的优点之一。

第二册是《慈恩传》第7卷全文的德文翻译。译者对这译文做了811条注，从篇幅上讲，超过德文译文本身。对于欧洲研究《慈恩传》——不管是汉文原文还是古代回鹘文译文本——的学者来说，德文翻译的重要性和价值，实际上不低于一般泛泛的研究著作，因为认真的翻译可以说是对原文理解程度的最直接的考验。只是我没有可能将全部译文对照原文做一次对比，因此下面只能就此提一点零碎的意见。

第四册是《慈恩传》第8卷全文的德文翻译。同样地，译者为译文做了639条注。

下面就这三册书中所见到的一些错误或者问题提点具体的意见，供原书的作者以及读者读书时参考。

第一册：

第一页：这是作者的“导论”。作者引了《慈恩传》卷10中的一段，翻译成德文，作为“导论”乃至全书的开头。这一段的第一句，即德文书的第一行，《大正藏》本的汉文原文是：“(玄奘)法师形长七尺板……”

德文的译文是：

Der dharma-Lehrer [Xuanzang] maβ an Gestalt über sieben Fuβ ...

这里的“七尺板”，实际是就是“七尺半”。不过其他传本的《慈恩传》也确有作“七尺余”的，例如中华书局1983年出版的孙毓棠和谢方的点校本（我手边只有这两种版本的《慈恩传》）。只是译者既然说明德文本是根据《大正藏》本翻译，这样的异文应该做一说明。接下来有一句：“服尚乾陀，裁唯细迭”，译者译为：

Er trug gerne ein aus reinem feinen Tuch geschneidertes, gutsitzendes, weites Gewand aus Gandhāra.

可是原文“服尚乾陀”一句中的“乾陀”一词，完全与作为地名的“乾陀罗”没有关系，而只是指玄奘所穿的僧衣，即袈裟。在汉文佛教文献中，虽然“乾陀”一词在很多情况下的确是指乾陀罗，但此处却肯定是指袈裟。义净《南海寄归内法传》卷1“受斋轨则”章讲得很清楚：“袈裟乃是梵言，即是乾陀之色。”（见拙稿《南海寄归内法传校注》，中华书局，1995年，页64）关于这个问题，我在柏林时跟德国研究回鹘文的学者Peter Zieme先生提到过。Zieme先生因此查对了回鹘文的译文，而后告诉我，古代回鹘文的译文，翻译的是袈裟。这说明古代回鹘文本的译者就没有理解错。再接下来有一句：

“一入道场，非朝命不出。”

“道场”一词，德文译者译为Ort der Lehre。但我以为这里还是译为Kloster较好。隋炀帝大业九年（613）诏改天下寺曰道场，因此唐代称佛寺道场极为普遍。

第88页：作者在提到玄奘的出生时，称玄奘的出生地为Houshi。作者显然误读了“缑氏”一名中的“缑”字。

同页，作者翻译《行状》中奘父“郡举孝廉，拜陈留令，又迁江陵”句：

Nachdem er auf Prefekturebene als “elterliebend und rechtschaffen” vorgeschlagen worden war, würde ihm Titel “Herr von Chenliu” übertragen. Später zog er nach Qianling.

应该说，在汉文中，“拜”不仅是Titel übertragen，“迁”亦不仅是zog；所谓“拜”是授职；所谓“迁”是升迁。而江陵一名正确的读音应是Jiangling。

第 201 页：Li Zhi（Gaozu），李治是高宗，而非高祖。高祖是李渊。后者是前者的祖父。

第 204 页：支那内学院译作 Academia Sinica，这不合适。因为，第一，这是中国科学院现在通用的拉丁文译名。第二，没有把“内学”二字翻译出来。内学院一名，如果要译德文，我以为可以译为 Buddhistisches Institut。

参考书目中汉文方面有一些错误，例如：

第 309 页：《钦定全唐文》误作《亲定全唐文》；“高楠顺次郎”误作“高楠顺郎”。

第 310 页：白居易的 Xinhuafu《新华府》，是否是指《新乐府》？范晔的“范”字误作“笵”。“范”字作姓氏用时不与“笵”通。

第 319 页：“柳诒征”误作“刘诒征”。

第 323 页：“苏渊雷”误作“酥渊雷”。

第 328 页：“章巽”误作“张巽”。

第 329 页：《大唐西域记史地研究丛稿》，脱“研究”二字；《中國曆史大辭典》的“曆”，还是照原书最好写作“歷”。

第 368 页：“缊”应作“蕴”。

第 372 页：令狐德棻误为 Hu Defen（狐德棻？）。令狐是复姓，不可以拦腰斩断，将“令”字断入上句。第 252 页的注 208 中也有同样的错误。

第二册：

第 10 页：

原文有一句：“排空宝盖，接翔云而飞；壮野春林，与天花而合彩。”德文的译文是：

Sie laβt im Raum angeordnete juwelnbesetzte Schirme-sich an aufsteigende Wolken anheftend-mit diesen zusammen dahinfliegen und laβt die “Wildnis” verzierenden Fruhlingshaine sich mit Himmelsblumen in Buntheit verenen.

这里的“春林”一名,译者翻译为Fruhlingshaine。这是从字面上直译。译者在注里解释,“春林”一句出自《文选》,并一一列出了具体出处,似乎这是中国自身的一个典故。但我以为这样的解释实际上并不准确。从上下文看,这是指印度的景物,具体地讲,是指摩揭陀国鹫岭附近的春女花林。义净《大唐西域求法高僧传》卷下有一句:“觉树初绿,观洗沐于龙池;竹苑新黄,奉折花于鹫岭。”其后义净又加注释道:“又鹫峰山此时有黄花,大如手许,实同金色,人皆折以上呈。当此之时,弥覆山野,名春女花也。”(拙稿《大唐西域求高僧传校注》,中华书局,1988年,页192)春女花的梵名是羯尼迦。玄奘《大唐西域记》卷9也讲道:“羯尼迦树遍诸蹊径,花含殊馥,色烂黄金。暮春之月,林皆金色。”这样的典故,与上面提到的“服尚乾陀”一样,比较生僻,靠一般的工具书很难查到,因此翻译时需要加以特别注意。

第四册:

第9页:

原文有一句:“不由味于蒟酱,直路夷通;岂藉佩于杜衡,遥途近易。”德文的译文是:

Ohen in den Geschmack von Betelpfeffer zu kommen, ging er auf dem direkten Weg durch die Gebiete der yi-Barbaren. Wie (aber) hätte es sein konnen daβ der weite Weg in einen kurzen verwandelt worden wäre, indem er sich darauf gestützt hätte, *duheng*-Kraut am Gurtel mitzuführen!

这里“直路夷通”的“夷”,不是yi-Barbaren,而应该理解为通夷,平坦,平易之意。《老子》“大道甚夷,而民好径”句就是这样的用法。更清楚的例子如僧叡《大智译论序》:“虚言与实教并兴,险径与夷路争辙。”

参考书目中同样也有一些汉文方面的错误。

第147页:“僧祐”误作“僧祜”;“高亨”误作“高享”;“齐鲁”误拼为Jinu。

第148页:“李昉”误作“李方”。

第149页:“陈鼓应”误作“陈故英”;“印度理则学”误作“引度理则学”。

第151页:“韩廷杰”误作“韩庭杰”。

第152页:《大唐西域记》的作者除玄奘以外,另有一位Jiyuan(“机原”?),这恐怕是误截“辩机原著”四个字的结果。

第156页:“苏渊雷”误作“酥渊雷”。

第157页:“隋”误作“随”。

第159页:“杨廷福”误作“扬廷杰”(Yang Tingjie)。

第160页:“朱谦之”误作“朱谦志”;“佛教协会”误作Fojiao shehui(“佛教社会”?)。

第176页:“于志宁”误作“宇志宁”。

总的来说,这套研究以翻译和研究《慈恩传》为主要内容、由研究玄奘生平进而探讨初唐政治和宗教历史的专著的出版,是德国汉学研究(也包括突厥学的研究)的一个新的成果。它体现了德国以至欧洲的一部分学者在东方学研究领域里仍然保持着重视语言和文献的研究,努力把语言文献研究与历史、宗教等学科的研究相联系、相结合的好传统。虽然《慈恩传》全书的翻译尚未最后完成,已经出版的两卷译文中间还存在一些缺点,但可以看得出来,译者已经做了极大的努力。而且,应该承认,要把《慈恩传》,尤其是其中的表启部分翻译成外文,是一件相当不容易的事。但德文的译者已经部分地完成了这件工作。这是一件非常值得称赞的事。

最后,还应该说明,原书的第三和第五册,是整套书的一部分,对研究工作也具有特别的价值和重要性。我因为不懂回鹘文,无法提出任何意见。但我希望国内研究回鹘文文献的朋友也注意此书,在见到此书时或许也有兴趣写出专门的书评。

补记:拙评撰成,已排出清样,最近又读到本书编者也是作者之一的Klaus Röhrborn新发表的一篇文章,其中提到,由Uwe Fraukenhauser翻译的《慈恩传》的第9卷于今年(1997)已经在德国出版。这也是全书的一部分。仅此补记。(1997年9月9日)

(原载《唐研究》第3卷,北京大学出版社,1997。)

4　书评：*Untersuchungen zur buddhistischen Literatur*

Untersuchungen zur buddhistischen Literatur, Zweite Folge, *Sanskrit-Wörterbuch der buddhistischen Texte aus den Turfan-Funden*, Beiheft 8, Hrsg. von H. Bechert, S. Bretfeld und P. Kieffer-Pülz, Göttingen: Vandenhoeck & Ruprecht, 1997, pp. 314, DM 94, ISBN 3-525-26157-8

这是一年多前在德国哥廷根出版的一本论文集，论文集的题目是《佛教文献研究》。同样题目的论文集在1994年已经出版过一册，被看作是“第一辑”，因此新出的这一册便作为“第二辑”。同时，本书作为在哥廷根出版的《吐鲁番佛教梵文词典》的“增刊”，在序列上又被编为“增刊第八号”。关于《吐鲁番佛教梵文词典》和这套“增刊”的关系和出版的情况，我在1996年出版的《敦煌吐鲁番研究》第2卷上曾经发表过一篇有关“增刊第四号”的书评，在那里已经做了简单的介绍。“增刊”的“第五号”（亦即《佛教文献研究》的“第一辑”）的出版，是在1994年，“第六号”是在1996年，“第七号”是在1998年。“第八号”的出版，实际上比“第七号”还早一年。

根据书扉页上的题词和编者的前言，编辑和出版本书，也是为了对哥廷根的Gustav Roth博士80岁的生日表示祝贺。Roth博士出生于1917年，曾经是德国著名的东方学家F. Weller教授的学生。他自50年代起，长期在印度工作和做研究，很晚才回到德国，在哥廷根大学的印度学佛教学研究所任教。Roth在德国和印度是一位资深的印度学及梵文学家，发表过不少著作和论文，其中最主要的是他整理、校订和研究在中国西藏发现的佛教说出世部的一部戒律 *Bhikṣuṇī-Vinaya*。这部书1970年在印度出版。他1986年在印度还出版过一部论文选集:*Indian Studies: Selected Papers by Gustav Roth*,编选者也是 H. Bechert 和 P. Kieffer-Pülz 。1992年,在印度出版过一本以 Roth 的名字为题的纪念论文集 *Philosophy, Grammar and Indology: Essays in Honour of Professor Gustav Roth*,其中有他的详细的生平介绍和著作目录。

《佛教文献研究》全书共收入16篇文章。文章大多用德文撰写,其余的用英文。文章的次序仍按西方的惯例,依作者姓名的字头排列。以下根据具体情况对每篇文章分别做一些介绍。介绍的内容详略不等。大致的原则仍然是,与敦煌吐鲁番或中亚研究有关的较详细一点,其他的则从简。

第一篇文章题目是《Śri-Rāmacandra Bhāratin 的〈归敬百颂〉》,作者即本书的主编,哥廷根大学印度学佛教学研究所的所长 H. Bechert 教授。《归敬百颂》是15世纪斯里兰卡的一位佛教学者 Śri-Rāmacandra Bhāratin 用梵文写成的一部赞颂佛的作品。斯里兰卡古代的佛教作品,绝大多数是用巴利文或僧伽罗文写成,用梵文写成的不多,但长期以来,Bechert 就很注意收集和整理这一类梵文的文献。本文对这部作品做了整理和校订。有关的工作 Bechert 过去已经做过不少,因此文章还有一个附标题:《锡兰梵文文献第三》。

第二篇文章题目是《缅甸写本题识》,作者 H. Braun。Braun 是一位研究缅甸写本的专家,也是编纂近年出版的《德国所藏东方写本目录》"缅甸写本卷"的主要成员之一。他在该文中讨论与他所见到的写本上的题识有关的一些问题。

第三篇文章的题目颇长:《Frank Bandurski 所撰〈哥廷根所藏罗睺罗在西藏发现的佛教梵文写本概述〉补遗 》,作者是 S. Bretfeld 。"增刊"的"第五号",亦即《佛教文献研究》"第一辑",曾经发表过 Bandurski 的《哥廷根所藏罗睺罗在西藏发现的佛教梵文写本概述》,也就是他为印度学者罗睺罗(Rāhula Sāṅkṛtyāyana)30年代在西藏调查时所发现的佛教梵文写本编制的一个目录。罗睺罗在30年代数次进入中国的西藏地区，在西藏见到大量的梵文写本，其中有好些是在印度和其他地区已经失传的“绝本”。罗睺罗在西藏的发现，一直被认为是20世纪以来在梵文写本文献和文物方面的几大重要发现之一。但有关的研究实际上进展得非常缓慢。罗睺罗当年在西藏，对这些写本做了一些抄录，也拍摄了一些照片，带回印度，收藏在印度比哈尔邦的巴特那。几十年来，连一份比较像样的目录也没有完成。80年代，德国哥廷根大学的印度学佛教学研究所通过曾经在巴特那长期工作过的Roth博士，得到了这批写本的照片，这就是文中所称的“哥廷根收集品”（Göttinger Sammlungen）。Bandurski原是哥廷根大学印度学佛教学研究所的一位研究生，他根据照片，编制成了一份目录。这是到目前为止编得最好最详细的一份目录。在目录的基础上，Bandurski又增加了更多的研究文献，撰成了《哥廷根所藏罗睺罗在西藏发现的佛教梵文写本概述》一文。该文发表，是在1994年，其后又有一些新的与这些梵文写本有关的研究著作或者论文出现，“补遗”便做了新的补充，增加了许多新的内容，尤其是包括进了部分日文和中文的研究文献。这说明新的作者在文献收集方面扩大了范围。不过这里还可以再做一点“补遗”：作者在列举研究有关的梵文写本的文献时，举出了我在1996年出版的《北京大学学报》“东方文化研究专刊”上发表的《说出世部比丘律 *Abhisamācārikā*（〈威仪法〉）第一品第一节》，但没有注意到我更早一些时候发表在1994年出版的《中国文化》第10期上的《跋梵文贝叶经说出世部比丘律 *Abhisamācārikā*》。

第四篇文章是郑镇一与K. Wille合撰的《伯希和收集品中法藏部〈比丘律分别〉的一些残片》。郑镇一是一位韩国的学者，几年前在哥廷根以研究梵文佛教文献获得博士学位，现在仍在哥廷根，参加编纂《吐鲁番佛教梵文词典》的工作。他与K. Wille在法国巴黎的“伯希和收集品”（Sammlung Pelliot）中发现了一共19份残片，判定它们属于佛教法藏部《比丘律分别》的一部分。迄今为止，在中亚发现的梵文——甚至也包括其他“胡语”——的文献中，属于法藏部的佛教经典，数量相对其他部派——例如说一切有部——而言很少。因此，郑镇一与K. Wille的发现很有意义。残片是当年伯希和在库车附近的都勒都尔-阿护尔挖掘所得。郑镇一和K. Wille对这些残片做了释读、缀合和修补,找出了它们与汉译《四分律》相对应的一些段落。他们的工作做得非常细致。当然,梵文本与汉译本之间仍然有不少不一致的地方,二者之间的关系显然还有待于进一步的研究。

第五篇文章是S. Dietz的《梵文本〈阿毗达磨品类施设论残片〉》。Dietz讨论了两份属于所谓德国"吐鲁番发现品"的残片。她把残片做了转写和整理,判定它们属于《阿毗达磨品类施设论》,并把它们与藏文译本做了对比。

第六篇文章是O. Freiberger的《论巴利文经典中"出家"(paribbājaka)一名的用法》。

第七篇文章是J. Hartmann和K. Wille合撰的《伯希和收集品中北道梵文写本》,所占篇幅在这本论文集中最长——一共52页。Hartmann和Wille两位,都是研究中亚梵文写本的专家。在"增刊"的"第四号",即《梵文佛教经典:新的发现和新的校刊本》的"第二辑",Hartmann和Wille已经发表过一篇《霍恩雷收集品(Sammlung Hoernle)中北道婆罗谜字体梵文写本目录》,那篇"目录"有一个附标题:《佛教梵文写本发现品之二》。同样的情形,他们的这篇文章也有一个附标题:《佛教梵文写本发现品之四》。关于前者,我在《敦煌吐鲁番研究》第2卷上发表的书评中已经做了介绍。Hartmann和Wille显然是要为20世纪前期从中国的新疆地区掠走,现在分藏于伦敦、巴黎、柏林以及圣彼得堡几处地方的佛教梵文写本各编纂一份具备研究性质的目录,以后如有可能,再合成一分综合性的目录。这当然是一件很有意义、很有价值,但同时也是很不容易做,需要付出很辛苦的劳动的事情。Hartmann和Wille——以后也可能还会有其他的学者加入进来——正在这样做,并且已经取得了很具体的成果,这非常值得我们称赞。所有在这一领域里做研究的学者,都由此会得到方便。

"北道"一词,德文的原文是nordturkistanischen,这里指的是中国新疆塔里木盆地北缘,即古代称作"北道"沿路的一些国家和地区。这里发现的梵文写本绝大多数是用一种叫作婆罗谜字的印度字母写成。有关的情况我在上引书评中已经做过一些解释。Hartmann 和 Wille 的文章里讲的“伯希和收藏品”中的梵文写本就来自这一地区，具体地讲，是来自库车附近的都勒都尔-阿护尔和苏巴什。1906 年，伯希和开始他的“探险”。他从喀什出发，先在图木舒克停留了数周，然后到达库车，这时是在 1907 年。伯希和在库车的都勒都尔-阿护尔和苏巴什大事挖掘，所得甚丰。1908 年，他到达敦煌，在敦煌骗取到更多的写本和其他文物。写本中有多种语言文字的经典，其中包括梵文的佛教经典。Hartmann 和 Wille 的文章也包括了这部分梵文写本的内容。

伯希和在这一地区掠获的梵文写本被带回法国后，长期以来并没有人做过详细的整理和编目。只是到了 50 年代，才有法国学者 B. Pauly 开始比较系统地做了一些整理和编目的工作。B. Pauly 的成果，发表在《亚洲学报》(*Journal Asiatique*)上。但后来 B. Pauly 似乎放弃了进一步的研究工作。再后来，在 80 年代末，又有日本学者井ノ口泰淳在摄影胶片的基础上，编过并出版了一个目录。Hartmann 和 Wille 在文章里讲，他们的工作，有一部分是在 B. Pauly 和井ノ口泰淳工作的基础上进行的。当然，他们也增加了很多新的内容。

Hartmann 和 Wille 的文章除了开首的介绍以外，分为 18 小节。第一至第三小节(A-C)分别是顺序目录，编入的写本共有 453+1424+14 号。其余的(D-R)则按写本的内容分类。最后的附录编入的是伦敦和巴黎所藏的出自敦煌的梵文写本。所有这些写本，当然都有各自的研究价值。值得注意的是一些双语(梵文与吐火罗文)或同时抄写有两种语言文字(梵文与汉文)的写本，目录中都做了简单的标示。

第八篇文章是 H. Hu-von Hinüber 的《〈翻译名义大集〉中一些词汇的来源》。《翻译名义大集》是藏文佛教文献中一部重要的辞典性质的工具书，编成于 9 世纪。作者就其中一些词语的来源做了比较深入的考察。

第九篇文章是 U. Husken 的《有一套钵就得有一套袈裟：上座部律藏与大众-说出世部〈比丘尼律〉中有关比丘尼的律条之关系》。文章的第一标题乍看起来有些费解，不过附标题则很清楚。Husken是Roth的学生之一。她主要的研究领域是巴利语佛教。她在文章中将巴利语上座部律藏中讲到比丘尼戒律的一些律条与大众-说出世部的《比丘尼律》，即Roth整理的*Bhikṣuṇī-Vinaya*一书中的律条做了详细的对比，分析二者的关系。这对了解这两个部派的文献最早形成的情况乃至两个部派本身的历史当然很有意义。尤其是现存的说出世部的《比丘尼律》因为仍然保留着它的印度语言原本的形式，它就具备特别的价值。不过，在做这种对比时，还应该注意的是，说出世部作为大众部的一个分支，最早是从大众部(有人也称作“原始大众部”)分出。如果我们接受或者基本接受这种传统的关于佛教最初是分裂为上座与大众两部的说法，那么，将现存的《摩诃僧祇律》中有关的部分与说出世部的《比丘尼律》做详细的对比也是一项必须要做的重要工作。这方面的研究，已经有人在做。拙文《跋梵文贝叶经说出世部比丘律*Abhisamācārikā*》(见前)也是在这方面所做的一个初步的尝试。很多问题，看来只有在把三个部派的三种传本做过详细的对比研究后才可能解决。

第十篇文章是P. Kieffer-Pülz的《受戒龙王与有关结界：论*Vimativinodanīṭīkā*在律的研究中的重要价值》。Kieffer-Pülz 90年代以一篇研究“结界”(sīmā)的论文“Die Sīmā: Vorschriften zur Regelung der buddhistischen Gemeindegerenze in alteren Texten”在哥廷根获得博士学位，后来在哥廷根大学的印度学佛教学研究所工作。*Vimativinodanīṭīkā*是一部巴利语写成的关于佛教戒律的注疏，作者是Coḷiya Kassapa上座，写成的时间根据Kieffer-Pülz的看法则是在12至13世纪之间。文章讨论的是与上座部佛教有关的问题。

第十一篇是日本学者西村实则的《论法藏部的语言》。西村80年代曾在哥廷根做过访问研究。他的文章讨论的，其实是一个老问题。依照Waldschmidt等德国学者的意见，法藏部最早使用的是乾陀罗语，然后逐渐转变为梵文化的一种俗语，最后是梵语。这种意见最早作为一种假设提出，后来又发现有更多的证据可以支持它。西村实则的文章，引用了更多的材料，也在这方面做了新的努力。前面已经介绍的，本书所收的第四篇文章《伯希和收藏品中法藏部〈比丘律分别〉的一些残片》，也是讨论这一问题的新材料之一。两三年前在阿富汗新发现的一批年代非常古老，用佉卢字母抄写的乾陀罗语佛经，也有可能为研究和解决这一问题提供更新的材料。这批佛经的发现，在学术界以至学术界以外已经引起了很大的轰动。美国华盛顿大学的邵瑞祺（R. Salomon）教授研究这批写卷，最近刚出版了一部书：*Ancient Buddhist Scrolls from Gandhàrā*，书中发表了他的最新的研究成果。对于我们中国的研究者来说，这一题目也应该说非常有意思，因为法藏部在汉地曾经有过特殊的影响，尤其是在律的传承方面。这一问题看来会重新引起越来越多的人的注意。

第十二篇的题目是《罗睺罗收集品中大众-说出世部〈比丘尼律〉与〈威仪法〉写本的字体》。作者是法兰西学院的É. Nolot博士。Nolot近年来以主要的精力研究说出世部的两部梵文的《比丘尼律》和《威仪法》，出版了《比丘尼律》的法文译本和发表了一些相关的论文。她的这篇文章也在此范围内。文章不长，正文只有两页多一点，同时附有一个字体表。对于做写本整理工作的人来说，字体表会很有用。关于所谓的"罗睺罗收集品"的情况，上面已经做了介绍。

第十三篇是A. Peters的《包括有新的章节的缅甸写本羯磨合集》。

第十四篇是L. Sander博士的《尸毗佛授记：对柏林印度艺术博物馆所藏一幅壁画的考察》。L. Sander 60年代在哥廷根获得博士学位，后来转到柏林的印度艺术博物馆工作。她也是哥廷根的E. Waldschmidt教授的学生，继承了Waldschmidt两方面的学问，一方面是中亚古文字，尤其是中亚婆罗谜字的专家，另一方面也研究印度和中亚的艺术史。她在文章里从艺术类型，结合梵文题记的内容讨论了现藏于柏林印度艺术博物馆的一幅壁画在艺术和宗教上的意义。这幅壁画出自吐鲁番的伯兹克里克千佛洞，当年被德国探险队剥下而带到德国。

第十五篇的题目是《论〈众集经〉的经题》，作者是M. Schmidt。文章很短，包括附录仅有两页多一点。梵本的《众集经》，当初主要是根据德国"吐鲁番发现品"中的一些残片恢复起来的。整理这些残片时，不时需要“补字”。作者根据他的研究，对以前学者所做的与《众集经》的经题有关的一处地方的“补字”做了更正。

第十六篇是K. Wille的《两件〈比丘尼戒本〉的小残片》。上面说了，Wille是一位研究中亚出土梵文写本的专家。这两件残片出自巴黎“伯希和收集品”。Wille对残片做了转写和释读，分析其内容，判定它们属于梵文的《比丘尼戒本》的一部分。Wille在这方面有丰富的经验，类似的工作，他已经做过不少。

这本论文集的作者，或者是德国哥廷根大学的印度学佛教学研究所的研究人员，或者曾经在哥廷根学习或做过研究。我在另一处地方讲过，哥廷根大学的印度学佛教学研究所，是欧洲现今公认的研究印度和中亚佛教语言和文献最重要的中心之一，半个世纪以来在学术方面取得了大量研究成果。这部论文集即是他们的新的成果之一。值得提到的还有“增刊”的其他几辑，国内了解的人似乎还不太多，希望以后有机会再做一些介绍。

（原载《敦煌吐鲁番研究》第4卷，北京大学出版社，1999年。）

5 书评:《王玄策事迹钩沉》

《王玄策事迹钩沉》,孙修身著,西域佛教研究丛书,新疆人民出版社,1998年8月,281页,19.86元

在唐代前期中国和印度的交往史上,王玄策一直是一位颇受注意的人物。早在20世纪初,法国学者烈维(S. Lévi)就在《亚洲学报》上发表过文章("Les missions de Wang Hiuan-ts'e dans l'Inde", in *Journal Asiatique*, Tome XV, Mars-Avril et Mai-Juin 1900),对王玄策的事迹做过详细的讨论。这篇文章,后来由冯承钧先生翻译为中文,题目是《王玄策使印度记》(收入冯承钧《西域南海史地考证译丛七编》,商务印书馆1957年出版,1995年重印)。再其后柳诒徵先生与冯承钧先生自己也发表过专文,对王玄策做进一步的讨论。比较而言,几篇文章中,冯承钧先生的《王玄策事辑》发表较晚,搜集的材料也更为全面一些。冯文后来又收入其《西域南海史地考证汇辑》一书,1957年由中华书局出版。即使是在学术研究并不活跃的五六十年代,仍不时有一些文章,或多或少地提到王玄策。但以研究王玄策为题,作为专书,新近出版的《王玄策事迹钩沉》,则是唯一的一部。

《王玄策事迹钩沉》,著者孙修身。全书由58篇专题性质的文章组成。文章大多不长,最短的文章还不到一页。每篇文章基本上就讨论一件事或一个问题。文章的题目分得很细,因此浏览一下全部题目,就可以知道书大致的内容:

唐代杰出外交家王玄策;王玄策出使行进路线考;唐代杰出外交家王玄策史迹再研究;王玄策奉敕旨使天竺事;敕使王玄策菩提寺勒碑;

菩提寺高广大塔及瑞像;菩提寺主戒龙赠荐敕使王玄策;敕使王玄策耆阇崛山勒碑事;泥婆罗阿耆波水火池故事;泥婆罗国孤山传奇;维摩方丈故事缘起;菩提树传入我国;瞻波国大头仙人的故事;佛陀度鸡越咤人的故事;娑罗林释迦牟尼涅槃塑像;东印度童子王述其先世史事;王玄策平叛王建功异域;吐蕃出军助唐使平叛;章求拔国助唐平定摩揭陀阿罗那顺叛乱;昭陵前阿罗那顺蕃王像;迦没路国童子王请老子像及《道德经》;僧伽跋摩随王玄策使西国;罽宾国汉寺新证;婆栗阇王为王玄策设五女戏;摩揭陀国五百温泉遗址;佛足迹石的流传;山西五台山普贤道场佛足迹石图;日本奈良药师寺佛足迹石;吐蕃西南汤镬传说;耆阇崛山晒衣石的故事;西域第一大塔雀离浮图;乌苌国檀特山毛驴运粮供僧;王玄策归携迦毕试国佛顶骨;屈露多国黄金山的故事;龙树造塔七百所的故事;龙树化龙王宝塔事;佛法兴于四方之说;古代印度处刑量罪之法;《王玄策行记》撰著的有关问题;阿育王太子双目复明的故事;王玄策奉旨追玄照归国;彼岸智岸随王玄策使印度;王玄策侄智弘律师入印度事;王玄策备知戒日王崩后事;王玄策使大夏事;王玄策入印取制糖之法;大唐天竺使出铭;释迦牟尼至咸亨二年的时间;印度方士那罗延娑婆寐合长生药事;婆罗门卢迦溢多合药事考证;王玄策历官的新资料;王玄策《议沙门不应拜俗状》;《西域记图》有关问题的考证;官修《西国志》的编撰;王玄策指挥敬爱寺塑像;王玄策造弥勒像铭。

最后是一个附录:王玄策事迹略表。

文章的论题分得如此之细,有关王玄策的材料以及问题差不多都接触到了。著者的努力因此很值得赞赏,取得的成绩也值得肯定。本文仅就书中部分内容提一点意见。

做学术研究,最基本的,主要有两方面的工作:搜寻材料和处理材料。就材料的搜集而言,孙书做了很多工作。这从上列书中的篇题大致也可以看得出来。在这一方面,著者比以前的研究者做了更多一些的工作。例如,书中有一节讨论日本奈良药师寺“佛足迹石”有关王玄策的一段铭文,以前柳诒徵先生曾经引用过,录文是转引的,著者则利用访问日本的机会重新对铭文做了抄录(第159-162页)。再如《王玄策历官的新资料》一节,从《唐文续拾》卷10捡出的唐贞观二十三年的窑砖铭,提到王玄策的官历,虽然文字很短,以前也少有人注意到(第249页)。再如洛阳龙门石窟中的王玄策造弥勒佛像铭,也是在70年代才被发现。这些相对较新的材料,与过去大半只能从文献的记载中了解王玄策的情形相比,应该说有了进步。至于保存王玄策资料最多的《法苑珠林》等书,虽然此前的研究者已经大量利用过,著者看来也重新做过全面的翻检。这些工作,都是有意义的。

但是书中在使用某些材料时也存在一些问题。这方面只举一个例子。书中有好些地方提到梵文的《龙喜记》(第6,7,106,108,111页),并引用了据说是其中的材料来说明王玄策在印度的活动和经历。但是,在梵文本的《龙喜记》中,实际上并没有任何与王玄策直接有关的记载。依照印度方面的传说,梵文的《龙喜记》是戒日王的作品,这大致可信。戒日王与玄奘基本同时,但去世比玄奘还早十多年,这在中国方面的材料中是有记载的。今天研究印度历史,讲到戒日王去世的时间,靠的也就是中国方面的这一段材料。王玄策第二次出使印度,到达印度的摩揭陀,刚好碰上戒日王去世,于是才有后来与阿罗那顺冲突,并俘阿罗那顺带回中国的事。孙书中《王玄策平叛王建功异域》一节(第106页),引用了被说明为是《龙喜记》中的一长段文字,不像是出自《龙喜记》原书。我不知道,孙修身先生见到的是什么样的《龙喜记》。著者讲,“此书季羡林根据梵文曾译为汉文印行”(第108页)。但据我所知,《龙喜记》一书,国内所能见到,从梵文翻译为中文的,只有吴晓玲先生的译本(人民文学出版社,北京,1956年出版),而季羡林先生却从来没有翻译过。

再有,书中的某些引自《法苑珠林》的材料,都被认为全是出自王玄策的行记,是否都如此,我个人的意见,恐怕还需要做更仔细的考虑。因为道世的《法苑珠林》一书的材料,有多种来源。我们在做判断时,如果没有确切根据,宁可存疑,这样似乎比较稳妥一些。同样还有一个问题过去早已经有人讨论过:玄策出使印度,究竟是三次还是四次。孙书是主张四次的，但我至今还是比较相信《法苑珠林》中所引《西国志》等的残文反复讲到的“三度至彼”，“前后三回往彼”，“使至西域，前后三度”，以及王玄策自己在《沙门不应拜俗事状》中所讲的“臣经三使”。因为这些话讲得如此明白，而且又在不同的地方和场合讲了好几次。

与王玄策出使印度有关，近年来最重要的一个发现，是1994年在西藏吉隆县发现的《大唐天竺使出铭》。孙书中有一节即以此为讨论的题目。有关《大唐天竺使出铭》，最早发表的研究性的文章是霍巍的《大唐天竺使出铭及其相关问题研究》（载《东方学报》第66册，1994年）。霍文附有两幅黑白照片，是迄今为止就研究而言最重要的文章之一。有关《大唐天竺使出铭》，涉及的问题很多，可以做多方面的讨论。我这里只对孙书对铭文中最后一行“使人息王令敏”中的“息”的解释补充一个例子。霍文曾经解释“息”为古息国之“息”，即今河南息县。孙书则举了好些例子，尤其是敦煌莫高窟供养人题名结衔中的“息”字，作为例证，说明此处的“息”，是指后代，这里具体地讲，是指儿子。孙书的解释完全正确。在唐代义净撰写的《大唐西域求法高僧传》中，有“土蕃公主奶母息二人”一节，其中讲到“复有二人，在泥波罗国，是土蕃公主奶母之息也”。义净的书，无论是撰书的时间，还是讲到的人和事，以及事情发生的地点，都与《大唐天竺使出铭》最为接近。因此这应该说是对孙书中上面解释的最直接的支持。

书中的有些错误也需要在阅读时注意。例如道世与道宣相混，把《法苑珠林》的作者误为道宣，而又把《释迦方志》作为道世的作品（第165页）。但这似乎不大像是著者会有的错误，或许是由于印刷或其他的原因所造成。书中引用的材料不少未能注明准确的出处，因此难于复核。严格一点讲，这也是一个不足之处。

该书的出版表明，对于唐代前期的中印关系的研究，目前仍然是国内学界关注的题目之一。这当然是一件好事。希望本书所讨论到的题目由此可以得到进一步的注意和研究。

孙修身先生多年来供职于敦煌研究院，是国内研究敦煌学的资深学者。国内敦煌学界的朋友大多与他熟识。我知道他的大名，却始终缘悭一面，没有拜识的机会。写这篇书评之前，听到他去世的消息，不禁为国内敦煌学界失去这样一位资深的专家而感觉痛惜。

（原载《唐研究》第6卷，北京大学出版社，2000年。）

6　评新出的两种慧超《往五天竺国传》研究著作

《慧超往五天竺国传研究》，桑山正进编，日本京都大学人文科学研究所研究报告，日本：京都大学人文科学研究所出版，1992年；《往五天竺国传笺释》，慧超原著，张毅笺释，中华书局，1994年

对于现今研究公元8世纪的中西交通以及西域史地的学者来说，慧超的《往五天竺国传》，已经不是一部陌生的书。80多年前，伯希和从敦煌藏经洞掠走大量古写卷，从中发现了这部早已失传的唐人的著作。现存的写卷，虽然只是一个残本，残存文字227行，但发现以后，立刻引起学者们极大的兴趣。除伯希和本人以外，对这份残卷，先后专门做过研究的，早一些时候的，中国就有罗振玉，日本有藤田丰八、羽田亨、高楠顺次郎，德国有福克司（W. Fuchs）。二战以后，学者们兴趣不减。70年代有日本的定方晟，80年代又有梁翰承和冉云华等。这些学者，都分别有专门的研究慧超书的著作或者翻译问世。这其中的原因不奇怪，因为慧超的书，即使残缺不全，仍然为了解当时中西交通及印度和中亚一带的情况提供了许多非常宝贵的材料，也涉及不少不很容易解决但却是重要的问题。慧超的书，因此至今仍然有学者们在做研究。最近在日本和中国分别出版的两部著作：《慧超往五天竺国传研究》（以下简称作《研究》）和《往五天竺国传笺释》（以下简称《笺释》），就

是中日两国学者们各自推出的新的成果。[1]

慧超新罗人，何时入唐已不可考。慧超由唐赴印度求法，时间也不清楚。但在敦煌的残卷中，慧超自己讲，他从印度东归，在开元十五年(727)到达安西。由此推断，他到印度，时间大约也在开元年间。准确的时间已经不可能知道。唐代在慧超之前，从中国到印度求法的僧人，数量已有不少。最有名的，当然是唐初的玄奘和义净。但西行而又能回到中国，最后还留下了著作，记叙自己在国外的经历和见闻的，数量却不多。最有名的，仍是玄奘，他写下了不朽著作《大唐西域记》。其次是义净，他写有《南海寄归内法传》和《大唐西域求法高僧传》两部书。玄奘赴印，是在贞观初年或三年，也就是公元627或629年。义净赴印，在咸亨二年，即公元671年。从贞观初到开元十五年，时间刚好一百年，其间在印度，更多的是在中亚，情况有不少变化。其中最大的一件事是阿拉伯伊斯兰势力在西亚兴起以后，向东扩展，到达了印度的西北和中亚，而这个时期中亚地区原来的各个民族和国家互相之间的关系，政治和军事格局，也处在复杂而不停的变动之中。慧超时间在玄奘和义净之后，他的书，正好补上了这一个缺段。

作为新的研究成果，这两部研究慧超《往五天竺国传》的书，有两个共同的特点，就是：(1)都比较注意到利用以前学者们研究中得到的结论，在此基础上而重新加以考订；(2)在很多地方，当有近几十年来新发现的材料可利用时，则讨论的范围更宽，问题更深入。在第二点上，两部书中，日本的一部看来尤其做得更好一些。这样的例子书中很多，最突出的是在考古和语言研究方面。日本的书，考古方面的照片和图表就有22幅，大部分是新拍或新绘制的。文字的解说辅以照片或者图表，清楚而形象。至于语言方面，日本参加工作的几位，如高田时雄、吉田丰、中谷英明，都是近年来卓有成就的从事古汉语和古西域语言和文

[1] 国内近年出版的敦煌研究书中，亦有两种与慧超《往五天竺国传》有关。一种是郑炳林的《敦煌地理文书汇辑校注》，甘肃教育出版社出版，1989年。一种是王仲荦的《敦煌石室地志残卷考释》，上海古籍出版社，1993年。两种书在收录其他敦煌卷子时都一并收录了慧超书，并不同程度地做了一些校注或考释。不过前一种的注极简单，没有什么新的发见。后一种虽较详细一些，但新的内容不多，而且不属专书。因此此处都不做评论。

献研究的比较年轻的学者,因此他们都能注意到利用和使用有关方面的新数据。当然,从事这种研究,在日本学者方面,有较好的条件。这也是众所周知的。

慧超的书,涉及的方面颇广,大部分的问题,《研究》和《笺释》书中都接触到了。和几十年前的几位学者的研究比较起来,新的研究,很多地方细致多了。这当然是很大的进步。学如积薪,后来人赶上或超过前人,是自然的事。学术研究的水平由此得以不断提高,使人感到鼓舞和高兴。

慧超的书,作为敦煌写卷,研究工作的第一步,仍然是如何录文和处理俗字和异体字。在《研究》和《笺释》之前,已经有过好几种校录本,因此《研究》和《笺释》中的新的录文本,当然应该比过去的更准确、更好。现在我们看到的,总体地讲,可以说如此,但仍还有一些问题。笔者粗略地把两书的录文的部分段落与写卷的照片对照了一下,发现有几处地方,提出来,供讨论之用。

原卷第12行:"彼幢极麄"。

《笺释》照录,同时解释说"麄"即丽。实则"麄"即"粗",意谓粗大。原文下接"五人合抱"一句,意思很清楚。解释为"丽",很难理解。

原卷第15行:"王名尸罗票底"。

《研究》改"尸罗票底"为"尸罗栗底";《笺释》改为"尸罗粟底"。应以前者为是。

原卷第16行:"卅余步"。

《笺释》将"步"字误断入下句。

原卷第20行:"(参)差经劫烧"。

《研究》录文"劫"误作"却"。

原卷第21行:"至中天竺国王住城名葛那及自此中天境界极宽"。

《研究》断句为:"至中天竺国王住城。名葛那及自。此中天境界极宽。"《笺释》断句为:"至中天竺国王住城。名葛那及。自此中天境。界极宽。"这里的问题,牵涉到究竟该把中天竺国王住城称为"葛那及自"还是"葛那及"。这座王城,在位置的比定上,毫无问题,即今天印度北方邦的 Kanauj。玄奘《大唐西域记》中称作“羯若鞠阇”或“曲女城”,前者是此城梵名 Kanyakubja 的音译,后者则是意译。这些,也毫无问题。至于在慧超的《往五天竺国传》中,《研究》的意见,是“葛那及自”,认为是 Kanyakubja 的音译(《研究》页 70),但笔者以为,恐怕应该是“葛那及”。玄奘的译音,当然是尽量依照梵文的原名,但慧超未必。《法显传》中的译名是“罽饶夷”,就未必来自梵文。“葛那及”的情形相同。曲女城的名字,在历史上,尤其是在方言中,变化形式极多。依 M. Monier-Williams 的意见,可能是最多的。Monier-Williams 一下就列举出 Kanauj, Kunnoj, Kunnouj, Kinoge, Kinnoge, Kinnauj, Kanoj, Kannauj, Kunowj, Canowj, Canoje, Canauj 等总共有 12 种,而且可能还有。[1]“葛那及”一名,完全有可能来自以上名字中的一个。而且,考虑到慧超的情况,他使用译名,从来没有玄奘那样规范化,应用汉文写作,也说不上很得心应手,就更有这种可能(关于慧超书语言方面的特点,即可参考《研究》书中所附高田时雄的专文。高田指出慧超的语言中有不规范的现象,同时还对比了慧琳《一切经音义》的《慧超往五天竺国传》一节中的一些专名与敦煌写卷中相应专名的不同之处)。再有,照顾下文,如果把“自”字断在下句,也没有不合适之处,或许更顺。

原卷第 26 行:“道路虽即足贼”。

《研究》录文“虽”误作“维”。《敦煌遗书》的录文作“道路虽有足贼”。“即”误作“有”。

原卷第 45 行:“甚难方迷”。

《研究》录文“迷”作“途”,意思上虽较好,但原字字形确实写作“迷”。

原卷第 122 行:“汉地兴胡”。

《笺释》录作“汉地与胡”。“兴”与“与”,行书字形极相近,但第 164 行和第 222 行也各有一个“兴”字可做对比。此外,“兴胡”一词用在此处,意义上并无捍格。《研究》相关的一条注释中对“兴胡”一名做了很好的解释。

---

〔1〕M. Monier-Williams: *A Sanskrit-English Dictionary*, p.249.

原卷第146行:“又从此罽宾国”。

《研究》录文“罽宾国”误作“轻宾国”。不过后面的日译文不误,因此此处看来是排印所误。

原卷第164行:“受兴易”。

《研究》录作“爱兴易”,改“受”字为“爱”,但未出校记。《笺释》录作“受与易”,解释说当为“爱交易”之讹。从原卷看,“兴易”二字是没有问题的。“受”字改作“爱”,上下文则通。但前者是后者的笔误还是一种异写,似乎还需要更多的实例才能决定。

原卷第165行:“向师子国取诸宝物”。

《笺释》录文“师子国”作“狮子国”。“师子”虽等于“狮子”,但古书中都作前者,此处亦以照录为宜。此前第12行亦有“师子”二字,《笺释》即照原字录文,未另做改动。

原卷第191行:“以宍为食”。

《笺释》录作“以虫为食”,与《敦煌遗书》中的录文一样。《研究》录文不误,上下文亦通。“宍”是“肉”的异体,辽代僧人行均编纂的《龙龛手鉴》中可以见到(卷4)。敦煌写卷中也常可见到。不过,“肉”字在本书的原卷中多次出现,如第41、160、163、212、214、216、218等行,都一律写作“肉”,没有一处异写。观察原卷照片,此处有改写的痕迹,大概由此而与别处不同。

原卷第197行:“井口盘虵结”。

《研究》录文“虵”误作“吔”。“虵”即“蛇”字。

原卷第203行:“各领丘马而住”。

“丘马”显然是“兵马”,《研究》和《笺释》录文都做了改正。但《笺释》未出校记。“兵”字为什么要写作“丘”,是笔误,还是一种省写,笔者也不清楚。

以上零星列举的,不一定就是错误,有一些牵涉到如何处理写本中的俗字、异体字。这个问题,看起来好像只是一个技术问题,但其实涉及的方面很多,看易而实难。研究敦煌写卷中俗字、异体字与“正体字”的关系,近年来已经渐成一门专学。处理写本,第一件事便是录文,为了研究的方便，录文中常常要改正俗字和异体字，但这一定要非常小心。在多数情况下，笔者的意见，最好尽量照原文原字抄录，改正的地方，尽量在校记中表现。如果原文实在难以通读，文字上必须做校正，也应该在校记中把改动的每一处地方尽量记录下来。这样做，比较稳妥，并且可以为各种不同目的的研究者都提供一种基本的数据。因为第一，不同的人改正文字，意见常常不一致。第二，研究者往往需要从原文原字发现问题。就这一点而言，不管《研究》还是《笺释》，平心而论，工作已经做得很细，不过还可以做得更细一些。

《研究》一书的内容如下：

前言；

序说；

一、释文（即录文）；

二、日译文；

三、译注；

两篇附论，高田时雄撰写的《慧超〈往五天竺国传〉の语言と敦煌写本の性格》；意大利学者 A. Forte 撰写的关于唐代敕建佛寺的一篇文章“Chinese State Monasteries in the Seventh and Eighth Centuries”；

参考文献；

索引；

图版，即原卷 P.3532 和高丽海印寺版慧琳《一切经音义》卷 100《惠超往五天竺国传》“音义”的照片。

附论中的第一篇，撰者高田时雄分析了慧超书中的口语成分，特别是“足”字的特殊用法，以及其中一些看起来不规范的语言现象，再将敦煌写本的《往五天竺国传》中词语与慧琳《一切经音义》有关一节“音义”中相应的词语相比较，最后得出一个结论，认为敦煌本《往五天竺国传》抄自慧超路经敦煌时所写成的一个草稿本，所以与慧琳所见到的本子不同。高田的这一推想很有意思。这个推想，可以称作“草稿本说”，在解释敦煌本在分卷和文字上为什么会与慧琳所见的“中原本”有较大差异这一问题上，与过去的“略出本说”比较，思路显得要宽一些。管见以为,高田在文中的论证是有道理的。

"参考文献"编得相当详细。近几十年来出版的与慧超书有直接关系的书和文章,大部分都收罗到了,而且尤以新的较多。所附的写卷照片的图版,印制得非常清楚。

《笺释》一书,在"前言"之后,即是录文和笺释。一段录文,接一段笺释。最后是影印的原卷。与《研究》比,整体设计显得单薄一些。

除了校录的原文,两部书最重要的内容,当然是各自对原文的注释。《笺释》一书中的释文,出于张毅先生一人之手,但《研究》中的注释,则是由十余位日本学者依条目分别撰成。主编者桑山正进教授在"前言"中说明,《研究》一书,是1986至1991年在京都大学他领导下的一个研究班的成员集体"会读"的结果。这个研究班,人数不算太多,但包括了各方面的专家。"会读"的办法是每人依各自的专长,分担一部分内容,收集材料,提出研究意见,然后再由大家讨论。最后定稿出版之前,再做修改。书中每一节释文,末尾都各自署名,以示负责。如此既有分工,又有合作。既能集思广益,又能体现研究者个人的特点和责任心。笔者由此想到,在人文学科的领域内,这种组织学者合作研究,"会读"的办法,我们中国的学者是否也可以做一些仿效?在中国,学者们都是单干的比较多。同样一部慧超的书,眼前的《笺释》就是例子。当然其中的原因不止一条。

笔者与《笺释》的作者张毅相识。张毅先生属意为《往五天竺国传》做新的笺释,始于80年代初,至1988年完成,以后便是等待出版。《笺释》版权页上说是1994年出版,实际上1995年5月才见到书,而作者已于去年下半年去世,终究未能见到印出来的新书。虽说时下在中国印这类学术书速度总是很慢,这件事想起来毕竟使人有些感叹。

（原载《敦煌吐鲁番研究》第1卷,北京大学出版社,1996年。）

参考文献

汉语专著：

巴宙．大乘二十二问之研究．台北:东初出版社,1992.

伯希和．西域南海史地考证译丛三编．冯承钧,译．北京:商务印书馆,1962.

岑仲勉．佛游天竺记考释．北京:商务印书馆,1934.

高楠顺次郎,等．大正新修大藏经(《大正藏》)．东京:大正一切经刊行会,1934.

郭鹏．佛国记注释．长春:长春出版社,1995.

贺昌群．古代西域交通与法显印度巡礼．武汉:湖北人民出版社,1956.

故事海选．黄宝生,等,译．北京:人民文学出版社,2001.

季羡林．罗摩衍那初探．北京:外国文学出版社,1979.

季羡林．原始佛教的语言问题．北京:中国社会科学出版社,1985.

季羡林．吐火罗语研究导论．台北:新文丰出版公司,1993.

季羡林,等．大唐西域记校注．北京:中华书局,1985.

纪昀,等．四库全书总目．北京:中华书局,1981.

姜伯勤．唐五代敦煌寺户制度．北京:中华书局,1987.

摩奴法论．蒋忠新,译．北京:社会科学出版社,1986.

李新魁．汉语等韵学．北京:中华书局,1983.

林光明．梵字悉昙入门．台北:嘉丰出版社,1999.

罗常培．罗常培语言学论文集．北京:商务印书馆,2004.

吕澂．印度佛教史略．上海:商务印书馆,1935.

吕澂．印度佛学源流略讲．上海：上海人民出版社，1979．

苏曼殊．燕子龛诗笺注．马以君，笺注．成都：四川人民出版社，1983．

梅维恒（Victor Mair）．绘画与表演．王邦维，荣新江，钱文忠译．上海：中西书局，2011．

潘文国．韵图考．上海：华东师范大学出版社，1997．

平川彰．印度佛教史．庄昆木，译．台北：商周出版，2002．

饶宗颐．中印文化关系史论集（语文篇）．北京：生活·读书·新知三联书店，1990．

饶宗颐．梵学集．上海：上海古籍出版社，1993．

任继愈．中国佛教史：第一卷．北京：社会科学出版社，1981．

沈括．新校正梦溪笔谈．胡道静，校正．北京：中华书局，1957．

汤用彤．汉魏晋南北朝佛教史．北京：中华书局，1983．

王邦维．大唐西域求法高僧传校注．北京：中华书局，1988．

王邦维．南海寄归内法传校注．北京：中华书局，1995．

王仲荦．敦煌石室地志残卷考释．上海：上海古籍出版社，1993．

法显．佛国记．吴玉贵，释译．高雄：佛光出版社，1996．

向达．唐代长安与西域文明．北京：三联书店，1957．

向达．大唐西域记古本三种．北京：中华书局，1981．

杨曾文．敦煌新本坛经．上海：上海古籍出版社，1993．

杨军．七音略校注．上海：上海辞书出版社，2003．

印顺．说一切有部为主的论书与论师之研究．台北：正闻出版社，1992．

袁维学．灵鹫山：东晋高僧法显传奇．北京：中国旅游出版社，1993．

章太炎．章太炎全集．上海：上海人民出版社，1985．

章巽．法显传校注．上海：上海古籍出版社，1985．

郑炳林．敦煌地理文书汇辑校注．兰州：甘肃教育出版社出版，1989．

郑樵．通志．北京：中华书局，1987．

汉语论文：

陈寅恪．童受喻鬘论梵文残本跋//金明馆丛稿二编．上海：上海古籍出版社，1980．

陈寅恪．西游记玄奘弟子故事之演变//金明馆丛稿二编．上海：上海古籍出版社，1980．

邓文宽．“洛州无影”补说．文史，2003(3)．

高明道．“频申久呿”略考．中华佛学学报，1993(6)．

季羡林．关于大乘上座部的问题．中国社会科学，1981(5)．

季羡林．商人与佛教//第十六届国际历史科学大会中国学者论文集．北京：中华书局，1985．

季羡林．佛教开创时期的一场被歪曲被遗忘了的路线斗争——提婆达多问题．北京大学学报：哲学社会科学版，1987(4)．

季羡林．玄奘《大唐西域记》中的“四十七言”问题．文史知识，1991(1)．

季羡林．梵语佛典及汉译佛典中四流音ṛ ṝ ḷ ḹ问题//季羡林佛教学术论文集．台北：东初出版社，1995．

季羡林．所谓中天音旨//季羡林佛教学术论文集．台北：东初出版社，1995．

罗志田．先秦的五服制与古代的天下中国观．学人，1996(10)．

吕澂．《杂阿含经》刊定记．内学：第1辑，1924．

吕澂．奘净两师所传的五科佛学．现代佛学：第1辑，1956．

蒙文通．略论《山海经》的写作时代及其产生地域．古学甄微．成都：巴蜀书社，1987．

饶宗颐．金赵城藏本法显传题记．历史语言研究所集刊：第四十五本第三分，1974．

饶宗颐．说扶南胡书//梵学集．上海：上海古籍出版社，1993．

汤用彤．评考证法显传//汤用彤学术论文集．北京：中华书局，

1983.

王邦维. 部派、大乘和小乘. 南亚东南亚评论:第1辑,1989.

王邦维. 略论古代印度佛教的部派及大小乘问题. 北京大学学报:社科版,1989(4).

王邦维. 略论大乘《大般涅槃经》的传译//季羡林教授八十华诞纪念论文集. 南昌:江西出版社,1991.

王邦维. 鸠摩罗什《通韵》考疑暨敦煌写本 S. 1344 号相关问题. 中国文化,1992(7).

王邦维. 安息僧与早期中国佛教//叶奕良. 伊朗学在中国论文集. 北京:北京大学出版社,1993.

王邦维.《南海寄归内法传》佚文辑考. 清华汉学研究:第1辑,1994.

王邦维. 杂藏考. 国学研究:第2卷,1994.

王邦维. 跋梵文贝叶经说出世部比丘律 *Abhisamācārika*. 中国文化,1994(10).

王邦维. 谢灵运《十四音训叙》辑考. 国学研究:第3卷,1995.

王邦维. 关于"洛州无影". 文史:第3辑,2000.

王邦维. 论阿富汗新发现的佉卢文佛教经卷. 中华佛学学报,2000(13).

王邦维. 汉语中"语法"一名最早的出处. 汉语史学报:第2辑,2002.

王邦维. 法显与《法显传》:研究史的考察. 世界宗教研究,2003(4).

王邦维. 关于法显从斯里兰卡带回的几种佛经. 文史:第3辑,2010.

魏查理(Charles Willemen). 印度部派佛教"化地部"的新研究. 人文宗教研究:第1辑,2011.

邢义田. 天下一家——传统中国天下观的形成//秦汉史论稿. 台北:东大图书公司,1987.

薛克翘．关于法显传的印地文和尼泊尔文译本．南亚研究，2003（1）．

郑诚，江晓原．何承天佛国历术故事的源流及影响．中国文化，2007（3）．

藏语文献：

Tāranātha．rGya gar chos vbyung．木刻版．拉萨，1946．

梵语、巴利语与中亚语言文献：

A New Version of the Gāndhārī Dharmapada and a Collection of Previous- Birth Stories: British Library Kharoṣṭhī Fragments 16 + 25. Gandhāran Buddhist Texts 3, ed. by Timothy Lenz, Seattle, 2003.

Ancient Buddhist Scrolls from Gandhāra: The British Library Kharoṣṭhī Fragments. ed. by Richard Salomon, Seattle: University Washington Press, 1999.

Atthasālinī. ed. by Edward Müller, PTS, 1897.

Bhikṣunī- Vinaya: Manual of Discipline for Buddhist Nuns. ed. by Gustav Roth, Patna, 1970.

Bruchstücke der Kalpanāmaṇḍitikā des Kumāralāta.ed. by Heinrich Lüders, Leipzig, 1926.

Das Mahāparinirvāṇasūtra: Text in Sanskrit und Tibetisch vergleichen mit dem Pāli, nebst einer Übersetzung der chinesischen Entsprechung in Vinaya der Mūlasarvāstivādins. 3 parts, ed. by E. Waltschmidt, Berlin, 1949, 1950, 1951.

Dīpavaṃsa. ed. by Hermann Oldenberg, PTS, 1879.

Kharoṣṭhī Inscriptions discovered by Sir Aurel Stein in Chinese Turkestan.ed. by A. E. Boyer, E. J. Rapson and E. Senart, Oxford: Clarendon Press, 1920-1929.

Mahāvaṃsa. ed. by Wilhelm Geiger, PTS, 1908.

Mahāvastu. 3 vols.ed. by E. Senart, Paris, 1882- 1897, rep. Tokyo,

1977.

Manuscript Remains of Buddhist Literature Found in Eastern Turkestan. ed. by Rudolf Hoernle, Oxford, 1916, rep. St. Leonards-Amsterdam, 1970.

New Sanskrit Fragments of the Mahāyāna Mahāparinirvāṇasūtra. ed. by Bongard-Levin, Tokyo, 1986.

Prātimokṣasūtram of the Lokottaravādi- Mahāsāṃghika School. ed. by N. Tatia, Patna, 1975.

Sanskrit Fragments of the Mahāyāna Mahāparinirvāṇasūtra. I. Koyasan Manuscript, ed. by Akira Yuyama, Tokyo, 1981.

Soghdische Texte II. aus dem Nachlass herausgeben von W. Lentz, ed. by Friedrich Müller, Berlin, 1934.

The Divyāvadāna: A Collection of Early Buddhist Legends. ed. by E B Cowell and R A Neil, Cambridge: Cambridge University Press, 1886.

The Gāndhārī Dharmapada.ed. by John Brough, London: Oxford University Press, 1962.

The Kātantra with the Commentary of Durgasiṃha. ed. by J. Eggeling, Culcutta, 1874-1878.

The Prātimokṣa-Sutra of the Mahāsāṃghika. ed. by W Pachow and R Mishra, Allahabad, 1956.

The Vinaya Piṭaka. ed. by Hermann Oldenberg, London, 1930.

Udānavarga, Sanskrittexte aus den Turfanfunden X. Band I (Einleitung, Beschreibung der Handschriften, Textausgabe, Bibliographie), II (Indices, Konkordanzen, Synoptische Tabellen), III (Der tibetische Text), ed. by Franz Benhard, Vandenhoeck & Ruprecht in Göttingen, 1965, 1968, 1990.

Udānavarga de Subaši. ed. by H. Nakatani (中谷英明), Paris: Institut de Civilisation Indienne, Tome I, II, 1987.

日语专著：

长泽和俊．宫内厅书陵部图书寮本法显传校注．东京:雄山阁，1970．

平川彰．律藏の研究．东京:山喜房,1968．

平川彰,等．大乘佛教とでと周辺．东京:春秋社,1985．

山田龙城．梵语佛典の诸文献．重印本．京都:平乐寺书店,1981．

上山大峻．敦煌佛教の研究．东京:法藏馆,1990．

辛岛静志．长阿含经の原语の研究．东京:平河出版社,1994．

中谷英明．スバシ写本の研究．京都:人文书院,1988．

足立喜六．唐代长安史迹の考证:2卷．东京:东洋文库,1933．

足立喜六．考证法显传．东京:法藏馆,1935．

足立喜六．法显传:中亚·印度·南海纪行研究の研究．东京:法藏馆,1940．

足立喜六．大唐西域记の研究(上下册),东京:法藏馆,1942．

足立喜六．大唐西域求法高僧传．东京:岩波书店,1942．

西语专著：

Bareau, Andre. Les Sectes bouddhiques du Petit Vehicule. Paris, 1955.

Beal, Samuel. tr. Travels of Fa-hsian and Sung-yun: Buddhist Pilgrims from China to India (400 A.D. and 518 A.D.). London, 1869.

Beal, Samuel. tr. Si-Yu-Ki: Buddhist Records of the Western World. London, 1884.

Bechert, Heinz. Buddhist Sanskrit Literature in Sri Lanka. A Lecture to be given at the International House of Japan, 1982.

Bechert, Heinz. Sanskrittexte aus Ceylon. Nachrichten der Akademie der Wissenschaften in Göttingen, Philologisch-Historische Klasse, Vandenhoeck & Ruprecht in Göttingen, 1985.

Bechert, Heinzt and Richard Gombrich. (hrsg.) Die Welt des Buddhismus. München, 1984.

Chavannes, Édouard. (tr.) Mémoire compose à l'époque de la grande dynastie T'ang sur les religieux éminents qui allèrent chercher la loi dans les pays d'Occident. Paris, 1894.

De, Gokuldas. Democracy in Early Buddhist Samgha. Calcutta, 1955.

Deeg, Max. Das Gaoseng-Faxian-Zhuan als religionsgeschichtliche Quelle. Wiesbaden: Harrassowitz Verlag, 2005.

Dhammajoti. Abhidharma Doctrine and Controversy on Perception. Hong Kong: Centre for Buddhist Studies, the University of Hong Kong, 2007.

Dutt, Nalinaksha. Aspects of Mahāyāna Buddhism and its Relation to Hīnayāna. London, 1930.

Dutt, Sukumar. Buddhist Monks and Monasteries in India. London, 1962.

Eliot, Charles. Hinduism and Buddhism. London, 1921.

Forte, Antonino. The Hostage An Shigao and his Offspring: An Iranian Family in China. Kyoto, 1995.

Frauwallner, Erich. The Earliest Vinaya and the Beginnings of Buddhist Literature. Rome, 1956.

Giles, Herbert. tr. The Travels of Fa-hsien (399-414 A.D.) or Record of the Buddhistic Kingdoms. Cambridge, 1877.

Joshi, L M. Studies in the Buddhistic Culture of India during the 7th and 8th Centuries A. D. 2nd ed, Delhi, 1977.

Klimburg-Salter, Deborah. The Kingdom of Bāmiyān: Buddhist Art Culture of the Hindu Kush, Neples-Rome, 1989.

Kosambi, D D. An Introduction to the Study of Indian History. Rev. 2nd ed., Bombay, 1975.

Kosambi, D D. The Culture and Civilisation of Ancient India in Historical Outline. New Delhi, 1977.

Lamotte, Étienne. Histoire du Bouddhisme Indien. Louvain, 1976.

Law, B C. Historical Geography of Ancient India. Delhi: Ess Ess Publications, 1976.

Legge, James. (tr.) A Record of Buddhistic Kingdoms. Oxford, 1886.

Liebich, B. Zur Einführung in die indische einheimische Sprachwissenschaft. Heidelberg, 1914.

Mair, Victor. Painting and Performance: Chinese Picture Recitation and Its Indian Genesis. Honolulu: University of Hawaii Press, 1988.

Mukherjee, Biswadeb. Die Uberlieferung von Devadatta, dem Widersacher des Buddha in den Kanonischen Schriften. Munchen, 1966.

Nakamura, Hajime (中村元). Indian Buddhism: A Survey with Bibliographical Notes. Tokyo, 1980, Delhi: Motilal Banarsidass, rep. 1987.

Petech, Luciano. Northern India according to the Shui-ching-chu. Rome: IsMEO, 1950.

Prebish, Charles. Buddhist Monastic Discipline: The Sanskrit Prātimokṣa Sūtra of the Mahāsāṃghikas and Mūlasarvāstivādins. The Pennsylvania State University Press, 1975.

Ruegg, Seyfort. The Literature of the Madhyamaka School. Wiesbaden: Harrassowitz, 1981.

Sharma, R S. Indian Feudalism. 2nd ed., Delhi, 1980.

Thapar, R S. Ancient Indian Social History. New Delhi, 1978.

Waltschmidt, Ernst. Die Überlieferung von Lebensende des Buddha: Eine vergleichende Analyse des Mahāparinirvāṇasūtra und seiner Textentsprechungen. 2 parts, Göttingen, 1944, 1948.

Waltschmidt, Ernst. Beobachtungen über die Sprache des buddhistischen Urkanons. Berlin, 1954.

Warder, A K. Indian Buddhism. Delhi: Motilal Banarsidass, 1980.

Watters, Thomas. tr. On Yuan Chwang's Travels in India (A.D. 629–645). edited after author's death by T.W. Rhys Davids and S.W. Buswell,

2 vols., London, 1904-1905, reprinted, Delhi, 1961.

Willemen, Charles. Bart Dessein and Collett Cox. Sarvāstivāda Buddhist Scholasticism. Leiden: E. J. Brill, 1998.

Williams, Paul. Mahāyāna Buddhism: The Doctrinal Foundations. London and New York, 1990.

Winternitz, Maurice. History of Indian Literature, Vol. II, New Delhi: Oriental Books Reprint Corporation, 1972.

Yuyama, Akira (汤山明). Vinaya-Texte, Systematisch Übersicht über die buddhistische Sanskrit-Literatur, Erster Teil, Wiesbaden, 1979.

Zürcher, Erick. The Buddhist Conquest of China. Leiden: E J Brill, 1927.

西文论文：

Bechert, Heinz. Note on the Formation of Buddhist Sects and the Origins of Mahāyāna. German Scholars on India. Varanasi, 1973.

Bechert, Heinz. Remark on the Textual History of Saddhamapuṇḍarīka. Studies in Indo- Asian Art and Culture: Vol. 2, Śatapiṭaka Series, Vol. 96, New Delhi, 1973: 21–27.

Bechert, Heinz. Buddha-Feld und Verdienstübertragung: Mahāyāna-Ideen im Theravāda- Buddhismus Ceylons. Bulletin de la Classe des Lettres et des Sciences Morales et politiques: 5e śerie-Tome LXII, 1976: 1–2.

Bechert, Heinz. The Problem or the Determination of the Historical Buddha. Wiener Zeitschrift für die Kunde Südasiens: Band XXXIII, 1989: 93–120.

Benhard, Franz. Gāndhārī and the Buddhist Mission in Central Asia. Añjali, Papers on Indology and Buddhism: A Felicitation Volume Presented to O. H. de Alwis Wijesekera, Peradeniya, 1970: 55–62.

Cone, Margaret. Patna Dharmapada, Part I, Text. Journal of the Pali

Text Society: Vol. 13, 1989: 101-217.

Demiéville, Paul. La Yogācārabhūmi de Saṃgharakṣa. BEFEO: Tome 44, Fasc. 2 (1954).

Demiéville, Paul. Les versions chinoises du Milindapañha. Bulletin de l'École française d'Extreme-Orient: XXIV, Hanoi, 1924: 1-258.

Dharmajoti. Fa Ju Jing, The Oldest Chinese Version of the Dharmapada: Some Remarks on the Language and Sect-affiliation of its Original. Chinese Translation of Buddhist Scriptures: New Discoveries and Perspectives. Tokyo: ICPBS, 2006: 41-73.

Drége, Jean- Pierre. Papiers de Dunhuang, Essai d' analyse morphologique des manuscrits chinois dates. T'oung Pao: Vol. LXVII, 1981 (3-5): 358.

Gombrich, Richard. How the Mahāyāna Began. The Buddhist Forum: Vol.1. ed. by T. Skorupski. London, 1990: 21-30.

Hahn, Michael. Kumāralāta's Kalpanāmaṇḍitikā Dṛṣṭāntapaṅkti, Nr. 1. Die Vorzüglichkeit des Buddha. Zentralasiatische Studie, 1982 (16): 306-336.

Harrison, Paul. The Ekottarikāgama Translation of An Shigao. Buddhavidhyāsudhākaraḥ, ed. by P Kieffer-Pülz, J Hartmann, Swisttal-Odendorf, 1997: 261-284.

Hartmann, Jens- Uwe. Fragmente aus den Dīrgāgama der Sarvāstivādins. Sanskrit-Texte aus den buddhistischen Kanon. Neuentdenkungun und Newedition, Folge 1, Vandenhoeck & Ruprecht in Göttingen, 1989: 37-67.

Hirakawa, Akira(平川彰). The Rise of Mahāyāna Buddhism and its Relationship to the Worship of Stūpas. Memoirs of the Research Department of the Tokyo Bunko: 22. Tokyo, 1963.

Lamotte, Étienne. Problemes concernant les texts canoniques "Mineurs". Journal Asiatique, 1956: 249-264.

Lamotte, Étienne. Le Buddha insulta- t- il Devadatta. BSOAS: XXXII, 1970.

Lamotte, Étienne. Der Mahāyāna- Buddhismus. Die Welt des Buddhismus, hrsg. von H. Bechert und R. Gombrich, München, 1984, s. 90.

Lancaster, Lewis. The Oldest Mahāyāna Sūtra: Its Significance for the Study of Buddhist Development. Eastern Buddhist (new series), 1975 (8): 30–41.

Lévi, Sylvain. Note sur des Manuscrits Sanscrits provenant de Bamiyan (Afghanistan) et de Gilgit Cachemire). Journal Asiatique, 1932: 4–8.

Lüders, Heinrich. Das Śāriputraprakaraṇa: Ein Drama des Aśvaghoṣa. SPAW, 1911: 388–411.

Lüders, Heinrich. Kātantra und Kaumāralāta.Philologica Indica. Vandenhoeck und Ruprecht in Göttingen, 1940: 659–720.

Maeda, Egaku (前田惠学). Japanese Studies on the Schools of the Chinese Āgamas. Zur Schulzugehörigkeit von Werken der Hīnayāna-Literatur, Hrsg. von H Bechert, Erst Teil, Vandenhoeck & Ruppecht in Göttingen, 1985: 94–103.

Przyluski, Jean. Darṣṭāntika, Sautrāntika and Sarvāstivādin. The Indian Historical Quarterly, 1940 (16): 246–254.

Roth, Gustav. Particular Features of the Language of the Ārya-Mahāsaṃghika- Lokottaravādin. Die Sprache der ältesten buddhistischen Überlieferung, Hrsg. von H Bechert, Vandenhoeck & Ruppecht in Göttingen, 1980: 97–135.

Sāṅkṛtyāyana, Rāhula. Palm-Leaf MSS in Tibet. Journal of the Bihar and Orissa Research Society: Vol. XXI, 1935: 21–43.

Sāṅkṛtyāyana, Rāhula. Second Search of Sanskrit Palm-Leaf MSS in Tibet. JBORS: Vol. XXIII, 1937: 1–57.

Sāṅkṛtyāyana, Rāhula. Search for Sanskrit MSS in Tibet. JBORS: Vol. XXIV, 1938: 137–163.

Schopen, Gregory. The Phrase 'sa pṛthivīpradeśaś caityabhūto bhavet' in Vajracchedikā: Notes on the Cult of the Book in Mahāyāna. Indo-Iranian Journal, 1975(17): 147-181.

Sieg, E. Neue Bruchstucke der Sanskrit-Grammatik aus Chinesisch-Turkistan. Sitzungsberichte der Königlich Preussischen Akademie der Wissenschaft, 1908: 182-206.

Skilling, Peter. On the School-affiliation of the "Patna Dhammapada". Journal of the Pali Text Society: Vol. 23, 1997: 83-122.

Waltschmidt, Ernst. Central Asian Sūtra Fragments and their Relation to the Chinese Āgamas. Die Sprache der ältesten buddhistischen Überlieferung, Hrsg. von H Bechert, Vandenhoeck & Ruppecht in Göttingen, 1980: 136-174.

Wang Bangwei (王邦维). Buddhist Nikāyas through Ancient Chinese Eyes. Untersuchungen zur buddhistischen Literatur.ed. by H Bechert, Vandenhoeck & Ruprecht in Göttingen, 1994: 167-168.

Wang Bangwei (王邦维). Mahāyāna or Hīnayāna: A Reconsideration of the yāna Affiliation of An Shigao and his School. Bauddhavidhyāsudhākaraḥ. ed. by Petra Kieffer-Pülz and Jens-Uwe Hartmann, Swisttal-Odendorf, 1997: 689-698.

Wang Bangwei (王邦维). Buddhist Connection between China and Ancient Cambodia: Śramaṇa Mandra's Visit to Jiankang. The Benefit of Broad Horizons: Intellectual and Institutional Preconditions for a Global Social Science, International Comparative Social Studies: Vol. 24, Leiden-Boston: E J Brill, 2010: 280-291.

Yamabe, Nobuyoshi (山部能宜). An Shigao as a Precursor of the Yogācāra Tradition: A Preliminary Study//渡边隆生教授还历纪念:佛教思想文化史论丛. 东京,1997:826-785.

Zürcher, Erick. A New Look at the Earliest Chinese Buddhist Text. From Benares to Beijing: Essays on Buddhism and Chinese Religion in

Honour of Prof. Jan Yün- hua. ed. by K Shinohara and G Schopen, Oakville: Mosaic Press, 1991.

索 引

·欧·亚·历·史·文·化·文·库·

C

D

F

G

K

L

M

N

P

Q

R

S

T

W

X

Y

Z

后　记

本书收入的是我过去已经发表过的一些中文的学术论文。这些论文,发表最早的,是在1989年,最晚的是在2013年,前后的时间跨度有二十多年。为了选这些论文,我这次重新检查了一下自己这些年在所谓的学术研究方面做的事,“蓦然回首”,才发现自己这些年来虽然不能说是时光虚度,但成果实在没有多少。二十多篇论文中,最前面的三篇,还是根据更早时候所完成的博士论文修改而成。二十多年的时间,为什么会这样,我自己也没完全弄明白。总之,这样的结果,不能让自己满意。

虽然不满意,我仍然要感谢余太山先生。太山先生是我20世纪70年代末、80年代初念研究生时的学长,也是我的挚友,是他要我编这样一个论文集。

我还要感谢兰州大学出版社,尤其是跟我联络,并处理我的书稿的施援平女士。我做事很拖拉,一度还想放弃,是她的耐心和认真的态度让我感动。这本书能够成为这个样子,一半是由于她的鼓励和执着。我因此很感谢她。

全书的索引和参考文献,由北京大学东方文学研究中心的博士后范晶晶女士编出一份初稿,我再补充调整而成。范晶晶也是需要感谢的。

如果说,这些论文也能算是学术成果,那我最要感谢的,是把我领入学术之路，对我如同父亲一样的北京大学的季羡林先生。还有二三十年前，同样帮助过我，给我教诲的周一良先生、任继愈先生、周绍良先生、蒋忠新先生，也是我永远要感谢的。师恩难忘，他们在我心里，是永远的恩人。

王邦维

2014年12月10日于燕北园

欧亚历史文化文库

林悟殊著:《中古夷教华化丛考》 定价:66.00元
赵俪生著:《弇兹集》 定价:69.00元
华喆著:《阴山鸣镝——匈奴在北方草原上的兴衰》 定价:48.00元
杨军编著:《走向陌生的地方——内陆欧亚移民史话》 定价:38.00元
贺菊莲著:《天山家宴——西域饮食文化纵横谈》 定价:64.00元
陈鹏著:《路途漫漫丝貂情——明清东北亚丝绸之路研究》 定价:62.00元
王颋著:《内陆亚洲史地求索》 定价:83.00元
〔日〕堀敏一著,韩昇、刘建英编译:《隋唐帝国与东亚》 定价:38.00元
〔印度〕艾哈默得·辛哈著,周翔翼译,徐百永校:《入藏四年》 定价:35.00元
〔意〕伯戴克著,张云译:《中部西藏与蒙古人——元代西藏历史》(增订本) 定价:38.00元
陈高华著:《元朝史事新证》 定价:74.00元
王永兴著:《唐代经营西北研究》 定价:94.00元
王炳华著:《西域考古文存》 定价:108.00元
李健才著:《东北亚史地论集》 定价:73.00元
孟凡人著:《新疆考古论集》 定价:98.00元
周伟洲著:《藏史论考》 定价:55.00元
刘文锁著:《丝绸之路——内陆欧亚考古与历史》 定价:88.00元
张博泉著:《甫白文存》 定价:62.00元
孙玉良著:《史林遗痕》 定价:85.00元
马健著:《匈奴葬仪的考古学探索》 定价:76.00元
〔俄〕柯兹洛夫著,王希隆、丁淑琴译:《蒙古、安多和死城哈喇浩特》(完整版) 定价:82.00元
乌云高娃著:《元朝与高丽关系研究》 定价:67.00元
杨军著:《夫余史研究》 定价:40.00元
梁俊艳著:《英国与中国西藏(1774—1904)》 定价:88.00元
〔乌兹别克斯坦〕艾哈迈多夫著,陈远光译:《16—18世纪中亚历史地理文献》(修订版) 定价:85.00元

成一农著:《空间与形态——三至七世纪中国历史城市地理研究》定价:76.00元

杨铭著:《唐代吐蕃与西北民族关系史研究》 定价:86.00元

殷小平著:《元代也里可温考述》 定价:50.00元

耿世民著:《西域文史论稿》 定价:100.00元

殷晴著:《丝绸之路经济史研究》 定价:135.00元(上、下册)

余大钧译:《北方民族史与蒙古史译文集》 定价:160.00元(上、下册)

韩儒林著:《蒙元史与内陆亚洲史研究》 定价:58.00元

〔美〕查尔斯·林霍尔姆著,张士东、杨军译:

《伊斯兰中东——传统与变迁》 定价:88.00元

〔美〕J. G. 马勒著,王欣译:《唐代塑像中的西域人》 定价:58.00元

顾世宝著:《蒙元时代的蒙古族文学家》 定价:42.00元

杨铭编:《国外敦煌学、藏学研究——翻译与评述》 定价:78.00元

牛汝极等著:《新疆文化的现代化转向》 定价:76.00元

周伟洲著:《西域史地论集》 定价:82.00元

周晶著:《纷扰的雪山——20世纪前半叶西藏社会生活研究》 定价:75.00元

蓝琪著:《16—19世纪中亚各国与俄国关系论述》 定价:58.00元

许序雅著:《唐朝与中亚九姓胡关系史研究》 定价:65.00元

汪受宽著:《骊靬梦断——古罗马军团东归伪史辨识》 定价:96.00元

刘雪飞著:《上古欧洲斯基泰文化巡礼》 定价:32.00元

〔俄〕T.Б.巴尔采娃著,张良仁、李明华译:

《斯基泰时期的有色金属加工业——第聂伯河左岸森林草原带》

定价:44.00元

叶德荣著:《汉晋胡汉佛教论稿》 定价:60.00元

王颋著:《内陆亚洲史地求索(续)》 定价:86.00元

尚永琪著:

《胡僧东来——汉唐时期的佛经翻译家和传播人》 定价:52.00元

桂宝丽著:《可萨突厥》 定价:30.00元

篠原典生著:《西天伽蓝记》 定价:48.00元

〔德〕施林洛甫著,刘震、孟瑜译:

《叙事和图画——欧洲和印度艺术中的情节展现》 定价:35.00元

马小鹤著:《光明的使者——摩尼和摩尼教》 定价:120.00元

李鸣飞著:《蒙元时期的宗教变迁》 定价:54.00元

〔苏联〕伊·亚·兹拉特金著,马曼丽译:
《准噶尔汗国史》(修订版) 定价:86.00元
〔苏联〕巴托尔德著,张丽译:《中亚历史——巴托尔德文集
第2卷第1册第1部分》 定价:200.00元(上、下册)
〔俄〕格·尼·波塔宁著,〔苏联〕B.B.奥布鲁切夫编,吴吉康、吴立珺译:
《蒙古纪行》 定价:96.00元
张文德著:《朝贡与入附——明代西域人来华研究》 定价:52.00元
张小贵著:《祆教史考论与述评》 定价:55.00元
〔苏联〕K. A. 阿奇舍夫、Г. A. 库沙耶夫著,孙危译:
《伊犁河流域塞人和乌孙的古代文明》 定价:60.00元
陈明著:《文本与语言——出土文献与早期佛经词汇研究》
定价:78.00元
李映洲著:《敦煌壁画艺术论》 定价:148.00元(上、下册)
杜斗城著:《杜撰集》 定价:108.00元
芮传明著:《内陆欧亚风云录》 定价:48.00元
徐文堪著:《欧亚大陆语言及其研究说略》 定价:54.00元
刘迎胜著:《小儿锦研究》(一、二、三) 定价:300.00元
郑炳林著:《敦煌占卜文献叙录》 定价:60.00元
许全胜著:《黑鞑事略校注》 定价:66.00元
段海蓉著:《萨都剌传》 定价:35.00元
马曼丽著:《塞外文论——马曼丽内陆欧亚研究自选集》 定价:98.00元
〔苏联〕И.Я.兹拉特金主编,M.И.戈利曼、Г.И.斯列萨尔丘克著,
马曼丽、胡尚哲译:《俄蒙关系历史档案文献集》(1607—1654)定价:
180.00元(上、下册)
华喆著:《帝国的背影——公元14世纪以后的蒙古》 定价:55.00元
П.K.柯兹洛夫著,丁淑琴、韩莉、齐哲译:《蒙古和喀木》 定价:75.00元
杨建新著:《边疆民族论集》 定价:98.00元
赵现海著:《明长城时代的开启
——长城社会史视野下榆林长城修筑研究》(上、下册) 定价:122.00元
李鸣飞著:《横跨欧亚——中世纪旅行者眼中的世界》 定价:53.00元
李鸣飞著:《金元散官制度研究》 定价:70.00元
刘迎胜著:《蒙元史考论》 定价:150.00元
王继光著:《中国西部文献题跋》 定价:100.00元
李艳玲著:《田作畜牧
——公元前2世纪至公元7世纪前期西域绿洲农业研究》 定价:54.00元

〔英〕马尔克·奥莱尔·斯坦因著，殷晴、张欣怡译：《沙埋和阗废墟记》
定价：100.00元
梅维恒著，徐文堪编：《梅维恒内陆欧亚研究文选》 定价：92元
杨林坤著：《西风万里交河道——时代西域丝路上的使者与商旅》 定价：65元
芮传明著：《摩尼教敦煌吐鲁番文书释义与研究》 定价：88元
石云涛著：《文明的互动
——汉唐间丝绸之路与中外交流论稿》 定价：118元
王邦维著：《华梵问学集》 定价：75元
陈晓露著：《楼兰考古》 定价：80元（暂定）
孙昊著：《辽代女真族群与社会研究》 定价：48元（暂定）
尚永琪著：《鸠摩罗什及其时代》 定价：68元（暂定）
石云涛著：《丝绸之路的起源》 定价：83元（暂定）
薛宗正著：《西域史汇考》 定价：128元（暂定）
〔英〕尼古拉斯·辛姆斯-威廉姆斯著：
《阿富汗北部的巴克特里亚文献》 定价：163元（暂定）
张小贵编：
《三夷教研究——林悟殊先生古稀纪念论文集》 定价：100元（暂定）
许全盛、刘震编：《内陆欧亚历史语言论集——徐文堪先生古稀纪念》
定价：90元（暂定）
余太山、李锦秀编：《古代内陆欧亚史纲》 定价：122元（暂定）
王永兴著：《唐代土地制度研究——以敦煌吐鲁番田制文书为中心》
定价：70元（暂定）
王永兴著：《敦煌吐鲁番出土唐代军事文书考释》 定价：84元（暂定）
李锦绣编：《20世纪内陆欧亚历史文化论文选粹：第一辑》
定价：104元（暂定）
李锦绣编：《20世纪内陆欧亚历史文化论文选粹：第二辑》
定价：98元（暂定）
李锦绣编：《20世纪内陆欧亚历史文化论文选粹：第三辑》
定价：97元（暂定）
李锦绣编：《20世纪内陆欧亚历史文化论文选粹：第四辑》
定价：100元（暂定）
馬小鶴著：《霞浦文書研究》 定价：88元（暂定）
林悟殊著：《摩尼教華化補說》 定价：109元（暂定）
